대중문화와 문화산업

일러두기

- 이 책에서는 creative의 번역어로 '창조'와 '창의'가 혼용된다. 이는 번역어에 대한 사회적 합의
가 존재하지 않기 때문이다. The creative industry는 '창조 산업'으로 번역되지만, '창의 산업'
도 많이 사용된다. Creative city의 경우 '창조 도시'로 번역되지만, 다른 한편 '유네스코 창의
도시 네트워크'라는 이름이 이미 고유명사화되었다. 이런 난맥상으로 인해 어느 하나의 번역
어로 통일하는 것은 쉽지 않을뿐더러 바람직한 것으로 생각되지도 않는다. 이런 점에서 두 번
역어는 맥락과 각 장 지은이의 선택에 따라 달리 사용될 것이다.

대중문화와 문화산업

Popular Culture and Cultural Industries

이기웅 · 박근영 · 안미향 기획   한국문화사회학회 지음

한울
아카데미

추천사

    한국문화사회학회가 오랫동안 준비해 왔던 『대중문화와 문화산업』이 드디어 모습을 드러냈다. 열네 명의 문화 사회학자가 의기투합해 여러 해 동안 함께 준비하고 만든 공동 작품이다. 시작은 힘찼으나, 한 권의 책으로 나오기까지 멀고도 굴곡진 길을 걸어야만 했다. 그만큼 공동 작업은 어려운 일이다. 전체 구성을 짜고, 각 장을 하나씩 쓰면서 서로 조율해야 한다. 그러는 사이 처음 기획과는 다른 모양이 나타나기도 하고, 아예 새로 판을 다시 짜야 할 때도 있다. 이 책을 만드는 과정도 예외는 아니었다. 그렇듯 공동 작업에 따르는 모든 어려움을 뚫고 이렇게 독자에게 한 권의 책으로 내놓게 되었다. 무엇보다도 문화산업을 문화 사회학의 관점에서 새롭게 다루고자 하는 열망이 컸기 때문에 가능했다.

    문화산업! '문화'와 '산업'이 한 단어로 뭉치는 건 어찌 보면 기괴하다. 성스러운 의미로 가득한 문화가 돈벌이용 산업이 되다니! 이 단어를 처음 학문 용어로 만들어낸 독일의 비판 이론가인 아도르노(Theodor Adorno)와 호르크하이머(Max Horkheimer)는 이러한 기괴함을 잘 알고 있었다. 1947년 둘이 함께 쓴 「문화산업: 대중 기만으로서의 계몽」이란 글 제목이 말해주듯, 그들은 소수 엘리트가 누리던 고급문화가 대중으로 확산하면서 공장에서 대량으로 생산하는 표준화된 문화 상품으로 추락했다고 비판했다. 영화, 라디오 프로그램, 잡지와 같은 새로운 문화 매체가 대중을 조작해 수동적인 존재로 전락시킨다는 것이 핵심적인 비판이다. 그들은 대상과 비판적 거리 두기를 가능하게 하는 고급문화에서 여전한 희망을 보았다. 경제를 비롯해 삶의 모든 영역이 갈수록 독특한 질을 상실하고 양적 차이만 드러나는 수의 세계로 쪼그라든다. 고유한 인성을 가진 인간이 만들어가는 고급문화야말로 이에 맞설 수 있는 유일한 힘이다.

대중문화에 대한 이러한 비판적인 진단은 역설적이게도 문화산업에 대한 진지한 학문적 논의를 가로막았다. 저질 문화 취급받는 대중문화를 학문적 연구 대상으로 삼기는 쉽지 않았다. 이런 흐름을 바꿔놓은 것은 1980년대 유네스코(UNESCO)의 문화산업론이다. 유네스코는 문화산업이 지닌 부정적 함의는 물론 문화의 민주화에 이바지할 긍정적 가능성까지 고려했다. 철학적으로 문화산업을 본질화하는 대신 엄밀한 경험적 연구의 대상으로 만들었다. 다른 모든 산업과 마찬가지로 문화산업도 생산, 유통, 소비 과정을 포함한 전체 과정으로 탐구할 수 있다. 이러한 과정은 각 나라의 산업 환경과 관련되므로, 문화산업은 다양한 모습으로 나타날 수 있다. 유네스코의 이러한 논의에 힘입어 문화산업 연구는 문화산업을 발전시키기 위한 국가 정책으로 이어졌다.

지구적 경쟁이 격화하는 과정에서 문화산업은 모든 국민 국가가 국가 산업 정책으로 육성하는 대표적인 산업이 되었다. 문화의 산업적 성격이 강조되면서, 문화는 새로운 가치를 창출하는 산업으로 환영받았다. 하지만 문화를 산업으로 도구화하는 흐름이 강화하자 거꾸로 아도르노와 호르크하이머의 비판적 문화산업론이 다시 주목받게 되었다. 이후 문화산업 연구는 비관적 입장과 낙관적 입장 양극단을 오가고 있다. 비관적 입장은 문화산업을 인간의 진정한 해방을 방해하는 자본의 전략으로 본다. 낙관적 입장은 문화산업을 문화와 산업을 융합한 창조 산업으로 본다. 비관적이든 낙관적이든 문화산업을 연구하는 학자들은 문화가 산업 형식으로 존재한다는 점에는 동의한다. 문화가 산업 형식으로 존재할 수밖에 없다면, 지나친 비관주의와 낙관주의 모두를 벗어나 균형 잡힌 시각을 가져야 하는 것 아닌가?

문화산업론의 두 흐름은 1980년대에 한국 사회에 거의 동시에 들어왔다.

자연스레 두 진영이 대립하게 되었다. 아도르노와 호르크하이머로 대표되는 프랑크푸르트(Frankfurt)학파의 전통을 이어받은 학자들은 문화산업이 휘두르는 부정적인 이데올로기 효과를 비판해 왔다. 반면 유네스코 문화론을 이어받은 학자들은 문화산업이 비록 이윤 창출을 위한 산업이기는 하지만 문화가 지닌 민주주의 역량도 무시해서는 안 된다고 목소리를 높여왔다. 두 진영이 이렇게 갈리지만, 사실상 학문의 세계에서는 문화산업에 대한 논의가 활발히 진행되지 못했다. 오히려 문화를 산업으로 인식해서 강력한 문화산업 정책을 펼쳐나간 정부가 주도적인 힘을 발휘했다. 문화관광부와 한국문화정책개발원이 문화산업 연구를 이끌기는 했지만, 그렇다고 학계가 아예 손을 놓고 있었던 것은 아니다. 신문 방송학과 경영학을 중심으로 문화산업에 관한 논의를 진행해 왔다. 하지만 사회학은 여기에 큰 역할을 하지 못했다.

왜 그랬을까? 여기에는 여러 이유가 있을 것이다. 우선 추상성이 높은 사회학이 문화산업과 뒤얽힌 구체적인 일상의 삶을 탐구하는 데 방법론적으로 무기력했다는 점을 들 수 있다. 또한, 문화 정책을 국가 기관이 시행하는 단기적인 공학적 노력 정도로 낮게 보는 사회학계의 풍토도 한몫했을 것이다. 방법론적 무기력과 정책에 대한 근거 없는 폄하가 사회학이 문화산업을 탐구하지 못하게 방해했다. 한국문화사회학회는 이에 대한 뼈아픈 성찰을 바탕으로 이 책을 기획했다. 이제 막 첫발을 내디딘 것이지만, 이제 우리도 사회학의 관점에서 문화산업을 탐구한 책을 갖게 되었다. 그것도 의미를 분석의 중심으로 놓는 문화 사회학의 관점이다. 이론 및 관점, 핵심 산업 분야, 주요 이슈를 모두 다루었다. 첫 출발로서 포괄성이 좋은 셈이다. 이를 이어 앞으로 진행될 구체적인 후속 연구가 벌써 기다려진다.

한국문화사회학회 회장 최종렬

한국에서 문화산업에 대한 학문적 관심은 그리 연혁이 길지 않다. 1990년 이전까지 인문 사회 과학을 전공하는 학생과 연구자 들의 주된 관심사는 정치, 계급, 노동, 발전 등 크고 무거운 주제에 집중되어 있었다. 1990년대 들어 이념의 시대가 가고 사회 분위기가 달라지면서 대중문화와 문화산업에 대한 관심이 고조되기 시작했다. 1990년대 말 한류가 출현하면서 이후 한국의 대중문화와 문화산업은 새로운 국면으로 진입했다. 반짝 유행으로 끝날지도 모른다는 초기의 우려를 불식하고 한류는 지금까지 상승에 상승을 거듭하고 있다. 역대 한국 정부는 정파를 불문하고 한류의 불씨가 꺼지지 않도록 각종 제도를 개선하고 지원 정책을 수립하는 데 몰두했다. 이런 과정을 거치며 문화산업은 한국을 대표하는 산업으로 성장해 나갔다.

국가적 관심사가 된 문화산업에 관해 많은 저서와 연구 논문이 쏟아져 나온 것은 당연한 일이었다. 그런데 한 가지 의아한 것은 사회학적 관점에서 문화산업에 접근한 연구가 극히 드물다는 점이다. 현재 국내에서 출간된 문화산업 관련서는 경영학, 정책학, 법학 등 몇몇 학문 분야 또는 관련 정부 기관이나 문화산업 종사자의 저서가 주류를 이루고 있다. 이러한 책들은 매우 유용한 정보를 담고 있지만, 사회학적 통찰과 이론적 깊이에서는 아쉬움이 많은 것도 사실이다. 미디어 연구나 문화 연구 분야에서 나온 책들 중에는 이러한 요구를 충족하는 것이 일부 존재하지만, 그 숫자는 그리 많지 않다.

이 책의 발간은 상당 부분 이런 상황에 대한 문제의식에 추동되었다. 2019년 한국문화사회학회는 문화산업에 관한 총서의 필요성을 인식하고 이 책의 기획에 착수했다. 애초 기획 의도는 문화산업에 관한 국내 최초의 사회학적 편람을 만드는 것이었다. 편집진은 사회학과 학부생을 위한 수업 교재와 대학원 사회학 전공자들을 위한 연구 길잡이로 활용될 수 있는 책을 목표로 작업을 진행했다. 작업 과정은 고난의 연속이었다. 사회학 연구자들만으로 필요한 저자를 확보할 수 없어 사회학 서적의 정체성 유지에 어려움을 겪어야 했고, 준비가 본궤도에 오를 무렵 코로나19 팬데믹이 발발해 작업의 동력을 앗아가기도 했다.

이 모든 지난한 과정을 거쳐 어느덧 책의 출간을 맞게 되다니 감개가 무량하다는 말 외에 다른 표현이 생각나지 않는다. 평소에 잘 사용하지 않던 예스런 표현인데, 이게 이렇게 절절하게 다가올 줄은 꿈에도 몰랐다. 이 책과 함께한 지난 3년을 생각하면 무엇보다 감사를 표해야 할 이름들이 가장 먼저 떠오른다. 한국문화사회학회의 최종렬 회장은 이 책의 추천사를 써줬고, 오랜 사업 기간 내내 끊임없는 관심과 성원을 보내주었다. 그의 따뜻한 애정에 감사한다. 한국문화사회학회 임원진, 특히 전·현직 학술위원장인 이현서와 이희정에게도 감사를 표한다. 이현서는 이 책의 시작을, 이희정은 끝을 함께했다. 이들의 협조와 지원이 없었다면 이 책은 세상에 나오지 못했을 것이다. 전 총무위원 김봉석에게 감사한다. 그의 배려와 관심 덕에 초기의 어려움을 헤쳐 나올 수 있었다. 문화사회학회 학술위원 전원에게 감사의 말을 전한다. 그들의 이름을 일일이 거명할 수는 없지만, 그들은 이 책의 출간 과정에서 함께 토론하고 값진 의견을 전해 주었다. 끝으로 한울엠플러스(주) 윤순현 부장과 김우영은 편집진의 게으름에도 끝까지 침착하게 과정을 이끌었다. 그들의 인내에 경의를 표한다.

2023년 7월

이기웅·안미향·박근영

차례

박스 차례

문화와 문화산업, 그 복잡하고 미묘한 관계

1. 문화산업과 문화의 상품화

　문화산업이란 무엇인가? 문화산업과 문화는 어떤 관계를 맺는가? 문화산업과 창조 산업은 어떻게 다른가?『대중문화와 문화산업』의 서장에서는 이런 질문들에 답함으로써 이후 진행될 논의에 일정한 준거를 제공하려 한다. 문화와 관련된 모든 논의가 그렇듯 문화산업을 어떻게 정의할 것인가는 그리 간단한 문제가 아니다. 대부분의 문헌은 문화산업이라는 용어부터 그 내용에 이르기까지 다양한 견해와 해석이 존재한다는 점을 지적하면서, 일반적 정의를 내리기보다 문화산업의 특징과 구성 요소를 길게 나열하는 방식으로 정의를 대신한다(Brooker, 1999: 58~59; Hesmondhalgh, 2002: 11~14).

　정책 분야에서도 상황은 크게 다르지 않다. 2022년 개정된 한국의 '문화산업진흥기본법'은 문화산업을 "문화상품의 기획·개발·제작·생산·유통·소비 등과 이에 관련된 서비스를 하는 산업"으로 정의하면서, 영화, 음악, 출판 등 11개의 산업을 여기에 포함시켰다. 이는 미국의 북미산업분류체계(North American Industry Classification System: NAICS)나 영국 문화매체체육부(Department of Culture, Media, & Sports: DCMS)의 창조 산업 분류에서 명기된 내용과 차이를 나타낸다(김재범, 2005: 4~5). 이 모든 사례는 문화산업에 대한 합의된 정의가 존재하지 않음을 보여준다.

여기서는 논의를 풀어 가기 위해 일단 문화산업을 "문화를 상품화해 이윤을 얻는 산업"으로 정의해 보자. 오늘날 우리의 문화생활에서 상품화된 문화가 치지하는 비중은 가히 압도적인 것으로 보인다. 이 점은 깊이 생각할 필요도 없이 우리의 일상을 잠시 돌아보는 것만으로도 쉽게 알 수 있다. TV를 시청하고, 영화를 감상하고, 음악을 스트리밍하고, 온라인 게임을 하는 등의 일은 많은 사람들의 일과로 정착한 지 오래다. 개인마다 선호하는 매체와 장르는 다를 수 있겠으나, 우리는 인생의 적지 않은 시간을 문화산업이 제공하는 상품을 소비하는 데 보낸다. 이를 통해 우리는 즐거움을 얻고, 생각을 형성하며, 정체성을 구축하고, 동시대적 경험을 공유한다. 이런 점에서 문화산업은 돈벌이를 위한 비즈니스의 차원을 넘어 우리의 자아 정체성과 사회적 감각의 형성에도 지대한 영향을 미친다.

여기서 유의할 점은 문화산업의 역할과 중요성을 과대평가해서는 안 된다는 것이다. 우리가 일상적으로 영위하는 문화는 근본적으로 공동체의 생활 과정에서 역사적으로 형성된 공공재의 형태로 존재한다. 문화산업은 이러한 공공재적 문화에서 일부를 취해 상품화함으로써 이윤을 생산한다. 문화산업의 영향력이 아무리 커 보여도 우리의 문화생활 전체가 상품화되는 일은 있을 수는 없다. 나아가 문화의 상품화는 상품화되지 않은 또는 상품화될 수 없는 문화적 요소들에 의존한다. 예를 들어, 모든 문화의 근간이 되는 언어나 음악의 기본을 이루는 음계, 리듬, 화성, 그리고 시각 예술의 요소들인 색, 빛, 형태 등은 모두 상품이 아닌 것을 넘어 상품화가 원천적으로 불가능하다. 오늘날 문화생활의 가장 중요한 도구라 해도 과언이 아닐 인터넷도 월드 와이드 웹(World Wide Web)이라는 탈상품화된 정보 체계를 기반으로 작동한다.

이처럼 비상업적이거나 탈상품화된 문화는 상품화된 문화를 포괄할 뿐 아니라 그것의 존재 조건이자 근거이기도 하다. 이는 겉보기와 달리 이 두 범주가 고정되거나 상호 대립하지 않으며, 매우 복잡하고 역동적인 관계를 형성하고 있음을 의미한다. 실제로 상품화된 문화와 탈상품화된 문화는 지속적으로 서로의 경계를 넘나든다. 하나의 문화 생산물은 특정한 시점과 맥락에서는 상품이 되지만, 시점과 맥락이 바뀌면 상품 관계에서 풀려난다. 경우에 따라서는 상품이면서 동시에 상품이 아닌 상태로 존재하기도 한다. 예를 들어 대중음악은 이윤을 목적으로 생산된 상품이지만, 그것의 소비를 위해 반드시 구매가 필요한 것은 아니다. 대중음악은 음반, 음원, 스트리밍 등 상품의 형태로 유통되지만, 다수의 사람들은 방송, 유튜브(YouTube), 공공장소의 배경 음악 등 다양한 수단을 통해 돈을 내지 않고 합법적으로 소비한다. 대중음악은 누군가엔 상품이지만 동시에 누군가엔 공공재적 성격을 지니는 것이다.

우리는 이러한 복잡성, 역동성, 다면성, 그리고 제한성에 유념해 문화산업에 접근할 필요가 있다. 그러지 않을 경우 자칫 그것의 작동과 의미에 대해 일면적이고 피상적인 이해에 머무르기 쉽다. 이 장에서는 문화산업을 다양한 측면에서 조명함으로써 그에 대한 입체적이고 섬세한 이해를 도우려 한다.

2. 문화, 대중문화, 문화산업

문화산업이 생산하는 상품화된 문화를 대중문화(popular culture)라고 한다. 오늘날 대중문화는 '대중적 소비를 위해 생산되는 문화'를 지칭하는 가치 중립적·기술적(記述的) 용어로 사용되는 경향이 있다. '문화상품'이라는 대중문화의 규정성도 더 이상 특별한 정치적·도덕적 함의를 수반하지 않는 객관적 용어로 통용된다. 그러나 오랫동안 대중문화는 차별의 대상이었고, 문화 상품이라는 말에는 경멸과 비하의 의미가 혼재되어 있었다. 대중문화는 근대화와 도시화의 산물로서 200년 이상의 연륜을 지녔지만. 본격적으로 존재를 드러내기 시작한 것은 20세기 초 매체 기술이 발달하고 대중 사회가 도래하면서부터였다. 대량 생산·대량 소비를 위한 문화로서 대중문화의 등장은 문화에 대한 기존의 인식을 송두리째 뒤흔들었고, 문화적 가치를 옹호한 엘리트 지식인들의 격렬한 저항을 불러일으켰다. 오늘날 지배적 문화의 지위에 오르기까지 대중문화는 온갖 억압과 차별의 환경 속에서 지속적인 인정 투쟁을 벌여왔다.

대중문화라는 새로운 문화 형태가 영향력을 확대함에 따라 문화의 의미에도 큰 변화가 발생했다. 영국의 문화 이론가 레이먼드 윌리엄스(Raymond Williams)는 문화에 관해 다음의 유명한 말을 남겼다. "문화(culture)는 영어에서 가장 복잡한 단어 두셋 중 하나로 손꼽힌다"(윌리엄스, 2010: 123). 그는 다른 곳에서 이렇게 말하기도 했다. "문화라는 그 빌어먹을(damned) 단어를 듣지 말았어야 했다"(Williams, 1981: 154). 오늘날 윌리엄스의 이러한 탄식은 선뜻 이해가 가지 않는다. 문화라는 용어는 오래전부터 일상 어휘의 하나였고, 우리는 이 말을 사용하는 데 별다른 어려움을 느끼지 않는다. 그럼에도 불구하고 20세기를 대표하는 석학 중 한 사람이 한 번도 아니고 여러 차례에 걸쳐, 때로는 감정을 섞어가며 소회를 토로한 것에 대해 곱씹어볼 가치는 있다.

문화가 복잡한 용어라는 주장에 대해 윌리엄스가 근거로 제시한 것은 다의성과 역사성이었다. 그에 따르면 문화는 복수적 대상을 지칭하는 말이며, 이 복수성은 오랜 역사를 거치며 어의가 변화하고 분화한 결과다. 그가 이러한 논의를 펼친 목적은 문화와 문학/예술을 동일시한 당시 영국의 엘리트주의적 문화 개념에 대해 "생활 방식의 총체"라는 대안적 문화 개념을 주창함으로써 '문화의 평범성'을 강조하는 것이었다. 그런데 문화산업의 등장은 윌리엄스의 이러한 개념적 전환을 교란시켰고, 문화의 의미를 둘러싼 혼란의 양상을 더욱 복잡하게 만들었다. 문화산업을 통해 생성된 대중문화는 기존의 어떤 문화 개념에도 부합하지 않는 '상품으로서의 문화'라는 새로운 차원을 덧붙였는데, 이는 사회의 지배 집단으로부터 '진정한' 문화를 파괴하는 반문화로 지목되어 문화를 격렬한 투쟁의 장으로 만들었다(김창남, 2015: 47~59; 스토리, 2018: 46~79).

문화산업과 대중문화를 둘러싼 투쟁은 20세기 내내 진행되었고, 그 과정에서 대중문화는 조금씩 사회적 인정을 획득해 갔다. 이러한 역사는 문화산업 개념의 발전사에도 반영되어 있다. 독일 출신의 비판 이론가 테오도어 아도르노(Theodor Adorno)와 막스 호르크하이머(Max Horkheimer)는 문화와 산업이라는 모순된 두 단어를 병치시킨 새로운 용어를 고안함으로써 자본주의 문화의 뒤틀린 상황을 고발하려 했다. 그들에 따르면 가장 고상하고 수준 높은 인간 행위인 문화와 저열한 돈벌이 행위인 산업은 양립 불가능하다. 문화산업은 이처럼 양립 불가능한 것들을 양립시킴으로써 문화의 도구화와 질적 타락을 초래했다. 상업적 이윤 동기에 추동된 문화는 한편으로 인간 정신의 타락을 이끌며, 다른 한편으로는 권력 지배의 수단으로 전락한다(아도르노·호르크하이머, 2001).

후대의 학자들은 아도르노와 호르크하이머의 용어 "culture industry"를 비판적으로 계승해 보다 경험적 연구에 적합한 개념으로 발전시키려 했다. 그 결과 "culture industries"(UNESCO, 1982), "cultural industries"(Hesmondhalgh, 2002) 등의 용어가 개발되었고, 현재까지 널리 사용되고 있다. 한국어로는 모두 '문화산업'으로 번역되지만 이들 용어는 아도르노와 호르크하이머의 개념이 지닌 단수성과 전지전능함에 대한 가정을 비판하고, 문화산업을 복수적이고 구체적인 제도로 재개념화한다(김성은, 2015).

아도르노와 호르크하이머는 문화의 상품화 현상을 비판하기 위한 목적으로 문화산업 개념을 고안했기 때문에, 애초부터 문화산업의 다양성, 상이한 문화산업 간의 차이, 그들이 작동하는 구체적 방식 등에는 별다른 관심이 없었다. 일체의 현장 조사 없이 시대 진단적 거대 담론으로 일관한 그들의 논의는 문화산업이 대중의 의식을 완벽하게 지배한다는 과대평가로 귀결되었고, 이는 많은 비판의 대상이 되었다(Negus, 1997; Lash and Lury, 2007). 그런데 이런 비판을 거쳐 만들어진 새로운 개념들은 아도르노와 호르크하이머의 한계를 보완하는 데는 성공했지만, 그들의 비판적 문제의식을 계승하는 데는 다소 소극적이었다. 그 결과 문화산업은 비판적 함의를 결여한 중립적·기술적 용어로 재탄생했고, 이런 추세 속에서 과거 아도르노와 호르크하이머의 용어였던 "the culture industry"도 가치 중립적 개념으로 재의미화되어 제2의 삶을 누리고 있다(Lash and Lury, 2007; Keltie, 2017).

3. 문화의 위계와 상품화

오랜 투쟁을 거쳐 대중문화는 이제 사회적 인정과 문화적 시민권을 획득한 것처럼 보인다. 특히 케이 팝(K-pop)을 비롯한 한류 문화가 국제적으로는 소프트 파워의 원천으로, 국내적으로는 국민 정체성과 자부심의 근거로 찬사를 한 몸에 받고 있는 상황에서 이 점은 자명한 듯하다. 그러나 조금만 자세히 들여다보면 오랜 문화적 위계와 차별은 지금도 온존하고 있음을 알게 된다. 아직도 대중음악은 음악 대학의 전공과목에서 배제되고 있고, 예술의 전당이나 국립극장 등 국내 최고 공연장들은 대중문화에 극히 제한적으로만 문호를 개방한다. 대중문화가 차별받는 이유로는 크게 두 가지가 거론된다. 하나는 대중문화가 대중 또는 '하층 계급'의 문화라는 점이다. 사회적 권력을 독점한 엘리트층에게 이 점은 비하와 경멸의 근거가 된다. 다른 하나는 돈벌이를 목적으로 생산된 상품이라는 점이다. 대중문화는 상업적 이윤 동기에 따라 그 내용이 결정되기 때문에 문화적 가치를 결여한 것으로 여겨져왔다.

역설적인 것은 대중문화의 지위 상승이 상당 부분 상업적 성공의 결과였다는 점이다. 위에서 언급한 한류는 이의 좋은 사례다. 한국 대중문화가 전 지구적으로 인기를 얻으면서 막대한 수입을 창출하자 언론의 주목과 사회적 존중이 뒤따랐다. 심지어 고급 예술과 전통 음악 등 문화적 위계의 상위를 점하는 분야들에서조차 K-아트, K-뮤직 등의 브랜드를 개발해 케이 팝의 후광을 누리려 하고 있다. 이러한 사실은 대중문화에 대한 차별의 근거로서 문화의 상품화가 얼마나 빈약한 것인지를 보여준다. 대중문화의 역사적 발전은 매우 복잡하고 예기치 않은 방식으로 진행되었다. 아도르노와 호르크하이머를 비롯한 반대자들이 우려한 것처럼 대중문화가 수준 낮은 문화 상품을 대량 공급함으로써 문화의 질적 저하를 초래하고 대중의 비판 능력을 마비시키는 상황은 오지 않았다. 오히려 대중문화는 가장 대중적인 것부터 고도의 예술성을 추구하는 것까지 다양한 형태로 분화되었고, 이 과정에서 고급문화와의 경계도 상당 부분 허물어졌다. 20세기 중반부터는 중간 계급 엘리트 지식인들이 대중문화의 다양한 분야에 창작자, 매개자, 수용자 등으로 대거 유입되면서 하층 계급의 문화라는 선입견도 불식되었다.

대중문화는 더 이상 동질적인 것으로 볼 수 없게 되었다. 그리고 이는 문화의 상품화에 대한 재의미화를 추동했다. 문화의 상품화가 이윤 동기에 대한 전일적 복속을 의미하지 않는다면, 이는 창의성에 대한 제약이라기보다 자본주의적 시장 경제하에서 문화 생산물이 유통되는 지배적 방식으로 이해되어야 할 것이다. 실제로 시장을 통한 생산과 유통은 대중문화에만 국한되지 않고 고급문화도 피해 갈 수 없는 일반적 조건이 되었다. 시장에서 유통되는 상품이라는 점에서 베토벤(Ludwig van Beethoven)의 관현악곡과 아이유의 노래 사이에는 아무런 차이가 없다. 상업 문화인 대중문화와 비상업 문화인 고급문화 간의 경계는 내용뿐 아니라 존재 형식에서도 구분이 모호해진 것이다. 대중문화를 "문화산업이 상품화한 문화"로 정의한다면, 이제 고급문화도 대중문화가 된 것이다.

4. 대중문화와 참여적 소비 문화

문화의 상품화는 일방향적 과정이 아니다. 상품화는 상품화된 문화의 탈상품화와 병행한다. 레이먼드 윌리엄스는 영어 단어 대중(popular)의 다의성에 근거해 다음의 네 가지로 대중문화를 정의했다(윌리엄스, 2010: 362). 첫째, '대중적인 것', 즉 다수가 좋아하는 문화, 또는 다수에게 인기 있는 문화. 둘째, 평민 또는 하층 계급의 문화. 즉, 상류 계급의 고급문화에 비해 '열등한' 문화. 셋째, 대중 사회의 대량 문화(mass culture). 넷째, 민중의 공동체적 삶에서 자발적으로 생성된 현대판 민속 문화(folk culture).

여기서는 이 중 네 번째 정의, 즉 민중의 자발적 문화로서의 대중문화에 초점을 맞춘다. 그런데 오늘날의 조건에서 상품화된 대중문화에 영향받지 않은 '순수한' 민중 문화는 존재할 수 없다. 대중문화는 이미 민중의 삶에 깊숙이 통합되어 있기 때문에 그것을 분리해 내는 것은 가능하지도 않을뿐더러 바람직한지도 의문이다. 그럼에도 불구하고 민중은 상업의 영역 밖에서 스스로를 위해 끊임없이 새로운 문화를 만들어낸다. 그 대표적인 사례가 힙합이다. 1970년대 미국 뉴욕시 브롱크스(Bronx, New York) 지역에서 등장한 힙합은 애초 사회적으로 소외된 흑인 청년들의 하위문화로서 상업적 목적을 지닌 음악은 아니었다. 그렇다고 그들이 상업적인 것과 담을 쌓은 것도 아니었다. 힙합 크루의 디제이들은 오히려 상업적으로 발매된 음악을 적극 활용해 랩의 배경 음악을 만들었다. 샘플링 기법을 이용한 이들의 음악은 초기 힙합의 시그니처 사운드가 되었다. 그런데 이들이 저작권료를 지불하지 않고 기존의 음악을 가져다 썼다는 점에서 초기 힙합이 상업성과 맺는 관계는 더욱 복잡해진다.

앞서 살펴본 레이먼드 윌리엄스의 정의에서 우리는 문화의 두 차원이 존재함을 알 수 있었다. 하나는 예술과 문학으로서의 문화, 즉 텍스트로서의 문화이고, 다른 하나는 '생활 방식의 총체', 즉 실천과 담론으로서의 문화다.

대중문화는 이 두 종류의 문화와 모두 관계 맺으면서 다차원적 구조를 지닌 것으로 형성된다. 이 중 지금까지 논의된 것은 주로 텍스트로서의 문화에 관한 것이었다. 문화산업의 본령은 의미로 충만한 텍스트를 생산해 상품으로 판매하는 것에 있다. 영화, 음악, TV 프로그램 등 문화산업의 주요 상품들은 모두 텍스트로서의 대중문화에 속한다.

이에 반해 실천으로서의 대중문화는 텍스트의 의도치 않은 파생물로 출현하는 경우가 많다. 사람들은 대중문화의 텍스트를 감상하는 데서 끝나지 않고, 자신이 본 것의 일부를 모방하거나 신체적으로 인용함으로써 감상과는 또 다른 차원의 즐거움을 경험한다. 케이 팝 커버 댄스를 추거나, 드라마에서 본 음식을 찾아 먹거나, 연예인의 모습을 따라 몸을 꾸미는 행위 등은 이 범주에 속하는 대표적 사례들이다. 이러한 실천은 처음부터 상품으로 의도되거나 기획되지 않은 비상업적 행위로서, 소비자들의 자발적 참여를 통해 사후적·우연적으로 발생하는 대중문화라고 할 수 있다.

담론으로서의 대중문화 역시 참여적 소비 문화의 산물이라는 점에서 유사한 특성을 공유한다. 대중문화 텍스트의 소비는 모방의 욕망뿐 아니라 말하고자 하는 욕망도 불러일으킨다. 사람들은 텍스트에 대한 자신의 생각과 느낌, 줄거리나 상황에 대한 이해 등 자신이 보고 들은 것들에 관해 소통함으로써 텍스트가 직접 제공하는 것 외의 또 다른 재미를 얻는다. 디지털 미디어의 발전은 보다 손쉽고 효율적으로 대규모의 의사소통을 가능케 함으로써 담론으로서의 대중문화가 하나의 의례로 정착하는 데 기여한다.

5. 문화산업과 경제의 문화화

20세기 말, 자본주의 경제가 신경제(new economy) 또는 창조 경제(creative economy)라는 새로운 단계로 접어들었다는 담론이 크게 유행했다(Thrift, 2005).

이 새로운 단계는 기존의 자본주의와 근본적으로 상이한 원리에 따라 작동하는 것으로 묘사되었고, 많은 나라에서 새로운 패러다임에 의거해 국가 경제를 재구축하기 위해 노력했다. 신경제 또는 창조 경제에서 가장 강조된 것은 창의성이었다. 창의성은 갈수록 격화되는 경쟁에서 승리하기 위한 혁신의 원동력으로 가치화되었다. 자본주의 경제의 주류 산업이었던 제조업은 사양 산업으로 격하되어 역외 생산(offshoring)이라 불리는 지구적 수준의 지리적 재배치가 이루어졌고, 디자인, 금융, 컨설팅, 마케팅 등 무형 자산에 근거한 사업들이 자본주의의 새로운 총아로 부상했다. 오랫동안 주변화되어 있었던 문화산업은 이런 시대적 맥락에서 무대의 전면에 등장해 각광을 받기 시작했다.

문화산업은 크게 두 가지 점에서 주목의 대상이 되었다. 하나는 문화산업이 창의성 비즈니스라는 점이다. 창의성이 기업의 핵심 역량으로 간주되면서 그것의 육성과 관리가 사활적 문제로 떠올랐다. 기업들은 문화산업을 롤모델 삼아 조직과 운영을 벤치마킹하려 했다. 다른 하나는 경제의 문화화다(culturalization of the economy). 기존에는 문화와 무관하다고 여겨졌던 많은 사업들이 심미, 서사, 경험 등 문화적 요소를 적극 끌어들여 경쟁력 강화를 꾀하면서 일종의 문화산업처럼 변해 갔다(Warde, 2002). 당시 이러한 경향을 주도한 기업이 애플(Apple)이었다. 애플은 디자인을 중심으로 경쟁력을 재구성함으로써 품질과 가격이라는 경쟁의 기존 틀을 근본적으로 뒤바꿨다. 아이팟(iPod)과 아이폰(iPhone)으로 대표되는 애플의 제품들은 공리적 효용을 넘어서는 정서적·문화적 경험을 제공함으로써 혁신의 아이콘이 되었다.

경제의 문화화가 진행되면서 문화산업의 범위는 끝없이 확장되어 갔다. 카페와 식당은 음료나 음식을 파는 곳에서 분위기와 경험을 파는 곳으로 성격이 변했고, 도시 공간도 심미적 만족감과 문화적 의미를 제공하는 곳으로 재구조화되었다. 시계, 지갑, 의류 등도 원래의 용도에서 풀려나와 브랜드의 틀로 재가치화되었다. 영화, 음악, TV, 만화, 게임 등 고전적 문화산업에 덧

붙여 이제는 이동 통신 기기, 의류, 건축, 요식업 등 셀 수 없이 많은 것들이 문화산업으로서 논의될 수 있게 되었다. 이러한 추세는 소셜 네트워크의 일상화로 더욱 심화되었다. 형태를 가진 모든 것들이 카메라의 피사체로서 새로운 용도를 부여받고, 누군가의 페이스북(Facebook)이나 인스타그램(Instagram) 페이지를 돋보이게 하는 데 동원된다. 디지털 미디어와 결합된 경제의 문화화 국면에서 마이크 페더스톤(Mike Featherstone)이 말한 "일상생활의 심미화(aestheticization of everyday life)"는 정점에 도달한다(Featherstone, 1991: 15).

문화산업의 범위 확장을 가속화하는 또 하나의 요소는 경험 경제(experience economy)다. 파인과 길모어(B. Joseph Pine II and James H. Gilmore)는 상품 경제와 서비스 경제 단계를 지나 경험 경제의 단계가 도래하고 있으며, 향후 경제의 핵심은 경험의 상품화가 될 것이라 예견한 바 있다(Pine II and Gilmore, 2011). 경험 경제는 앞서 논의한 실천으로서의 대중문화와 긴밀하게 맞닿아 있다. 이는 특히 한류 문화에서 단적으로 나타나는데, 해외의 한류 팬들은 텍스트가 재현하는 다양한 한국 문화의 요소들에 반응하며 경험을 욕망한다. 그 결과 패션, 뷰티, 관광, 음식, 언어, 유학 등 텍스트에서 파생된 광범위한 문화적 레퍼토리가 실천에 옮겨지고, 이는 다시 새로운 한류 문화산업의 성립으로 이어진다. 이런 방식으로 한류의 내적 다양성은 끝없이 확장되어 간다. 이제 패션, 뷰티, 관광, 음식, 언어, 유학 등은 더 이상 드라마나 케이 팝에 의존하지 않고도 스스로 존립할 수 있는 한류의 독자적 하위 범주가 되었다(이기웅, 2022).

6. 문화산업, 창조 산업, 콘텐츠 산업

지금까지 살펴본 것처럼 문화산업은 그리 간단치 않은 주제다. 그런데 이에 대한 이해를 더욱 어렵게 만드는 것은 유사하게 보이는 개념들의 동시적 통용이다. 그 대표적인 것들이 창조 산업(the creative industry)과 콘텐츠 산업이다. 이들 용어는 문화산업과 근본적으로 다른 어떤 것을 지칭한다기보다 강조점의 차이 또는 특정 정책과의 연관성을 나타내기 위해 만들어진 것들이다. 창의 산업 또는 크리에이티브 산업으로도 표기되는 창조 산업은 1990년대 말 영국 총리 토니 블레어(Tony Blair)가 이끈 노동당 정부의 핵심 정책 의제였다. 블레어 정부는 창조 산업을 국가 경제 발전의 주요 동력으로 지목하고 적극적으로 지원함으로써 세기말과 세기 초 영국 경제의 부흥을 이끌었다. 뿐만 아니라 예술, 영화, 디자인, 패션, 건축 등에서의 약진을 통해 영국의 국가 이미지와 소프트 파워의 제고에도 긍정적으로 기여했다.

영국 문화매체체육부가 발간한 '영국 창조산업 도표(The UK Creative Industries Mapping Document)'(DCMS, 1998)는 창조 산업을 "개인적 창의성, 기술, 재능에 근거한 활동들로, 지식 재산권의 생성과 활용을 통해 부와 일자리를 창출할 가능성이 있는 것들"로 정의하고, 음악, 영화, 공연 예술, 광고, 게임 등 총 13개 산업을 여기에 속하는 것으로 분류했다. 이는 이 장의 서두에서 언급한 '문화산업진흥기본법'의 11개에 비해 많은 것처럼 보이지만, 한국의 경우 음악과 게임을 하나의 항목으로 묶는다든지, 디지털 문화 콘텐츠 같은 포괄적 범주를 사용하는 등으로 인해 실제 문화산업으로 분류되는 산업의 종류는 11개보다 훨씬 많다. 그 내용을 자세히 보면 나라별 상황에 따라 만화나 패션 등이 포함되고 안 되고의 차이는 있지만 큰 틀에서는 대동소이하게 보인다. 이런 이유에서 김재범은 창조 산업에 대해 "기존의 문화산업이라는 용어 자체가 진부하기 때문에 보다 진취적인 느낌을 주는 이름이라고 생각하여 택한 것이다"라고 평가절하하기도 했다(김재범, 2005: 5).

그러나 정의를 살펴보면 두 개념의 차이가 비교적 두드러지게 나타난다. 한국의 '문화산업진흥기본법'은 문화 상품을 핵심어로 한다. 이는 이 법이 '문화산업은 문화를 상품화해 돈을 버는 산업이다'라는 고전적 가정에 근거한 것임을 말해준다. 반면 '영국 창조산업 도표'에서 강조하는 것은 지식 재산권이다. 한국의 문화산업과 달리 영국의 창조 산업은 문화가 아니라 창의성을 핵심 자산으로 간주하며, (문화) 상품의 판매보다는 지식 재산권의 행사를 통해 부와 일자리를 창출하려 한다(Howkins, 2007). 이런 점을 볼 때, 문화산업과 창조 산업은 단순히 이름만 다른 것이 아니다. 이 둘은 상이한 논리와 지향에 입각해 작동하는 것이다.

2000년대 말부터 한국에서 문화산업이라는 용어의 사용 빈도는 현저히 줄어들었다. 대신 콘텐츠 산업 또는 문화 콘텐츠 산업이라는 말이 자주 사용되기 시작했다. 콘텐츠 산업은 "문화산업 중에서도 콘텐츠를 기반으로 상품을 제작, 생산, 유통, 소비하는 과정"으로 정의된다(김평수·윤홍근·장규수, 2016: 5). '문화산업진흥기본법'에 따르면 콘텐츠란 "부호·문자·도형·색채·음성·음향·이미지 및 영상 등(이들의 복합체를 포함한다)의 자료 또는 정보"를 뜻한다. 구체적으로 콘텐츠 산업은 매체 기반의 엔터테인먼트 산업을 지칭하는 말로 통용된다. 이에 따라 영화, 게임, 웹툰, 방송은 콘텐츠 산업이고, 공연 예술, 전시회, 문화유산, 축제 등은 문화산업이지만 콘텐츠 산업은 아니다. 그러나 현실에서 이러한 분류는 엄격하게 지켜지지 않는다. 콘텐츠 산업을 관장하는 한국콘텐츠진흥원은 한국 대중음악가들의 해외 진출을 지원하는 사업을 벌여왔는데, 이 사업은 해외 페스티벌이나 쇼케이스 참여 등 공연 예술에 대한 지원에 중점을 둔다.

흥미로운 점은 콘텐츠 산업이라는 용어가 한국에서 개발되어 한국에서만 사용되고 있다는 것이다. 유사한 사례로 일본에서는 콘텐트 산업(content industry)이라는 말을 사용하는데, "음악, 영화, 게임, 망가, 아니메 등을 생산, 배급, 판매하는 사기업" 또는 "망가, 소설, 영화, TV, 음악 등 재생산 가능한 재현을 다루는 산업" 등으로 정의된다(Matsui, 2014: 81). 세부 항목에서는 다소 차이가 있지만 매체 중심의 대중문화로 특정되어 있다는 점에서 일본의 콘텐트 산업과 한국의 콘텐츠 산업은 상당한 유사성을 공유한다. 그렇다고 한국이 일본에 영향을 받은 것 같지는 않다. 이 명칭이 등장하게 된 국내적 맥락이 존재하기 때문이다.

콘텐츠 산업이라는 이름이 언론이나 연구 논문에서 나타나기 시작한 시점은 한국콘텐츠진흥원이 설립된 2009년부터다. 이듬해인 2010년에는 '콘텐츠산업진흥법'이 제정되었다. 콘텐츠 산업이라는 말은 이러한 상황적 맥락에서 만들어져 확산되었는데, 여기에는 우연의 요소도 개재되었다. 한국콘텐츠진흥원은 한국문화콘텐츠진흥원, 한국게임산업진흥원, 한국방송영상산업진흥원이 통합되어 만들어졌고, 이 과정에서 '문화 콘텐츠'가 '콘텐츠'로 단축되었다. '콘텐츠산업진흥법'의 경우, 원래 디지털 콘텐츠 산업의 보호와 육성을 위해 제정된 '온라인디지털콘텐츠산업발전법'을 원형으로 하는데, 주관 부처인 정보통신부의 해체로 인해 문화부 소관으로 이양되면서 현재의 이름으로 변경되었다.

콘텐츠 산업에 대한 한 가지 의문점은 문화산업이라는 용어가 있음에도 왜 국제적으로 널리 통용되지도 않는 새로운 용어를 만들었을까 하는 점이다. 여기에는 한류로 대표되는 국내 엔터테인먼트 및 디지털 콘텐츠 산업의 경쟁력을 강화하기 위한 정책적 목표도 분명 있지만, 위에 언급한 바와 같은 정부 조직의 변화도 적지 않게 영향을 미쳤다. 앞서 살펴본 것처럼 애초 콘텐츠 산업은 문화산업의 일부로 분류되었다. 그러나 예기치 못한 일련의 정부 조직 개편의 결과, 현재 두 산업 간의 관계는 매우 복잡해진 상황이다. 이에 대해 김지민은 '문화산업진흥기본법'과 '콘텐츠산업진흥법'의 관계 분석을 통해 다음의 네 가지 문제를 지적했다. ① 적용 대상 및 범위의 불명확성, ② 법체계적 지위의 모호성, ③ 내용적 유사·중복성과 비체계성, ④ 진흥법-규제법 성격의 혼재 우려(김지민, 2023: 47~52). 콘텐츠 산업의 지위 격상은 이러한 혼란 속에서 이루어졌다. 영국에서 창조 산업이 문화산업을 대체한 것과 비슷한 역할을 한국에서는 콘텐츠 산업이 수행해 왔다. 그럼에도 불구하고 콘텐츠 산업은 여전히 상품의 생산과 판매에 주력하는 문화산업으로서의 성격을 강하게 유지하고 있다. 최근 지식 재산권의 중요성이 강조되고는 있지만, 〈오징어게임〉을 통해 불거진 넷플릭스(Netflix)의 불공정한 수익 분배 논란은 한국 콘텐츠 산업의 이러한 정체성을 분명히 보여준다(정연호, 2021).

7. 이 책의 구성

『대중문화와 문화산업』은 총 3부로 이루어져 있다. 1부는 일반론으로서 문화산업에 관한 이론과 관점을 소개하고 비판적으로 검토한다. 여기서는 지구화의 문제와 문화 매개의 개념에 대해 다룬다. 2부는 각론에 해당하는 부분으로서 문화산업의 주요 부문들에 대한 심도 깊은 설명을 제공한다. 뉴미디어, 영화, 방송, 패션, 웹툰 산업이 여기서 다뤄진다. 3부는 문화산업 관련 주요 이슈를 논의한다. 젠더, 구별 짓기, 노동, 도시, 국가 정책 등의 내용이 3부를 구성한다.

1부는 두 개의 장으로 이루어진다. 박성우는 20세기 말 이후 인류의 보편적 상황이 된 지구화의 맥락에서 문화산업에 접근하는 새로운 관점을 제공한다. 그는 기존의 국민 국가적 질서를 전제한 문화산업 이해는 더 이상 타당하지 않으며 지구화라는 조건은 문화산업의 의미와 활동에 대해 근본적으로 새로운 상상을 요구한다고 주장한다. 과학 철학에 깊이 영향받은 그의 논의는 매우 추상적이고 난해한 편이지만, 여러 번 읽다 보면 문화산업에 대한 근본적으로 새로운 시각을 습득할 수 있게 될 것이다. 이어지는 강윤주의 논의는 문화 매개의 개념을 통해 건강한 문화 예술 생태계의 조성을 고민한다. 문화 매개란 문화의 생산자와 소비자를 연결하는 활동을 의미하는 말로, 여기에는 다양한 방식과 이론이 존재한다. 저자는 이들 이론과 실천을 일별해 비판적으로 검토함으로써 문화산업에서 매개의 문제를 효과적으로 다룰 수 있는 방안을 모색한다.

2부는 이 책의 핵심에 해당하는 부분으로, 총 다섯 개의 장으로 구성된다.

박창호는 뉴미디어 현상을 가시성(visibility)의 개념에 초점을 맞춰 논의한다. 오늘날 우리의 문화생활은 디지털 미디어를 중심으로 재조직되었다. 그런데 이는 세계에 대한 우리의 감각을 근본적으로 변화시킨다. 특히 무한정 증가하는 속도는 시간과 공간에 대한 감각을 끊임없이 갱신하고 가시성의 한계를 확장한다. 이 장은 이러한 변화가 가져오는 예기치 못한 결과와 그 의미에 대해 심도 깊은 사회학적 성찰을 전달한다. 박근영과 안미향이 집필한 장은 고전적 문화산업의 하나인 영화 산업에 관한 논의다. 이들은 한국의 영화 산업에 초점을 맞춰, 그 역사와 구조에 대해 설명하고, 한국 영화 시장의 특성과 스크린 독과점의 문제에 대해 비판적 분석을 수행한다.

이종임은 OTT 미디어 플랫폼(over-the-top platform 또는 over-the-top media service, 이하 OTT)의 등장 이후 방송 산업의 변화와 행위자들의 전략에 관해 논의한다. 과거 소수의 거대 방송사들이 지배하던 방송 시장은 OTT의 진입 이후 심대한 변화를 경과하면서 기존의 권력 구조가 뿌리부터 흔들리고 있다. 이종임은 이러한 상황에서 전통적 텔레비전 미디어와 신흥 OTT가 어떤 전략을 선택하는지, 그리고 그것은 어떤 결과를 초래하는지에 대해 흥미로운 분석을 선보인다. 왕혜숙의 글은 패션에 대한 사회학적 고찰이다. 패션은 오랫동안 사회학의 매력적인 연구 대상으로 간주되어 왔다. 이 장은 의복과 화장을 중심으로 패션의 기원과 기능에 관한 다양한 사회학적 관점을 소개하고 그 현재적 의미를 논의한다.

김수철과 이현지는 웹툰 산업에 대해 플랫폼화에 초점을 맞춰 비판적으로 검토한다. 이들은 플랫폼화가 초래한 시장 구조의 변화와 이로 인한 생산·유통·소비 방식의 변화, 그리고 여기서 발생하는 다양한 문제들을 치밀하게 분석한다. 경험적 현지 조사에 기반을 둔 이 연구는 웹툰 산업을 넘어 오늘날 우리가 직면하고 있는 플랫폼 경제의 현실에 관해 깊이 있는 통찰을 제공한다.

마지막 3부는 특정 산업에 대한 집중에서 벗어나 문화산업을 관통하는 주요 이슈들에 관해 논의한다. 김수아는 문화산업 영역의 고질적인 성별 불균형 문제가 어떻게 특정 성별 고정 관념을 재생산하는지 살펴보고, 이러한 고정 관념에 근거한 미디어의 재현 양상이 어떻게 사회적으로 성별 불평등 규범을 강화시키고 재생산하는 데 기여하는지 검토한다. 이를 위해 그는 TV의 예능, 육아, 요리 프로그램과 아이돌, 힙합, 록 등 대중음악 장르에서 재현되는 여성성과 남성성의 전형들을 분석한다. 최샛별은 취향의 사회적·위계적 속성을 설명하면서, 취향을 통한 사회적 구별 짓기가 한국 사회에서 사회적 관계를 규정하는 실질적 영향력을 행사하고 있음을 주장한다. 그는 부르디외(Pierre Bourdieu)의 문화 자본론과 피터슨(Richard A. Peterson)의 문화적 옴니보어론(cultural omnivore)에 근거해 2020년대의 한국 사회가 기존의 구별 짓기 방식에서 벗어나 새로운 질서와 새로운 구별 짓기의 시대에 진입했음을 강조한다.

윤명희는 디지털 시대에 새로이 부상한 창의 노동에 대한 담론 형성 및 창의 노동에서의 성적 불평등성에 주목해 한국의 디지털 게임 산업계에 종사하는 여성 개발자들의 노동 과정 및 노동 경험을 검토한다. 그는 여기서 게임 산업의 성별화된 직무 환경이 어떻게 여성 창의 노동자들을 조직 내에서 미묘하게 차별하고 배제하는지를 실제 사례를 통해 살펴본다. 이기웅은 문화산업과 도시의 관계가 역사적으로 어떻게 변화되어 왔는가, 그리고 그것은 도시 경관과 공간 정치에 어떤 변화를 가져오는가에 관해 논의한다. 그는 여기서 지구화와 포스트 공업화의 국면에서 도시 경제의 총아로 떠오른 문화산업이 젠트리피케이션을 통한 공간적 약탈에 동원되는 방식에 관해 설명한다. 김세훈은 국가 정책을 중심으로 문화산업을 둘러싼 다양한 문제를 살펴본다. 이를 통해 그는 변화하는 사회 기술적 환경에서 문화 상품의 국제 교역이 문화적 다양성 증진과 정체성 보호를 위해 어떻게 활용되어야 하는지에 대해 논의한다.

참고문헌

김성은. 2015. 「문화산업론과 문화산업 연구의 계보학」. ≪문화산업연구≫, 15권, 4호, 49~65쪽.

김재범. 2005. 『문화산업의 이해』. 서울: 서울경제경영

김지민. 2023. 「문화산업진흥 기본법의 법체계상 문제점과 입법적 개선방안 ─ 콘텐츠산업진흥법과의 관계를 중심으로」. ≪입법학연구≫, 20집, 1호, 35~64쪽.

김평수·윤홍근·장규수. 2016. 『문화콘텐츠산업론』. 서울: 커뮤니케이션북스

김창남. 2015. 『대중문화의 이해』. 파주: 한울

스토리, 존(John Storey). 2018. 『대중문화와 문화이론』. 박만준 옮김. 서울: 경문사.

아도르노·호르크하이머(Theodor W. Adorno and Max Horkheimer). 2001. 『계몽의 변증법: 철학적 단상』. 김유동 옮김. 서울: 문학과지성사.

윌리엄스, 레이먼드(Raymond Williams). 2010. 『키워드』, 김성기·유리 옮김. 서울: 민음사.

이기웅. 2022. 「포스트지구화와 한류 어셈블리지」. ≪황해문화≫, 통권 115호, 92~110쪽.

정연호. 2021.10.29. "오징어게임 흥행, 재주는 한국이 돈은 누가?". ≪IT동아≫. https://it.donga.com/101046/(검색일: 2023.7.20).

Brooker, Peter. 1999. *Cultural Theory: A Glossary*. London: Arnold.

Department of Culture, Media & Sports(DCMS). 1998. *Creative Industries Mapping Documents 1998*. https://www.gov.uk/government/publications/creative-industries-mapping-documents-1998(검색일: 2023.7.20).

Featherstone, Mike. 1991. *Consumer Culture & Postmodernism*. London: Sage.

Hesmondhalgh, David. 2002. *The Cultural Industries*. London: Sage.

Howkins, John. 2007. *The Creative Economy: How People Make Money from Ideas*. London: Penguin Books.

Keltie, Emma. 2017. *The Culture Industry and Participatory Audiences*. Cham: Palgrave Macmillan.

Lash, Scott and Celia Lury. 2007. *Global Culture Industry: The Mediation of Things*. Cambridge: Polity.

Matsui, Takeshi. 2014. "Nation Branding through Stigmatized Popular Culture: The

Cool Japan Craze Among Central Ministries in Japan." *Hitotsubashi Journal of Commerce and Management*, Vol. 48, pp. 81~97.

Negus, Keith. 1997. "The Production of Culture." in Paul du Gay(ed.) *Production of Culture/Cultures of Production*. London: Sage.

Pine II, B. Joseph and James H. Gilmore. 2011. *The Experience Economy*. Boston: Harvard Business Review Press.

Thrift, Nigel. 2005. *Knowing Capitalism*. London: Sage.

UNESCO. 1982. *Culture Industries: A Challenge for the Future of Culture*. Paris: UNESCO.

Warde, Alan. 2002. "Production, Consumption and Cultural Economy." in Paul du Gay and Michael Pryke(eds.) *Cultural Economy*. London: Sage.

Williams, Raymond. 1981. *Politics and Letters: Interviews with New Left Review*. London: NLB and Verso.

1부

이론과 관점

1장

박성우

지구화와 문화산업
: 문화와 산업에 대한 새로운 접근

    현재의 디지털, 글로벌(지구적) 환경에서 '문화'라는 용어는 예전에 비해 매우 포괄적이자 적극적이며 심지어 자의적 관점에서 다양하고 빈번하게 사용되고 있다. 문화산업에 대한 이해 역시 문화에 대한 재맥락화와 함께 다시금 중요해지고 있다. 디지털, 글로벌 시대의 문화적 현상에 대해 이전과는 다른, 확장된 인식이 등장하게 된 배경은 다음과 같다. 우선, 문화적 대상에 대해 존재론적 관점에서 새롭게 접근하게 된 것이다. '사회적 생명성(the social form of life)'이라는 문화 이론 개념이 잘 설명하듯(Appadurai, 1986; Lash and Lury, 2007), 문화적 대상을 마치 생명을 가진 사회적 개체와 같은 것으로 이해하는 경향이 두드러지게 된 것이다. 더불어, 그러한 문화적 대상을 도구나 매개자가 아니라 하나의 사회적 시스템 안에서 총체적으로 바라보는 관점의 확산 역시 주목할 만하다. 구체적으로, 최근 서구를 중심으로 두드러지는 미디어화(mediatization) 논의를 보더라도(Couldry, 2004), 미디어 문화적 대상은 그동안 보편적으로 인식되었던, 사회 속에서 다분히 유일하고 고정적인 것이라는 사유의 방식을 넘어 새로운 의미의 환경이나 조건, 네트워크에 결합되어 특정한 연속적인 흐름 속에서 자리하는 어떠한 것으로 여겨진다. 이 장에서는 지금의 시대성을 과거와는 구분되는 지구화(globalization) 시대로 정의하고, 어떻게 문화적 대상이나 상품 들이 그 차별적인 환경과 조건에서 고유한 흐름과 과정으로 자신들의 특이성을 지속적으로 드러내는지를 중심으로 살펴보고자 한다.

1. 지구화와 문화

지구적 환경이라는 차별적인 시대성과 함께 현 시기 문화화 그리고 문화산업에 대한 개념적 규정을 위해서는 문화를 상부 구조의 하나로 바라보고 그 연구 대상을 존재론적·지형학적 고정성, 유일성에 기반해 해석하는 기풍을 지닌 기존의 문화 연구(cultural studies)적 접근과 일정한 거리를 둘 필요가 있다. 지구적 문화(global culture)라는 개념 역시, 지구적 문화화(global culturization)라는 개념으로 사유되어야 하며 이는 곧 일종의 유동적 흐름, 조건이자 시스템, 네트워크를 의미하는 것이 된다. 그래서 지구적 문화화의 과정은 형상적(figural)·이미지적·감각적이며, 소비자들로 하여금 자신들이 스스로 (재)생산, (재)매개 과정에 주체적으로 참여하고 또 스스로 그 과정을 인식하고 드러내기 용이하게 만드는 특성이 있다(박성우, 2014). 결국, 지구적 시대의 문화화에서 새롭게 인식해야 할 문화적 대상 또는 상품은, '준안정적이며 일시적인 과정(meta-stable temporality)' 자체라고 이야기할 수 있다(Stiegler, 2011: 14). 더불어, 현 시기, 문화적 대상에는 인간, 사물, 환경 사이의 상호 주체적·상호 환경적 토대에서 구성되는 고유한 조건이자 분위기도 포함되어야 한다. 특히 글로벌 국면에서 문화적 대상들은 이제 하나의 실체라기보다는 어떤 고유한 흐름(flow)으로 규정하고 다가가는 것이 더 적절할 수 있으며, 이 과정은 개인적이고 집단적인 상상의 과정을 통해 '자기 구성적(self-organising)'으로 쉽게 드러나고, 집단적으로 과장되기도 한다(박성우, 2014).

영국의 문화 이론가 래시(Scott Lash)는 이러한 지구적 시대의 문화 현상과 그 속에서 두드러지는 '사회적 상상(social imaginary)'이라는 개념에 대해 흥미롭게 이야기했다. 래시의 주장을 정리하면, 지구화와 문화산업에서 핵심적 역할을 하는 '사회적 상상'은 사람들이 실제 기능(function)의 범위를 넘어서서 의미론적·해석적 과잉을 통해 스스로 가지게 되는 경험적이며 기술적인(technic) 상상이며 그래서 더욱 쉽고 빠르게 드러난다는 것이다(Lash, 2012). 이는 바디우(Alain Badiou)나 지제크(Slavoj Zizek)와 같은 동시대의 철학자들이 바라본, 비교적 많이 알려진 현실 진단보다도 어쩌면 더 비판적인 관점이기도 하다. 이들 현대 철학자의 경우, 현실계(the real)와 상징계(the symbolic)의 불협화음 정도로 지금의 시기를 규정하고자 한다면, 래시는 '사회적 상상'을 통해 결국 욕망과 리비도의 생성까지 개인적·집단적으로 신체화(somatisation)되고, 급기야 각자 그리고 모두가 가지는 꿈/이상의 생성마저 환영적으로 구성되는 시대가 지금이라는 주장이다. 이러한 지점에서 '상징의 빈곤', '꿈의 소멸' 등으로 현실 사회를 바라보는 기술 철학자 스티글레르(Bernard Stiegler)나 슬로터다이크(Peter Sloterdijk) 등과 그 궤를 같이하고 있다고 볼 수 있다(Stiegler, 2010; 2011; Sloterdijk, 2011). 래시의 주장에서 보듯, 이러한 상상적 과잉은 '스스로 확대 재생산(autopoeisis)'된다는 점에서 급격히 집단화·시스템화가 되기 수월하다. 스티글레르에게 역시, 이러한 상상계(the imaginary)에서의 구조적 변화는 우리 시대가 처한 '상징에 대한 빈곤'(Stiegler, 2014)을 과잉 추동하고(Lash, 2012: 261), 이 과정에서 특히 새로운 상품의 형태가 되어가는 이미지 위주, 단기 기억 위주의 정보나 흐름이 지속적으로 교환, 범람하게 된 것과도 깊은 연관이 있다. 그 속에서 정작 문제가 되는 점은 중요한 구조적 결함들이 더욱 파악하기 힘들어지는 것이라고 이들은 경고한다. '상징에 대한 빈곤'이 갈수록 일반화되고 있는 우리 현실을 돌아보더라도, 래시가 바라본 '사회적 상상'의 자기 구성적 형상들은 주변 곳곳에서 생생히 드러난다. 어느 도시에나 특이성과 차별성을 상실한 채 보편적으로 자리하는 특정한 브랜드의 커피 전문점과 이동 전화 대리점들, 대중가요, 영화, 심지어 가상 현실과 메타버스 등, 즉 생활과 공간, 문화 양식, 그리고 대중문화 취향과 기술 진보마저 보편화되어 가는 것은 이제 분명해졌다. '상징의 빈곤' 그리고 '상상의 과잉'이라는 지구적 시대성의 특성이자 보편성에서 우리 역시 그다지 멀리 떨어져 있지 않은 것이다. 그리고 이러한 모습은, 특정 시공간적 구조나 일상에서만 벌어지는 것이라기보다는 다른 주변 환경, 조건으로 쉽게 전염, 전이, 확장된다는 점에서 언제나 일시적이며 관계적이면서 동시에 환영적이기도 하다.

필자가 다른 곳(박성우, 2014)에서 언급했듯, 현실 사회와 문화 환경에서 래시가 이야기한 '사회적 상상'은 기표(signifier)와 기의(signified) 모든 과정에서 그동안 비물질적이었던 부분까지 함께 물신화(reification)한다는 점 역시 지구적 문화화와 문화산업 논의에서 중요하게 다루어야 할 부분이다. 예컨대, 대중적인 인식의 영역에서, 애플(Apple)이나 삼성과 같은 디지털 기기가 가진 고유한 외양, 색, 소리, 분위기는 이미 아이폰(iPhone)이나 갤럭시(Galaxy)로 대표되는 이들 기업의 상품 브랜드, 이미지와 언제나 함께 자리한다. 즉, 비물질적 감각 지각 등을 중심으로 대상과 함께 자리하는 이 같은 상품의 내적·외적 구조화는 해당 상품 사용자들의 경험과 실천, 즉 이들의 일상과 결합해 가상적(virtual) 물질성과 탈형태화·재형태화 과정에서 더욱 강하게 작용한다. 일반적으로 상품, 상표와 관련된 법과 제도에는 각 상품별로 그 특성이 구분되어야 한다고 명시되어 있지만, 실제 이는 법적 규정의 관행과 집행에서의 판단을 위한 일차적 수준의 배제의 원리일 따름이다. 오히려, 산업적 가치 원천이 특이성(singularity)이라는 점에서 보면, 소비자들의 집단적 상상이라는 영역은 상품과 브랜드라는 이 두 지점의 실체를 넘어 어딘가에 자리하며 상품 (재)생산, (재)소비, (재)매개와 같은 특정한 국면들에서 언제나 다른 주체적 경험들과 '접합(articulation)'을 형성해(Hall, 1997: 52), 상품들을 차별적으로 유동하게 하는 문화화 과정에 크게 일조하는 것이다. 즉, 경쟁

알고리즘

일반적으로 알고리즘(algorithm)이란 데이터와 계산적 구조에서 작동하는 명령된 양식의 집합을 의미한다(Goffey, 2008). 알고리즘은 대체적으로 유한한 형식을 가지지만, 이를 통해 고정된 종결 구조와 열린 개방 구조 모두가 만들어진다. 알고리즘은 특히 컴퓨터들 사이의 결합에서 두드러지는데, 전적으로 데이터 속에서 작동하기도 하지만 이 데이터가 외부와의 관계 속에서 흘러넘쳐 세상의 여러 측면들을 변화시키기도 한다. 알고리즘 자체는 실제 코드 속에서 상세하게 기입되거나 혹은 다른 특별한 형태들에서 실행될 수 있는 고차원의 추상적 자연 언어로 존재한다. 그리고 알고리즘은 스스로 작동하기 위해 하드웨어, 데이터, 데이터 구조(리스트, 데이터베이스, 메모리 등)를 포함하는 어셈블리지(assemblage)의 부분으로 존재해야만 한다. 그러나 이러한 알고리즘은 수없이 많은 형태로 존재하며, 이 속에서 이들은 자신들만의 계보학, 스타일을 가지며 또한 특정한 작업을 위한 고유한 능력과 적합성까지 갖추게 된다.

관계인 상품별로 기술과 기능 자체의 차별성은 갈수록 희박해지는 반면, 소비자들이 스스로 구축하는 개인적·집단적 경험을 통한 문화화 국면에서의 차별성은 더욱 커진다. 실제 사람들이 특정 상품들에 대한 구체적 차이를 대할 때, 이는 사실 가상적 외부를 통한 상상적 경험과 함께 판단된다는 점은 일찍이 캐나다의 미디어 학자인 매클루언(Marshall Mcluhan)이 '외부화(outtering)'라는 개념으로 설명한 바 있다(McLuhan, 1964). 뿐만 아니라, 영미권의 문화 연구자인 풀러(Matthew Fuller)와 고피(Andrew Goffey) 또한 저서 『사악한 미디어(Evil Media)』(2012)에서 유사한 방식으로 현시대 사람들이 고유하게 받아들이는 문화적 알고리즘에 대해 이야기했고, 비슷한 흐름 속에서 갤러웨이(Alexander R. Galloway, 2012)와 먼스터(Anna Munster, 2013) 그리고 패리시(Luciana Parisi, 2013)와 같은 새로운 흐름의 디지털 문화 연구자들 역시 디지털 시대에 우리의 주의와 관심을 유혹하며 특정한 방식의 위협을 가하는 산업적 인터페이스의 작동 방식에 대해 지속적인 문제 제기를 하고 있다. 어느덧, 지구화 시대와 문화에 대한 이들의 접근 양식은 지금 우리의 문화와 문화산업을 바라보는 데도 상당 부분 유의미해지고 있다고 하겠다.

특히, 알고리즘의 경우 지금까지 기술 사회나 문화 연구의 논의에서 일반적으로, 조절과 포획의 독점 기술을 상징해 왔다(박성우, 2018). 마르크스(Karl Marx)의 견해를 빌려, 기술 또는 기계에 대한 자본의 투자에서처럼, 알고리즘 또한 유사한 방식으로 이를 통해 자본을 끌어들이고 지속적으로 이윤이나 혜택을 창출해 내는 도구로 여겨져온 것이다. 하지만 데이터와 관계하는 유한한 지침의 도구로서 독점적 알고리즘들은 급기야 다수 대중의 사회적 협력까지 이끌어내며 가치 증식을 지속적으로 추동시키는 핵심으로 자리하게 된다. 실제, 미디어 커뮤니케이션 기술로 인해 강화되는 각종 정보의 집중과 상품 생산, 유통, 소비 계획에서 문화 정책, 도시 계획과 산업 디자인, 사회 복지 그리고 팬데믹 상황에 대한 대처에 이르기까지 우리를 둘러싼 무수히 많은 영역에서 알고리즘은 갈수록 중요한 역할을 담당하고 있다. 점차 알고리즘은 다른 여러 형태의 명령이나 관계 설정 과정에서도 그 고유한 흔적을 남기며 외재적인 존재 형태를 통해 현실 사회와 문화산업에도 성공적으로 진입했고, 여타 다른 분야들(대표적으로 정치 캠페인, 부동산 정책, 문화 정책, 재난 미디어 등)과도 계속 접합되고 있다. 이처럼 효과적인 외재적 존재 형태로서 알고리즘은 이제 더 이상 공학적 관점의 어떠한 시스템 언어가 아니라 현실 사회 속에서 작동하는 일종의 네트워크 시스템, 관행, 의례적 절차 또는 브랜드로 변장해 우리의 정면으로 다가온다. 일반화된 알고리즘 시스템은 일면 소프트웨어나 프로그램, 즉 체계의 안정과 계승에 영향을 주는 장점을 가지는 동안, 정작 소프트웨어, 프로그램, 즉 체계의 급변에 의해 촉발될 수 있는 엄청난 사회 경제적 불명확성, 예측 불가능성의 정도에 대해선 잘 말해주지 않거나 설명하지 않는 단점도 함께 가지고 있다. 결국 기술 중심의 현실 사회와 문화, 문화산업에 대해 알고리즘을 빼고 이야기하는 것이 가능하지 않은 만큼이나, 알고리즘만이 이러한 현상에서 핵심이며 또 유일한 분석 도구이자 대상이라고 단정하는 것 역시 적절치 않다. 그렇다면 우리의 다양한 삶의 형태에 영향을 미치는 이러한 새로운 형태의 문화적 대상과 문화산업에 대한 적절한 분석과 견해를 가지기 위해 시급히 필요한 시선과 입장은 무엇인가?

구체적으로, 래시와 루리(Celia Lury)는 저서 『글로벌 문화산업(Global Culture Industry)』(2007)에서 지구적 환경에서 사람들과 문화 상품들 사이에 관계되는 지속적이고 상호 주체적인(inter-subjective) 문화적 현상에 대해 글로벌 문화산업의 관점에서 소개했다. 이들이 분석한 대상은 구체적으로, UEFA(the Union of European Football Associations) 축구와 같이 글로벌화된 스포츠/미디어 이벤트와 '쿨 브리태니아(Cool-Britannia)'라는 참신한 슬로건으로 이름 높인 젊은 영국 예술가 집단이 사용하는 YBA's(Young British Artists)라는 문화 예술 브랜드뿐 아니라, 나이키(Nike) 운동화나 〈토이 스토리(Toy Story)〉와 같은 영화 관련 상품들까지 다양하며, 이들이 영국과 유럽 그리고 지구적 환경에서 만들어낸 고유한 문화 현상에 대해 흥미롭게 보여주었다. 이들의 분석에 따르면, 현 시기 문화적 대상 또는 상품은 글로벌화된 자본주의의 가상적이고 실질적인 축적 시스템뿐 아니라 소비자들의 참여를 통한 경험, 이른바 주체적 (재)생산 과정의 일상화를 통해 성공적으로 촉발되는 것으로 이야기할 수 있다. 결국 고유한 문화적 대상이자 독특한 문화적 과정으로 설명 가능한 이들 문화 상품의 정체성과 이에 기반한 거대한 성공에는 이들이 보여준 '탈형태화/재형태화/변형 형태화(de/re/trans-formations)'라는 특수성이 다양한 공간, 환경 들과 상호 연결되고 끝없이 재구성되어 산업적으로 등장하며 소위 자신들의 사회적 생명성이 이어지며 강화되는 흐름에 있다고 하겠다.

이와 같은 독특한 글로벌 문화 현상들은 오래된 정치 경제학 개념들에 대해서도 다시금 고찰하도록 만든다. 아파두라이(Arjun Appadurai)가 오래전 잘 설명한 것처럼, 일종의 생명(life)과 유사한 형태, 즉 과정으로서 '유동과 흐름 (flux and flow)'의 속성이 부각되는, 새로운 개념으로의 문화적 대상은 어느 덧 산업적으로도 보편화되는 것이다(Appadurai, 1986). 사실, 아파두라이는 이러한 자신의 관심을 일찍이 문화적 대상의 확장 그리고 외재화와 연관시 킨 바 있고, 래시 역시도 자신의 글로벌 문화산업 논의에서(Lash, 2007; 2012) 유사한 문제의식에 대해 '문화적 대상의 사회적 생명성' 개념으로 구체화했 다. 래시와 루리의 주장처럼(Lash and Lury, 2007), 우리는 새로운 문화산업을 이해하기 위해 '초월적이며 실증적인 이중성(transcendental, empirical double)' 을 지향하는 새로운 성격의 문화 상품을 인지할 수 있어야 하며(Lury, 2012), 이는 다분히 전통적 시각인 포디즘(Fordism)적인 상품 분석 틀과는 분명한 거 리를 둔 관점에서 문화와 산업을 이야기하는 것이라 하겠다. 결국, 상품의 순환적 흐름에서 연속적인 형태 변화와 유동적 흐름으로서의 존재가 곧 문 화적 대상이자 상품이라는 새로운 시선은 현 시기 글로벌 문화 환경과 문화 산업을 이해하기 위한 핵심이다. 그래서 새로운 시대성을 지칭하는 지구적 시대에서, 사회적 상상과 자본의 욕망과 결합되어 갈수록 제대로 인식되기 힘든 문화 상품의 탈형태화, 재형태화, 변환 형태화 과정과 현상은 문화와 문화화 논의에서뿐 아니라 문화산업 전반에까지 관련되어 더욱 중요해지고 있다.

그동안 많이 알려진 것처럼, 문화 특히 대중문화와 문화 상품은 초기 프랑 크푸르트(Frankfurt)학파의 주장처럼 더 이상 사회적 상부 구조에만 머무르는 것으로만 인식하기는 어렵다. 이는 지금의 우리 사회와 문화가 경제나 자본 과 같은 토대에 의해서 전적으로 결정, 반영되는 것이라는 전통적 마르크스 주의 입장보다는, 오히려 자율적이며 어떨 때는 반대의 힘으로 구조화하기 도 하는 등 산업적으로 그 일반적 관계성이 역전되거나 모호해지는 현상들 이 빈번히 출현하고 있다는 의미이다. 가령, 정보가 상품으로, 지식이 물질 로, 브랜드가 자본으로 교환되는 것은 지금의 글로벌 문화산업에서 가장 대표적인 사례들이라 하겠다. 결국, 사물 역시 그들 스스로의 사회적 삶이나 생명의 형태를 가진다고 보아야 한다는 아파두라이의 오래된 주장처럼(Appadurai, 1986), 현 시기 지구적 문화와 산업적 현상은 그 대상, 상품의 흐름과 함께 만들어지는, 특정한 경험이라는 의식 혹은 조건과 환경이 주체들의 집단적인 상상을 통해 존재하고 확장되고 있는 것이다. 더불어 이러한 특별한 형태의 상품에 대한 경제적 교환 시스템을 보더라도 기존의 포디즘적 관점에서 상품으로 가지는 성격인 추상적 동일성에 더해 상품이 아닌 어떠한 선물(gift)과 같은 성격에서 파생하는 구체적이고 고유한, 신심 어린 특이성이 이들 서로에 대한 교환을 가능케 하는 특별한 가치의 형성 측면에서 동시에 중요하게 자리하게 된다(박성우, 2014). 글로벌 시대의 문화 대상들은 기존과 같이 고유한 개체성에 기반한 작품도, 동일성에 기반한 포디즘적 상품도 아닌, 또 다른 존재성과 편재성을 띠게 된다. 이에 따라, 선물도, 상품도 아닌 그 어떤 중간적 성격의 무엇으로, 지금의 문화 대상의 특성은 정의될 수 있다. 이러한 지구적 시대, 문화화와 문화산업의 방향성은 그것이 발 딛고 있는 사회와 정치, 경제의 그것과 큰 틀에서 다를 수 없다는 점 역시 중요하다.

2. 지구적 문화산업의 경향성

문화를 산업의 관점에서 바라보도록 처음 이끌었던 아도르노(Theodor Adorno)와 호르크하이머(Max Horkheimer)의 문화산업 논의부터 지금의 소위 지구화와 관련한 것까지, 특히 상품과 관련한 변화는 두드러지며 다음과 같이 정리될 수 있다. 우선 산업적 관심이 동일함(identity)의 생산에서 다름(difference)의 구성으로 전환된 것이다. 즉, 상품은 기본적으로 동일성에 기반, 물질의 교환에 의한 자본 축적에 기여하는 것으로 이는 아도르노와 호르크하이머뿐 아니라, 상당히 오래 지속되었던 문화 이론에서의 전형적 접근법이었다. 그러나 문화적 실재는 스스로의 역동성을 가지고 있으며, 이를 통해 고유한 실재적 가치가 생성된다는 주장에서 래시와 루리에 이르러 지구화된 문화산업이라는 환경에서 더 이상 문화 상품은 획일적·정태적 개념으로 볼 수 없으며, 정형화되지 않게 순환하면서, 점차 그 차이를 확대 (재)생산하는 구조이자 과정이라는 주장(Lash and Lury, 2007)이 본격 주목받게 된다. 이는 과거의 상품 생산 과정에서의 포디즘적인 노동 집약적 생산 방식이 디자인이나 경험, 감성에 중점을 두는 포스트 포디즘적인 '감성 노동'(Hardt, 1999), '비물질 노동'(Gill and Pratt, 2008) 등의 방식으로 급격히 변화하고 있다는 것을 함께 이야기해주는 것이다.

1) 브랜드, 사물화와 문화산업

동일성에 기반한 전통적 인식 속의 상품, 그리고 이에 대한 재현(representation)의 관심은 철학, 미학, 건축학 그리고 문화산업 논의와 관련되어서도 매우 오랜 기간 중점적으로 다루어진 주제다. 전통적인 문화 연구에서는 기본적으로 재현의 문제를 매개(mediation)에 대한 핵심으로 보았지만, 지구화 시대 문화에 대한 관점에서는, 재현의 문제가 더 이상 이러한 도구적·상징적 영역으로만 한정되지는 않는다. 비록 문화는 여전히 재현의 한 축에서 의미와 상징의 (재)생산을 담당하지만 점차, 문화 현상은 적극적으로 하나의 조건 혹은 환경(atmosphere)이자 관계가 되면서, 해석의 대상이 아닌 작동(operation, navigation)의 토대로 본격 자리하게 된 것이다. 그래서 지구적 시대의 문화산업론은 상징적 의미의 인식론적 접근보다는 사물과 '사물화' 과정(thingification)을 존재론적 관점에서 우선적으로 다루게 된다(Latour, 2005). 이렇게 지속적으로 생성하는 물자체, 즉 '사물화' 과정을 통해 역사성, 관계성, 차이, 생명성, 유기체성이라는 새로운 특성들을 가지게 되는 지금의 문화적 대상 또는 상품 들은 브랜드라는 본격적인 위상적 프레임 아래 인간의

표 1-1

상품과 브랜드의 차이

상품(commodity)	브랜드(brand)
하나의, 구별된, 고정 불변의 상품 생산	범위를 가지는 상품들의 생산
역사성을 가지지 않음	역사성을 가짐
상품들 사이의 관계가 없음	상품들 사이의 관계를 가짐
기억, 복원력을 가지지 않음	기억, 복원력을 가짐
똑같음, 가격에 의해 구분	똑같지 않음, 다른 브랜드에 의해 구분
동일성으로부터 가치 창출	차이로부터 가치 창출
죽어 있는 것(생명성 없음)	존재하는 것(생명성 있음, 파지와 기투)
이미 주어진 것(기계적)	유기체적인 것(실천과 함께 생성적 변환)

자료: Lash and Lury(2007)를 필자 재정리.

체험, 경험, 지각, 소비 영역과 더욱 적극적으로 접합된다. 래시와 루리는 이러한 상품의 물화에 기반한 브랜드화를 〈표 1-1〉에서 잘 정리했다. 현 시기 문화를 둘러싼 산업적 환경은 일련의 문화 상품을 '거의 유사함' 속에서, 즉 대중의 '거의 유사한 욕망'이 꼼꼼히 계산된 '차별적' 브랜드 망 속에서 대리 선택(surrogate)되도록 적절히 배치한다.

앞서 살펴보았듯이, 글로벌해진 시대의 문화와 사회에서 개체들은 '재/생성되는 과정'으로, 즉 '일시적 대상'으로 간주되기 시작했다. 원래 수학적 개념인 위상학(topology)은 본질적으로 이러한 '생성'의 측면을 구조 속에서 바라보는 것으로, 무엇보다 개체의 탈형태화, 재형태화, 변형 형태화의 과정을 탐구하는 것을 그 목적으로 하기 때문에, 유사한 흐름과 과정 속에 존재하는 문화적 대상을 둘러싼 문화산업 논의에서의 적용과 분석에서도 특히 유용하다. 실제, 우리의 대중문화 현상에 대한 연구와 관련해 그동안 다양한 한류 수용자 연구들에서도 충분히 드러났듯이, 한류 콘텐츠에 대한 수용자들의 질적·반복적 소비와 참여를 통한 관여, 관계 짓기는 글로벌 문화산업의 이러한 새로운 양태를 잘 설명해 줄 수 있다. 더불어 글로벌 오디션 프로그램의 확산이나 방송 프로그램 포맷 거래, 그리고 소프트웨어와 알고리즘에 대

> **한류 콘텐츠의 질적·반복적 소비 사례**
>
> 배용준, 비, 2PM 등과 관련해 아시아 한류 팬들이 문화적 대상 또는 상품을 하나의 과정 자체로 인식하며 질적·반복적·물질적인 소비를 지속한다는 점은 『한국적 남성성과 트랜스문화 소비(Korean Masculinities and Transcultural Consumption)』(Jung, 2011)를 참조. 그리고 싸이의 「강남스타일」 뮤직비디오의 수많은 탈/재형태화된 소비 양식들, 즉 2·3차적, 리액션 동영상, 댄스 커버 동영상, 패러디 동영상의 제작을 통한 질적 소비와 관련한 연구는 강정수·김수철(2013)을 참조.

한 이해의 보편화 역시 이러한 위상학적 관점의 문화 생산, 수용의 과정을 드러내준다. 이처럼, 사람들이 문화적 대상을 하나의 과정 자체로 인식하며 그 흐름에 맞추어 형상적이고 감응적인, 그리고 반복적으로 일상에서 소비하는 양식은 문화적 위상학이 사회 일반과 문화산업의 현실 속에 어느덧 보편적으로 적용되고 있음을 보여준다.

한편, 이러한 위상학적 관점의 문화화와 문화산업 연구 방향성의 여러 단면을 잘 보여주었던 많은 사상가들의 범주엔 부르디외(Pierre Bourdieu), 아파두라이, 드세르토(Michel de Certeau), 카스텔(Manuel Castells), 키틀러(Friedrich Kittler)를 포함할 수 있겠지만, 필자의 판단에서는 그들 역시 여전히 큰 틀에서, 재현, 상징 중심적 사고를 우선하고 있다(박성우, 2014). 즉, 공간(space)을 둘러싼 문화적 의미 재생산 과정을, 여전히 주어진(pre-given) 문화 지형도상에서 비교적 열린, 가까운 지도 연결하기(conjunctive mapping)와 유사한 관점으로 접근하고 있다는 것이다. 그러나 지금의 사회 문화적 현실 속에서는, 주·객체 그리고 공간에 대한 사고가 이러한 한계를 넘어 '형질 변환적인 밀리유(transductive milieu)', 즉 전방위적 내적/외적 조건이나 환경 속에서 무한확장할 수 있다는 근원적 인식의 차이가 있다. 여기서 새로운 공간성 개념으로도 대체될 수 있는 밀리유에 대한 이해는 필수적이다.

2) 밀리유와 디지털 문화산업

프랑스어에서 가운데 지점 혹은 매체(mid-place, the medium, the middle, in-between)를 의미하는 밀리유(mi-lieu)와 환경이자 조건(environment, umwelt)을 뜻하는 밀리유(milieu) 이렇게 두 가지 모두를 같이 의미하는 단어가 밀리유이다(Petit, 2019). 이와 같이 밀리유에 대한 프랑스어에서의 중의적 어원은 비환원론적 입장에서의 상대적 중심을 의미하는 밀리유(mi-lieu)라는 사유를 통해 환경 그리고 산업으로서의 밀리유(milieu)에 대한 철학적 사고를 촉발시켰다는 점에서 중요하다. 우선 이 표현에 대한 역사적 기록을 살펴보면, 기술 철학에서 가장 중요한 인물 가운데 한 명인 시몽동(Gilbert Simondon)이 '연계된 밀리유(associated milieu)'라는 표현을 통해 환경과 주·객체들이 서로 연합된 어떤 조건과 같은 것을 상징하려는 목적으로 주로 사용했다는 점을 확인할 수 있다. 시몽동의 경우 그의 은사였던 캉길렘(Georges Canguilhem)이 생명체와 환경 사이의 관계를 설명하기 위해 사용했던 밀리유에 대한 논지(Canguilhem, 1952)를 기술적 대상과 밀리유의 관계로 적극 확장했다. 우선, 시몽동에게 큰 영향을 주었던 캉길렘의 주장을 살펴보면 밀리유 개념은 콩트(Auguste Comte)에서 시작해 라마르크(Jean-Baptiste Lamarck), 다윈(Charles Darwin) 등을 거쳐 웍스퀼(Jakob von Uexküll)로 이어지는데, 밀리유에 대해 이들이 공통적으로 가졌던 인식은 바로, 공기(air)나 분위기(atmosphere)로서 생명체를 묶어주는 고유한 어떤 상황 혹은 환경(circumstance) 그리고 조건과 같은 것이었다. 구체적으로 캉길렘은 자신이 이해하고 있던 밀리유의 작동 방식은 전기파를 이끄는 에테르의 작용과 유사하다고 설명하는데, 그의 주장(Canguilhem, 2001: 8)에서, 에테르가 불빛 조명에서의 어려운 문제를 해결하는 것에 그치지 않고, 이와 동시에 빛을 발하는 느낌의 정신적 효과와 이를 통한 시각의 심리적 현상, 구체적으로 신경근의 미세한 작동 부분까지 같이 이야기할 수 있도록 기여했다는 점을 강조한다. 에테르에 대한 캉길렘의 이러한 방식의 분석은 오늘날 특히 사회 환경 그리고 문화산업을 다룰 때 우리에게도 적절하다. 즉, 에테르의 기능처럼, 지금 우리가 일상에서 마주하는 각종 데이터나 상품, 정보 역시 수용자들에게 정신적·집단적 그리고 물리적이면서 기술적인 영향을 함께 끼치고 있기 때문이다. 이러한 영향은 지금 시기 우리에게 일종의 밀리유로 존재하는 것이라 하겠다. 하지만 우리 일상에서의 실제 위험은 현재의 디지털 문화 기반 인프라들이 몇몇 거대 자본에 의해 지배되어, 혹은 이들이 만들어내는 콘텐츠가 지니는 그만큼의 상업적 유해성 때문은 아니다. 오히려 이것들, 즉 디지털 문화 대상들이 또 다른 관점에서 환경이나 조건이라는 시선은 잘 드러나지 않은 채, 이들이 단지 도구나 서비스, 콘텐츠로만 이해되고 다루어진다는 점에서 더욱 큰 우려가 자리하는 것이다. 우리의 일상에서 영원히 함께하는 무수한 데이터나 상품, 정보들은 더 이상 분석과 비판의 대상인 텍스트 자체로만 머물러서는 안 된다. 오히려 생성, 진화하는 고유한 조건, 환경, 밀리유로 보아야 하겠다(박성우, 2016). 이 문제는 글로벌, 디지털 시대의 사회와 문화산업에 대한 논의와 실천에서 갈수록 중요해지고 있다. 마치 뉴턴이 습도를 만드는 대기 속 물 알갱이를 밀리유로 바라보았듯 고유한 과정과 흐름을 주된 속성으로 가지는 지금 시대의 문화적 대상 또는 상품 역시 산업적 관점에서의 밀리유의 일종으로 바라볼 수 있어야 하겠다.

여러 문헌들에 따르면(Hui, 2015 참조) 밀리유의 사회적 영향에 대한 논의는 이미 19, 20세기에서부터 시작되었다고 전해진다. 특히 라마르크의 논지는 여전히 우리에게 중요하다. 그에게도 밀리유는 빛, 물, 공기와 같은 환경적 유동체를 의미했고, 여기에서 핵심은 '적응(adaptation)'의 문제였다(Parisi, 2013; Hui, 2015). 적응이란 밀리유가 변화할 때 생명체가 마치 그 환경이 전혀 변하지 않은 것처럼 느끼도록 스스로를 적응시켜 그 환경적 유동체가 자신에게서 이탈하지 못하게 한다는 것을 일반적으로 의미한다(박성우, 2016). 라마르크의 밀리유 개념에서 적응의 문제는, 끊임없이 변화 발전하는 밀리유에서 개체들 스스로는 마치 아무것도 변하지 않은 듯 환경을 자발적으로 인식하고, 심지어는 이러한 환경의 변화에 대해 개체들 스스로 선제적으로 조절, 적응시키는 데 익숙해진다는 점이다. 이러한 밀리유에 대한 개체들의 자발적 조절, 적응 과정은 그 놀라움만큼이나 오늘날에도 심각한 문제이다. 우리들이 매일 거주하는 구글(Google), 페이스북(Facebook), 트위터(Twitter), 인스타그램(Instagram), 틱톡(TikTok) 같은 온라인이나 메타 현실뿐 아니라 여러 도시 공간, 집단 거주 지역, 정책, 조직 문화, 정치 캠페인 등에서도 자체적 알고리즘을 갖춘 채 무수히 증가하는 정보 데이터와 함께하는 기술적 밀리유와 일상의 삶을 함께하고 있다는 점에서 더욱 그러하다. 그 과정에서 익숙해진 우리들이 먼 거리의 대륙들을 높은 곳에서 횡단하며 이동할 때에도 그 시간 차이와 조건에 무난히 반응, 적응하는 것처럼, 심지어 각자의 개인별 상품, 데이터 활용, 남용에 이르는 여러 불이익에까지 모두 선제적으로, '조용하고 기술적으로(calm technic)' 적응, 반응하며 살아가게 된다(Weiser, 1995; 박성우, 2016). 지금 우리는 과연 이러한 디지털 문화 환경을 매개, 중재하는 주체인 것인지 아니면 이들이 우리를 매개, 중재하는 것인지, 또 그것이 무엇을 의미하고 만들어내는지 원천적인 의문에 직면하게 된 것이다.

결국, 밀리유는 대상을 보호하는 자기 규제적인 질서(self-regulating mechanism)일 뿐 아니라 동시에 그 과정에서 고유한 개체화를 촉진하는 강력한 배경(enforcing controller)이다. 이를 적용하면, 사회 문화적 관점의 밀리유 역시 곧 개체의 외부 환경이 되는 순간 언제나 동시에 내부의 계통적 발생 토대, 새로운 어떠한 조건이 되는 자동화 네트워크이다. 시몽동(2011: 81)이 바라본 당시의 갱발 터빈(Guimbal turbin)과 같은 밀리유의 조건과 환경을 우리는 지금 가까운 주변의 디지털 문화산업 시스템, 즉 물리적·가상적 공간 시스템 또는 네트워크에서도 이제는 어렵지 않게 발견할 수 있다.

이처럼, 프랑스 철학자 캉길렘에 이 생명체와 환경의 관계를 설명하는 데서 처음 등장한 밀리유의 개념은, 오늘날 스티글레르, 후이(Yuk Hui) 등의 기술, 문화 이론가, 철학자에 의해, 기술적 대상과 물리적 환경 그리고 글로벌, 디지털 시대의 현실 사회와 문화산업의 영역으로까지 그 탐구 범위가 꾸준히 확장되고 있다. 인간은 동물과 달리, 환경의 조정을 통해 동물을 길들이며, 동시에 자신들이 만든 도구, 상징 들과 함께 인간 스스로를 길들인다. 더불어, 이러한 인간의 자기-길들이기(self-domestication) 양식은 개별 사물과 사물들의 조합 그리고 이들에 대한 체계, 시스템과 같은 산업적·기술적 장치들의 구체화와도 조화를 이루며 빠르게 공진화하고 있다. 그런데 또 다른 관점에서, 이는 곧 문화화(culturization)와 도시화(urbanism)의 역사로 읽히기도 한다. 프랑스 철학자 푸코(Michel Foucault)는 이러한 환경의 수정을 통한 길들이기에 대해 '환경적 통치성(environmental governmentality)'으로 설명한 바 있다. 특히, 오늘날의 환경적 통치성은 비인간 장치들, 사물들(non-human dispositifs)의 행위 능력에 의해 이용자와 공간, 플랫폼, 즉 산업이 함께 결합해 끊임없이 만들어내는 '값싼 데이터들'이 추동하는 기술과 대중문화의 여러 형태들에서도 명확히 드러나고 있다. 이러한 현실은 환경적 통치성이 디지털 밀리유 시대의 알고리즘적 통치성과도 새롭게 오버랩되는 순간이기도 한 것이다. 대표적으로, 각종 센서, 숫자 그리고 첨단 기술을 장착한 시간과 공간은 마치 추천, 감시, 또는 신용체계처럼 개인화될 수 있고, 특정한 목적에서 고안된 알고리즘과 함께 분석될 수도 있다. 이처럼 디지털 기술과 함께 일상화되는 대중문화와 산업적 추상화와 복잡화는 이용자와 환경 사이의 새로운 형태의 관계망과 상호 작용성을 드러내지만, 동시에 스마트한 환경에 의해 구성되는 인위적 선택의 과정이 일으키는 개인과 집단 사이의 부적응성(inadaptability) 역시 빠르게 생산해 내고 있다.

3) 디지털, 지구적 문화산업과 교환 시스템

마지막으로, 지구화 시대의 고유한 사회 문화 현상에 대한 내적인 작동 원리로써 상품에 대한 새로운 교환 개념 역시 문화산업에 대한 논의에서 유의미하다. 래시와 루리가 이야기한 '미디어 교환 시스템(media-exchange)'의 개념(Lash and Lury, 2007: 205)은 간략히 하면 미디어적인 성격을 가지게 된 새로운 개념의 상품 또는 대상의 교환 체계를 의미하는데, 이는 전통적이고 지배적인 개념인 상품 교환(commodity-exchange)과도 매우 다르다(박성우, 2014). 이 주장에 따르면 최근의 문화 현상에 두드러진 여러 형태의 주기/받기라고하는 교환의 모습이 계속된 차이를 새롭게 생성하게 하면서 반복적으로 등장한다는 점에서 중요하다. '사물의 사회적 삶의 형태와 생명성' 개념을 처음 이야기했던 아파두라이(Appadurai, 1986)의 주장을 이러한 산업화된 문화상품의 교환, 거래의 논의와 결부시켜 다시 따라가보면, 기술적이며 신실한상품이자 동시에 가치 있는 선물의 성격도 함께 가진 지금의 특정 문화 상품들은, 느슨하면서도 독립적으로 일종의 기술적(technic) 관심과 연결되어 일련의 '국면 전환(phase-shifts)' 과정들을 통해 그 사회적 생명성을 지속적으로유지, 강화하게 된다(박성우, 2014). 스스로 생성하고 공진화하는 디지털의 생태계에서 지금 현재의 여러 대중문화 콘텐츠는 전형적인 이 경우에 해당한다고 하겠다. 그 사례로, 유튜브나 주요 온라인 인터넷 공간에서 문화 상품이나 거래, 투자 콘텐츠 역시 대부분 '꽤 정성스럽고, 다 감각적인, 그러나놀랍게도 때때로 무료인 선물과 같은 것'이라는 인식의 토대에서 출발한다. 비유하자면 이러한 새로운 상품이나 문화적 대상에 대한 교환과 거래는 소비자들에게는 일면, 과거에 유행했던, 거리에서의 무료 신문에 대한 기술적인 습득 양식과 유사한 인지 방식에서 시작한다. 이 무료 거리 신문 습득에필요한 기술적 요구나 요령, 방법 들, 예컨대 신속함, 영리함, 임기응변 등이여기에서 일종의 보상(신문 획득)으로 작동한다는 점에서, 이것이 또 개인적

이면서 동시에 집단적인 의식(attention) 속에서 작동한다는 점에서 미디어화된 상품, 사물, 대상 교환 시스템은 직접적인 경제적 의무를 산업적으로, 풍부함을 통해 일시적·현상적으로 제거하는 듯한 착각을 불러일으킨다. 게다가 특히, 지구화 시대 우리의 대중문화 관련 콘텐츠의 경우 상품의 탈형태화와 재형태화에 용이한 개방되고 유연한 구조적 특성까지 스스로 구축하고 있다는 측면에서 새로운 교환 시스템의 또 다른 성격을 잘 설명해 줄 수 있다. 새로운 의미와 가치를 지닌 상품들은 소비자로 하여금 자신들의 지속적인 '국면 전환'과 사회적 삶(생명성)의 형태 유지를 더욱 공고하게 한다. 결국 이러한 문화 상품의 소비는 '소중한 선물/상품'이라는 각종 정보와 지식에 어느 정도 기반해, 정신적이며 집단적으로 기술적인 주의와 참여, 실천, 경험을 요하는 꽤 복잡한 과정으로 볼 수 있다.[1]

정리하면, 글로벌 시대 문화산업에서의 새로운 상품, 대상 교환 시스템은 초월성과 실증성이 구분 불가한 상태로 결합한 일종의 네트워크 체계로, 문화적 대상들의 사회적 삶과 생명성에 토대를 둔 소비자들의 지속적이고 반복적인 구매 양식인 것이다.

3. 나가며

지금까지 과거의 시대성과 구분되는 지구화의 개념 속에서 고유한 흐름과 과정 자체로 존재하는 문화적 대상과 상품 들이 가지는 특이성을 살펴보았다. '사회적 생명성'이라는 개념과 함께, 문화적 대상은 이제, 도구나 매개자가 아니라 하나의 사회적 시스템 안에서 총체적으로 자리한다. 즉, 지금의 문화적 대상은 세상에서 유일하고 고정적인 것이라는 기존의 사유 방식을 넘어 새로운 의미의 환경이나 조건, 네트워크에 결합된 특정하고 연속적인 흐름 자체로 여겨지고 있다. 지구적 시대의 문화산업론 역시 상징적이고 인식론적 접근보다는 사물과 '사물화' 과정(Latour, 2004)이라는 존재론적 관점에서 바라보게 되었다. 이렇게, 지속적으로 생성하는 물자체, 즉 '사물화' 과정을 통해 역사성, 관계성, 차이, 생명성, 유기체성이라는 새로운 특성들을 가지게 되는 지금의 문화적 대상 또는 상품 들은 브랜드와 밀리유라는 본격적인 위상적 프레임 아래 인간의 체험, 경험, 지각, 소비 영역과 더욱 적극적으로 접합되고 또 번성하고 있다. 결국 오늘날 이러한 차별적인 문화산업의 관점에서 환경적·알고리즘적 통치성과 잠재성은 새로운 이해와 비판적 검토 그리고 대안적 사유를 시급하게 요구하고 있다.

---

1   그러므로 대중문화, 예컨대 케이 팝(K-pop) 뮤지션의 성공 소식에 반응하는 개인, 집단적 반응의 양식 역시 단순한 문화 상품의 새로운 소비가 아니라, 대중의 꽤 복잡한 다감각적 기투, 참여로 보는 것이 적절하다.

생각해 볼 문제

1. 구글, 페이스북, 트위터, 인스타그램, 틱톡 같은 온라인, 메타 현실뿐 아니라 여러 현실 도시 공간, 집단 거주 지역, 정책, 조직 문화, 정치 캠페인 등에서 우리들이 조금씩 발생하는 플랫폼 서비스의 차이와 조건에 큰 의문이나 궁금증 없이 '조용하고 기술적으로(calm technic)' 적응, 반응하며 이용하는 사례는 지금의 문화산업에서 어떠한 특성을 잘 이야기해줄 수 있을지 생각해 보자.
2. 인간은 동물과 달리, 환경의 조정을 통해 동물을 길들이며, 동시에 자신들이 만든 도구, 상징 들과 함께 인간 스스로를 길들인다. 더불어, 이러한 인간의 자기-길들이기(self-domestication) 양식은 개별 사물과 사물들의 조합 그리고 이들에 대한 체계, 시스템과 같은 산업적·기술적 장치들의 구체화와도 조화를 이루며 빠르게 공진화하며, 이는 곧 문화화(culturization)와 도시화(urbanism)의 역사로 읽히기도 한다. 그렇다면 오늘날의 환경적 통치성은 각종 비인간 장치들, 사물들(non-human dispositifs)의 행위 능력에 의해 끊임없이 생산되는 '값싼 데이터들'이 추동하는 기술의 여러 형태들에서 어떠한 방식으로 드러나며 또 이러한 환경적 통치성이 디지털 밀리유 시대의 알고리즘적 통치성과는 어떻게 결합되는지 생각해 보자.

더 읽을거리

Lash, Scott and Celia Lury. 2007. *Global Culture Industry: The Mediation of Things*. 1st ed. Cambridge: Polity Press.
래시와 루리는 20세기 전반부에 소개된 아도르노의 문화산업론을 지금의 디지털 기반 사회 경제적 변화 속에서 글로벌 문화산업론으로 다시 재해석하며 아도르노가 바라보았던 악몽이 마침내 현실이 되었다고 이야기하고 있다. 어떻게 물질적 대상들이 문화적 상징이자 상품이 되는지를 지구적 관점에서 구체적 사례들과 함께 흥미롭게 소개한다.
시몽동, 질베르(Gilbert Simondon). 2011. 『기술적 대상들의 존재양식에 대하여』. 김재희 옮김. 서울: 그린비.
소셜 네트워크와 스마트 기기의 확산으로 인간 각각이 거대한 네트워크에 항시적으로 접속해 있는 유비쿼터스(ubiquitous) 시대, 기술적 대상 없이는 삶이 가능하지 않은 기술 의존의 시대에, '기술의 존재 가치'와 '인간과 기술의 관계'에 대한 중요한 통찰을 던져주

고 있는 기술 철학의 고전이다. 시몽동은 이 책에서 기술적 대상들의 발생과 진화의 과
정, 기술적 대상과 인간의 관계 맺음, '기술성' 자체의 본성을 고찰하고 있다. 이를 통해
시몽동은 기술적 대상들을 단지 이용 가치만을 갖는 '물질의 조립물'로 보는 관점, 반대
로 기술적 진보에 대한 무조건적인 믿음을 갖는 테크노크라시(technocracy)적 관점 그
리고 (영화나 SF소설에서 흔히 볼 수 있듯) 인간을 적대하는 위협적인 '자동 로봇'으로
인식하는 관점을 모두 비판하면서 인간과 기술적 대상 들 사이에 새로운 관계를 정립하
고자 한다. 이 새로운 관계 속에서 기술적 대상들은 인간들의 노예나 적대자가 아니라,
마치 생물체처럼 생성·진화하는 고유의 존재 양식을 가지면서 인간들과 동등하게 협력
하는 존재이며, 인간들 역시 기계들을 발명하고 조정하는 존재로서 기술적 대상들의 생
성과 진화의 과정에 참여한다.

스티글레르, 베르나르(Bernard Stiegler). 2019. 『자동화 사회 1: 알고리즘 인문학과 노동
의 미래』. 김지현·조형준·박성우 옮김. 서울: 새물결.

저자는 알고리즘이 단순한 기술적 수단을 넘어 우리 미래의 지식과 노동을 조직하는 근
본적으로 새로운 패러다임이 되었다며 이를 우리 시대의 화급한 화두로 제시하고 있는
데, 우리에게 '알고리즘 인문학과 노동의 미래'에 대한 사유가 필요한 이유가 바로 그것
이다. 감옥으로부터 철학적 사유를 시작해 데리다(Jacques Derrida)의 지도를 거쳐 하
이데거(Martin Heidegger)의 '전복'을 통해 서양 철학뿐만 아니라 우리의 알고리즘적 미
래를 발본적으로 재사유하려는 저자의 독창적 사유의 모든 것을 보여주는 백과사전적인
책이다. 동시에 20~21세기의 어떤 철학자보다도 구체적인 동시에 현실과 철학의 거의
모든 방면을 횡단하며 성찰적으로 사유하고 있는 저서다.

참고문헌

강정수·김수철. 2013. 「케이팝에서의 트랜스미디어 전략에 대한 고찰: 강남스타일 사례를 중심으로」. ≪언론정보연구≫, 50권, 1호, 84~120쪽.

박성우. 2014. 「전 지구적 문화, 문화산업 비판: 새로운 '미디어교환 시스템'과 환영적 초개체화」. ≪커뮤니케이션이론≫, 10권, 2호, 371~410쪽.

_____. 2016. 「기술적 대상과 디지털 밀리유의 정치경제학: 질베르 시몽동과 기술문화 연구의 접합」. ≪문화와 정치≫, 3권, 2호, 155~173쪽.

_____. 2018. 「미디어화, 해방과 소외의 파르마콘: 쿨드리의 미디어화 논의에 대한 비판적 검토」. ≪언론정보연구≫, 55권, 2호, 45~73쪽.

시몽동, 질베르(Gilbert Simondon). 2011. 『기술적 대상들의 존재양식에 대하여』. 김재희 옮김. 서울: 그린비.

Appadurai, Arjun(ed.). 1986. *The Social Life of Things: Commodities in cultural perspective*. 1st ed. Cambridge: Cambridge University Press,

Canguilhem, Georges. 1952. "The Living Being and Its Environment." *Le Vivant et son Milieu*. 1st ed. Paris: J. Vrin.

_____. 2001. "The Living and Its Milieu." *Gray Room*, No. 3(Spring), pp. 6~31.

Couldry, Nick. 2004. "Theorising Media as Practice." *Social Semiotics*, Vol. 14, Iss. 2, pp. 115~132.

Fuller, Matthew and Andrew Goffey. 2012. *Evil Media*. Cambridge: MIT press.

Galloway, Alexander R. 2012. *The Interface Effect*. London: Polity.

Gill, Rosalind and Andy Pratt. 2008. "In the Social Factory: Immaterial labour, precariousness and cultural work." *Theory, Culture, and Society*, Vol. 25, Iss. 7, pp. 1~30.

Goffey, Andrew. 2008. "Algorithm." In Matthew Fuller(ed.). *Software Studies: A lexicon*. 1st ed. Cambridge: MIT Press.

Hall, Stuart. 1997. *Representation: Cultural representations and signifying practices*. 1st ed. London Thousand Oaks California: Sage in association with the Open University.

Hardt, Michael. 1999. "Affective Labor." *Boundary*, Vol. 26, No. 2, pp. 89~100.

Hui, Yuk A. 2015. "Contribution to the Political Economy of Personal Archives." In Ganaele Langlois(ed.). *Compromised Data From Social Media to Big Data.* 1st ed. New York: Bloomsbury.

Husserl, Edmund. 1964. *Phenomenology of Internal Time Consciousness.* Bloomington: Indiana University Press.

Jung, Sun. 2011. *Korean Masculinities and Transcultural Consumption.* Hong Kong: Hong Kong University Press.

Lash, Scott. 2012. "Deforming the Figure: Topology and the social imaginary." *Theory, Culture, and Society*, Vol. 29, Iss. 5, pp. 261~287.

Lash, Scott and Celia Lury. 2007. *Global Culture Industry: The mediation of things.* 1st ed. Cambridge: Polity Press.

Latour, Bruno. 2005. *Reassembling the Social: An introduction to actor-network theory.* 1st ed. Oxford: Oxford University Press.

Lee, Benjamin and Edward LiPuma. 2002. "Cultures of Circulation: The imaginations of modernity." *Public Culture*, Vol. 14, No. 1, pp. 191~213.

McLuhan, Marshall. 1964. *Understanding Media: The extensions of man.* Cambridge: The MIT Press

Munster, Anna. 2013. *An Aesthesia of Networks: Conjunctive experience in art and technology.* Cambridge: The MIT Press.

Parisi, Luciana. 2013. *Contagious Architecture: Computation, aesthetics and space.* 1st ed. Cambridge: MIT Press.

Petit, Victor. 2019. "Environment vs Milieu. Historical and philosophical perspectives." International Seminar of Milieu Today (May 9-10). Seoul: Bukchon Research Room.

Sloterdijk, Peter. 2011. *Sphere vol. 1: Bubbles.* 1st ed. Cambridge: MIT Press.

Stiegler, Bernard. 2009. "The Theater of Individuation: Phase-shift and resolution in Simondon and Heidegger." *Parrahesia*, No. 7, pp. 46~57.

_____. 2010. *For a New Critique of Political Economy.* 3rd ed. London: Polity Press.

_____. 2011. *Technics and Time 3: Cinematic time and the question of malaise.* 1st ed. translated by Stephen Barker. Stanford: Stanford University Press.

_____. 2016. *Automatic Society, Volume 1: The future of work.* 3rd ed. Cambridge:

Polity Press.

Weiser, Mark. 1995. "Designing Calm Technology, Xerox PARC"(December 21). http://www.ubiq.com/hypertext/weiser/calmtech/calmtech.htm(검색일: 2020.9.30).

2장   강윤주

문화 예술 생태계와 문화 매개자

　문화 매개는 이미 1980년대부터 그 개념을 만들고 제도적으로 실행해 온 프랑스에서나, 그 용어가 쓰이지는 않았지만 문화 매개 활동이 활발하게 이루어지고 있었던 국내의 문화산업 분야, 또한 문화 매개라는 개념을 본격적으로 활용하기 시작한 국내 문화 정책 분야 그 어디에서도 명확하게 정의되어 있지 않은 상황이다. 그러나 문화산업과 문화 정책 분야 공히 문화 매개적 관점으로 문화 예술계를 바라보는 시도는 반드시 필요하다. 왜냐하면 현재의 국내 문화 예술 생태계는 일일이 그 문제점을 나열하기 어려울 정도로 다양한 문제점에 노출되어 있고 이 문제들을 해결해 나가는 데에 있어 문화 매개라는 개념이 파생시키는, 문화 예술의 역할과 가치에 대한 근본적 질문과 역발상적 사고가 가지는 유용함이 이 시대에 필요하다고 보기 때문이다. 이 글에서는 그 한계가 뚜렷하나마 문화 매개에 대한 논의를 통해 '문화 매개적 사고'를 촉발해 보고자 한다.

　필자가 문화 매개적 사고가 필요하다고 주장하는 이유 중 하나는 국내 문화 예술인들의 생존의 문제 때문이기도 하다. 한류가 산업적으로 활성화되고 세계적으로 뻗어 나간다고 해도 문화산업에 종사하는 인력들과 예술인들

의 삶은 나아지지 않고 있다. 문화 매개적 사고는 문화산업 및 예술계를 바라보는 기존의 관점, 곧 수익 극대화라는 '산업'으로서의 목표를 방향성으로 삼고 있는 문화산업과 예술가의 가난은 필연적이라는 사고에 경종을 울리면서 문화 예술인들이 안정적 삶의 기반을 마련하는 데에 도움이 될 수 있다. 이런 의미에서 이 글은 문화산업과 예술 분야 종사자들의 현황 및 문화 매개자로서의 역할, 더 나아가서 문화 매개자로 활동하기 위해 거쳐야 할 교육 과정 등 문화 매개의 개념뿐 아니라 문화 매개자에 대해서도 기술된다는 점을 미리 밝힌다.

1. 한국의 문화 예술[1] 생태계, 무엇이 문제인가?

1) 문화산업과 예술계의 기형적 구조

한국의 문화산업은 여러 면에서 기형적 구조를 가지고 있다. 그중에서도 특히 문제가 되는 점은 문화산업의 인력 및 노동 시장의 구조라고 할 수 있을 것이다. 먼저 고용 정책 측면에서 문화산업의 구조를 들여다보면 세 가지 정도의 문제점을 들 수 있다. 첫째, 인력 수급이 불일치하다는 점, 둘째, 문화산업 분야 진입이라는 면에서 볼 때 진입 경로가 인맥을 위주로 형성된다는 점, 셋째, 문화산업 기업의 상당 부분이 중소기업인 터라 임금이 상대적으로 낮고 사회 보장 보험 가입 비율이 낮다는 점을 들 수 있다(권호영 외, 2016).

문화산업 분야 인력 수급의 불일치는 결국 콘텐츠 분야 교육 기관의 교육 과정이 기업의 니즈에 맞지 않음으로 인해 발생하는 문제이다. 공급은 과잉이나 막상 채용하려고 하면 쓸 만한 사람이 없는 구인난과 직장을 구할 수 없는 구직난이 동시에 존재하는 것이다. 또한 그나마 쓸 만한 인력이라고 할 사람들도 대개 인맥을 통해 문화산업 분야에 입직하는 탓에 제한된 정보 내에서 인력을 수급해야 하는 상황이 벌어진다.

다음으로 예술계를 살펴보자. 2012년에서 2021년까지의 전체 계열 학과 수 변화 추이를 살펴보면 인문 사회 계열은 0.38% 감소, 이공 계열은 2.45% 증가했는데, 예술 계열은 2.51% 감소한 것을 알 수 있다(강윤주·최도인, 2022). 예술 계열은 전체 계열에서 가장 큰 감소 폭을 보였으며, 예술 대학이 구조 조정 우선순위 대상으로 학과 통폐합이 진행되었음을 확인할 수 있다.

전문대나 일반대 공히 계열별 취업률을 살펴보면 가장 취업률이 낮은 계열은 예술 분야다. 그리고 이 낮은 취업률이 바로 학과 통폐합의 원인이기도 하다. 2019년 기준으로 예술 계열 졸업자 취업률은 63%로 계열 평균 취업률 74.8%보다 낮으며 그중 건강 보험 가입 직장은 43.72%에 불과하다(예술대학 생네트워크, 2019). 프리랜서로 일하는 경우가 많은 예술계 인력들이 통계에 잘 잡히지 않기 때문이라는 주장과 달리 '예술인 실태 조사' 자료를 살펴보면 예술 전공자들은 꾸준히 일은 하고 있으나 안정적인 수입을 확보하지 못하는 상태임을 알 수 있다.

2) 문화산업과 예술계 인력 배출 구조

인력 양성 관점에서 볼 때 − 인력 양성의 문제는 문화산업 분야 노동력 재생산의 문제로 직결되는데 − 문화산업계는 다음과 같은 문제점을 가지고 있다. 첫째, 문화산업 현장에 걸맞은 교육 과정의 부재를 가장 큰 문제점으로 들 수 있다. 곧, 대학을 비롯해 다양한 문화 콘텐츠 분야 교육 기관에서 배출되는 인력들의 질적 수준이 기업에서 요구하는 수준에 부응하지 못하고 있다는 점이다. 더불어 콘텐츠 창작 및 기획 인력뿐 아니라 사회의 흐름을 읽어내 이를 문화산업에 적용시킬 수 있는 매개적 능력을 갖춘 인력이 배출되고 있지 못하다는 사실이 문화산업 인력 양성의 가장 큰 문제라고 할 수 있다. 둘째,

문화산업 인력의 대부분이 계약직, 프리랜서 등과 같은 방식의 비정규 계약 직이다 보니 교육 훈련 투자를 통한 역량 강화가 이루어지지 못한다는 점이 다. 셋째, 앞서 언급한 내용과 연계되는 맥락에서 교육 훈련이 세부 업종이 나 장르별로 필수적인 기술까지 반영한 심도 깊은 과정이어야 하는데 이 부 분에 대한 투자 부족으로 교육 훈련의 질적 담보가 되지 않는다는 것이다(권 호영 외, 2016).

예술계의 교육 과정은 대부분의 예술 교육 기관이 '예술가'를 양성하는 데 에 초점을 맞추고 있다는 점이 이 분야 인력 배출 구조의 가장 심각한 문제 점이라고 할 수 있다. 예술 대학에서 예술가 배출을 주안점으로 삼는다는 점 은 어찌 보면 당연한 것이라고 생각할 수도 있으나 클래식과 오페라와 같은 서양 음악 관람을 1년에 1회 이상 관람한 경우가 전체 조사자 1만여 명 중 5.5%, 연극을 1회 이상 관람한 경우가 14.4%밖에 되지 않는 국내 현실(한국 문화관광연구원, 2018)에서 예술 작업만으로 생계를 꾸려가기란 불가능하다고 볼 수 있다. 곧, 예술 전공자들의 공급 과잉 상태에서 전업 예술인들의 생존 이 우려되는 상황이 벌어질 수밖에 없는 것은 예술 향유를 통한 시장이 형성 되지 않기 때문인 것이고 그에 따라 예술인들이 공적 자금에 종속될 수밖에 없는 상황에 처해 있는 것이다.

2. '문화 매개'에 대한 배경적 기반과 이론적 논의

앞서 언급한 문화산업과 예술계의 기형적 구조는 문화산업과 예술계 인력 을 배출해 내는 교육 기관과 교육 과정에 기인한다고 보는 것이 필자의 생각 이다. 그리고 문화산업 및 예술 분야 교육 기관이 현장의 필요에 맞는 인력 을 배출해 내지 못하는 교육 과정을 고수하고 있는 것은 문화와 예술에 대한 관점을 바꾸지 않고 있기 때문이다. 이번 장에서는 문화 매개적 관점에서의 문화와 예술 그리고 문화와 예술이 사회와 어떤 방식으로 연계되어야 할 것인지, 마지막으로 문화 매개와 문화 매개자는 어떻게 개념 정의될 수 있을 것인지를 문화 매개에 관련된 다양한 이론적 논의를 통해 살펴보고자 한다.

1) 존 듀이의 '경험으로서 예술'이 제시하는 문화 매개의 배경적 기반

존 듀이(John Dewey)는 책 『경험으로서 예술 1』(2016)에서 두 가지 키워드를 강조하고 있다. 곧, '질성적 사고'와 '하나의 경험'이 그것인데, 듀이가 말하는 '질성적 사고'는 인간이 사고하는 방식을 말하는 것으로, 인간은 수량이나 크기 등의 객관적 특성과 소리, 맛과 같은 감각적 특성, 마지막으로 우아함, 찬란함 같은 느낌을 한꺼번에 동원해 사물을 인지하고 그 사물에 대해 사고한다는 것을 뜻한다.

듀이는 이러한 통합적 방식의 사고를 예술가들의 예술 활동 방식에서 발견한다. 질성적 사고는 예술가의 창조적 활동에서와 같이 어떤 가치의 실현에 필요한 하나의 도구이다. 예컨대, 그림을 그릴 때에 필요한 것은 구도를 잡고 밑선을 그린 뒤에 어떤 물감을 쓸지, 또 명암은 어떻게 처리할지, 종이의 재질은 무엇으로 할지 등 위에 언급한 바와 같이 객관적 특성과 감각적 특성, 그림을 그리는 사람이 표현하고 싶은 느낌 등이다. 물론 그림을 그리다가 구도를 수정하거나 색채를 변경하는 등의 변화는 발생할 수 있지만 이 또한 완성될 작품 전체의 질성적 조화 내에서 이루어진다.

듀이가 말하는 '하나의 경험'은 현실 세계에서 하게 되는 일상적 체험들이 예술의 재료이자 바탕이 된다는 뜻이다. 듀이에 따르면 창조 행위는 의사소통의 과정 안에서 발생하는 것인바, 의사소통은 예술적 창조에 있어 필수적인 것이며 동시에 예술은 사회 내의 의사소통을 강화하는 역할을 한다.

존 듀이가 이야기하는 이 두 가지 개념이 문화 매개에 시사하는 바는 첫째, 예술의 통합적 성격이다. 듀이는 "진정한 경험은 지성적인 경험"이며, 이는 "과학에서 도출된 통찰력에 의해 이끌리고, 예술에 의해 계몽되며, 교육을 통해 모든 사람이 공유하게 되는 경험"(Barnes, 1954: 9 재인용)을 뜻한다고 주장했다. 듀이는 이 모든 과정이 진정한 예술 행위 내에서 발생한다고 보았기 때문에 이를 다른 말로 하자면 예술가는 지성적이면서도 과학적이고 교육을 통해 공유하고자 하는 욕구를 가져야 한다고 해석할 수도 있겠다.

둘째, 예술과 예술가의 매개적 역할에 대한 강조이다. 예술은 사회 내에서 의사소통 강화의 역할을 하기도 하지만 동시에 스스로가 그 역할을 해야 하기 때문에 그 자체로 삶과 유리되지 않아야 한다. 존 듀이의 교육 철학을 기반으로 한 예술 대학 '블랙 마운틴 칼리지(Black Mountain College)'를 세운 존 라이스(John A. Rice)는 "예술가는 민주적인 사람"(Duberman's interview with Rice, 1967: 34)이라고까지 이야기했는데 이러한 생각들은 문화 매개가 중심에 놓아야 할 매개의 철학에 있어 핵심 요소라고 할 수 있다.

2) 피에르 부르디외의 '문화 매개자'와 프랑스의 '문화 매개' 논의

『구별짓기』(2005)로 유명한 프랑스 사회학자 피에르 부르디외(Pierre Bourdieu)는 이 책에서 문화 매개자를 신흥 중산층의 직업적 분파 중 하나로 언급하고 있다. 부르디외에 따르면 "영업 관리 직원, 의료 보건 및 사회 복지 서비스 담당자, 비서, 초등학교 교사, 공예 장인, 문화 매개자" 들(Bourdieu, 1979: 13)은 "최근 수십 년간 강한 성장세를 보"인(Bourdieu, 1979: 16) 신흥 중산층들인 것이다. 또한 부르디외는 이 책의 다른 부분에서 '새로운 문화 매개자'라는 용어를 쓰면서 이들은 "기업 내부 또는 라디오, 텔레비전, 여론 조사 기관, 주요 일간지 및 주간지 등 문화 생산의 거대한 관료 조직 내부에서 그리고 특히 '사회사업'과 '문화 활동' 관련 직업에서 새로운 분업 체제에 의해 부드러운 조작의 역할이 맡겨진 사람들"(Bourdieu, 1979: 422)이라고 표현하기도 했다. 곧, 부르디외에게 있어 1979년 당시 프랑스의 문화 매개자 또는 새로운 문화 매개자는 신흥 중산층으로 기업이나 언론에서 종사하는 사람들이나 사회사업과 문화 활동 분야에서 연결적 역할을 하는 사람들이었다. 부르디외는 이보다 앞선 1966년의 논문 「지식 장과 창조적 기획(champ intellectuel et projet créateur)」에서 출판 분야 매개자의 예로 "총서 기획자, 원고 검토자, 출판사 전속 작가, 비평가"(Bourdieu, 1966: 881)를 들기도 했다.

이렇게 볼 때 부르디외가 말하는 문화 매개자는 문화 예술 분야에서 우리가 흔히 이야기하는 '게이트 키퍼(gatekeeper)' 역할을 하는 사람들이라는 것을 알 수 있다. 부르디외가 문화 매개자에 관심을 가진 이유는 프랑스 사회에 물밀듯이 밀어닥친 대중문화의 생산 및 배급 메커니즘에 있어 부르디외적 의미의 문화 매개자가 중요한 역할을 하기 때문이었다. 부르디외는 그가 '중간 문화'라고 부른 대중문화가 시장의 수요에 종속되고 이윤 추구를 목적으로 해야 하는 탓에 대중문화의 생산자들 역시 시장에 종속될 수밖에 없다고 보았고 문화 매개자들 역시 대중문화의 목적과 마찬가지로 시장 종속성을 벗어날 수 없어 기존의 예술가들과 비교할 때 열등한 위치를 차지하고 있다고 보았다(이상길, 2010: 160).

문화 매개와 문화 매개자의 개념과 역할은 시대의 요구에 부응할 수밖에 없다. 매개의 대상인 문화 상품 또는 예술 작품 그리고 생산자와 수용자 들이 변하면 문화 매개와 문화 매개자의 개념과 역할은 당연히 변화해야 하는 것이다. 그러므로 부르디외가 매개적 역할을 하는 신흥 중산층에 주목했던 1970, 1980년대의 문화 매개 개념은 이 역할을 최초로 언급하고 주목했다는 점에서는 시사하는 바가 크나, 2000년대 한국 사회에 적용하기에는 그 한계가 명백하다고 할 수 있겠다.

민지은과 지영호(2016)의 글은 이미 문화 매개(médiation culturelle)라는 개념이 1980년대에 등장하기 시작한 프랑스의 상황을 이야기해주고 있다. 프랑스에서 이 개념의 등장 배경에는 문화 예술 향유를 더 많은 사람들이 할 수 있도록 접근성을 낮추는 것만이 중요한 것이 아니라, 문화적 역량을 갖추게 하는 예술 교육 및 요즘 이야기되는 생활 예술과 같은 참여형 문화 생산을 중시한 프랑스 문화 정책이 있다. 그리고 이를 실현하기 위해서는 문화 매개 및 이를 가능하게 하는 문화 매개자가 필요하다는 결론을 내린 것이다.

프랑스에서는 문화 매개를 이야기할 때 메디아시옹(Médiation)이라는 단어를 사용한다. 한국에서 '매개'라고 말하는 단어는 프랑스어로는 메디아시옹뿐 아니라 앵테르메디에르(intermédiaire)가 있다. 앵테르메디에르가 두 가지의 서비스를 연결시켜 주는 행위, 생산자와 소비자를 연결시켜 주는 행위라고 한다면 메디아시옹은 두 사람 혹은 두 조직 간의 조정 혹은 화해를 위해 중재한다는 뜻이 있다. 곧, 앵테르메디에르에 비해 보다 적극적인 의미, 조정 혹은 화해라는 뜻까지 가지고 있다는 것이다(민지은·지영호, 2016: 189).

한편 니콜라 오부앵(Nicolas Aubouin)은 '개념 설계', '관객 대상 촉매 활동', '콘텐츠', '관객'이라는 네 개의 축을 중심으로 다양한 문화 매개의 형태가 존재함을 보여주기도 했다. 이에 따른 문화 매개의 유형은 '복합 분야의 문화 매개', '고도로 전문화된 분야의 문화 매개', '개념 설계부터 실행까지 연계된 문화 매개', '방법론 중심의 문화 매개', '전문 향유층 중심의 문화 매개', '동호(아마추어) 활동 중심의 문화 매개' 등 여섯 가지로 구분된다(민지은·지영호 2016: 191 재인용).

그런데 프랑스에서도 이 문화 매개자라는 개념이 수용되기까지는 많은 어려움이 있었다. 왜냐하면 문화 매개 활동의 전문성을 표현하기에 너무 포괄적인 단어라는 생각이 지배적이었기 때문이다. 예술의 장르에 따라, 공간에 따라, 대상에 따라 달라질 수밖에 없는 예술가의 역할을 어떻게 매개라는 단어 하나로 포괄적으로 표현할 수 있느냐는 말이다. 작은 규모의 조직일 경우에는 기획에서 회계, 홍보, 마케팅까지 모두 진행해야 하는 복합 분야의 문화 매개자로 일해야 하며, 반면 분야별 분업이 잘되어 있는 큰 조직에서는 자신의 전문성만 발휘하면 되는 식으로 매개자의 역할은 다양해질 수밖에 없는 것이다.

표 2-1
번역의 단계

단계	내용
문제 제기 (problematization)	주요 행위자가 타 행위자가 이해할 수 있고 끌릴 수 있도록 아이디어나 메시지, 문제를 설명하며 행위자의 정체성을 설득하는 단계. 네트워크에 의무 통과점(obligatory passage point)을 만들어 참여자가 반드시 거쳐야 하는 프로세스로 동기를 수용시킴.
관심 끌기 (interessement)	번역에 성공해 네트워크에 참여하게 된 행위자들과의 이해관계를 강화하기 위한 다양한 전략과 전술 실행. 다른 행위자-네트워크로 이탈을 방지하며 참여 행위자 간의 관계를 구체화하고 상호 교환의 패턴을 형성함.
등록하기 (enrolment)	행위자들 간의 연합이 이루어지는 단계. 행위자들에게 할당한 관계가 정의되고 역할을 수용하는 단계. 역할은 저항되거나 무시, 폐기될 수 있는데, 이때 재번역의 과정이 일어나거나 행위자-네트워크가 해체될 수 있음. 따라서 이 단계는 다른 이를 '끌어들이고' 다른 이는 '복종하는' 다중적 프로세스임.
동원하기 (mobilization)	행위자 그룹들의 연합이 하나의 네트워크가 되고 그 자체로 '중재자'를 통해 세상에 효과를 생산할 수 있게 됨. 행위자들 간 일치된 여러 중요한 집단들을 대표하는 대변인이 배신당함 없이 제대로 대표하도록 함.

자료: 서지혜(2017: 55) 재인용.

다음으로는 매개를 '번역'으로 설명하고 있는 미셸 칼롱(Michel Callon)의 개념을 살펴보고자 한다. 칼롱은 '행위자-네트워크 이론(Actor-Network Theory: ANT)'에서 '번역'을 '매개'와 동일한 개념으로 보고 있다. 칼롱은 또한 '번역'이 성공적으로 이루어지기 위해서는 네 단계의 과정(〈표 2-1〉)이 필요하다고 이야기하고 있다(서지혜, 2017 재인용).

칼롱이 말하는 번역의 네 단계는 국내 문화 매개자들의 활동에 시사하는 바가 크다. 주요 행위자(문화 매개자)가 타 행위자(문화 매개의 대상)에게 문제 제기를 하고 관심 끌기 과정을 거쳐 등록 및 동원에 이르러 자체적으로 매개자를 재생산해 낼 수 있게 하는 것은 문화 매개자의 순환 구조에 있어 이상적인 모습이라고 생각된다.

3) 국내의 문화 매개자 관련 논의들

국내에서는 문화 매개 관련 본격 연구가 그리 많지 않다. 문화 매개에 대한 고찰을 꾸준히 해온 거의 유일한 연구자라고 할 수 있는 이상길은 2010년의 논문에서 "온라인 문화 매개자의 부상과 문화 권력의 새로운 역학"(이상길, 2010: 166)에 대해 다룬 바 있다. 그는 당시 급증한 온라인 미디어의 발전에 주목하면서 '온라인 문화 매개자'가 기존의 문화 매개자와 다른 특징들을 비교 및 분석하고 있다. 기존의 문화 매개자가 전문 비평가나 연구자, 대학교수 또는 방송인이었던 것에 비해 온라인 문화 매개자는 파워블로거와 같은 사회 계급적으로 볼 때나 노동의 성격을 볼 때 불확정적이고 무임 노동인 경우가 많다는 것이다. 또한 수용자와의 관계가 일방향적이었던 기존의 문화 매개자에 비해 온라인 문화 매개자는 상호적이고 네트워크적이라는 측면에서도 큰 차이가 있다고 주장하고 있다.

이상길이 말하는 '온라인 문화 매개자'는 현재 문화산업과 예술 분야 모두에서 활동하는 문화 매개자의 한 양태라고 할 수 있을 것이다. IT 산업과 인터넷 연결망의 발달로 인해 문화 매개 활동의 방식은 기존의 문화 매개와 다르게 훨씬 더 많은 사람들에 의해 훨씬 더 다양한 방식으로 확산되고 있다. 이상길은 "비평가로서의 문화매개자 유형 비교"라는 표(이상길, 2010: 168)에서 문화 매개자를 전통적 문화 매개자, 새로운 문화 매개자, 온라인 문화 매개자로 나누고 각각의 주요 구성원을 전통적 문화 매개자의 경우 전문 비평가, 연구자, 대학교수로, 새로운 문화 매개자의 범주에는 신문 기자, 방송인을, 온라인 문화 매개자에는 불특정적 사람들(메가블로거, 유명 동호회)로 잡았다. 또한 이들이 쓰는 비평 언어의 특성으로 전통적 문화 매개자의 경우에는 학술적 전문 언어, 새로운 문화 매개자의 경우에는 객관적 일상 언어, 온라인 문화 매개자의 경우에는 주관적 일상 언어나 혼성 언어(리믹스, 모자이크, 패스티시)라고 구분해 두었는데 이 논문이 2010년에 집필되었음으로 감안할 때 이 유형 구분은 새롭게 이루어져야 한다고 본다. 온라인 문화 매개자 집단이 훨씬 더 세분화되고 다양해졌기 때문이다.

심보선은 논문 「문화매개(자)의 불확실성에 대한 사회학적 고찰: 문화정책과 문화산업 분야를 중심으로」에서 "기존의 문헌들은 정책 연구의 문화 매개(médiation culturelle)와 사회학의 문화 매개자(cultural intermediaries)를 개념적으로 분리하거나 상호 배타적인 것으로 취급해 왔"(심보선, 2019: 333)다고 지적하면서 "(문화) 정책 지향적 문화 매개 논의와 (문화) 산업 지향적 문화 매개자 논의가 동일한 대상을 다른 관점에서 이야기한다면 양자의 현상적인 분리의 연원을 이해하고 또한 그 분리를 극복함으로써 문화 매개(자)를 보다 심층적으로 이해할 수 있는 대안적인 관점이 필요"(심보선, 2019: 356)하다는 점을 강조하고 있다.

심보선의 글은 사회학에서의 문화 매개 논의와 문화 정책상의 문화 매개 논의를 연계하려는 첫 시도라는 점에서 의의가 크다. 문화 예술계 현장의 문화 매개자들은 현재 문화 매개의 발원적 취지와 철학적 근거에 대해서는 알지 못한 채 스스로가 관 주도적 정책의 도구로 이용되는 것 아닌가 하는 생각을 갖는 경우가 많다. 이는 결국 문화 매개자로서의 정체성이 정립되지 못했기 때문인바, 문화 매개를 정책화해 구현할 때 정책 입안자나 정책 실행자와 같은 중간 지원 조직의 담당자들조차 문화 매개의 철학과 역할을 제대로 이해하지 못했기 때문에 발생하는 현상이라고 할 수 있다. 이런 의미에서 문화 매개를 국내 현실에 비추어 통합적으로 논의하는 심보선의 논문은 시사하는 바가 크다고 할 수 있겠다.

4) 소결: 문화 매개와 문화 매개자의 정의

이상과 같은 국내외 논의를 종합해 볼 때 문화 매개는 문화와 예술에 대한 새로운 관점을 전제로 한다는 사실을 알 수 있다. 곧, 듀이가 말한 바와 같이 문화와 예술은 통합적이고 매개적인 성격을 가져야 한다는 것이다. 타고난 천재의 영감에 의해 만들어지는 작품이 예술이라고 생각하는 모더니즘적 관점에서 문화 매개에 대한 이해 혹은 수용은 가능하지 않다.

문화 매개라는 개념을 이해 혹은 수용하기 위한 기본 전제를 제외하고 문화 매개 또는 문화 매개자에 대한 정확한 개념 규정은 현 시점에서는 나라별, 시대별 상황에 따라 상이하다고 볼 수 있다. 게이트 키퍼에 가까운 부르디외식의 문화 매개자에 대한 정의를 비롯해 화해 또는 조정, 곧 갈등 관계를 해결해 주는 해결자로서의 문화 매개, 기존의 문화 기획자나 홍보 담당자까지 모두 포괄하는 광범위한 의미에서의 문화 매개자 정의까지, 특히 우리보다 문화 매개 분야에서 앞선 논의를 전개해 온 프랑스에서는 문화 예술 분야에서의 다양한 활동들을 문화 매개라는 이름으로 통칭하고자 하나 개별 활동들의 상이함 때문에 통칭으로서의 문화 매개 개념이 수용되지 못하는 난점이 있었던 듯하다.

이러한 난점은 국내 논의에서도 여전히 진행되고 있다. 이상길이 IT 기술의 발전과 함께 부상한 온라인 문화 매개자에 주목했던 것은 다른 나라와 비교해 볼 때 유난히 IT 산업 및 인프라의 발전 속도가 빨랐던 한국의 상황으로 볼 때 적절한 관찰이었다고 볼 수 있으나 이후 진행된 생활 예술이나 지역 문화 활성화 등 문화 예술 정책적 분야에서의 문화 매개적 움직임은 문화 산업에서 이야기하는 문화 매개와는 다른 궤를 타고 있는 상황이라 국내에서도 문화 매개의 개념적 정의는 여전히 미완적 과제라고 할 수 있다.

3. 해외 문화 매개자 교육 과정 분석을 통한 문화 매개의 이해

이 장에서는 문화 매개자를 키워내기 위한 해외의 교육 과정에 대해 이야기하고자 한다. 글의 서두에 이야기한 바와 같이 문화산업 및 예술계의 기형적 구조의 원인은 교육 기관 및 교육 과정의 문제에 기인하는 바 크거니와 우리는 해외의 문화 매개 교육 과정을 통해 문화 예술의 사회적 역할 및 가치에 대한 그들의 관점과 태도를 파악할 수 있다. 프랑스에서는 이미 1980년대부터 문화 매개라는 개념이 등장해 문화산업의 향유에 있어 예술 교육이나 문화 해설과 같은 매개적 역할이 필요하다는 정책적 방향이 있었고 스코틀랜드에서는 1960년대부터 커뮤니티 아트 분야에서 공동체성을 중시하는 문화 매개적 흐름이 이어져왔다.

1) 프랑스의 문화 매개자 교육 과정

오케스트라 지휘자가 연주자의 역할을 대행하지 못하듯이 문화 매개자들도 모든 장르와 영역의 역할을 대행할 수는 없다. 그렇지만 지휘자가 모든 악기에 대한 지식과 곡에 대한 지식을 갖추어야 하듯이 문화 매개자들도 자신이 맡은 영역과 연관되는 부분에 대한 지식을 가지고 있어야 한다. 문화 매개자들도 자신이 담당하게 되는 기업이나 사회 전반 그리고 특히 지역에 대한 지식을 가지고 있어야 한다. 프랑스에서는 이를 실현하기 위해 사회학, 미학, 철학, 정책학, 커뮤니케이션, 미술사, 교육학 등 다양한 분야의 학문을 다룬다고 한다. 문화 매개자는 사회학이나 미학, 철학, 정치학 등의 학문을 토대로 자신이 다루어야 하는 매개 작업에 접근해야 한다는 것이다. 문화 매개의 대상을 사회적 또는 정치적 관점에서 접근해야 하지 않는지, 예술가의 철학이나 신념은 어떻게 관철되어야 하는지를 면밀히 분석해야 하는 것이다.

또한 문화 매개자는 직관적인 지식이 아닌 체계적이고 논리적인 접근으로 사업 대상에 관한 정보와 데이터를 수집해야 한다. 이론과 경험뿐 아니라 데이터 조사를 해 과학적인 분석에 기초한 접근을 해야 하는 것이다. 이런 면에서 마케팅과 경제학 방법론도 적극 활용해야 한다(민지은·지영호, 2016).

프랑스의 고등 교육 기관에는 문화 매개자 양성을 위해서 개설한 '문화 매개 학과' 혹은 유사 교과 과정이 있다. 현재 프랑스 내에 개설된 문화 매개 전공 과정을 살펴보면 문화 매개 이론의 전반을 가르치고 이후 분야별 세부 전공으로 나뉘는 통합적인 과정과, 입학부터 특정 문화 예술 분야의 문화 매개자를 양성하는 과정이 있다(민지은·지영호, 2016: 198). 프랑스로부터 많은 문화적 영향을 받은 캐나다 문화 예술 기관에서도 문화 매개자의 중요성이 주목받고 있으며 문화 매개자 양성을 위한 교육 과정이 개설되어 있다. 예컨대, 퀘벡주 생로랑(Saint-Laurent, Quebec) 직업 학교에서는 문화 예술에 대한 시민들의 접근성을 높이기 위한 다양한 전략을 개발하고 시민들의 문화 예술 활동 참여를 독려하기 위한 문화 매개자 양성 과정을 운영하고 있다. 그 중 통합적인 교과 과정을 운영하는 파리 3대학 소르본 누벨(Sorbonne Nouvelle)의 '문화 매개 학과'의 학위별 교육 과정을 통해서 문화 매개자에게 요구되는 공통된 역량을 살펴보면 역사학이나 예술 이론, 작문 및 구술, 사회학, 통계 등의 교과목이 있다. 그 밖에도 재무 회계나 기호학, 경제학, 경영학, 법학 등도 들어 있다(민지은·지영호, 2016: 198).[2]

2) 스코틀랜드 '커뮤니티 아트 매개자' 교육 과정

스코틀랜드의 '커뮤니티 아트'는 현재 우리나라에서 진행되고 있는 생활 예술/생활 문화적 움직임과 유사한 것으로, 1960년대 후반에 시작되었다. 이 커뮤니티 아트 매개자 교육 과정은 1989년에 처음 개설되어 1993, 1999, 2004년 세 번에 걸쳐 혁신적이라 할 변화가 있었다. 교육 과정을 거친 학생들과 지역 기관 및 학교가 그간 진행되어 온 과정에서의 실제적인 문제점들을 종합적으로 진단하고 그에 근간해서 교육 과정을 변화시켰다는 것이다(Austin, 2008). 교육 과정 운영에 있어 이렇듯 삼자가 만나 논의하고 결정한다는 것 자체가 신선하기도 하다.

문화 매개자 교육 과정에서 가장 중요한 것은 결국 이론적이거나 추상적인 논의가 아니라 현장 체험을 통해 직접 느끼고 배우는 것이다. 문화 매개자들은 기업 및 지역과의 직면을 통해 모든 사람은 예술적 경험에 대해 접근할 수 있어야 하며 대상이나 자기 자신에 대해 어떤 생각을 가졌든 예술을 배우고 즐길 수 있는 환경을 조성하는 것이 기업 및 지역 리더들의 의무라는 점을 배운다. 또한 "모든 사람은 창조적 역량을 가지고 있지만 그들은 종종 그게 무엇인지 모른다"(Austin, 2008: 181)는 점을 인식할 수 있어야 한다.

스코틀랜드인들이 커뮤니티 아트 교육 과정에 대해 어떻게 생각했는지는 아래의 문장을 통해서도 확인할 수 있다. 1988년 스코틀랜드 예술 위원회와 지방 교육 위원회, 칼루스트 굴벤키언 재단(Calouste Gulbenkian Foundation)[3]에 의해 열린 회의에서 발표한 "커뮤니티 아트 교육의 미래"라는 발표를 보면 커뮤니티 아트 교육 과정에서 평가나 기금 모금 방법, 보고서 작성법이나 협상 기술, 원만한 대인 관계 유지법이나 협업의 방법 등이 필수적이고 지방 행정부의 행정 체제에 대한 이해나 정책 개발 및 실행 기술까지도 익혀야 한다고 되어 있다.

이를 보자면 스코틀랜드에서 커뮤니티 아트 매개자들이 학습해야 할 내용을 얼마나 포괄적이면서도 구체적으로 규정하고 있는지 알 수 있다. 이는 국내 문화 매개자 교육 과정에 시사하는 바가 큰데, 특히 협상 기술이나 협업의 방법, 또는 지방 정부의 행정 시스템에 대한 이해와 같은 행정학적 분야는 문화 매개를 위해 반드시 습득되어야 할 지식이라고 할 수 있을 것이다.

이 밖에도 스코틀랜드 교육 과정의 특이점은 수강생들이 커뮤니티 아트 참여자로서의 포지션과 매개자로서의 포지션 두 개의 입장을 모두 경험하도록 설계되어 있다는 점이다. 참여자로서의 입장에서 학생들은 참여 과정에서 무엇을 느꼈는지, 그 느낀 점을 어떻게 다른 참여자들에게 전달할 수 있고 그 효과는 무엇일지에 대해 질문 받게 된다. 이를 통해 수강생들은 매개자의 역할이 무엇이었는지 그리고 왜 그런 방식으로 진행되었어야 하는지를 성찰하게 된다. 또한 그 '매개성'이 다른 환경과 다른 대상 들 사이에서 어떤

그림 2-1
콜브의 경험적 학습 순환도

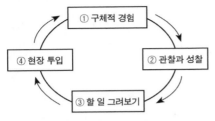

① 구체적 경험
② 관찰과 성찰
③ 할 일 그려보기
④ 현장 투입

자료: Austin(2008: 183) 재인용.

역할을 할 수 있겠는지에 대한 추론까지 해보게 된다(Austin, 2008: 181).

커뮤니티 아트 참여자로서의 과정을 마치고 난 뒤에 이들은 다시금 매개자가 되어 그들이 배운 것을 (참여자로서의 경험에 근간해) 실제로 적용해 볼 수 있게 된다. 〈그림 2-1〉은 교육학자 콜브(David Kolb)의 실험적 학습 순환 방식을 보여주는 것으로 ① 구체적 경험: 학생들이 '구체적 경험'을 통해 참여자로서 참가하고, ② 관찰과 성찰: 다음으로는 '관찰과 성찰'을 통해 잠재적 매개자로서 자신이 했던 경험을 반추하며, ③ 할 일 그려보기: 이 경험들에 입각해서 미래의 현장 상황에서 해야 '할 일을 그려보며', ④ 현장 투입: 마지막으로 실제 매개자로서 '현장에 투입'된다는 것이다(Austin, 2008: 183 재인용).

3) 소결: 해외 문화 매개자 교육 과정의 시사점

프랑스의 문화 매개자 교육 과정이 사회학부터 커뮤니케이션, 미술사까지 방대한 영역의 내용을 다루고 있다는 점은 한국 문화 예술의 교육 기관에 시사하는 바가 크다. 한국의 문화산업과 예술 분야 인재를 양성하는 교육 기관, 특히 고등 교육 기관의 교육 과정은 서두에 언급한 바와 같이 사회 전반에 대한 균형 잡힌 인식을 갖추는 데에 필요한 교육 내용은 없이, 장르별 전문 지식 또는 기술 습득에만 편중되어 있는 것이 사실이다. 이는 문화 예술 또는 문화 예술인들의 역할과 가치에 대한 한국 사회의 시각이 반영된 것으로, 기업이나 지역 공동체와의 연계 방안을 두고 고민하게 하고 이를 넘어서서 현실적인 방법론까지 이야기하는 캐나다나 스코틀랜드의 교육 과정과 현격한 차이를 보이는 것이라고 할 수 있다.

해외의 문화 매개 교육 과정은 역으로 사회학과 같은 대표적인 사회과학 분야 전공자들에게도 시사하는 바가 있는데, 문화 매개는 문화 예술 전공자들에게만 관련 있는 분야가 아니라 사회과학 전공자들이 예술의 특성과 역할을 습득하고 파악한다면 접근이 가능한 영역이라는 점에서 그러하다. 곧, 예술에 대한 엄숙주의와 신비주의를 깨고 예술을 통해 또는 예술을 위해 다양한 분야의 협업이나 연계가 가능하다는 사실을 해외 문화 매개 교육 과정은 보여주고 있는 것이다.

4. '문화 매개'의 한국적 해석과 적용

1) 문화산업 분야에서의 문화 매개자

이 글의 서두에서 밝힌 바와 같이 문화산업과 예술 분야 모두 인력 수급상의 불균형은 심각한 문제가 되고 있다. 또한 문화산업과 예술 분야 중 특정 장르에서만 수익 창출이 가능한 현실은 문화산업과 예술계에 종사하는 많은 사람들이 공적 자금에 종속되어 생존할 수밖에 없게 하는 결과를 낳은 것이 사실이다. 이러한 현실에서 문화 매개자는 문화산업 생태계의 순환, 곧 인력 불균형 및 시장 기능 정상화로 이어지는 데에 중요한 역할을 할 수 있다.

예컨대, 영화 산업에서의 영화 평론가가 하는 일은 영화에 대한 일종의 해설을 제공하는 것이다. 비교적 메시지가 단순하고 스토리의 구조가 이해하기 수월한 대중성 강한 영화의 경우 별도의 해설이 없어도 관객은 영화를 즐길 수 있다. 그러나 보다 복잡한 구조를 지니고 메시지가 난해한 영화는 평론가라는 문화 매개적 역할이 중요성을 띨 수밖에 없다. 민지은은 문화 매개의 역할을 '참조점'(민지은, 2015: 114)이라는 용어로 표현하고 있는데, 문화 소비자가 문화 콘텐츠에 접근할 수 있는 참조점이 많을수록 해당 콘텐츠를 이해하고 수용하는 정도가 높아진다는 것이다. 이 참조점의 발견과 설명을 하는 문화 매개 인력의 확산은 문화산업을 장르 편중 현상 없이 발전하게 하는 데에 필수적이다. 기획, 제작, 홍보 마케팅으로만 구분되었던 문화산업 구조에 문화산업과 향유자를 연결시키는 문화 매개 인력과 문화 매개 인력을 양성하기 위한 교육 과정이 들어섬으로써 인력 수급의 불균형, 곧 일하고자 하는 사람은 많으나 정작 쓸 수 있는 사람은 없는 현실적 문제도 해결될 수 있다.

이상길이 '온라인 문화 매개자'에 대한 언급을 했던 2010년 당시만 해도 문화 매개자의 역할은 비평 분야에서의 문화 매개자에 대한 분석에 그칠 정도로 직접적인 문화 콘텐츠의 직접적인 생산보다는 '문화 생산자와 수용자 사이에서 문화를 번역하거나 변형 및 생산하는 주체'로 인식되었다. 그러나 그로부터 10여 년이 지난 뒤 문화 콘텐츠 분야의 문화 매개자는 보다 직접적인 문화 생산을 하는 문화 생산자로 변모함으로써 이들을 문화 '매개자'로 불러야 할지 문화 '생산자'로 불러야 할지 그 개념이 모호한 상황이 되었다고도 볼 수 있다. 곧, 이상길의 '온라인 문화 매개자'가 온라인을 활용해 문화산업의 콘텐츠를 해석하고 전달하는 역할을 했었다면(물론 그것도 그 자체로 하나의 콘텐츠 기능을 하기는 했지만) 이제는 '1인 미디어'와 같은 디지털 미디어의 본격 활용을 통해 스스로 콘텐츠를 생산하는 주체가 된 것이다. 그러므로 현재 문화산업 분야 내에는 비평적 온라인 문화 매개자가 여전히 남아 있기는 하되 디지털 미디어의 발전과 유튜브(YouTube)와 같은 플랫폼의 대중화를 통해 문화 생산자로 기능하는 새로운 문화산업군이 발생했다고 할 수 있다.

이들은 앞서 언급한 문화산업 내에서의 인력 수급 불균형을 깨는 데에도 기여하고 있다. 대자본 없이도 제작, 배급이 가능한 문화 콘텐츠가 양산됨으로써 인맥을 통해서만 취업이 가능하고 열악한 임금과 노동 환경을 감수하면서 일해야 하는 문화산업 분야 노동 구조에 조금씩 균열이 생길 것이기 때문이다.

2) 문화 정책 분야에서의 문화 매개자

　예술 분야에서의 문화 매개자는 크게 보아 정부 문화 정책의 흐름이 문화 '향유 증진', 곧 '문화의 민주화'에서 '문화 생산자로서의 시민'이라는 '문화 민주주의'로 바뀌면서 그 필요성이 대두되었다고 할 수 있다. 프랑스에서 문화 매개자가 문화 향유 증진에 있어 해설가로서의 역할을 담당했다면 한국에서는 문화 향유를 넘어 문화 생산을 해나가기 시작하는 시민들을 위한 촉진자로서의 역할이 문화 매개에 부여된 것이다.

　국내 문화 매개 분야의 특징 중 하나는 공공 기관 차원의 문화 매개 사업 또는 문화 매개 인력 양성 사업이 주도를 하고 있는 점이다. 그러다 보니 문화 민주주의 실현에 있어 주요 이슈로 대두된 지역 문화의 활성화를 위한 문화 매개의 역할이 강조되고 있다. 특히 '지역문화진흥법'이 만들어진 뒤 각 지역의 문화를 활성화하는 데에 있어 지역민들과 예술, 예술인들을 매개하는 인력을 양성하기 위한 다양한 사업 및 교육 과정이 양산되었다. 그중 대표적인 것이 '지역문화 전문인력 양성사업'으로, 이 사업은 각 지역 현장에서 문화 기획 사업 및 활동을 하거나 문화를 기반으로 사회 각 분야와의 연계 및 영역을 확장해 나가는 문화 전문 인력을 양성하는 사업이다. 이 사업을 보다 지역의 문화 공간 활용과 밀접하게 연계해 운영하는 '생활문화 코디네이터 양성사업'은 2014년 정부의 '생활문화 진흥정책' 추진에 따라 지역민의 문화 여가 및 생활 문화의 주체적 참여 활동을 위해 설립된 생활 문화 센터에서 지역 문화 생태계를 조성하고 사회적 통합을 유도하는 문화 매개자를 키워내는 것이다.

　위에 언급한 사업들이 지역 주민의 관점에서 설계된 사업들이라면 '예술인 파견 지원사업'은 예술인들의 관점에서 예술인의 자생력을 높이기 위해 기업, 기관, 농어촌, 유휴 공간의 현장에 예술인을 파견해, 예술인의 창의적 시각과 활동으로 현장에서 요구하는 예술적 직업 역량을 개발하고 실현하기 위해 시작한 사업이다. 이 사업의 목적은 예술인의 복지 향상과 기업 및 기관의 예술화를 동시에 도모하는 데에 있다. 이제까지 예술의 개입 여지가 없던 새로운 대상과 분야인 기업 등을 개척, 참여 기관이 가지고 있던 문제에 대한 창의적이고 예술적인 해결, 참여 예술인의 역량 발전 및 예술가 간 네트워크 확장 등의 성과를 추구하는 것이다.

국내의 대표적인 문화 매개자 관련 사업으로 서울문화재단의 '생활예술 매개자 양성사업'도 있다. 서울문화재단은 2017년부터 시민이 문화 예술의 창작 주체가 되는 생활 예술 활동을 전방위적으로 지원해 왔는데, 이 사업의 일환으로 예술가 또는 지역 기반의 문화 기획자들을 '생활예술 매개자'(Facilitating Artist: FA)로 양성해 왔다. FA는 생활 예술 활동을 하는 시민들에게 예술적 영감을 불어넣어주고 생활 예술이 지향하는 공동체성과 시민력 향상을 위해 촉진과 매개 역할을 담당한다.

요약하자면 국내 문화 정책 분야의 문화 매개자는 시민의 문화 예술 향유 및 창작을 지원하기 위해 문화 예술 전공자 또는 유관 전공자 들이 특정한 내용의 교육 과정을 이수하고 일정 기간 동안 지정된 사업에 투입되는 방식의 한 축이 있고, 다른 한쪽으로는 예술인들의 복지를 위해 예술인의 사회적 역량을 개발하는 일에 목적을 두는 다른 방식의 한 축이 있다. 그러나 결과적으로 볼 때 두 방식 모두 문화 예술인들의 사회적 역할을 강화한다는 측면에서는 공통점이 있고 이는 다른 말로 하자면 존 듀이가 이야기하는 '예술의 매개적 역할' 강화라고 할 수 있다.

5. 문화 매개자의 가치와 전망: 건강한 문화 예술 생태계를 위하여

문화 매개의 궁극적 가치는 문화 예술의 진정한 의미, 곧 사회와의 밀접한 연계하에 자신의 가치를 발휘하는 사회적이고 공동체적 성격을 되살리는 데에 있다고 할 수 있다. 니콜라 부리오(Nicolas Bourriaud)는 책 『관계 미학(Rela-tional Aesthetics)』에서 "예술 작품이 재현하고, 산출하고, 촉진하는 인간의 상호 관계에 기초해 예술 작품을 판단하는 미학 이론"(Bourriaud, 2002: 112~113)을 '관계 미학'이라고 정의하고 있다. 부리오가 이야기하듯이 동시대 예술의 역할이 단절되고 막힌 인간관계를 다시 연결하는 데에 있다고 전제한다면 문화 매개는 문화산업이 보다 적극적인 문화 소비자들의 참여에 의해 다양하고도 건강한 콘텐츠를 생산해 내고, 예술은 난해하다고 생각하는 많은 시민들에게 그 장벽을 낮추어줌으로써 사회적 실험을 위한 풍부한 토양이 되고 현실적 유토피아를 내다보는 1990년대 예술적 실천의 성과(Bourriaud, 2002: 9), 곧 '관계 미학'적 역할의 연장선으로 해석할 수 있다.

여기서 갑자기 1990년대 예술적 실천이 호명되는 이유는, 1990년대 들어오면서 예술의 흐름이 이전의 모더니즘 혹은 포스트모더니즘적 경향과 달리 뚜렷한 차이점을 보이고 있다는 예술계의 인식 때문이다. 김기수는 1990년대 예술 작품은 "사회적 연계의 힘을 표현"하고 있으며 "관계적 예술 작품은 공감과 나눔과 연대를 추구"하고 있다고 주장한다(김기수, 2011: 291). 필자의 판단으로 1990년대 예술적 실천의 흐름은 현재까지 이어져오고 있으며 작품의 향유자에서 참여자로까지 관객의 역할이 확대된다는 측면에서 "예술 밖의 관계(즉, 개인과 그룹, 예술가와 세계 사이의 관계)를 창조한다는 점에서 ― 기존의 예술이 예술 안의 관계(즉, 선과 색, 작품과 그 사회적 경제적 토대의 관계)를 창조하는 것과는 ― 근본적으로 다르다"(김기수, 2011: 291)는 관계 예술의 특징이 문화 매개에 고스란히 투영되어 있다고 본다.

지금 한국의 문화 예술은 한국 사회의 변화에 발맞추어 역동적으로 변화하고 있다. 1990년대 예술적 실천의 흐름은 거스를 수 없는 대세로 작용해 한국의 문화 예술계에도 능동적 참여자로서의 관객은 문화 예술계의 객체가 아니라 주체로서 자리 잡았다. 이러한 변화를 한국의 문화 예술계가 이후 어떤 방식으로 발전시키느냐에 따라 문화 매개와 문화 매개자의 가치와 역할도 끊임없이 변화될 수밖에 없다. 마치 프랑스에서 문화 매개의 의미가 시대를 거치며 계속 변화해 온 것처럼 말이다.

---

1   문화와 예술에 대한 개념 정의는 방대하고 다양하다. 특히 정책적 관점에서 문화와 예술을 바라볼 때는 문화에 대한 지원 정책(보다 일상적이고 광범위하다는 측면에서)과 예술에 대한 지원 정책이 달라야 한다는 주장이 강력하다. 그러나 문화 예술계에 필요한 '문화 매개적' 사고와 개념 도입을 이야기하는 이 글에서 문화와 예술에 대한 정치한 규정은 불요불급하지는 않다고 본다. 다만 그 구조를 언급할 때에는 산업으로서의 경제 규모를 가지는 콘텐츠 분야 '문화산업'과 정책적 지원에 종속되어 있다시피 한 '예술' 분야를 나누어 이야기하는 것이 필요하다고 생각된다.

2   엑스 마르세유(Aix-Marseille)1대학의 '예술과 문화 접근을 통한 매개 직업 전공(MMAC)'과 '예술에서의 문화 매개 전공', 툴루즈(Toulouse) 대학의 '문화 매개와 무용 및 서커스 프로젝트 개발 전공'과 '경영과 문화 매개-문화유산 경영 전공', 파리 8대학 '문화 매개, 문화유산과 디지털 전공', 낭트(Nantes) 대학의 '문화 매개와 국제 커뮤니케이션 전공', 아비뇽(Avignon) 대학의 '문화 매개와 문화유산 전공' 등은 학부 과정에서부터 분야별 문화 매개자 양성에 집중한다. 그 외에도 경영 그랑제콜(Grandes écoles)에 개설된 '문화 경영 엔지니어 전공'이 문화 매개 학과와 유사하다(민지은·지영호, 2016: 198).

3   포르투갈에 본부를 두고 있는 재단으로 영국 지부는 1956년에 개소되었으며 영국의 문화 예술 및 사회 복지와 교육 영역에의 투자를 위해 설립되었다.

생각해 볼 문제

1. '한국적' 문화 매개자는 어떤 사람들일까?
2. 국내 문화산업계 및 예술계의 구조적 문제는 무엇이며 이를 해결하기 위한 방법을 문화 매개적 관점에서 찾는다면 어떤 것이 있을 수 있을까?
3. 국내에서 문화 매개자 교육 과정을 만든다면 어떤 강의들이 만들어져야 할까?

더 읽을거리

민지은·지영호. 2016. 『문화 매개』. 서울: 커뮤니케이션북스.
프랑스에서 '문화 매개'가 어떻게 정의되는지, 어떤 교육 과정이 있는지 등을 소개하면서 문화 매개의 개념과 구현 방식에 대해 정리해 둔 책.
야마자키 료(山崎亮). 2012. 『커뮤니티 디자인』. 민경욱 옮김. 파주: 안그라픽스.
스스로를 '커뮤니티 디자이너'라고 칭하는 야마자키 료의 다양한 실제 프로젝트에 대한 디테일한 소개가 흥미로운 책. 문화 매개자로서의 야마자키 료가 어떻게 사고하고 실천하는지를 통해 문화 매개의 구체적 모습을 들여다볼 수 있다.
플랜비문화예술협동조합. 2015. 『플랜비 연차보고서 2015: 지역재생과 문화매개』. 부산: 호밀밭.
플랜비문화예술협동조합은 2014년 하반기, 부산 지역을 중심으로 각 분야 전문가들이 힘을 모아 설립한 문화 예술 전문 법인으로, 『플랜비 연차보고서 2015』는 2015년 법인의 사업을 마무리하면서 정기 포럼을 통해 다양한 단체 및 전문가 들과 함께 그 결과와 의미를 공유하고 '지역 재생'과 '문화 매개'라는 두 가지 주제를 축으로 지금 우리 문화 예술계의 현실과 과제를 진단한 책이다.

참고문헌

강윤주·최도인. 2021. 『예술대학 교육 활성화 방안 연구』. 세종: 문화체육관광부.

권호영 외. 2016. 『문화콘텐츠 인력수급 분석과 대책 연구』(한국콘텐츠진흥원). 세종: 문화체육관광부.

김기수. 2011. 「부리오의 '관계미학'의 의의와 문제」. ≪미학-예술학연구≫, 34집, 281~361쪽.

듀이, 존(John Dewey). 2016. 『경험으로서 예술 1』. 박철홍 옮김. 파주: 나남.

민지은. 2015. 「문화콘텐츠 소비촉진을 위한 커뮤니케이션에 관한 연구: '문화매개' 개념과 '리좀모델'을 중심으로」. ≪예술경영연구≫, 36집, 111~136쪽.

민지은·지영호. 2016. 「문화매개자 médiateur culturel의 개념과 양성에 관한 연구」. ≪예술경영연구≫, 37집, 185~210쪽.

부르디외, 피에르(Pierre Bourdieu). 2005. 『구별짓기』. 최종철 옮김. 서울: 새물결.

서지혜. 2017. 「예술과 기업의 창발적 협력 방안 사례 연구: '예술적 개입'의 도입과정을 중심으로」. 중앙대학교 대학원 문화예술경영학과 콘텐츠전공 박사학위논문.

심보선. 2019. 「문화매개(자)의 불확실성에 대한 사회학적 고찰: 문화정책과 문화산업 분야를 중심으로」. ≪문화와사회≫, 27집, 333~383쪽.

예술대학생네트워크. 2021. 『2019 예술대학 진로교육 및 커리큘럼에 대한 만족도 조사』.

이상길. 2010. 「문화매개자 개념의 비판적 재검토」. ≪한국언론정보학보≫, 52호, 154~176쪽.

최정수 외. 2014. 『예체능계 인력수급 방안』. 서울: 한국전문대학교육협의회 부설 고등직업교육연구소.

한국문화관광연구원. 2018. 『문화향수실태조사』. 세종: 문화체육관광부.

Austin, Julie. 2008. "Training Community Artists in Scotland." In Glen Coutts and Timo Jokela(eds.). *Art, Community and Environment: Educational perspectives*. Bristol, UK: Intellect Books Ltd, pp. 175~192.

Barnes, Albert. 1954. "John Dewey's Philosophy of Education." In *Art and Education: A collection of essays*. Merion, PN: The Barnes Foundation Press.

Bourdieu, Pierre. 1966. "Champ lintellectuel et Projet Créateur." *Les Temps Modernes*, No. 246, pp. 865~906.

_____.1979. *La Distinction: Critique sociale du jugement.* Paris: Les éditions de Minuit.

Bourriaud, Nicolas. 2002. *Relational Aesthetics.* Paris: Les presses du réel.

Duberman, Martin. 1967. "Interview with John Andrew Rice." *Black Mountain*, 34 (June 10).

2부

핵심 산업 분야

3장

박창호

뉴미디어의 발전과 가시성의 문화

1. 뉴미디어의 발전과 이용 형태의 변화

1) 뉴미디어 발전의 의미

뉴미디어는 기존의 매체와 전혀 다른 새로운 미디어를 의미하기도 하지만, 이미 존재하고 있는 미디어에 일부 기술적 응용과 활용 방법의 변화한 것을 일컫기도 한다. 전자는 주로 컴퓨터 기술을 이용한 인터넷 기반의 미디어로 대체로 이전과 다른 기술적 특성에 기반하고 있으며, 후자는 통신 위성 기술에서 파생한 위성 방송이나, 유선 방송 등을 들 수 있다. 그러나 전통적으로 미디어는 활자 미디어에서 출발하고 있다. 활자 미디어는 정보의 기록, 저장, 전달을 대량으로 손쉽게 할 수 있었다는 점에서 큰 의미를 갖는다. 미디어는 정보를 시공간적으로 이동시켜 주는 매개물이다. 활자 미디어는 정보를 이동시켜 주기는 하지만, 송신자와 수신자 간의 시간적 차이와 공간적 거리를 그대로 둔 채 정보를 전달하는 미디어였다. 커뮤니케이션을 위한 미디어 기술의 발전은 시간적 차이와 공간적 거리를 점차 극복하는 방향으로 전개되었다. 활자 미디어 이후에 등장한 전자 미디어는 시간과 공간을 극복해 활자 미디어의 한계를 벗어나게 했다. 나아가 정보의 처리가 음성 중심이던 것에서 영상 중심으로 변화한 영상 미디어의 일상화는 커뮤니케이션 기술을 한층 진일보하게 만들었다. 이러한 발전 과정에 컴퓨터와 인터넷 기술은 뉴미디어의 등장뿐만이 아니라 미디어를 새롭게 발전하게 만든 결정적역할을 했다.

컴퓨터와 인터넷 기술을 근간으로 하는 뉴미디어는 그 특성을 다음과 같이 정리할 수 있다. ① 디지털화: 컴퓨터 기술을 응용해 정보 처리와 전달 방식에 필요한 정보를 모두 디지털화했다. 디지털화는 아날로그와 달리 재현성능이 우수하고 정밀도가 높으며 전달 과정에 있어 경제성이 뛰어나다. ② 영상화: 뉴미디어들은 활자 매체, 음성 매체, 영상 매체의 구분 없이 모두 영상화되고 있다. 영상화로 전달되는 정보는 보다 사실적이며, 왜곡되지 않고 정확히 드러냄으로써 메시지의 사회적 실재감을 높여준다. ③ 종합화: 각각의 영역으로 존재했던 매체들이 하나의 정보망으로 종합화된다. 모든 매체를 하나의 미디어로 수용하는 멀티미디어가 되면서 정보 소통의 부가 가치를 극대화시키게 된다. ④ 쌍방화: 일방적 송신자·수신자 관계의 전달 경로가 변화하면서 상호 통신화되는 쌍방형의 소통 구조를 만든다. 이전의 송신자 전달과 수신자의 일방적 수신이라는 방식에서 벗어나 송수신자 간 경계가 모호해지며 서로 대화하듯 상호 간 커뮤니케이션이 보편화된다. ⑤ 비동시화: 메시지의 동시적 전달에서 벗어나, 수용자가 원하는 시간에 필요한 프로그램을 자유롭게 선택하게 하는 능동적 수용자를 가능하게 하는 비동시화의 기술이 등장한다. 수신자가 원하는 시간에 선택적으로 정보를 수용하는 적극적 수용자로의 변신을 도모할 수 있다(오택섭·강현두·최정호, 2003: 224~227).

위와 같은 뉴미디어는 결국 신문, 라디오, TV로 대표되는 전통 미디어에서 컴퓨터 기술에 기반한 인터넷 미디어로 발전하게 되었고, 또한 초고속 인터넷 서비스의 진전으로 스마트폰, 태블릿 PC와 같은 매체의 이용률이

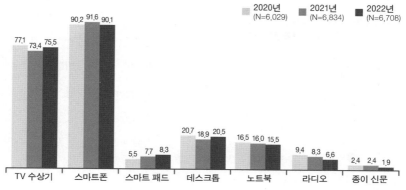

그림 3-1

매체 이용 빈도(주 5일 이상) (단위: %)

자료: 방송통신위원회(2022: 20).

증가하면서 미디어 이용이 개인화되는 경향을 낳고 있다. 우리나라의 경우, 「2022 방송매체 이용행태 조사보고서」에 따르면 휴대 전화와 스마트폰의 보유율은 각각 98.8%, 93.4%로 전년 대비 휴대 전화는 조금 줄어든 반면 스마트폰은 증가했고, TV 보유율은 95.4%로 직전 해에 비해 감소했다. 또한 매체 이용 시간 역시 TV와 라디오는 지속적으로 감소하는 추세이지만, 스마트폰은 1일 평균 1시간 52분으로 꾸준히 증가하고 있으며, 매체 이용 빈도는 TV보다 스마트폰이 더 높은 것으로 조사되었다. 일상생활에서의 필수 매체 인식 수준 역시 스마트폰이 70.0%로 중요도가 가장 높은 매체로 나타났다.

2) 뉴미디어 이용 형태의 변화

스마트폰의 이용률 증가와 함께 콘텐츠적 측면에서 OTT(Over The Top service) 이용률이 급증하고 있다. OTT는 인터넷을 기반으로 온라인 동영상 제공 서비스를 의미하며 대표적으로 유튜브(YouTube), 네이버TV, 넷플릭스(Netflix) 등이 있다. 「2022 방송매체 이용행태 조사보고서」에 따르면 국내의

그림 3-2
OTT 서비스 이용 시 사용 기기 (단위: %)

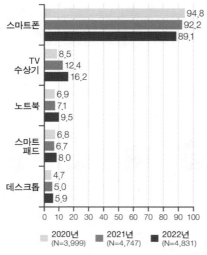

자료: 방송통신위원회(2022: 28).

OTT 서비스의 전체 이용률은 2022년 72.0%로 전년도 69.5%에 비해 2.5%p 증가했으며, 5년 전인 2017년(36.1%)에 비해 배로 늘어났다. OTT 서비스 이용 시 사용 기기의 89.1%가 스마트폰이 차지할 정도로 스마트폰과 밀접한 연관성을 가지며 TV 수상기의 이용률은 16.2%로 점차 증가하고 있다. OTT는 인터넷을 기반으로 동영상 등 콘텐츠를 제공하는 서비스이다. OTT는 이전에 TV의 셋톱 박스에서 유래한 이름이었다. 이제 셋톱 박스와 관계없이 스마트폰은 통신사나 방송사 또는 전문 운영자가 제공하는 동영상 서비스를 이용하는 중요한 매체가 되고 있다. 또한 스마트폰 이용률의 증가는 OTT 이용과 함께 SNS 이용률에도 영향을 미쳤는데, 「2020년 한국미디어패널 조사보고서」에 따르면 2020년 소셜 네트워크 서비스(SNS) 이용률은 2011년 16.8%에서 2020년 52.4%에 이를 정도로 급격한 성장세를 보였다.

그러나 사회 전반적으로 스마트폰의 이용이 빈번해졌다 하더라도, 주 이용 매체의 세대 간 차이는 확인할 수 있다. 〈그림 3-3〉에서 보듯이 10대에서 50대까지는 스마트폰을 필수 매체로 인식한 반면, 60대에서 70대 이상의 경우 TV를 필수 매체로 인식하는 것으로 조사되었다. 구체적으로 기존의 전통 매체로 불리는 TV, 신문, 라디오, 서적 가운데 TV만이 필수 매체로 인식되고, 나머지 매체들의 영향력은 미미한 것으로 나타났다. 또한 데스크톱/노

그림 3-3
연령대별 필수 매체

(단위: %)

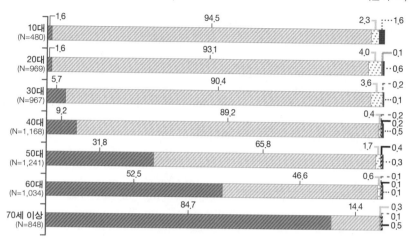

자료: 방송통신위원회(2022: 22).

트북의 영향력이 스마트폰과 비교했을 때 미미하게 보이는 이유는 스마트폰
이 기존의 전통 매체뿐만 아니라 데스크톱이나 노트북까지 대체하는 매체로
이용되기 때문이다. 하지만 이는 젊은 층에 한정되어 있는 것으로, 60대 이
상의 경우 스마트폰 이용보다 TV를 필수 매체로 인식하는 것으로 나타났다.
그러나 이러한 경향은 앞으로 변화해, 시간이 지남에 따라 스마트폰이 지배
적인 매체로 자리 잡는다는 인식에는 큰 이견이 없는 듯하다.

스마트폰인 모바일 인터넷의 이용이 다른 매체와 달리 크게 늘고 있는 추
세는 신문 기사를 어떤 경로를 통해 이용하는가를 보면 확연히 알 수 있다.
스마트폰을 이용하는 모바일 인터넷이 절대적으로 사용 비중이 늘고 있다.
뉴스나 시사 정보는 미디어 환경의 급속한 변화 속에서 민감한 영향을 받고
있는 것은 사실이다. 〈그림 3-4〉에서 신문 기사를 어떤 매체를 통해 보는가
그 추이를 살펴보면 전통 매체인 TV, 종이 신문, 라디오, 잡지를 활용한 뉴

그림 3-4
주요 경로별 신문 기사 이용률 추이(2011~2019)　　　　　(단위: %)

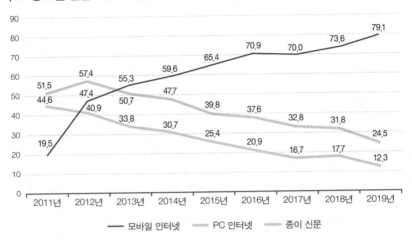

자료: 한국언론진흥재단(2019: 35).

스 이용률은 하락세를 보인 반면, 모바일 뉴스 이용률은 2019년 기준 79.1%
로 2011년 19.5% 대비 네 배 이상 증가했다. 이와 같이 디지털 플랫폼에서
의 뉴스 이용이 크게 증가하고 있다. 디지털 플랫폼에서 본 뉴스를 신뢰하는
정도는 그리 높지 않지만 포털의 경우에는 종이 신문과 유사한 수준의 신뢰
도를 형성하는 것으로 나타났다. 포털은 이미 만들어진 뉴스를 유통시키는
역할로 기존 언론사의 브랜드가 작동하지 않는 듯 보이지만 뉴스 이용의 모
바일로의 확산은 포털의 영향력을 크게 만들었다. 이제 모바일로 뉴스를 접
하는 것은 일상의 모습으로 그려지고 있다.

　따라서 인터넷을 통한 뉴스 이용은 고정형 PC와 모바일 간에 뚜렷한 차이
가 있다. 모바일을 통한 뉴스 이용률은 79.1%를 나타냈지만 PC를 통한 뉴스
이용률은 24.5%를 차지했다. 즉, PC의 경우, 뉴스 이용 시간이 지속적으로
감소했다는 점은 디지털 매체임에도 불구하고 시간과 공간의 제약에서 자유
롭지 못한 기기의 한계를 확인하는 것인 반면, 모바일 인터넷은 그 반대이

다. 모바일 인터넷이 미디어와 뉴스 이용을 주도하고 있으며, 이러한 추세가 점차 가속화될 것으로 예측할 수 있다. 실제 2022년 조사에서 모바일 인터넷과 스마트폰을 이용한 신문 기사의 이용률이 74.1%와 73.7%로 나타났고, TV를 이용한 경우는 39.1%였다. 특이한 것은 인공지능(AI)을 통한 신문 기사 이용(1.3%)이 등장한 것은 새로운 현상이다(한국언론진흥재단, 2022: 77).

뉴미디어 이용에 있어 전통 매체에서 모바일 인터넷에 기반한 디지털 플랫폼으로의 이동은 주로 20대, 30대 젊은 층에서 우선 나타나고 있지만 점차 확대되고 있다. 20대와 30대는 디지털 플랫폼을 통해 뉴스를 이용할 뿐만 아니라 포털, SNS, 메신저 서비스, 동영상 플랫폼 등 다양한 콘텐츠로 접근한다. 50대, 60대 이상은 여전히 텔레비전에 의존하고 있지만 모바일 인터넷 의존도도 늘고 있다. 여기서 중요한 것은 텔레비전이나 디지털 플랫폼 모두 영상 미디어를 기반으로 하는 것에 수용자들이 더 높은 신뢰를 주고 있다는 사실이다. 신문이나 잡지와 같은 활자 미디어보다 영상 미디어를 상대적으로 높게 의존하고 있으며, 특히 뉴미디어 환경에서 인터넷에 의해 심화하는 정보 의존은 해당 미디어에 대한 신뢰도 증가로 이어지고 있다. 결국 미디어의 이용과 신뢰도 간에는 밀접한 관계가 있으며, 오늘날 다매체 미디어 환경에서 연령이라는 인구학적 속성은 이제 의미 있는 변수로 작용하지 않게 된다(하승대·이정교, 2011: 429~430). 이와 같이 미디어의 발전과 함께 이용 면에서 전통 매체에서 디지털 매체로 옮겨 가고 있으며, 세대 간 차이는 앞으로 사라질 것으로 전망된다. 이제 뉴미디어의 수용은 자연스러운 현상이 되었으며, 이러한 미디어의 이용이 사회에 어떠한 변화를 가져오게 되는가에 주목하게 된다.

2. 문화의 진화와 가시성의 변동

1) 속도의 기술과 문화의 진화

기본적으로 뉴미디어는 컴퓨터 기술과 커뮤니케이션 기술이 결합한 미디어로서 출발한다. 뉴미디어는 기존의 매체를 섭렵하는 듯하면서도, 이전에 경험하지 못한 시간과 공간의 변화를 미디어를 통해 겪게 하는 새로운 사회를 이끌고 있다. 인터넷이라는 틀 속에서 발전한 뉴미디어는 스마트폰으로 모든 영역이 집적되어 공간 없는 대중을 출현시킨다. 바우만(Zygmunt Bauman)이 우리 시대의 공간을 가벼운 근대 속에서 더 이상 의미가 없다고 한 것(Bauman, 2000: 118)은 인터넷을 기반으로 한 스마트폰의 경우를 보더라도 이전의 공간 우세가 오늘날 시간 우세에 밀려났다는 것을 견주어 말한 듯하다. 넓과 거리가 더 이상 존재하지 않는 듯한 시간 우위의 사회 변화는 미디어 환경이 가져온 결과이다. 반대로 공간의 인식이 흐릿해지면서 공적 영역과 사적 영역의 구분은 모호해졌다. 사적 영역이 고스란히 드러나게 되는 사적 영역의 식민화는 자기 것, 자기 소유라는 개념을 무색하게 하면서 여기저기 모방이 자연스러워졌다.

모방을 하면서 우리는 선택적 상황에서 이익을 얻는 문화 단위들을 중심으로 진화를 경험하게 된다. 이는 단순히 모방을 뛰어 넘어 문화적 유전의 이기적 결과로 일어난 밈(meme) 현상을 일으킨다. 이는 목적에 부합하지 않는 행위가 특정한 문화에서 진화한 이유를 설명하는 근거가 되기도 한다. 밈은 문화적 모방으로 인간의 유전자처럼 진화한다. 사회에는 다양하게 만들어진 밈이 존재하고 인간은 이를 다양한 방식으로 획득해 뇌에 저장한다. 모방은 뇌에 저장된 밈의 이기적 행동을 통해 일어나고 사회적 사고나 문화를 전파하게 된다. 영향력을 가진 밈은 지속적으로 사람들이 사용하면서 재생산이 이루어지고 이를 통해 사회는 문화를 유지할 수 있게 된다. 뉴미디어는 이러한 밈을 이미지, 하이퍼링크, 동영상, 사진, 웹사이트, 해시태그 등의 모방 형태로 사회 전반에 퍼지게 한다. 뉴미디어의 틀인 인터넷을 통해 활용되는 밈의 사례를 보면 다음과 같다.

① 영상 '짤': 인터넷상에서 찾아 볼 수 있는 흥미 위주의 동영상으로 짧게 만들어진 가장 쉬운 형태의 밈이다. 짧은 몇 초 또는 몇십 초 남짓으로 편집된 동영상 짤을 통해 사람들은 유행을 선도하고 사회를 해학적으로 그린다. 여기서 유행하는 짤이나 문구를 이해하지 못하는 사람을 '문찐'(네이버 국어사전 우리말샘)이라는 표현으로 오늘날의 문화에 뒤떨어진 인물로 낮잡아 빗대기도 한다. 최근 모바일 인터넷에 주목받는 애플리케이션 '틱톡(TikTok)'은 짤을 기반한 것이다. 짧은 영상을 패턴화한 틱톡은 짧은 영상 속의 메시지로 유행을 선도하고 문화 트렌드를 만들고 있다.

② 개구리 페페: 개구리 페페(Pepe the Frog)는 만화가 맷 퓨리(Matt Furie)가 2005년에 만든 개구리 캐릭터이다. 페페의 슬픈 표정이 다양하게 패러디되면서 지난 몇 년간 인터넷에서 부각된 밈으로 특히 사람들의 표정을 나타내는 데 크게 활용되었다. SNS와 연예인, 심지어 정치인 들을 패러디하는 데 개구리 페페가 이용되기 시작했다. 이러한 상황이 지속되면서 페페라는 밈의 영향력은 강력해졌다. 여기에 미국 사회의 극우파들이 자신들의 상징으로 페페를 적극 이용해 페페에 대한 부정적 인식이 강하게 작동했다. 페페가 밈으로서의 영향력을 갖게 되면서 이를 남용하자 페페의 제작자인 맷 퓨리는 결국 페페를 공식적으로 죽이는 상황에 이르렀고 페페는 밈 기능 상실과 함께 사라지게 되었다.

③ 아이스 버킷 챌린지: 하나의 기부 문화로 자리 잡은 아이스 버킷 챌린지(ice bucket challenge)는 루게릭 병에 대한 사회적 인식을 환기시키기 위해 시작된 문화이다(네이버 지식백과). 루게릭 병에 대한 관심을 촉구하기 위한 아이스 버킷 챌린지는 SNS를 통해 급속도로 전파되었다. 운동에 참여

역사 속으로 사라진 개구리 페페

소셜 미디어를 휩쓸었던 개구리 페페(Pepe the Frog)가 2017년 5월 사라졌다. 개구리 페페는 만화가 맷 퓨리가 2005년 만화 「보이스 클럽(Boy's Club)」에 처음 등장시켜 12년간 많은 사랑을 받았다. 2015년 말 인종 차별과 반유대주의적 행동을 앞세운 극우파 '알트라이트(alt-light)'는 페페의 눈을 붉게 만들고 팔에 만자(卍字) 십자상 완장을 채워 전파했다. 이어 페페는 트럼프(Donald Trump) 미국 대통령과 합성되어 알트라이트의 상징으로 표현되고, 트럼프는 이 그림을 트위터(Twitter)에 올려 페페를 유명하게 만들었다. 페페는 극우주의자의 상징이 되어 인종 차별주의자와 반유대주의자 들에게 이용의 대상이 되었다. 퓨리는 캐릭터 페페에게 긍정적인 이미지를 주려고 노력했으나, 결국 2017년 혐오 상징을 벗어나지 못하는 것에 참지 못한다고 밝히면서 관 속에 눈을 감고 누워 있는 페페를 공개하고 사망 선고를 내렸다(김태우, 2017).

한 사람들은 자신의 머리 위에 얼음물을 뒤집어쓰는 장면을 영상으로 또는 사진으로 보여주면서 다음 참가자를 지목한다. 얼음물을 뒤집어쓴 후 세 명의 참가자를 지목하면 지목받은 사람들 역시 똑같은 방법으로 얼음물을 뒤집어쓰거나 일정 금액을 기부하는 운동으로 전 세계 곳곳으로 확산되었다. SNS를 통해 일반인뿐만 아니라 연예인, 공인 등 각계각층의 사람들이 참여하게 된 아이스 버킷 챌린지는 사회적으로 긍정적 효과를 불러일으켰다. 단순히 얼음물을 뒤집어쓰는 밈이 SNS를 통해 전파되면서 사회 전반에 기부 문화라는 새로운 반향을 불러일으키는 결과를 도출해 낸 것이다.

지속적으로 발전하는 문화적 유전자 밈은 이미지와 동영상을 중심으로 확산되면서 집합 행동, 문화 트렌드를 파악하는 데 결정적인 요소가 되고 있다. 밈을 통해 개인은 자신의 의견과 선호를 적극적으로 표현하고 참여를 이끈다. 여기에 남의 것을 모방하고자 하는, 즉 쉽게 따라 하고자 하는 인간의 심리를 기술적으로 뒷받침하고 있는 것은 속도이다. 특히 스마트폰의 영상 중심 서비스 발전은 속도가 중요한 기반이 된다. 자신의 느낌, 생각, 행동을 반영하는 플랫폼에 영상을 기반으로 해야 하는 콘텐츠는 다운과 전송에 있어 속도의 진전이 중요하다.

2) OTT 서비스의 유형과 산업

2019년 4월 우리 사회는 전격 5G 시대에 돌입했다. 5G는 전 세대인 LTE의 최대 속도보다 70배 이상 빨라진 다운로드 속도와 열 배 이상 빨라진 데이터 응답 속도로 초저지연성과 초연결성이 강점으로 꼽히는 기술적 변화를 가져오게 된다. 이로 인해 가상현실, 자율 주행, 사물 인터넷 기술을 구현하게 되면서 사회 문화의 큰 변동을 기대할 수 있다. 무엇보다 중요한 것은 이전보다 정보의 전송 속도가 빨라졌다는 점이다. 특히 영상을 다운 받는 시간이 줄면서 모든 정보를 시각(visual)으로 처리하는 기술이 크게 진전되어 가시성(visibility)의 변동을 가져왔다. 뉴미디어를 이용하는 이용자들 대부분은 영상을 통해 정보에 접근하고 있다. 따라서 영상 정보 의존의 심화와 빠른 속도에 의한 가시성의 변화는 OTT 서비스가 뉴미디어 문화산업에 중요한 부분이 될 수 있는 토대이다. OTT 서비스의 확대는 다양한 콘텐츠의 이용, 다양한 플랫폼의 적재, 다양한 디바이스의 제공이라는 과제 속에서 스마트폰을 통해 개인의 취향이나 기호가 문화로 어떻게 확산되는가를 알 수 있게 하는 속도의 기술에 발맞춘 사회적 환경이 되었다.

정보 처리를 빠르게 가능토록 하는 5G는 스마트폰을 장소나 공간에 구애받지 않고 영상 정보에 접근하게 한다. 즉, 다양한 동영상 콘텐츠에 이용자들이 손쉽게 다가갈 수 있도록 한 것이다. 여기에 OTT 서비스는 자연스럽게

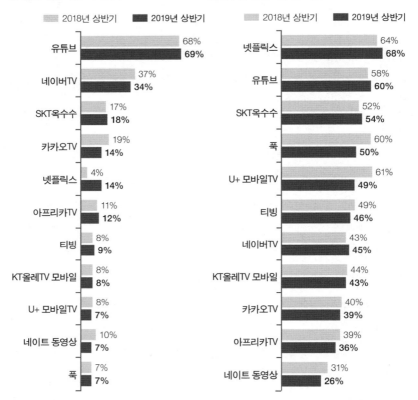

그림 3-6
동영상 앱 이용의 경험

그림 3-7
방송, 동영상 앱 만족률

주: 2018년 3394명, 2019년 2776명을 대상으로 "최근 1개월 동안 이용한 방송, 동영상 앱을 모두 선택하라"는 조사에 대한 결과(컨슈머인사이트 보도자료, 2019.7.2).
자료: 《중앙일보》(2019.7.3) 재인용.

문화산업의 중심에 설 수밖에 없다. 동영상이 어떤 경로를 통해 이용하는가를 조사한 '컨슈머인사이트'에 따르면(〈그림 3-6〉 및 〈그림 3-7〉 참조), 유튜브가 압도적이다. 그다음이 네이버TV, SKT옥수수, 카카오TV순이다. 넷플릭스나 유튜브와 달리 토종 OTT 기업은 내용 규제, 사전 등급 심의, 편성 규제, 광고 규제를 받고 있기 때문에 이용률과 만족도 면에서 경쟁에 뒤처질 수밖에 없는 상황이다. 뉴미디어의 문화산업이라는 측면에서 OTT를 들여다보았을

그림 3-8

한국 OTT 시장을 장악한 글로벌 기업(2019)

(단위: %)

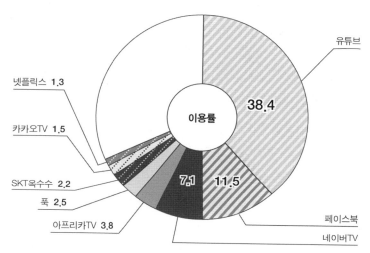

자료: ≪한국경제≫(2019.1.28) 재인용.

때, 유튜브나 넷플릭스는 그 만족도에 있어 순위를 앞다투고 있다. 동영상 앱의 이용 만족도에 있어서는 넷플릭스가 유튜브를 뛰어넘는다. 그러나 넷플릭스가 유튜브를 압도한다고는 쉽게 단정할 수 없다. 넷플릭스는 유료 서비스로 이용자의 만족도에 신경을 쓰지만, 유튜브는 유튜브 프리미엄(YouTube Premium) 서비스만 유료로 광고 없는 영상을 제공하고 일반 무료 이용자들은 원치 않는 광고를 봐야 하는 불편함이 있다. 비용과 만족이라는 두 차원을 고려하면 평가가 달라질 수 있다.

　위와 같은 환경 속에서 한국의 OTT 시장을 장악한 것은 대부분 글로벌 기업이다. 방송, 동영상 매체 이용 플랫폼을 보면 〈그림 3-8〉에서 보이듯 유튜브와 페이스북(Facebook)이 한국 OTT 시장의 절반을 차지하고 있다. 다행히 그 뒤를 잇는 것으로 네이버TV, 아프리카TV 등이 있지만, 글로벌 기업에 비하면 미미한 수준이다. 동영상을 중심으로 한 OTT 서비스의 이용이 스마트폰에서 일상화되면서 이러한 미디어 산업은 문화산업의 중심축이 될 가능성이 높지만 토종 기업은 글로벌 기업에 밀리고 있다. 김영주(2015)의 연구에 따르면 OTT 서비스의 확산이 미디어 산업에 영향을 주고 있다는 것을 보여주고 있다. 최근 새로운 시장의 개발과 수익 모델의 창출을 위한 다양한 시도가 활발히 전개되고 있다. 미국의 예를 들면 채널 사업자(CP)와 MVPD(케이블 방송, 위성 방송, IPTV와 같은 다채널 유료 방송 사업자) 들도 OTT 서비스 시장에 뛰어들기 시작했다. 이들은 새로운 시장을 개발하고 다양한 수익 모델을 창출하려는 변화를 시도한다.

OTT 산업은 수익 구조 다변화를 위해 채널 간 새로운 플랫폼 구축을 시도하기도 하고, OTT 사업자 간 다양한 형태의 제휴와 공생 관계를 형성하기도 한다. 넷플릭스는 2012년을 기준으로 200개 이상의 지상파 방송사, 영화사와 같은 콘텐츠 사업자와 제휴를 맺었다. OTT 서비스는 경쟁력이 콘텐츠이다. 콘텐츠는 장르에 따른 차별화와 전문화이다. 콘텐츠의 전문화와 차별화를 통해 OTT 서비스의 경쟁력을 높이게 될 것이다. 이용자의 편의를 위한 노력은 일차적으로 정보의 유통 속도가 빨라지도록 한 5G 시대의 속도 변화가 가져다준 편의성이 큰 역할을 했다. 영상을 통한 문화의 접근이 쉽게 가능하도록 한 빠른 속도 그리고 그 속도에 맞춘 OTT 서비스는 사회를 가시성으로 이끈다. 이러한 가시성의 변동으로 문화 소비는 이전과 다르게 전개되고 있다. 단순히 텍스트나 그림 또는 사진 중심이었던 것이 동영상 중심으로 옮겨 가는 정보의 이용 행태 속에서 문화는 영상 이미지를 중심으로 펼쳐진다.

3. 미디어 이벤트와 이미지의 사회

1) 미디어 이벤트

OTT 서비스는 인터넷이 연결 가능한 디바이스를 통해 동영상 콘텐츠를 언제 어디서나 이용할 수 있게 하는 서비스로 이러한 서비스가 원활하게 작동하기 위해서는 기술적인 차원이 뒷받침되어야 한다. 기술적인 차원은 디바이스, 플랫폼, 콘텐츠 이용 시간과 공간 차원을 이끄는 문화 등 과거와는 다른 변화가 필요하다. 여기서 중요한 것은 결국 기술적 요인 못지않게 이용자 변화이다. 스마트폰은 인터넷을 기반으로 한 여러 서비스를 이용할 수 있는 디바이스로 이제 컴퓨터보다 더 활발하게 이용하는 디바이스로 자리 잡았다. 나아가 정보 처리의 실시간 전송을 가능하게 하면서 사회 문화적 변화를 이끌고 있다. 정보 처리 속도를 포함한 기술적 발전에 상당히 앞선 부분으로 인해 이용자들은 전통적 미디어의 수용자 모습과 다른 적극적 태도를 의식적으로 드러낸다. 특히 이전과 달리 미디어 이용에 있어 정보 수용을 넘어선 일종의 자기 노출이 의식적 측면에서 다루어질 수 있는 가능성을 확실히 드러내고 있다.

인터넷에 기반한 미디어는 전통적 근대 미디어에서 보여온 송수신자의 단순 모형과는 크게 다르다. 인터넷은 여러 사람과 정보를 공유하며 상호 작용하는 가운데 잠재적으로 자신의 소소한 일상의 사고나 행동의 모습을 인터넷의 곳곳에 드러낸다. 개인적 이야기나 일기를 웹사이트에 기록하는 행위, 자신이 다녀온 여행지나 먹었던 음식을 정보로 남기는 행위 등은 스마트폰의 여러 애플리케이션을 통해 손쉽게 가능하게 되었다. 사적 공간을 드러내는 블로그나 웹사이트의 내용들이 공공성을 가질 수 있는지에 대한 의문은 차치하고 사적 가상공간의 대부분 행동은 일단 가시적이다. 블로그와 웹캠사이트 등 인터넷은 이전에 없었던 기술로 사람들에게 자기 노출의 기회를 제공하면서 스스로를 드러내게 만든다. 터클(Sherry Turkle)은 이런 자기 노출을 컴퓨터의 매력이라고 했다(터클, 2003: 40~41). 스크린상의 창에서 다양한 대화를 즐기고 즉각적인 반응을 하는 것은 하나의 자아 표현의 수단으로 이용된다. 자신을 컴퓨터 속에 투영하는 일은 스마트폰의 기술 발전으로 더욱 일상화되고 있다. 스마트폰이라는 곳에서 자신을 노출하는 것은 일종의 미

> ## 빅터 터너의 문화 가정법
>
> 터너(Victor Turner)는 어법의 직설법과 가정법을 구분하듯이 의례, 카니발, 축제를 비롯한 문화 공연의 장르는 실제 사실을 보여주는 진술의 의미도 담고 있지만, 상상, 희망, 가정, 가능성 등을 나타내는 가정법(subjunctive mode of culture)의 양태를 띠고 있다고 보았다. 퍼포먼스 이벤트에 참여하는 공중은 일상 세계에서 벗어나 자신이 그동안 알아왔고 믿어왔던 것에 대한 붕괴를 경험한다. 어떤 의미에서 이러한 이벤트는 본질적으로 해방의 기능을 담당하고 사회를 변화시킨다. 영화, TV, 인터넷, 스마트폰 등 다양한 미디어의 출현으로 퍼포먼스는 어디에서나 쉽게 실감할 정도로 광범위하게 일어난다.

디어 이벤트이다.

원래 미디어 이벤트는 텔레비전을 통해 특정 사건(선거나 축일)을 중계하면서 전 국민에게, 전 세계 사람들에게 특별한 날이라는 느낌을 갖게 해 일종의 친밀감이나 소속감을 높이는 정치적 스펙터클로 간주되었다. 의식을 미디어로 이용한 이벤트는 사회적 통합의 역할을 논의하는 데서 시작했다. 특히 텔레비전의 경우 정규 방송이 아닌 특별한 사건을 중심으로 펼쳐지는 중계는 하나의 축제 또는 의식으로서 문화적 퍼포먼스이기도 하다(다얀·캐츠, 2011). 이러한 미디어 이벤트는 거대한 규모의 시청자를 매혹시키며 서로의 일체감을 느끼게 한다. 그러나 동시에 미디어 이벤트는 기존 사회가 갖는 불평등이나 갈등을 봉합하는 이데올로기적인 해방의 기능을 한다. 일상 세계에서 벗어나 자신이 믿었던 경험을 새롭게 바꾸면서 일시적인 '경계 허물기'가 일어난다. 이를 빅터 터너(Victor Turner)는 '문화 가정법(subjunctive mode of culture)'이라는 이벤트를 하나의 의례로 이해한다(Turner, 1987: 101). 터너가 말한 문화 가정법은 문화 퍼포먼스로서 실제 사실을 진술하기보다 상상, 희망, 가정, 가능성을 나타내는 가정법의 양태인 미디어의 퍼포먼스를 통해 작동한다는 것이다. 이러한 미디어 이벤트인 퍼포먼스는 스마트폰에서도 그대로 적용되고 있다.

사람들은 스마트폰의 다양한 애플리케이션으로 자신의 행위를 노출시킨다. 동시에 다른 사람의 일상을 들여다보는 것이 자연스럽게 되었다. 정보를 얻기 위해 다른 사람의 블로그를 방문하거나, 웹사이트를 찾아보는 것은 모바일 커뮤니케이션의 일상적 의례로 하나의 이벤트이다. 어디를 여행했으며, 어느 식당에서 어떤 음식을 먹었는지를 보여주면서 개인들은 상호 간의 공통된 분위기를 조성하고 그들만의 의례에 참여하게 된다. 서로 간의 공통적인 관심이나 대상에 집중되면 하나의 경계가 설정되고, 그 상황이 조건으로 충족되면 사람들은 몰입하게 된다. 스마트폰은 이러한 일상적 의례의 중요한 디바이스이다. 스마트폰을 통한 일상적 의례는 새로운 인간관계를 만든다. 이벤트에 참여하는 사람들은 가상이기는 하지만 상호 유대를 형성하고 하나의 의례화된(ritualized) 상호 작용을 낳게 된다.

면식이 있는 사람이든 없는 사람이든 스마트폰으로 활발하게 소통하게 되는 소셜 네트워크 서비스(SNS)의 경우 자신을 쉽게 노출하면서 스마트폰 이벤트를 만들고 있다. 이러한 스마트폰 이벤트들은 카리스마와 집합 행위를 강조하는 이전의 미디어가 보였던 권위에 도전한다는 점에서 저널리즘의 범위를 벗어난다. 이들 스마트폰의 자기 노출은 실제보다 더 도전적으로 보이게 만들어지는 점도 있지만, 본질적으로 해방의 기능을 한다. 스마트폰으로 자신의 일상을 전시하며 스스로를 보여주는 것은 규율적 힘을 규준으로 한 질서의 삶을 뒤로하고 자연스럽게 사적 공간을 드러내어 적극적으로 타인과 소통하는 행위이다. 〈그림 3-9〉에서 보는 것처럼 인터넷 이용자들이 자주 이용하는 애플리케이션으로 인스턴트 메신저가 게임이나 뉴스 또는 포털 검색을 제치고 앞서고 있는 것을 보여준다. 인스턴트 메신저에 자신의 일상을 올리고 경험을 함께하면서 다른 사람과 기억을 공유하는 미디어 이벤트는 스마트폰에 일상화되고 있다.

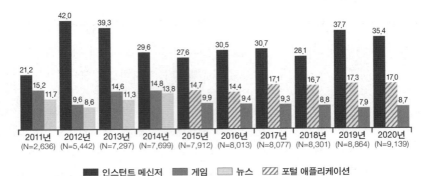

그림 3-9
스마트 기기 애플리케이션 선호도 변화   (단위: %)

	2011년 (N=2,636)	2012년 (N=5,442)	2013년 (N=7,297)	2014년 (N=7,699)	2015년 (N=7,912)	2016년 (N=8,013)	2017년 (N=8,077)	2018년 (N=8,301)	2019년 (N=8,864)	2020년 (N=9,139)
인스턴트 메신저	21.2	42.0	39.3	29.6	27.6	30.5	30.7	28.1	37.7	35.4
게임	15.2	9.6	14.6	14.8	14.7	14.4	17.1	16.7	17.3	17.0
뉴스	11.7	8.6	11.3	13.8	9.9	9.4	9.3	8.8	7.9	8.7
포털 애플리케이션										

자료: 정보통신정책연구원(2021: 5).

2) 이미지의 사회

미디어 이벤트는 미디어를 통해 무엇인가를 집중시켜서 하나의 퍼포먼스를 이루어 의도하는 목적에 맞게 사회를 변화시키는 것이다. 특히 텔레비전을 통해 무엇인가를 보여준다거나 실시간 방영을 통해 사람들의 이목을 집중시켜 경험을 공유하면서 사회 통합을 이루기도 한다. 텔레비전의 중계를 미디어 이벤트의 관점에서 볼 때 축제적 시청(festive viewing)으로 보기도 한다. 그러나 스마트폰에서 일어나는 모바일 커뮤니케이션의 이벤트는 성공적 사회 변화를 이끌기보다 개인의 일상을 보여주는 일종의 부차적 관여여서 전체 사회의 변화보다는 개인 간 관심, 취향에 초점을 둔 한눈팔기로 유도하는 경향이 있다. 우연한 장소에서 만난 사람들이 그들 사이에 연대감을 싹트게 한다거나 의지를 결집하는 경우는 드물기 때문이다. 특정한 대상에 함께 몰입하는 상황에 연출되기 위해서는 공통적인 과정을 경험해야 하지만, 스마트폰은 일단 개인적 미디어로 송신자의 정보를 대충 훑어보고 지나치는 경우가 훨씬 흔하게 일어난다. 따라서 사람들은 자신의 상황을 더 흥미롭게 연출하고 보여주기 위해 영상을 이용하는 경우가 많아지고 있다. 기존의 텍스트 위주의 정보 제공보다는 지루하지 않게 짧은 메시지로 사람들의 주목을 끄는 SNS가 이용 면에서 앞서고 있다.

소셜 네트워크 서비스(SNS)의 이용은 꾸준한 상승률을 보이고 있다. 〈그림 3-10〉에서처럼 2018년의 경우 페이스북, 카카오스토리, 트위터, 네이버 밴드, 인스타그램(Instagram)순으로 이용률을 보이던 것이 2020년의 경우 이전에 미미했던 유튜브와 인스타그램의 이용률이 급격히 늘어났다. 동영상이나 사진과 같은 이미지를 중심으로 한 SNS의 이용이 크게 성장했음을 보여준다. 영상 중심의 이미지가 사람들과 함께 경험하는 중요한 메신저로 부각된 것이다. 자신의 일상을 이벤트로 연출하는 데 영상은 다른 사람들에게 쉽게 관심을 끌 수 있다는 것을 의미한다.

스마트폰의 다양한 애플리케이션은 텔레비전과 같은 영상 미디어와 달리 텍스트, 숫자, 상징을 이용해 한층 복잡하고 정교한 시각적 정보를 생성하고 교환한다. 단순히 영상 자체의 정보 전달을 넘어 다양한 기호를 동원해 실제 사실과 연관된 이미지를 만들고 그 연관성 속에서 의미나 즐거움을 동원한다. 영상 정보를 동원한 미디어는 문화를 지배할 정도로 그 힘이 점차 세지고 있다. 그러나 스마트폰에서의 영상은 글, 말, 기타 경험이나 표현 체계로부터 이미지 자체를 분리시키는 것이 아니라, 통합적 관계에서의 의미 전달이다. 이미지 중심의 소셜 네트워크 서비스는 인스타그램에서 본격 시작되었다. 즉석카메라(instant camera)와 전송(telegram)이라는 단어가 합성되어 나온 인스타그램은 스마트폰으로 찍은 사진을 즉석에서 친구들과 공유하는 서비스로 2010년 선을 보였다. 사진이나 15초 이내의 동영상을 올려 이용이 간편하다. 텍스트 중심의 트위터나 페이스북과 달리 사진이나 동영상을 스스럼없이 이용하게 됨으로써 부담감이 없는 이미지 사회를 이끌었다. 더구나 일상의 관심을 공유하기 위한 해시태그의 도입과 이용은 이용자들이 원하는 정보를 손쉽게 주고받을 뿐 아니라, 최신의 사회 이슈를 서로 알 수 있게 하고 있다.

그림 3-10
SNS 이용률 변화

(단위: %)

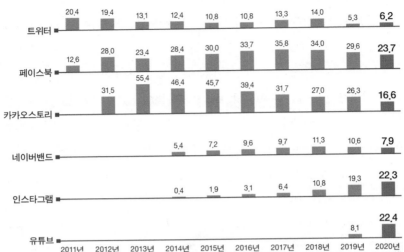

자료: 정보통신정책연구원(2021: 4).

　　이미지를 통한 재현은 자신의 주변을 마치 거울 비추듯 보여주면서 다른 사람들을 다시 자신의 의례에 동참하게 한다. 공유된 경험을 해시태그로 연결하고 이를 재구성해 의미를 부여하는 문화의 생산으로 작동하게 된다. 이미지 중심의 정보 전달은 여러 소셜 네트워크 서비스에서도 자연스럽게 연결되어 텍스트와 함께 이미지 이용은 손쉬워졌다. 이미지는 사물을 그대로 보여주는 것이 아니라, 재현을 통해 새로운 의미를 부여할 수 있는 재구성의 의미를 담는다. 특정 이미지를 보고 그 의미를 해독하는 것은 개인의 경험이나 지식에 따를 수밖에 없다. 이미지가 넘치는 사회에서 일상적 의례를 사진으로 영상으로 올리고 있다. 영상 중심의 OTT 산업이 성장하는 것도 텔레비전이나 영화와 같은 영상과 함께 스마트폰이 담고 있는 이미지 중심의 자기 의례적 행위의 일상화가 동반되기 때문에 가능한 것이다. 우리는 오늘날 가시성의 사회에서 자신만의 이벤트로 세상을 즐기는 문화 속에 있는 것이다.

생각해 볼 문제

1. 문화 현상으로 인터넷 밈이 문화산업의 변화에 어떠한 영향을 미치는지 생각해 보자.
2. 자신이 쓰는 스마트폰 애플리케이션들을 이용 빈도가 높은 정도에 따라 순위를 정하고 이를 다른 사람들과 비교해 보자.

더 읽을거리

다얀·캐츠(Daniel Dayan and Elihu Katz). 2011. 『미디어 이벤트: 역사를 생중계하다』. 곽현자 옮김. 파주: 한울.
텔레비전의 축제적 시청을 미디어 이벤트로 보고 있다. 한 국가의 또는 전 세계적 이목을 집중시킨 역사적 사건(아폴로(Apollo) 우주선의 달 착륙, 케네디(J. F. Kennedy) 대통령의 장례, 찰스(Charles)와 다이애나(Diana)의 왕실 결혼식 등)이 텔레비전을 통해 실시간 방영되면서 이벤트화되는 과정을 소개하고 있다. 미디어 이벤트는 일상과 비일상의 경계를 이어가는 과정에서 어떠한 효과를 나타내는지 진단하고 있다.
박창호. 2020. 『디지털 네이티브의 사회적 시간은 짧다: 사이버문화읽기』. 서울: 서울경제경영.
인터넷은 시간의 속도에 맞춰진다. 디지털 네이티브는 짧은 시간에 관심을 갖고 흥분한다. 인터넷의 수많은 정보들이 무한정 늘어나고 그에 적응하는 문화도 빠르게 출현한다. 짧은 시간 내에 즐길 수 있는 다양한 문화가 인터넷에서 어떻게 전개되고 있는지 소개하고 있다.

참고문헌

김영주. 2015. 「OTT 서비스 확산이 콘텐츠 생산, 유통, 소비에 미친 영향에 관한 연구」. ≪방송문화연구≫, 27권, 1호, 75~102쪽.

김태우. 2017.5.7. "슬픈 개구리 '페페'가 결국 역사속으로 사라졌다". ≪허핑턴포스트≫. https://www.huffingtonpost.kr/2017/05/07/story_n_16461662.html(검색일: 2021.11.5).

네이버 국어사전 우리말샘. "문찐". https://ko.dict.naver.com/#/userEntry/koko/c7174 4c2c9d0315acb57435c90385139(검색일: 2021.11.5).

네이버 지식백과. "아이스 버킷 챌린지". https://terms.naver.com/entry.nhn?docId=241 2172&cid=43667&categoryId=43667(검색일: 2021.11.5).

다얀·캐츠(Daniel Dayan and Elihu Katz). 2011. 『미디어 이벤트: 역사를 생중계하다』. 곽현자 옮김. 파주: 한울.

방송통신위원회. 2022. 『2022 방송매체 이용행태 조사』. 과천: 방송통신위원회.

오택섭·강현두·최정호. 2003. 『미디어와 정보사회』. 파주: 나남.

정보통신정책연구원. 2021. 「2020 한국미디어패널조사 결과 주요 내용」. ≪KISDI STAT Report≫. 21-1호.

≪중앙일보≫. 2019.7.3. "온라인 동영상 시장, 유튜브·넷플릭스만 잘나가네". https://www.joongang.co.kr/article/23513853#home(검색일: 2021.11.5).

터클, 셰리(Sherry Turkle). 2003. 『스크린 위의 삶: 인터넷과 컴퓨터 시대의 인간』. 최유식 옮김. 서울: 민음사.

하승태·이정교. 2011. 「미디어 이용량과 선호 콘텐츠 유형이 미디어 신뢰도에 미치는 영향」. ≪한국언론학보≫, 55권, 1호, 413~434쪽.

≪한국경제≫. 2019.1.28. "잘나가는 유튜브·넷플릭스…커지는 '통신망 무임승차' 논란". https://www.hankyung.com/it/article/2019012868061(검색일: 2021.11.5).

한국언론진흥재단. 2019. 『2019 언론수용자 조사』. 서울: 한국언론진흥재단.

_____. 2022. 『2022 언론수용자 조사』. 서울: 한국언론진흥재단.

Bauman, Zygmunt. 2000. *Liquid Modernity*. Cambridge: Polity.

Turner, Victor. 1987. *The Anthropology of Performance*. New York: PAJ Publications.

4장   박근영·안미향

한국 영화 산업 구조와 특징

1. 들어가는 글

영화는 이미 우리의 일상에서 친근한 소비 대상이다. 영화진흥위원회 자료에 따르면 2018년 우리나라 인구 1인당 연평균 영화 관람 횟수는 4.18회로 세계 10위권 이내의 영화 시장 규모를 가진 나라 중 최고치를 기록했다(영화진흥위원회, 2019). 또한, 2018년 문화체육관광부와 한국문화관광연구원이 시행한 '문화향수 실태조사'에서도 75.8%의 응답자가 지난 1년 동안 영화를 관람한 적이 있다고 밝혀 아홉 개의 문화 향수 활동 분야에서 압도적으로 높은 참여율을 보였다(문화체육관광부, 2019a). 이러한 결과는 영화가 우리의 삶 속에서 부담 없이 소비할 수 있는 편리한 상품으로 자리 잡고 있음을 의미한다. 그러나 조금만 더 관심을 기울여보면 그렇게 손쉽게 즐기고 있는 영화가 사실은 다양한 분야의 첨단 기술과 거대 자본의 결합을 통해 탄생한 매우 복잡한 속성의 산출물임을 알 수 있다.

영화는 대표적인 문화 상품이며 따라서 생산, 유통, 소비의 과정이 식료나 전자 제품 등의 일반 소비재와는 매우 차별적이다. 실용적 용도(utilitarian usage)

에 근거해 생산되지 않기에 수요를 예측하기가 매우 어려우며, 일정 규모의 상업 영화를 생산하는 데는 대단히 큰 초기 비용이 필요하지만, 생산이 완료된 후 재생산에 필요한 비용은 초기 비용과 비교하면 극히 일부에 불과하다. 또한, 다수가 소비한다고 해서 그 가치가 감소하지 않기 때문에 비경합성(non-rivalry)을 가진 반공공재에 속하며, 소비하기 전까지는 그 품질이나 만족도를 가늠할 수 없는 경험재의 성격도 지녔다.

하지만 영화는 다른 일반적인 문화 상품과는 차별적인 속성도 지니고 있다. 영화가 가진 두드러진 오락성은 이를 소득 창출을 위한 투자의 대상으로 인식시키기에 충분했고, 궁극에는 거대 산업 영역(industrial sector)을 탄생시켰다. 영화는 메시지를 전달하는 매체(media)이기에 미학적 감수성을 혼합해 예술로 발전시킬 수 있으며, 소비자에 대한 접근의 용이성을 살려 대규모 선전(propaganda) 도구로 이용될 수도 있다. 또한, 영화는 그 탄생부터가 움직이는 사진(motion picture)이라는 기술적 진보의 결과였기에 근래의 정보통신 및 미디어와 관련된 신기술에 따라 민감하게 변화한다. 이러한 여러 차별적인 특징으로 인해 영화를 어떻게 정의하고, 어떤 부분을 강조하느냐에 따라 우리가 영화와 영화 시장에서 볼 수 있는 내용은 매우 다를 수밖에 없다.

이번 장에서는 거대 산업의 산물로서 영화에 집중한다. 특히 현재 우리나라에서 소비되고 있는 상업 영화가 현 단계에 이르는 과정과 오늘날의 생산·소비 구조를 포괄적으로 파악하는 것을 목표로 한다. 다음 절에서는 영화 산업에 대한 배경지식으로서 우리나라 영화사(映畵史)에 대해 간략하게 살펴보고, 세 번째 절에서는 영화 산업을 생산, 배급, 상영, 그리고 극장 외 시장의 4단계로 구분해 각 단계의 변화와 특징, 그리고 관련 이슈 들에 대해 기술한다. 네 번째 절에서는 영화 소비와 관련된 우리나라 관객들의 특성과 지금까지 우리나라 영화 산업에서 자주 언급되어 왔던 주요 이슈에 대해 알아본다.

2. 영화사

전 세계 영화사에서 흔히 최초의 활동사진으로 인정받는 작품은 1895년 프랑스 뤼미에르(Lumière) 형제가 촬영한 열차 도착 모습과 공장 공원들의 퇴근 풍경을 담은 기록 필름이었다. 우리나라에서 상영된 최초의 활동사진은, 비록 아직도 논쟁의 여지가 있지만, 1898년 미국인 기업가가 담배 광고를 목적으로 상영한 짧은 홍보 영상이었다(Lee and Choe, 1998; Lent, 1990). 당시만 하더라도 첨단 기술이었던 '활동사진'이 다른 신기술과 비교해 우리나라에 상당히 빨리 소개되었다고 볼 수 있다. 그러나 우리나라 사람에 의해 스토리를 가진 상업 영화가 만들어진 것은 그로부터 20여 년이 흐른 1919년 단성사 개봉작 김도산의 〈의리적 구토(義理的 仇討)〉가 처음이었다.[1] 이후 나운규의 〈아리랑〉(1926)과 같은 영화사에 잘 알려진 작품이 탄생하기도 했지만, 일제 강점기의 우리 영화는 대부분 몇몇 열정적인 헌신자의 소자본을 통해 생산되었으며, 영화 관람 역시 몇몇 대도시에 한정될 만큼 작은 규모였다.

우리나라에서 영화가 '산업'으로서의 면모를 갖추기 시작한 것은 1950년대 말, 또는 1960년대 초부터였다. 홍콩, 대만, 일본 등 이웃 국가의 영화 산업에 자극받아 당시 위정자들은 영화가 외화를 버는 수단이 될 수 있을 것이라고 생각했고, 이는 영화 제작에 대한 정부의 통제로 이어졌다. 1962년 처음 제정된 '영화법'에 따르면 영화 제작자들은 법이 규정한 구비 시설을 갖추어 허가를 받아야 했으며, 수입 쿼터제를 통해 국산 영화를 제작하는 영화업자들만 외국 영화를 수입할 수 있었다(김홍동, 1994).

1960년대는 한국 영화의 전성기라고 불린다. 아직 TV가 널리 보급되기 전이었기 때문에 영화는 일반 대중에게 더할 나위 없는 오락거리였고 업자들에게는 그만큼 좋은 돈벌이 수단이기도 했다. 1969년 한 해 동안 제작된 영화는 230여 편에 달하고, 같은 해 관객 규모는 1억 7000만 명을 돌파했다.

그러나 이와 같은 수치에는 허수(虛數)가 존재하는데 이는 국산 영화와 수입 영화의 시장 가치에 차이가 있었기 때문이다. 당시 수입 외화, 특히 할리우드(Hollywood) 영화의 인기는 대단했기에 많은 영화업자는 앞다투어 수익이 확실한 할리우드 영화를 수입하려 했다. 그러나 영화 시장을 통제하는 정부의 관점에서 본다면 외화가 시장을 지배하는 것은 자칫 한국 영화의 절멸로 이어질 수 있다는 두려움이 있었다. 따라서 수입 영화의 수에 제한을 두는 동시에 한국 영화를 생산하는 특정 제작자들에게만 수입을 허가함으로써 외화의 상영에서 발생한 이윤이 다시 한국 영화에 투자될 수 있도록 유도하려 했다.[2] 그러나 이와 같은 조치는 부작용을 낳기도 했다. 수입 영화의 쿼터를 얻는 데 필요한 국산 영화 제작 편수를 맞추기 위해 일부 영화사들은 저렴한 비용으로 영화를 대신 제작(대명 제작)하도록 했으며, 이러한 행위는 전반적인 국산 영화의 질을 떨어뜨려 1970년대 이후 한국 영화가 관객들에게 외면받는 데 일조했다(김미현, 2003).[3]

1970년대와 1980년대의 한국 영화 시장은 1960년대와 상황이 매우 달랐다. TV의 급속한 보급으로 인해 1970년대 중반 총 관객 수는 1969년 최고치의 3분의 1 수준으로 급감했고, 1980년대 들어서는 새롭게 집권한 신군부의 3S 정책으로 질 낮은 19금 영화가 양산되었다. 동시에 미국의 영화 시장 개방 압력으로 인해 대내외적으로 뒤숭숭한 분위기에 휩싸였다. 1985년에는 결국 미국 영화사에 의한 할리우드 영화의 직접 배급이 허가되었는데, 이로 인해 우리나라의 영화 산업은 이후 십수 년간 극심한 혼란을 경험하게 된다. 이러한 일련의 사건들 사이에 인과성을 이해하기 위해서는 1980년대 중반 이전 한국 영화 시장의 배급 방식에 대한 이해가 필요하다.

과거의 배급 체계는 다음 두 가지 특징을 지닌다. 첫째, 시장 개방 이전의 영화 제작은 소위 '입도선매'(영화가 제작되기 전에 판권료를 받고 지방(서울 변두리 포함)의 유통업자에게 영화의 흥행권을 판매하는 행위)를 통해 조성된 자본에 철저히 의존했다. 당시 지방에 대한 영화 배급과 흥행을 맡고 있던 지방 배급

스크린 쿼터

스크린 쿼터(screen quota)란 특정 영화를 1년 기간 중, 정해진 시간 또는 횟수만큼 모든 스크린에서 상영해야 하는 제도를 말하며, 대부분의 경우 자국 영화에 대한 보호 정책의 일환으로 사용된다. 우리나라의 경우 1966년 제2차 영화법 개정에 의해 처음 시작되었으며, '한국영화 의무상영제'라고도 부른다.

1966년: 스크린 쿼터 최초 시행(명확한 기준은 없었음)

1970년: ① 연간 세 편 이상, ② 4개월마다 한 편 이상, ③ 총 상영 일수 30일 이상

1973년: 상영 일수, 연간 3분의 1 이상(121일 이상)

1984년: (영화 시장 개방 전 사전 조치 성격) 상영 일수, 연간 5분의 2 이상(146일 이상). 단, 필요시 20일 단축 가능

1996년: 상영 일수, 연간 5분의 2 이상(146일 이상). 단, 필요시 20일 단축 가능. 단, 군(郡) 및 인구 10만 이하 시(市)는 40일까지도 가능

2006년: (한미 FTA 협상을 위한 사전 조치 성격) 상영 일수 연간 5분의 1 이상(73일 이상)

업자의 입장에서는 이러한 거래가 필수적이었는데, 이는 아무리 수익성이 없더라도 스크린 쿼터라는 의무 조항을 지키기 위해서는 일정량의 국산 영화를 확보할 필요가 있었으며, 또한 실질적으로 그들의 수익 창출에 가장 중요한 원천인 '좋은 외화'를 지속해서 공급받기 위한 노력의 일부였기 때문이었다. 앞서 언급된 바와 같이, 1980년대 중반[4] 이전의 영화 수입업은 한국 영화를 만드는 제작사에만 허용되었고, 특히 몇몇 힘 있는 대규모 제작사에 의해 독점되었기 때문에 지방 흥행사(즉, 배급업자)들도 제작사로부터 좋은 외화를 얻기 위해서는 한국 영화 제작에 필요한 자금의 일부를 충당해 서로가 긴밀한 관계를 유지할 필요가 있었다(김미현, 2003; 최용배 외, 2003).

둘째, 이러한 거래는 흥행 여부와 관계없이 일정한 가격을 한 번만 지급하

는 '단매' 방식으로 이루어졌는데, 6대 지역권으로 나뉜 지방 흥행사는 일단 대금을 지급한 이후에 자기 지역 내에서는 구입한 영화의 독점 배급권을 보장받았으므로, 거래가 성사된 이후에는 이윤 창출을 위한 활동에만 전념할 수 있었다. 또한, 실질적으로 지방의 관객 규모를 감시할 수 없었던 제작사의 입장에서는 복잡한 흥행 수익의 배분에 시간을 낭비하는 것보다, 외화 수입의 선행 조건인 한국 영화 제작을 위한 자본을 어느 정도 손쉽게 구할 수 있다는 점에서 '단매'를 선호했던 것으로 보인다(김미현, 2003; 최용배 외, 2003).

위의 두 가지 사실에서 1980년대 중반 이전의 한국 영화 산업의 중요한 특징 하나를 발견할 수 있다. 일부 제작·수입사의 공급 독점, 지방 흥행업자(배급업자)들의 권역별 배급 독점에서 알 수 있듯이 한국 영화의 거의 모든 유통 단계에서는 진정한 의미의 '경쟁'을 찾아보기 힘들었다. 즉, 영화 시장 자체가 좋은 상품을 생산하고 이를 관객에게 판매함으로써 얻는 수익을 목적으로 하기보다는, 법률적 보호 안에서 일정한 수익을 안정적으로 재생산할 수 있는 체계 유지를 위한 활동으로 운영되었다는 것이다. 그러나 할리우드 직배사의 등장은 이러한 구체제에 대한 붕괴를 말하며, 매년 한국 영화 제작에 투자될 수도 있었던 약 2500만 달러에서 4000만 달러 규모의 자본이 해외로 유출되었음을 의미한다(Lent, 1990). 실제로 1980년대 말부터 1990년대 초반 시기에 한국에 진출한 미국 직배사들은 기존의 한국 영화업 종사자들에게 대단한 위기감을 불러일으키는 동시에, 영화의 모든 유통 단계에 있어 경쟁의 불가피성을 일깨워주었다. 그러나 할리우드 직배사와의 경쟁 결과는 예상보다 훨씬 비참했다. 1993년 한국 영화의 국내 시장 점유율은 15.9%까지 추락했고, 1996년의 연간 총 관객 수는 4200만 명까지 감소했다. 한국 영화 시장의 완전한 붕괴가 예측될 정도로 한국 영화사의 큰 수난기라고 할 수 있다.

그러나 그토록 비관적이었던 1990년대에도 반등의 조짐은 꾸준히 진행되고 있었다. 우선 기존의 '영화법'을 대체해 1995년 '영화진흥법'이 제정되었다. 이 법에 근거해 영화에 대한 정부의 통제 역할이 감소하고 영화진흥금고가 설립되는 등 지원책이 강화되었다(함충범, 2015). 또한, 영화 제작 지원을 위한 각종 기관이 설립되었는데, 1995년에는 한국예술종합학교 내에 영상원이 신설되었고, 1997년에는 남양주에 종합 촬영소가 준공되었다. 1997년에는 전국의 스크린 수가 497개로 역대 최저치를 기록했지만, 이듬해에는 우리나라 최초의 멀티플렉스(multiplex, 복합 상영관) 상영관인 강변 CGV11이 개관하는 등 영화 산업의 체질적인 변화가 진행되었다(영화진흥위원회, 2003). 특히 재벌 기업의 영화 산업 진출이 눈에 띄게 증가했는데, CJ 엔터테인먼트와 같은 대규모 자본 동원 능력을 지닌 기업이 이후 영화 시장의 부흥에 결정적인 역할을 하게 된다.

민관(民官)에 의한 영화 시장의 체질 개선 노력은 1990년대 말부터 서서히 효과를 보이다가 2000년대 초반이 되어서는 1990년대의 암울할 기억을 일소할 만큼 극적인 한국 영화 시장의 반등을 나타냈다. 1999년에는 한국 영화의 상영 편수가 최저점인 42편까지 축소되었지만, 영화 〈쉬리〉(1999)가 서울에서만 245만 명의 기록적인 관객 동원에 성공했다. 이러한 몇몇 한국 영화의 흥행에 힘입어 한국 영화의 관객 수는 전년도(1998) 1259만 명에서 2172만 명으로 크게 증가했고, 반대로 외화의 관객은 3759만 명에서 3300만 명으로 감소한다. 그 결과 한국 영화의 시장 점유율은 39.7%를 기록했는데 이는 영화 시장 개방 전과 유사한 수준(38.5%)으로 한국 영화의 위상이 회복되었음을 말한다(영화진흥위원회, 2000).

2000년대 초반부터 중반까지 한국 영화의 흥행 속도는 점점 탄력을 받았는데, 2004년에는 〈실미도〉(2003)가 우리나라 최초의 1000만 관객을 돌파하는 영화가 되었고, 곧이어 〈태극기 휘날리며〉(2004), 〈왕의 남자〉(2005), 〈괴물〉(2006) 등의 영화가 1000만 명 이상의 관객을 동원하며 흥행 신기록을 경신해 갔다. 그 결과 2006년 한국 영화의 시장 점유율은 64%를 돌파해 세계 10대 영화 시장에서 미국을 제외하고 자국 영화의 선호도가 가장 높은 곳이 되었다. 이후 한국 영화 시장과 한국 영화는 동원 관객 수와 점유율에 있어 2010년대 초반까지 약간의 등락을 보였으며, 수익률의 하락을 근거로 2007년부터 2011년 사이의 기간을 침체기로 보는 시각이 존재하기도 한다(백일, 2017). 그러나 분명한 것은 한국 영화 시장이 최근 다른 국가에서는 유례가 없을 정도로 높은 수준의 영화 흥행과 자국 영화 점유율을 유지했다는 사실이다. 특히 2011년부터 2018년까지 한국 영화의 시장 점유율이 8년 연속 50% 이상을 기록했다는 점(영화진흥위원회, 2019)은 현재 우리 영화의 위상을 잘 말해준다.

3. 한국 영화 산업 구조의 변화와 관련 이슈들

여기에서는 일반적인 영화 산업의 구조를 간단히 설명하고, 1990년대 이후 급격히 변화된 한국 영화 산업의 구조와 관련 이슈들을 검토한다.

1) 영화 산업의 일반적인 구조

일반적으로 영화 산업의 구조는 크게 제작, 배급, 상영, 극장 외 시장[5]으로 나뉜다. 제작 부문에서는 제작사에 의해 영화 기획 및 제작이 이루어지고, 제작 과정은 제작 전 준비 단계(기획 및 시나리오 완성, 예산 확보 및 편성 등), 제작 단계(촬영 등), 후반 작업 단계(편집, 음악 등)로 표준화되어 있다. 배급 부문에서는 제작된 영화가 극장에 공급되는데, 배급사가 영화의 배급과 마케팅을 담당하고 영화 상영을 위해서 극장과 협상을 한다. 상영 부문은 배급사로부터 공급받은 영화를 상영하는 곳으로, 극장이 주요 행위자가 된다. 극장의 상영 시스템이 점차 멀티플렉스로 변화하면서 이제 극장은 쇼핑, 여가 활동

홀드백

영화 시장에서는 보통 영화 콘텐츠가 극장에서 상영된 이후에 DVD 시장, 케이블 TV, 지상파 등의 창구에서 순차적으로 상영될 수 있다. 영화 콘텐츠가 순차적으로 상영될 때, 각 창구에서 최대한 수익을 낼 수 있도록 각 창구 간에 일정한 기간을 두는 것을 홀드백(hold back)이라고 한다. 과거에는 관행처럼 DVD 시장, 케이블 TV, VOD, 지상파순으로 이동할 때 각 창구 간에 3~6개월 정도 기간을 두어서 각 창구가 확실히 수익을 보장받을 수 있었다. 그러나 최근에 불법 다운로드 시장의 규모가 커지고 디지털 온라인 서비스가 활성화되면서 이러한 관행이 무너지게 되었으며 홀드백은 유명무실하게 되었다. 이제는 극장에서 상영된 영화가 곧바로 IPTV나 케이블 TV에 상영되기도 하고, 심지어는 극장에서 상영되고 있는 영화가 IPTV에서 동시에 상영하는 경우도 있다.

등도 같이 즐기는 문화 공간이 되었다. 극장 외 시장은 일반적으로 극장에서 상영된 영화가 단계별로 다양한 창구(DVD, 케이블 TV 등)를 거치면서 가치를 창출하는 곳이다. 그런데 최근 온라인 시장(IPTV, 온라인 VOD 등)이 형성되면서 여러 창구를 거치는 홀드백(hold back) 기간이 사실상 유명무실해졌다.

2) 한국 영화 산업 구조의 변화 및 특징

한국의 영화 산업은 1990년대 이후 많은 변화를 겪으면서 과거와는 전혀 다른 구조적 특징들을 보여주었다. 구체적으로, 한국 영화 산업의 구조를 구성하는 각 부문들, 즉 제작, 배급, 상영, 극장 외 시장을 중심으로 주요한 변화가 무엇이었고, 이런 변화로 인해 어떤 구조적 특징을 갖게 되었는지를 살펴보고자 한다.

(1) 제작 부문

1990년대 이후 제작 부문에서는 크게 제작 자본의 다변화와 영화 제작의 국제화라는 큰 변화가 있었다. 먼저, 제작 자본의 종류가 다양해졌고, 이와 동시에 대기업 자본의 영향력이 증가하게 되었다. 1990년대 이전까지 한국 영화 제작의 자본은 대부분이 지방 배급업자들의 자본이었으나 1988년에 외국 영화의 직접 배급이 실시된 이후 자본의 종류가 변화되었다. 1990년대 초반 삼성, 대우 등 대기업들이 영화 산업에 진입하면서 이들의 자본이 제작 자본으로 부상했으나, 1997년 말 외환 위기로 대부분이 철수한 이후 금융 자본 중심의 창업 투자 회사들이 새로운 제작 자본이 되었다. 이들은 초기에는 주로 개별 영화 제작에 직접 투자를 하다가 수익률이 불안정해지면서 점차 투자 조합 형태로 간접 투자 전략을 취하게 되었다. 이런 투자 조합 형태는 제작비의 상승으로 제작사의 자본 조달력이 약화되는 상황에서 안정적으로 제작 자본을 제공하는 중요한 역할을 했다(김금동, 2019).

2000년대를 전후해 멀티플렉스와 케이블 TV를 기반으로 성장한 CJ, 롯데, 오리온 등 대기업들이 안정적인 배급과 콘텐츠 확보를 위해 영화 산업에 진출했고, 점차 투자, 제작, 배급은 물론 극장 외 시장까지 사업 영역을 확대해 나갔다. 2000년대 중반 이후 CJ, 롯데, 오리온 3사가 메이저 투자 배급사로 성장하면서 제작 자본의 공급원으로서 영향력을 강화시켜 나갔고, 이로 인해 기존 제작사 위주의 영화 산업 체제는 투자 배급사 위주의 체제로 재편되었다(김미현, 2012; 2013). 이 외에도 2000년대 중반 미디어 환경이 변화하면서 방송사들뿐만 아니라 SKT, KT 등 이동 통신사들도 DMB, IPTV 등을 기반으로 영화 산업에 진출해 제작 지원을 했고, 또한 오랫동안 제작 자본의 공급원이었던 정부도 2005년부터는 영상 전문 투자 조합에 출자하는 방식(모태 펀드 운영)으로 제작 지원을 하게 되었다(최건용, 2012). 최근에는 새로이 해외 자본(일본, 중국, 미국 등)이 유입되면서 영화 제작의 자본 공급원이 더욱 다양해졌다. 이처럼 1990년대 이후로 한국 영화 산업의 제작 자본의 종류는 다양화되었고, 이 과정에서 대기업 계열 투자 배급사의 자본이 제작 자본의 주요한 공급원이 되는 제작 환경이 조성되었다.

다음으로, 영화의 국제 공동 제작이 확대되었다. 한국 영화의 국제 공동 제작은 국내의 협소한 내수 시장을 극복하기 위한 수단 중의 하나였고, 2000년대에 들어 더욱 활성화되었다. 영화진흥위원회에서 발간된 국제 공동 제작 관련 연구 보고서(우혜경, 2011)에 따르면, 2005년 이후 국제 공동 제작 편수가 전체 영화 제작 편수의 20% 정도를 넘나들면서 다양한 소재, 다양한 형태의 제작 방식을 가진 영화들이 속속 등장했다. 2000~2010년 기간 동안, 한국이 공동 제작한 상대국은 서구권의 국가들보다는 아시아권의 국가들(일본, 중국, 홍콩 등)이 대체로 많았고, 서구권에서는 유럽보다는 미국과의 협업이 더 활발한 것으로 나타났다.

일반적으로 2000년대에 진행되었던 한국 영화의 국제 공동 제작은 주로 미국, 일본, 중국 등 한국보다 시장 규모가 큰 국가들을 중심으로 그 국가들에 진출하기 위해서 이루어졌으며, 예술 영화 분야에서는 유럽의 각종 지원 제도를 활용하려는 목적으로 이루어지고 있었다.

그러나 이런 유형의 국제 공동 제작은 문화적인 차이, 제작 시스템의 차이, 국가별 관객의 차이 등으로 어려움을 겪게 되면서 2000년대 말부터 제작의 국제화에 대한 재정의를 하게 되었다. 이제는 제작의 국제화 유형이 기존의 국제화 유형뿐만 아니라 한국 영화의 해외 리메이크, 해외 로컬 영화 제작에 참여, 한국 영화의 해외 로케이션과 해외 영화의 한국 로케이션 등을 포함하면서 더욱 다양해졌다. 그리고 공동 제작 파트너가 미국, 일본, 중국 등에서 최근 동남아시아 국가들(베트남, 인도네시아, 미얀마 등)을 비롯해 인도, 호주 등으로 확장되었다. 이는 이들 국가들이 비록 시장 규모 면에서 미국, 일본, 중국보다 작지만 향후 성장 가능성이 높다는 점과 현재 한국 영화가 제작 부문에서 우위를 점하고 있다는 점에서 새로운 틈새시장으로 주목을 받고 있다(박아네스·김자연, 2018; 한선희 외, 2019).

(2) 배급 부문

배급 부문에서는 1980년대 후반 이후로 새로운 배급사들의 등장과 배급 방식의 변화 그리고 투자 배급사들의 성장 및 영향력 확대라는 새로운 변화들이 생겨났다. 구체적으로 살펴보면, 먼저 영화 전문 배급사들이 새로이 등장하게 되었고, 이와 더불어 직접 배급 체계가 형성되었다. 한국 영화 산업의 배급 체계는 오랫동안 간접 배급 체계를 유지해 왔는데 1980년대 말부터는 직접 배급 체계로 변화되기 시작했다. 간접 배급 체계란 제작사가 극장업을 겸하고 있는 지역 배급사를 통해 영화를 지역으로 배급하는 체계이지만 직접 배급 체계는 영화 전문 배급사가 자체 배급망을 통해서 전국적으로 영화를 배급하는 체계를 말한다. 1985년 제1차 한미 영화 협상, 1986년과 1987년에 있었던 6, 7차 영화법 개정을 통해 외국 영화의 직접 배급이 허용되면서 1988년에 미국 할리우드 배급사인 UIP Korea가 한국에서는 처음으로 미국 영화 〈위험한 정사〉를 직접 배급했다. 이후 다른 할리우드 배급사들도 한국에 지사를 설립해 자국 영화를 배급하게 되었고, 1994년에 수입 영화 프린트 벌수의 제한이 풀리면서 동시 광역 개봉(wide release)이 가능한 직접 배급 방식이 선호되었다(최건용, 2012).

1990년대 초중반에는 삼성, 대우 등 대기업들과 시네마 서비스가 자체 배급망을 통해 영화를 전국적으로 직접 배급하기 시작했고, 1990년대 후반 IMF를 거치면서 새로운 대기업 계열 배급사들인 CJ 엔터테인먼트, 롯데 엔터테인먼트, 쇼박스 등이 활동하면서 직접 배급 체계가 완성되었다. 사실 2000년대 초반까지는 지방 중소 도시의 일부 상영관에 간접 배급 체계가 여전히 남아 있었으나 대기업 위주 멀티플렉스의 지속적인 증가와 광역 개봉의 확산으로 직접 배급 체계가 순조롭게 정착하게 되었다(최건용, 2012; 김미현, 2013). 이러한 직접 배급 체계의 형성으로 영화 전문 배급사의 역할이 부각되었고, 더불어 대기업 계열 배급사들의 영향력도 점차 증가하게 되었다.

다음으로, 투자 배급사의 성장으로 배급 및 상영의 수직 통합 현상이 나타났다. 1990년대 중반부터 대기업들이 영화 제작에 전액 투자를 하게 되었고, 이로 인해 영화의 판권 구입과 영화의 배급 및 상영 등을 맡게 되면서 투자 배급사의 위치가 확고해지기 시작했다. 예컨대, 1995년 삼성이 삼성영상사업단을 설립해 본격적인 투자 배급사가 되었고, IMF 외환 위기를 거친 후에는 멀티플렉스를 소유한 대기업들, 즉 CJ, 오리온, 롯데 등이 영화의 투자와 배급에 적극 참여하게 되었다. 2000년대 중반 이후 제작사 중심의 중소 영화 투자 배급사들이 성장했지만 영화의 제작비 상승과 지속적인 투자 수익률 악화로 점차 도태된 반면, 안정적인 자금력을 가진 대기업 계열 메이저 투자 배급사들은 배급과 상영 부문을 수직 통합해 시장 지배력을 강화시켜 나갔다. 예컨대, CJ는 CJ ENM과 CGV를 중심으로 투자, 제작, 배급, 상영 시장을 수직 통합해 배급과 상영에서 줄곧 상위권을 지켜왔고, 롯데도 롯데컬처웍스(롯데 엔터테인먼트와 롯데시네마 포함)를 통해서 투자, 제작, 배급, 상영에 모두 진출해 CJ와 경쟁하고 있다(영화진흥위원회, 2018; 2019). 이처럼 메이저 투자 배급사들이 배급 및 상영의 수직 통합을 통해 시장 지배력을 강화시켜 나가자 이런 상황이 다른 중소 배급사들과의 공정한 경쟁을 침해할 뿐만 아니라 이들의 설 자리를 점차 줄어들게 한다는 문제 제기가 지속적으로 나오고 있다.

(3) 상영 부문

1990년대 후반 대기업 위주의 멀티플렉스의 등장과 이후 빠른 확산은 상영 부문에 엄청난 변화를 가져왔다. 영화진흥위원회에 따르면, 멀티플렉스란 멀티플렉스 체인에 속하는 극장이거나 기타 스크린 수 일곱 개관 이상의 극장을 말하며, 보통 쇼핑몰이나 놀이동산과 연계되어 복합적인 상업·문화 공간의 일부로 자리를 잡았다(이충직, 2012). 1998년 4월 국내 최초로 CJ 그룹이 강변 테크노마트에 CGV 강변(열한 개 스크린)을 개관해 큰 성공을 거둔 이후 다른 대기업들도 멀티플렉스 사업에 참여하게 되면서 멀티플렉스의 수는 빠르게 증가했다. 이렇게 멀티플렉스의 수가 증가하면서 국내 스크린 수도 크게 증가하게 되었고, 그 결과 극장 시장과 매출 규모는 2000년대 들어 비약적으로 증가했다. 이후 상영 부문에서 대기업 위주의 멀티플렉스 체인 체제가 확고히 자리를 잡게 되어, 2011년 이후 CGV, 롯데시네마, 메가박스의 3대 영화관 체인 체제가 계속 유지되다가 2017년에 투자 배급사 NEW가 극장업에 참여하면서 새로이 4대 영화관 체인 체제, 즉 CGV, 롯데시네마, 메가박스, 씨네Q의 체제가 형성되었다(영화진흥위원회, 2019).

그러나 대기업 위주의 멀티플렉스 체제는 기존에 존재했던 다수의 단관 상영관들을 사라지게 만들었고, 또한 특정 영화가 다수의 스크린을 점령하는 데 일조하는 등 부정적인 영향을 주었다(박일하, 2014). 그리하여 멀티플렉스 체제와 관련된 영화의 다양성 침해, 스크린 독점 현상, 영화의 생명 주기 단축 등과 같은 이슈들이 제기되면서 이에 대응하기 위한 변화가 시도되어 왔다. 영화의 다양성을 위해 2006년부터 CGV를 선두로 멀티플렉스 체인에서 예술 영화 전용관을 운영하기 시작했고, 현재까지 멀티플렉스 예술 영화 전용관의 관객 수는 꾸준히 증가하는 추세이다. 더불어 CJ CGV와 롯데시네마를 중심으로 멀티플렉스의 해외 진출이 진행되었다. CJ CGV는 2006년 중국을 시작으로 미국, 베트남, 인도네시아, 미얀마, 튀르키예 등지에 진출해 있고, 롯데시네마는 2008년 베트남 진출을 시작으로 중국, 인도네시아 등지에 진출해 수익을 높이기 위해 노력하고 있다(박일하, 2014; 김강현, 2019a; 2019b).

(4) 극장 외 시장 부문

극장 외 시장은 과거 부가 시장이라고 불렸던 유통 시장들과 장래에 포섭될 다양한 유통 창구들을 포함한 시장이다(영화진흥위원회, 2022a). 전통적으로 이 시장은 비디오와 DVD 시장, 케이블 TV 및 위성 방송, 지상파 등으로 구성되어 있었으나 2000년대 이후 인터넷 및 디지털 기술의 발전으로 다양한 디지털 온라인 매체(IPTV, 온라인 VOD 등)가 이 시장에 등장했다. 이로 인해 비디오와 DVD 시장이 지속적으로 축소되었고, 현재 극장 외 시장의 대부분은 디지털 온라인 매체가 차지하게 되었다. 이제 극장 외 시장에서는 빠른 전송이 가능한 디지털 매체의 특성 때문에 홀드백 기간이 유명무실해졌고, 더불어 각각의 디지털 매체에 적합한 영화 제작이 촉진되면서 매체별 선호 장르가 구축될 수 있게 되었다(박병윤, 2014).

이 극장 외 시장은 크게 네 가지 영역, 즉 TV VOD(케이블 TV, 위성 방송, IPTV 등), 인터넷 VOD(OTT 플랫폼, 웹하드 플랫폼 등), DVD 및 블루레이 등, TV 방영권으로 구분되어 있고, 매년 빠른 성장세를 보여주고 있었다. 코로나19 시기(2020~2021)에 그 성장세가 다소 주춤했지만 전체 영화 산업 부문에서의 비중은 크게 증가했는데 그 이유는 코로나19로 인한 극장 부문의 타격이 워낙 컸기 때문이었다. 이러한 상황 변화에도 불구하고, 이 시장의 성장 동력은 큰 변화 없이 TV VOD 시장이고, 팬데믹 시기를 거치면서 인터넷 VOD 시장이 눈에 띄게 성장했다. 예컨대, TV VOD 시장은 2019년에 전체 극장 외 시장의 79.7%, 2020년에 74.6%, 2021년에 64.6%, 2022년에 55.7%로 감소되었지만 여전히 가장 큰 시장 점유율을 차지하고 있고, 인터넷 VOD 시장은 2019년에 18.3%, 2020년에 17.5%이었으나 2021년에 27.8%, 2022년에 37.4%로 시장 점유율이 크게 상승했다. 인터넷 VOD 시장의 성장은 최근 OTT 서비스 시장이 크게 증가하면서 가능했는데 이는 코로나19 기간 동안 OTT 서비스 가입자의 수가 지속적으로 증가했기 때문이다(영화진흥위원회, 2023: 61~68).

이처럼 극장 외 시장은 코로나19 기간 동안 한국의 영화 산업 부문에서 그 비중이 크게 상승했고, 앞으로 다양한 디지털 온라인 매체의 발달 등을 고려할 때 이 시장의 규모는 더욱 확대될 것으로 전망하고 있다.

3) 영화 산업의 구조적 변화와 관련 이슈들

(1) 수직 계열화 현상

영화 산업에서 수직 계열화란 영화의 투자, 제작, 배급, 상영으로 이어지는 각 단계의 일정 부문 또는 전체가 특정 기업에 의해 수직 통합 운영되는 것을 말한다(김미현·김은선·고창만, 2018: 319). 현재 한국의 영화 산업은 뚜렷하게 수직 계열화된 구조를 보여주고 있고, 이런 구조 내에서는 공정한 경쟁을 하기 어렵다는 비판이 제기되고 있다.

현재 수직 계열화 양상을 보이는 기업들은 CJ, 롯데, 오리온, 중앙그룹, NEW 등 5개사이고, 이들의 수직 계열화 전략은 다소 차이를 보인다. CJ의 경우, CJ ENM의 영화 사업 부문인 CJ 엔터테인먼트(제작, 투자, 배급)와 CJ CGV(상영)가 수직 계열화되어 있고, 이와 유사하게 롯데도 롯데컬처웍스를 통해 롯데 엔터테인먼트(투자, 배급)와 롯데시네마(상영)가 수직 계열화되어 있다. 오리온은 2007년 메가박스(상영)를 매각한 이후 현재는 쇼박스(제작, 투자, 배급)만 계열사로 유지하고 있고, 중앙그룹은 2011년에 메가박스를 인수한 후 메가박스(주)플러스엠(제작, 투자, 배급)과 메가박스(상영)를 수직 계열화했으며, NEW는 NEW(배급), 콘텐츠판다(제작, 투자, 배급), 씨네Q(상영)가 수직 계열화되어 있다(김윤정, 2019).

이러한 한국 영화 산업의 수직 계열화 구조에 대해 서로 상반된 의견들이 제시되고 있다. 하나는 수직 계열화가 영화 산업의 특성인 수요의 불확실성을 방어해 사업적 안정성을 제공할 수 있다는 긍정적인 의견이고, 다른 하나는 수직 계열화된 기업이 다른 경쟁자들의 진입을 제한시켜 시장 지배력을 높이면, 영화의 다양성이 감소되는 문제를 야기한다는 부정적인 의견이다(김미현·김은선·고창만, 2018). 이처럼 수직 계열화의 효과에 대한 상반된 의견들이 존재하는 상황에서 부정적인 효과를 줄일 수 있는 다양한 대응책들이 필요해 보인다.

수직 계열화 및 스크린 독점 현상의 해외 사례들: 미국과 프랑스

미국의 영화 산업은 1948년 파라마운트(Paramount) 판결 이후 상영 부문이 분리되고, 투자, 제작, 배급만의 수직 통합이 이루어지다가 1980년대에 들어 파라마운트 판결에 대한 재검토를 통해 스튜디오들의 영화관 소유가 허용되어 극장 사업에 다시 진출했다. 그러나 1990년대 멀티플렉스의 과잉 공급으로 인해 극장들이 연쇄 도산을 하게 되면서 자연스럽게 상영 부문이 분리되었다. 현재는 주요 투자사〔컴캐스트(Comcast), 바이어컴(Viacom), 타임워너(Time Warner) 등〕를 모기업으로 하는 메이저 스튜디오들〔디즈니(Disney), 워너브라더스(Warner Brothers), 20세기폭스(20th Century Fox) 등〕이 투자, 제작, 배급 부문에서는 시장을 과점하고 있으나 상영 부문에서는 이들의 진출이 낮아 다수의 사업자들이 서로 경쟁하는 시장이 형성되면서 스크린 독과점은 낮은 편이다.

프랑스의 영화 산업은 영화 대기업인 파테(Pathé)와 고몽(Gaumont), UGC가 제작, 배급, 상영에 이르는 수직 계열화 구조를 가지고 있지만 배급 및 상영 부문의 시장 집중도는 낮은 편이다. 예컨대, 배급 부문에서 2012~2016년 기간 상위 3개사의 시장 점유율이 32~40.4%이고, 상위 5개사는 약 50% 정도이다. 상영 부문의 집중도는 배급 부문의 집중도보다 낮아 2016년 상위 3개사의 스크린수 점유율이 28.1%, 상위 5개사는 33%로 스크린 독과점은 거의 나타나고 있지 않다. 이처럼 프랑스에서 영화 대기업의 수직 계열화로 인한 배급 및 상영 부문의 독과점 현상이 나타나지 않는 이유는 프랑스의 영화 영상 법전이 규정한 영화 배정 편성 계약에 따라 영화를 다양성과 공익에 부합하게 배급하고, 특정 영화를 집중적으로 상영하지 못하게 하는 시장 규제가 존재하기 때문이다(김미현·김은선·고창만, 2018).

(2) 양극화 현상

한국 영화 시장은 시간이 갈수록 양극화 현상이 심화되고 있다. 코로나19 기간 이전까지 고예산 영화들은 대체로 극장에서의 안정적인 수익을 기대할 수 있어서 많은 스크린에서 개봉되었고, 저예산 영화들은 비록 극장 흥행성은 떨어지지만 이후 온라인 시장에서 수익을 올릴 수 있어서 많은 개봉 편수를 보여주었다. 이처럼 한국 영화 시장은 고예산 영화와 저예산 영화의 개봉 편수는 늘어나는 반면, 중소 규모의 영화는 지속적으로 감소하는 추세에 있다.

영화진흥위원회에서 발간한 2021년과 2022년 한국영화결산 보고서에 따르면, 최근 6년(2017~2022) 사이 실질 개봉작 총제작비 10억 원 미만의 저예산 영화들이 가장 높은 개봉 편수를 보였고 심지어 코로나19 기간 동안에도 큰 폭의 증가세를 보였다. 극장 흥행의 저조에도 불구하고 저예산 영화의 개봉이 증가하는 이유는 일단 극장에서 상영이 되고 나면 극장 개봉작 자격으로 온라인 시장에서 수익을 보장받을 수 있기 때문이었다. 한편, 실질 개봉작 총제작비 100억 원 이상의 고예산 영화들은 코로나19 기간을 제외하면 개봉 편수에서 매년 증가 추세에 있었고, 2022년에는 18편(9.1%)으로 전체 구간에서 두 번째로 높은 개봉 비율을 보여주었다. 극장 흥행 면에서도 고예산 영화는 비교적 성공적이었는데 2017년에는 '상업 영화' 총제작비 100억 원 이상 영화의 평균 수익률이 월등히 높았고(150억 원 이상 영화 42.2%, 100억 원 이상~150억 원 미만은 21.0%), 2019년에는 80억 원 이상~100억 원 미만 영화(49.8%)와 150억 원 이상 영화(21.0%)가 수익률이 높았으며, 코로나19 기간인 2020년도에도 150억 원 이상 영화의 수익률(2.7%)이 가장 높았다. 이에 비해 '상업 영화' 총제작비 30억 원 이상~50억 원 미만의 중·저예산의 영화는 2017년과 2019년에는 아예 개봉 편수가 없었고, 코로나19 기간인 2020년과 2021년에는 가장 낮은 평균 수익률(각각 -95.5%, -86.0%)을 기록했다.

이처럼 고예산 영화는 극장의 수익성을 기대할 수 있는 상품으로 개봉 편수가 증가 추세인 반면에, 저예산 영화는 극장보다는 시장 규모가 작은 온라인 시장에서 대부분 소비되고 있고 중·저예산 영화들은 극장 흥행의 실패로 인해 지속적인 감소 추세에 있다. 한국 영화 산업에서 저예산 또는 중·저예산 영화들이 다양성과 혁신의 기반이 되는 것을 고려할 때, 이런 영화들의 발전을 위해 적절한 대책이 필요하다.

(3) 영화의 불법 유통 문제

극장 외 시장에서 영화의 불법 유통 문제는 오랫동안 논란의 중심에 서 있었다. 최근에 디지털 기술 및 인터넷의 발전으로 온라인 시장이 형성되면서 불법 유통이 더욱 쉽게 다양한 방식으로 진행되고 있고, 그 피해 범위도 넓어지는 상황이다.

한국저작권보호원이 발간한 「2021년 저작권 연차 보고서(영화)」(2021)에 따르면, 한때 영화 불법 복제의 온상이었던 웹하드 업체가 2012년 웹하드 등록제 시행 이후 크게 줄어들었고, 또 다른 불법 유통 경로인 토렌트(Torrent) 사이트는 정부의 지속적인 모니터링으로 인해 폐쇄되거나 차단되고 있다. 그리하여 영화의 온라인 불법 유통은 이제 기존 웹하드와 토렌트의 다운로드 방식에서 페이스북(Facebook)과 유튜브(YouTube) 등을 이용한 스트리밍 방식으로 변모하고 있다. 그런데 스트리밍 방식의 불법 유통은 불법 행위에 대한 이용자의 경각심이 낮고, 불법 복제물 계정 운영자가 페이지의 개설과 폐쇄를 계속 반복하기 때문에 단속이 쉽지 않다. 유튜브의 경우, 자체의 알고리즘을 통해 영화의 불법 유통을 걸러내고는 있지만 기술적 한계가 있어 다양한 방식(예컨대, 영상의 크기 조절, 비율, 반전 효과 등)으로 유튜브의 알고리즘을 회피하고 있고, 페이스북과 텔레그램(Telegram) 등의 소셜 네트워크 서비스(SNS)를 통한 불법 유통은 점차 증가하는 추세로 주로 최신작의 불법 유통량이 많다(≪서울신문≫, 2022.10.12).

이러한 영화의 온라인 불법 유통은 코로나19 시기에 더욱 증가했고 대상은 일반 영화뿐만 아니라 독립·예술 영화도 포함이 되어 있다. 영화진흥위원회에서 발간한 「2021년 영화 온라인 불법유통 실태조사 및 저작권 보호조치 12월 모니터링 통계」(황치승, 2022)에 따르면, 총 164편의 한국 영화를 대상으로 온라인 불법 유통 실태 조사를 했는데 온라인 유통 비율은 독립·예술 영화(77%)가 일반 영화(73%)보다 더 높았지만 불법 유통은 일반 영화(75%)가 독립·예술 영화(53%)보다 훨씬 높은 것으로 나타났다.

이처럼 불법 유통이 성행하는 영화의 온라인 시장을 건강하고 합법적으로 발전시키기 위해 영화계와 정부가 다각도로 노력을 하고 있다. 영화계에서는 2007년에 '불법 복제 방지를 위한 영화인 협의회'를 결성해 공동 대응을 해나갔고, 2011년에는 '영화 온라인 유통 정상화를 위한 영화인 선언'을 발표하고 온라인 서비스 사업자의 영화 불법 유통을 중단할 것을 촉구하기도 했다. 또한 저작권을 보유한 영화 투자·배급·제작사 들은 사설 모니터링 업체까지 동원해 대응에 나서고 있다. 정부는 콘텐츠의 합법적인 다운로드를 장려하는 '굿다운로더' 캠페인(2009년 시작)과 '무비히어로' 캠페인(2016년 시작)을 통해 영화의 불법 유통 방지를 홍보하고 있고, 2018년부터는 국내외 사이트를 대상으로 영화 온라인 불법 유통 실태 조사 및 저작권 보호 조치를 취하고 있다. 예컨대, 정부 산하 영화진흥위원회는 2018년부터 현재까지 영화 온라인 불법 유통 모니터링 사업을 하고 있는데 모니터링을 통해 불법 영상으로 확인이 되면 호스트 영상을 추적해 삭제 조치를 진행했다(≪서울신문≫, 2022.10.12).

코로나19 이후 한국 영화 산업에서 온라인 매출 비중이 점차 증가할 것으로 예측되는 만큼, 현재 벌어지고 있는 영화의 온라인 불법 유통 및 이용의 차단을 위해서는 정부의 노력뿐만 아니라 일반 시민들의 높은 관심과 실천이 반드시 필요해 보인다.

4. 한국 영화 시장의 관객 및 소비 특성

상업 영화 시장에서 최대 관심사는 대부분 어떤 영화가 얼마만큼 많은 관객을 불러들이는가에 있다. 영화의 시장 흥행 여부를 결정하는 요소는 매우 다양하며, 따라서 이 주제는 오래전부터 세계 많은 연구자들이 관심을 기울여온 영역이다. 영화의 흥행 성과를 다루는 연구들이 흔히 고려하는 요소 중에서 영화 자체와 직접적으로 관련된 변수로는 감독, 배우, 제작 비용, 장르, 영화제 수상 경력, 특수 효과 등을 들 수 있다. 그러나 그와 같은 변수들은 확률적으로 흥행 성과와 관련성이 높을 뿐, 특정 영화 시장에서는 개봉 시기나 스크린(또는 상영관) 점유율 등 영화의 질적 요소 이외의 요인이 더 민감하게 작용하기도 한다. 또한 영화의 경험재로서의 속성으로 인해 최근에는 개봉 초기 먼저 영화를 관람한 사람들의 입소문(Words of Mouth: WOM)을 가장 결정적인 흥행 요인으로 보기도 한다. 따라서 온라인 영화 관련 사이트에서의 평점이나 각종 인터넷 기사 또는 온라인 커뮤니티에서 회자되는 정도 및 긍정적 평가의 비중 등도 중요 흥행 결정 요소로 평가되고 있다.

이처럼 영화 자체 또는 시장과 관련된 특성을 통해 흥행 요소를 탐구하는 것을 공급자 중심의 거시적인 차원의 영화 소비에 대한 접근이라고 본다면, 궁극적으로 어떤 사람들이 무슨 이유로 영화를 관람하는지를 연구하는 것은 소비자 중심의 미시적 접근이라고 할 수 있다. 영화의 소비자는 시기나 장소에 따라 각각 다른 특색을 가지고 있기 때문에 영화 자체나 영화 시장에 대한 연구를 통해 흥행 결정 요소를 모두 고려한 영화를 제작한다 하더라도 관객의 특성을 이해하지 못한다면 그러한 공급자 중심의 노력은 의미를 찾지 못할 가능성이 크다.

영화 관객에 대한 분석에서는 흔히 한 지역의 전체 소비자 그룹을 영화에 대한 소비자와 비소비자로 나누고, 더 나아가 영화 소비자의 경우 열성적인 영화 소비자와 간헐적 소비자 등으로 구분해 각 영역에 속하는 사람들의 특성을 분석하는 방식을 자주 찾아볼 수 있다. 또한 단순히 영화 소비의 정도가 아니라 어떤 종류의 영화를 어떤 방식으로 소비하느냐에 따라 소비자의 유형(style)을 구분하는 것도 소비자 측면에서의 일반적인 연구 형태라고 할 수 있다(김진웅 외, 2016). 이때 흔히 고려되는 설명 변수로는 개인이 가진 인구 사회학적 특성(예컨대, 나이, 성별, 교육 수준, 소득 수준 등) 외에도 '취향'과 관련된 특성을 들 수 있다(박혜윤·김재범·이창진, 2017; 전범수·박조원·박성복, 2016). 또한 최근에는 미디어의 종류 및 영화 관람 플랫폼이 다변화됨에 따라 선호하는 미디어를 중요한 영화 소비 유형의 설명 변수로 다루기도 한다.

이렇듯 영화를 소비하는 데 개입할 수 있는 요소는 공급자 차원에서 결정되는 '영화 자체의 질적/양적 특성'과 이를 소비하는 '관객의 특성'으로 구분할 수 있다. 여기에 한 가지를 더 덧붙인다면 공급자와 소비자를 모두 포괄하는 시장(또는 산업) 전체 차원을 요소를 생각해 볼 수 있다. 이 장에서는 이러한 시장 전체 차원의 흥행 개입 요소 중에서 한국 영화 시장에서 특히 중요한 '문화적 할인'과 '스크린 독점'의 문제에 대해 더 자세히 알아보려 한다.

1) 문화적 할인

문화적 할인(cultural discount)이란 특정 문화적 배경을 가진 상품이 다른 문화권으로 진출할 때 해당 지역이 가진 문화적 차이 또는 언어, 풍습, 종교 등의 차별성으로 인해 그 상품 본연의 가치가 하락하는 현상을 말한다(Lee, 2008). 그러나 이와 관련된 실증적 연구에서는 그 의미를 훨씬 더 확대해 적용하는 경향이 있다. 박승현과 송현주(2015)에 따르면 문화적 할인에 관한 연구 경향은 크게 두 가지로 구분할 수 있다. 첫 번째는 지역별, 국가별 흥행 요인의 차이에 관한 관심이다. 예컨대, 할리우드 영화의 제작비 또는 감독의 유명도 등의 요인이 여러 해외 시장에서 흥행하는 데 얼마나 차별적인 영향력을 행사하는지 분석하는 것이다. 이양환과 동료들(2007)은 2001~2002년 영화인회의(KAFAI)에서 제공한 주간 영화 관객 자료와 IMDb의 자료를 이용해 한국과 미국에서 상영된 총 142개 미국 영화를 대상으로 한국과 미국에서의 흥행 요인을 분석했다. 결과에 따르면 미국에서는 (장르 효과를 제외하고) 제작비, 비평, 관객 평가, 수상 경력, 상영관 수 등이, 한국에서는 상영 시간, 비평, 수상 경력 등이 흥행에 중요한 요소로 나타났다. 특히 각 설명 변수의 영향력 크기에서 차이가 나타났는데 이를 근거로 한국에서의 흥행 요인은 미국에서의 흥행 요인과 분명한 차이가 있다고 주장한다.

두 번째 형태의 문화적 할인 연구는 영화 장르에 따른 수용자 태도의 차이에 관한 것으로 이러한 유형이 전자보다 훨씬 흔한 형태인 동시에 문화적 할인 본연의 의미에 더 직접적으로 관련되었다고 볼 수 있다. 여러 국가에서 할리우드 영화의 장르별 관객 동원 결과를 비교·분석하는 연구들이 이 부류에 속한다. 예컨대, 아시아 7개국을 대상으로 할리우드 영화의 장르별 문화적 할인율을 측정한 리(Francis L. F. Lee)의 연구에서는 코미디 장르의 문화적 할인이 크고, 블록버스터 형태를 띤 어드벤처 장르의 경우 할인율이 낮은 것으로 나타났다(Lee, 2008). 유사한 주제를 국내에 적용한 연구에서도 코미디 장르는 문화적 할인이 가장 강하게 발생하는 반면, 애니메이션 장르의 경우 할인율이 낮은 것으로 나타났다(박승현·장정헌, 2014). 차용승과 이광철의 연구(2013)에서도 코미디 장르는 미국 영화의 한국 시장 내 흥행에 가장 취약했으며, 드라마나 가족 장르의 경우 문화적 할인 효과가 나타나기는 했지만, 코미디 장르보다는 상대적으로 미미한 것으로 나타났다. 이러한 결과들을 종합해 보면 우리나라 박스 오피스에서 역대 외화 관객 동원 기록(영화관입장권통합전산망 www.kobis.or.kr 참조) 상위에 오른 영화들이 〈어벤져스〉, 〈아이언맨〉, 〈캡틴 아메리카〉 등의 액션 어드벤처 장르이거나 〈겨울왕국〉과 같은 애니메이션 장르인 이유를 쉽게 이해할 수 있다.

한편 우리나라의 영화 역시 해외 시장에서는 문화적 할인의 대상이 되고 있다. 뢰화와 김종무의 연구(2015)에서는 중국 시장에서 상영되는 한국 영화에도 문화적 할인이 발생하는지를 확인하기 위해 중국 관객 200명과 한국 관객 104명을 대상으로 각각 다섯 편의 한국 로맨틱 코미디와 액션 장르 영화에 대한 소비 여부 및 재관람 의향 등을 측정했다. 이 연구에서 문화적 할인은 중국 관객과 한국 관객의 특정 영화에 대한 소비 의도 편차로 개념화되었다. 분석에 따르면 중국 관객 중에서 한국 문화에 대한 이해가 높을수록 한국 로맨틱 코미디 장르에 대한 문화적 할인이 감소하는 경향이 나타났다. 또한 한류 상품 중 드라마, 영화, 음악 상품에 대한 선호도가 높을수록 로맨틱 코미디 영화의 문화적 할인을 감소시키는 것으로 나타났다. 그러나 한류 상품에 대한 선호도가 높은 경우에도 액션 장르에 대해서는 특별히 문화적 할인에 대한 증가/감소 효과가 나타나지 않았다.

2) 스크린 독과점의 문제

우리나라에서 공식적으로 처음 영화관 통합 전산망을 이용해 영화 제목 및 상영일, 구매 날짜와 입장권 가격 등의 박스 오피스 자료를 수집하기 시작한 것은 2004년이었다. 물론 당시만 하더라도 모든 영화 상영관이 의무적으로 전산망에 가입했던 것은 아니었기 때문에 자료에 대한 신뢰도는 떨어졌지만, 그 무렵부터 우리 영화 시장에서는 통합 전산망을 통해 얻어진 자료를 바탕으로 스크린 독점에 관한 문제가 본격적으로 제기되기 시작했다.

2006년, 한국 영화 1000만 관객 시대에 진입을 재확인시켜 주었던 봉준호 감독의 〈괴물〉이 개봉되었을 때, 당시 전국 스크린 수의 35%가 넘는 620개 개봉관을 확보한 것은 상당히 큰 사회적 파장을 불러일으킨 바 있다(원승환, 2006). 또한 2013년에 개봉한 〈아이언맨 3〉(2013)나 〈은밀하게 위대하게〉(2013) 등은 전국 약 2400개의 스크린 중에서 1300여 개를 차지했고 관객 점유율은 70~80%를 기록하기도 했다. 하지만 높은 개봉관 점유율이 '문제'로 인식되는 사회적 분위기가 강해지자 공식적으로는 35% 내외의 스크린 점유율이라고 정정 발표했는데, 이렇게 정정이 가능했던 것은 당시 영화진흥위원회의 스크린 집계에서 어떤 영화든 한 번이라도 상영되었으면 그 영화를 상영한 스크린을 점유율 계산에서 모두 포함시키는 방식을 취하고 있었기 때문이었다. 예컨대, 하나의 스크린에서 하루 동안 네 편의 영화가 한 번씩 상영되었다면 이들 네 편의 영화가 각각 한 개의 스크린의 점유하는 것으로 인정하는 방식이다(성하훈, 2014). 따라서 인기가 많은 영화는 관객이 많이 찾는 시간대에 상영하고, 이른 아침이나 늦은 저녁 시간대에는 인기가 적은 영화를 상영해 스크린 점유율을 낮추는 꼼수를 사용하기도 했다(강성률, 2013).

이렇듯 영화 시장에서는 상당히 오래전부터 스크린 독과점에 대한 비판적 시각이 강하게 형성되어 있었음에도 대규모 자본이 투자된 영화들의 스크린 독과점 경향은 이후에도 별다른 변화가 없었다. 지금까지 한국 영화 시장에서 최대 관객 동원 기록을 가지고 있는 〈명량〉(2014)의 경우 2014년 7월 30일 개봉 당시 1159개의 스크린으로 시작해서 일요일인 8월 3일에는 1586개의 스크린에서 상영되었다. 2014년 8월 당시 영화진흥위원회에 집계된 전국 스크린의 총수가 2584개이므로 한 번이라도 〈명량〉을 상영했던 스크린을 기준으로 한다면 전국 약 61.4% 스크린에서 한 영화만을 상영했음을 의미한다(성하훈, 2014). 또한 2019년 4월에 개봉한 〈어벤져스: 엔드게임〉(2019)은 개봉 첫날 스크린 점유율이 57.1%(2760개), 상영 횟수는 1만 2544회로 80.8%의 상영 점유율을 기록했고(김구철, 2019), 같은 해 11월 21일에 개봉한 〈겨울왕국 2〉(2019)는 11월 23일 기준 스크린 점유율이 88%, 상영 횟수 1만 6220회로 영화 〈어벤져스: 엔드게임〉의 역대 최고 상영 횟수의 기록을 경신하기도 했다(권남영, 2019).

이러한 스크린 독과점 현상은 개봉 초기 최대치의 스크린을 확보하는 것이 영화 흥행을 결정한다고 생각하는 배급사 그리고 티켓 파워가 있는 소수 특정 영화를 선별적으로 상영해 수익을 극대화하고자 하는 영화관의 이해가 만나 발생한다. 그래서 소위 '천만 영화의 출현 및 증가 현상'도 멀티플렉스의 확산으로 인해 전국적으로 다수의 스크린 확보가 가능해지면서 생겨난 결과물로 보기도 한다. 이처럼 대기업이 운영하는 멀티플렉스가 자사 계열사의 영화나 또는 블록버스터 영화에 스크린을 몰아주게 되면 중소 영화 배급사의 영화들이 상영 기회를 얻지 못해 교차 상영, 조기 종영을 하게 되는 경우가 발생하기도 한다.

스크린 독과점 현상에 대해 대부분의 영화 관계자들은 관심과 해결이 필요한 문제로 인식하지만, 그 대처 방안에 대해서는 상당한 이견이 존재한다. 우선 스크린 독과점을 영화 시장에서 철저히 금지해야 한다고 생각하는 사람들은 해외 사례를 근거로 강력한 법적 규제를 주장한다. 프랑스의 경우 스크린 15~27개를 보유한 멀티플렉스에서 단일 영화가 최대 네 개의 스크린만 점유할 수 있도록 제도적 장치가 마련되어 있다(정민경, 2019). 또한, 미국에서는 특정 영화가 전체 스크린의 10% 이상을 점유하는 일은 거의 발생하지 않는다는 사실을 들어 우리나라에서도 한 영화가 스크린 점유율 20%를 넘길 수 없도록 법적으로 장치를 마련해야 한다고 주장하기도 한다(강성률, 2013).

이렇게 적극적이고 직접적인 법적 규제를 주장하는 사람들은, 3대 멀티플렉스 체인(CGV, 롯데시네마, 메가박스)이 이미 2013년부터 전체 스크린의 90% 이상을 점유하고 있는 우리 영화 시장의 현실에서, 스크린 독과점은 극단적인 이윤만을 추구하는 대기업 계열 투자 배급사와 상영관 들의 연계로 인해 필연적으로 나타날 수밖에 없는 현상으로 간주한다. 더 나아가 이는 중소 배급사의 영화에 대한 상영 기회를 박탈해 한국 영화의 흥행 양극화를 형성하는 데 일조하며, 관객의 영화 관람에 대한 선택의 기회를 박탈해 영화의 기형적 생산·소비 구조를 형성하게 된다고 주장한다(이종승, 2019).

반면 법적인 규제를 반대하는 사람들은 한 영화가 특정 규모 이상의 많은 스크린을 점유한 것을 '독과점'이라고 부르는 것에 대해서는 신중해야 한다고 주장한다. 만약 불공정 거래나 법적인 위반 사항이 있는 경우 독과점이라고 부르는 것은 당연하지만 극장이 관객에 반응에 대한 기대치에 근거해 자율적으로 결정한 것이라면 독과점이라고 단정하는 것은 어렵다는 자세이다(원승환, 2006). 이들은 또한 고위험·고수익을 감수해야 하는 영화 시장의 특성상 시장의 다수를 점유한 대기업들이 자신에게 유리한 전략을 구사하는 것은 어느 정도 용인되어야 한다고 생각한다. 특히 한국 영화 시장의 수익 대부분이 상영관에서[2018년 기준, 전체 매출의 76.3%(영화진흥위원회, 2019)] 발생하고 있으며, 전체 관객 규모의 유지나 총매출액의 대부분을 몇몇 큰 성공을 거둔 영화들에 의존하는 현실을 고려한다면 스크린 독과점 현상도 불가피한 시장의 선택으로 인정해야 한다고 주장한다(김윤정, 2019; 이종승, 2019).

5. 맺는 글

영어 단어 premonition은 미래에 대한 전조, 예지, 예감 등을 의미하지만 대개는 불길한 느낌 또는 그에 대한 걱정의 의미도 포함하고 있다. 이와 같은 '막연한 불안감'은 공포(horror)나 스릴러(thriller) 장르의 영화나 드라마에 자주 적용되는 소재인데, 2007년에는 샌드라 불럭(Sandra Bullock)이 주연을 맡았던 영화에서도 같은 단어의 제목을 사용한 바 있다. 한국 영화 시장에도 시기를 불문하고 다양한 종류의 premonition이 존재해 왔으며 그중 다수를 차지하는 것은 영화 시장의 갑작스런 위기, 더 나아가 붕괴에 관한 것이었다.

앞서 살펴본 바와 같이 1980년대 중후반부터 1990년대 초반에 이르기까지 한국 영화 시장에는 배급 시장 개방과 관련해 비관적 전망이 가득했고, 그중 일부는 현실이 되었다. 당시만 하더라도 영화 시장의 개방은 한국 영화 역사상 한번도 경험해 보지 못했던 획기적인 모험이었고, 그 파급 효과가 매우 부정적일 것이라는 점은 누구나 쉽게 예상할 수 있었기에, 암울한 전망이 우후죽순 격으로 등장한 것은 전혀 놀랄 만한 일이 아니었다. 그러나 흥미로운 점은 한국 영화 산업 제2의 르네상스라고 불렸던 2000년대 중후반에도 미래 영화 시장에 대한 걱정스런 전망과 불안한 예언은 또다시 등장했다는 사실이다.

강한섭(2006)은 2000년대 초반 1000만 관객을 동원한 영화들의 상업적 성공과 전반적인 한국 영화 관객의 급증 추세에 대해, 극장 관객의 증가는 신용 카드 회사와 이동 통신사의 판촉을 위한 티켓 가격의 할인과 덤핑 전략에 힘입은 바가 크다는 점을 지적한다. 더 나아가 기존 영화 산업에서 중요한 극장 외 시장이었던 비디오 시장 및 케이블 TV 시장의 잠식이라는 부정적인 결과를 수반했기 때문에 진정한 의미의 산업적 '성공'이라기보다는 '착시 현상'에 가깝다고 주장했다. 또한 2000년대 초반 한국 영화 시장의 성장은 사실상 몇몇 소수 영화와 감독 들의 개별적 성공의 조합을 과장한 것에 불과하다는 평가도 있었다(Kim, 2004).

몇 해 전 봉준호 감독이 칸(Cannes) 영화제와 아카데미(Academy) 영화제의 주요 부분에서 수상하면서 한국 영화의 대외적 위상을 새롭게 하고 있다. 하지만 그보다 훨씬 이전부터 우리나라 영화 산업과 개별 영화는 이미 세계 어느 국가의 시장이나 작품과 견주어도 질적·양적 측면 모두 충분히 인정받을 만큼 성장해 있었다. 단순 수치로만 보았을 때, 우리나라는 2018년 극장 시장의 세계 점유율에서 인도와 프랑스를 추월해 전 세계 5위에 오른 영화 산업 강국이며, 2013년에서 2018년까지 6년간 연평균 2.1억 명의 관객을 끌어들여 1인당 평균 관람 횟수로도 세계 최고 수준을 유지하고 있다(문화체육관광부, 2019b). 그러나 이러한 정량적 지표가 증명하는 한국 영화의 건전성과 계속해서 들려오는 국제 영화제 수상 소식의 낭보에도 불구하고, 이번에도 역시 한국 영화 산업의 문제점을 지적하며 미래를 염려하는 주장은 끊임없이 제기되고 있다(김태훈, 2020). 물론 우리나라에만 국한하는 현상은 아니었으나, 실제로 한국 영화의 시장 규모(극장, 극장 외, 해외 수출 포함)는 2021년 1조

239억 원으로 코로나19의 대유행 전인 2019년의 2조 5093억 원의 40.8% 규모로 축소되기도 했다(영화진흥위원회, 2022b).

여기서 우리는 한국 영화 산업과 관련해 다음과 같은 근본적인 질문을 제시할 수 있다. "왜 한국 영화는 수치상의 두드러진 성장이나 해외 영화제에서의 긍정적인 평가에도 불구하고 항상 불안한 그 무언가를 걱정하고 있는가?" 혹은 "왜 한국 영화 시장에는 늘 '위기' 아니면 '르네상스' 두 가지 수식어밖에 없는 것일까?" 사실 이러한 질문에 대해 객관적인 근거에 의존한 정답을 제시하기란 매우 어렵다. 하지만 다음 두 가지 주장은 최소한 이상적인 해답에 가깝거나 그와 밀접하게 관련되어 있다.

첫 번째 주장은 영화와 영화 산업 자체의 속성과 관련되어 있다. 서두에서 언급했던 바와 같이 영화는 문화 상품 중에서도 매우 독특한 속성을 지니고 있는데, 그중에서도 가장 중요한 것은 수요에 근거해 생산되지 않는다는 점이다. 물론 영화 시장에서도 마케팅의 법칙이 존재(Marich, 2005)하며 많은 영화 제작자나 감독 들은 지침서의 안내에 충실히 영화를 기획하고 제작한다. 그렇지만 영화의 흥행에는 예측하지 못했던 변수가 더 큰 영향력을 발휘하는 경우가 다반사이며, 성공과 실패를 단지 '운'에 돌리는 수밖에 없는 상황도 비일비재하다. 당시만 하더라도 단일 영화 제작비로는 상상하기 어려운 110억 원을 투자했던 〈성냥팔이 소녀의 재림〉(2002)은 기록적인 흥행 참패를 기록한 반면, 오늘날 기준으로 본다면 90억 원대 중급 예산 영화였던 〈극한직업〉(2019)은 무려 1400%에 가까운 수익률을 기록하기도 한다(박창영, 2020). 또한, 음악이나 미술과 관련된 다른 문화 상품과는 달리 시장에서의 문지기(gatekeeper) 역할을 하는 비평가들이 아무리 특정 영화에 대해 긍정적인 평가를 내린다 하더라도 그것이 곧 그 영화의 상업적인 성공을 보장하는 것도 아니다(Frank and Cook, 1995). 요약하자면, 특정 제작자나 감독이 제작한 영화가 지난번에 큰 성공을 거두었다 하더라도 이번에 제작하는 영화의 흥행을 보장할 수 없듯이, 영화 시장 전체의 성장과 전반적인 호황 트렌드가 앞으로 다가올 영화 시장의 미래를 보장해 주지 못하는 현실이 영화 시장의 만성적인 강박을 생산했을 가능성이 크다는 것이다.[6]

두 번째 주장은 보다 한국 영화 산업의 현실적 상황과 관련되어 있다. 한국 영화 시장은 지난 20여 년간의 눈부신 성장을 이루었지만 그 과정에서 해결해야만 할 여러 숙제를 떠안았다. 앞서 소개했던 영화 시장의 양극화, 스크린 독과점 등의 문제 역시 그 대상 중 하나일 뿐, 앞으로 해결해야만 하는 문제의 수준은 그보다 훨씬 깊고 광범위하다. 2019년 10월, 문화체육관광부는 한국 영화 100주년을 맞이해 제25차 경제 관계 장관 회의에서 '한국영화산업발전계획'을 발표했다. 이 보고서에서 3대 영화 산업 발전 전략으로 언급된 '영화산업 지속성장 기반 강화'의 내용을 보면 우리 영화 산업 곳곳에서 아직까지 많은 독점과 양극화, 차별의 문제가 산적해 있음을 알 수 있다. 대작 상업 영화에 비해 늘 차별받는 독립 영화, 열악한 고용 환경으로 인해 생활고에 시달리는 비정규직 스태프들, 남성 중심의 제작 관행 및 여성 영화인에 대한 불공정한 대우 등등, 수많은 문제들이 지금까지 한국 영화의 성공과 번영이라는 빛나는 부분에 가려 크게 부각되지 못해왔다. 사실 이러한 문제가 지속될 수 있는 근본적인 이유는 산업 전체 차원만을 고려하는 통계치가 지나치게 남용되어 왔기 때문이기도 하다. 전년 대비 6.4%의 증가로 한국 영화 극장 매출액 9708억 원을 기록했던 2019년도조차 매출 1위를 기록한 〈극한직업〉을 제외하면 나머지 상업 영화들의 평균 수익률이 마이너스를 기록하는 비정한 현실을 고려하면(조재영, 2020), 한국 영화 산업의 성장을 과연 온전히 성장으로 부를 수 있을지 확신하기 어려운 상황이다. 이러한 감춰진 영화 시장의 문제들이 미래에 대한 전망을 부정적으로 유도하는 데 직간접적인 영향을 행사할 가능성도 무시할 수 없다.

---

1   이영일이 1988년에 처음 출간했던 *The History of Korean Cinema*까지만 하더라도(Lee and

Choe, 1998과 동일한 서적) 한국 최초의 (상업) 영화를 〈월하의 맹서〉(1923)로 보기도 했다. 그러나 1960년대 말 처음으로 〈의리적 구토〉(1919)를 우리나라 최초의 상업 영화로 보는 시각이 등장했으며, 그 이후 점점 이에 동의하는 의견이 증가했다(김선경, 2019).

2 1966년부터 시행된 스크린 쿼터 제도 역시 비슷한 맥락의 자국 영화 보호 정책으로 이해될 수 있다.

3 1960년대 중반부터 제작의 자유화가 이루어진 1985년까지 전체 영화의 약 60%가 이와 같은 방식으로 대명 제작되었다는 주장도 있다(김미현, 2003).

4 정확하게 말하면 영화 제작사의 수입 독점권이 폐지된 것은 1984년 12월에 단행된 '제5차 영화법 개정'에 의해서였다. 이 개정을 통해 영화 제작업자로 등록하지 않고도 영화를 제작할 수 있게 되었고 독립 영화를 생산할 수 있는 길이 열리게 되었다(김흥동, 1994).

5 과거에 이 시장은 '부가 시장' 또는 '디지털 온라인 시장'으로 불렸는데 2020년부터 영화진흥위원회가 이 시장을 '극장 외 시장'이라 명명했다. 이 장에서는 이 시장을 '극장 외 시장'으로 통일해 사용한다.

6 위에서 언급한 것처럼, 2020년 초, 봉준호 감독이 〈기생충〉으로 아카데미상 네 개 부문을 석권했을 때만 하더라도 한국 영화 시장의 또 다른 전성기나 르네상스를 기대하기에 충분했지만, 곧바로 불어닥친 코로나19의 대유행으로 인해 오히려 시장이 침체한 것이 좋은 예시라고 할 수 있다.

생각해 볼 문제

1. 한국의 영화 산업은 대기업 계열의 투자 배급사를 중심으로 배급과 상영이 결합된 수직 계열화된 구조를 가지고 있다. 특히, CJ ENM, 롯데 엔터테인먼트와 같은 투자 배급사들이 배급 및 상영 시장에서 독점적인 시장 지배력을 갖게 되면서 '스크린 독점의 심화'라는 문제를 야기하고 있다. 소위 1000만 관객 영화들이 많이 나오는 이유가 수직 계열화 및 스크린 독점의 심화와 관련이 있다는 말이 나오고, 이런 구조적 문제는 앞으로 한국 영화 산업의 발전에 여러 과제들을 던져주고 있다. 한국 영화 산업의 구조적 특징을 해외 사례들과 비교하면서 이런 구조가 가지는 부정적인 측면을 최소화하기 위해서는 어떤 노력들이 필요할지에 대해서 생각해 보자.

2. '한국 영화 위기론'은 1980년대 중후반 이후 객관적인 영화 시장 관련 지표와 상관없이 꾸준히 제기되고 있다. 본문에서는 이에 관해 두 가지 활용 가능한 힌트를 제시했지만, 영화와 영화 시장을 바라보는 관점에 따라서는 얼마든지 이와는 다른 주장도 가능하다. 한국 영화 산업의 성공과 위험을 나타내는 현상 또는 지표에 대해 생각해 보고, 이를 종합했을 때 산업적 견실함과 안정성이 어느 정도 수준인 평가해 보자.

더 읽을거리

와스코, 재닛(Janet Wasko). 2007. 『할리우드 영화산업론』. 박조원·정헌일 옮김. 서울: 커뮤니케이션북스.
이 책은 미국 할리우드 영화 산업이 어떻게 운영되는지를 제작, 배급, 상영의 측면에서 비판적으로 분석하고 있어 미국 영화 산업을 이해하는 데 도움이 될 것이다.
정태수 외. 2019. 『21세기 한국영화: IMF 이후 변화상을 중심으로』. 서울: 국학자료원.
이 책은 IMF 사태 이후 다양한 정책과 제도의 변화를 통해 한국의 영화 산업이 어떻게 발전될 수 있었는지를 이해하는 데 도움을 줄 것이다.

참고문헌

강성률. 2013. 「스크린 독점, 문화 다양성의 걸림돌」. ≪플랫폼≫, 7월호, 66~71쪽.

강한섭. 2006. 「한국영화 붐의 구조적 위기와 정책적 대안」. ≪영화연구≫, 28권, 31~52쪽.

김태훈. 2020.2.22. "화려한 영광 뒤 영화산업의 '반지하'". ≪경향신문≫. http://news.khan.co.kr/kh_news/khan_art_view.html?artid=202002221754001&code=940100(검색일: 2020.4.10).

권남영. 2019.12.3. "시민단체 "영화 '겨울왕국2' 스크린 독점" 고발". ≪국민일보≫. http://news.kmib.co.kr/article/view.asp?arcid=0924110937(검색일: 2020.3.9).

김강현. 2019a. "글로벌 톱5 CJ CGV "전세계에 1만 개 스크린 열겠다". ≪Fortune Korea≫(2019.1.2). http://www.fortunekorea.co.kr/news/articleView.html?idxno=10803(검색일: 2020.2.4).

_____. 2019b. "롯데컬처웍스, 신규 사업 속도…드라마 진출 초읽기?". ≪Fortune Korea≫(2019.1.31). http://www.fortunekorea.co.kr/news/articleView.html?idxno=1056(검색일: 2020.2.4).

김구철. 2019.4.26. "'괴물' 스크린수 30% 독점 노란 촉발…'어벤져스'는 점유율 80%". ≪문화일보≫. http://www.munhwa.com/news/view.html?no=2019042601033212053001(검색일: 2020.3.9).

김금동. 2019. 「외환위기 이루 금융자본 및 영상전문 투자조합이 한국영화산업에 미친 영향」. ≪현대영화연구≫, 34권, 31~53쪽.

김미현. 2003. 『한국영화 배급사 연구』(연구자료집 2003-6). 부산: 영화진흥위원회.

_____. 2012. 「한국영화 자본 조달 구조와 유형에 대한 연구」. ≪영화연구≫, 51권, 39~62쪽.

_____. 2013. 『한국영화 정책과 산업』. 서울: 커뮤니케이션북스.

김미현·김은선·고창만. 2018. 「해외 주요 국가의 영화산업 구조와 제도로부터의 정책적 시사점: 수직계열화와 배급 및 상영시장의 집중도를 중심으로」. ≪영화연구≫, 76권, 317~344쪽.

김선경. 2019. 「한(조선)반도에서 내셔널시네마의 정전(正傳)을 기억하는 방법: 나/라운규〈아리랑〉에 대한 남북한 해석의 분단」. ≪문화와 사회≫, 27권, 2호, 279~

331쪽.

김윤정. 2019. 「스크린 독과점 해소를 위한 영화산업 규제체계의 모색: 프랑스 모델을 중심으로」. ≪경쟁법 연구≫, 39권, 369~406쪽.

김진웅·조충만·송이채·김경화·한윤선. 2016. 「영화관람 동기 요인 연구: Q방법론을 이용한 분석」. ≪문화경제연구≫, 19권, 1호, 21~42쪽.

김흥동. 1994. 「영화법규와 시책으로 본 정책의 흐름」. 최진용 엮음. 『한국영화정책의 흐름과 새로운 전망』. 서울: 집문당.

뢰화·김종무. 2015. 「한국영화의 문화적 할인에 관한 분석: 20~30대 중국 소비자를 중심으로」. ≪디자인융복합연구≫, 14권, 4호, 105~118쪽.

문화체육관광부. 2019a. "2018 문화향수실태조사 결과 발표"(보도자료, 2019.2.11).

_____. 2019b. 「한국영화산업 발전계획」(보고서, 2019.10.14).

박병윤. 2014. 「디지털기술 발전에 따른 영화 부가시장의 다변화」. ≪현대영화연구≫, 19권, 207~237쪽.

박승현·송현주. 2015. 『해외시장에서의 할리우드 영화의 수용에 관한 연구 문화적 차이와 장르에 따른 문화적 할인을 중심으로」. ≪언론과학연구≫, 15권, 2호, 348~374쪽.

박승현·장정헌. 2014. 「할리우드 영화의 장르별 수용: 한국영화시장에서의 문화적 할인현상을 중심으로」. ≪만화애니메이션연구≫, 36권, 511~551쪽.

박아녜스·김자연. 2018. 「2010년대 한국영화산업 주요 이슈」(이슈페이퍼 2018-10). 부산: 영화진흥위원회.

박일하. 2014. 「2000년대 한국영화 상영업의 변화양상에 대한 고찰: 직접배급방식의 도입 이후를 중심으로」. ≪현대영화연구≫, 19권, 100~137쪽.

박창영. 2020.1.19. "제2의 '극한직업' 몰려온다…연초 극장가 코미디 공습". ≪매일경제≫. https://www.mk.co.kr/news/culture/view/2020/01/61675/(검색일: 2020. 4.10).

박혜윤·김재범·이창진. 2017. 「거래비용관점에서 본 영화 소비행위 분석」. ≪문화경제연구≫, 20권, 3호, 3~33쪽.

백일. 2017. 「한국영화 유통문제와 대책」. ≪마르크스주의 연구≫, 14권, 3호, 169~204쪽.

≪서울신문≫. 2022.10.12. "올해 불법유통 최다 삭제 한국 영화는 '싱크홀'". https://www.seoul.co.kr/news/newsView.php?id=20221013021006(검색일: 2022.11. 29).

성하훈. 2014.8.4. "이순신도 울고 갈 '명량' 스크린 수, 부끄럽다". ≪오마이뉴스≫. http://
    star.ohmynews.com/NWS_Web/OhmyStar/at_pg.aspx?CNTN_CD=A00020
    20148&CMPT_CD=P0001(검색일: 2020.3.9).

영화진흥위원회. 2000. 『한국영화연감 2000』. 서울: 집문당.

_____. 2003. 『한국영화연감 2003』. 서울: 커뮤니케이션북스.

_____. 2017. 「2016년 한국영화산업 결산」. 부산: 영화진흥위원회 영화정책연구원.

_____. 2018. 「2017년 한국영화산업 결산」. 부산: 영화진흥위원회 영화정책연구원.

_____. 2019. 「2018년 한국영화산업 결산」. 부산: 영화진흥위원회 영화정책연구원.

_____. 2020. 「2019년 한국영화산업 결산」. 부산: 영화진흥위원회 영화정책연구원.

_____. 2021. 「2020년 한국영화산업 결산」. 부산: 영화진흥위원회 영화정책연구원.

_____. 2022a. 「2021년 한국영화산업 결산」. 부산: 영화진흥위원회 영화정책연구원.

_____. 2022b. 『2021년도판 한국영화연감』. 부산: 영화진흥위원회.

_____. 2023. 「2022년 한국영화산업 결산」. 부산: 영화진흥위원회 영화정책연구원.

우혜경. 2011. 「공동제작 영화를 보는 서로 다른 시선 연구」(이슈페이퍼 2011-03). 부
    산: 영화진흥위원회.

원승환. 2006. 「한국영화의 문화 다양성을 위한 상영 시장 정책에 대한 제언」. ≪독립영
    화≫, 9호, 142~157쪽.

이양환·장병희·박경우. 2007. 「국가 간 영화흥행요인 비교를 위한 탐색적 연구: 한국과
    미국 영화시장에서 미국 영화의 흥행요인 비교를 중심으로」. ≪언론과학연구≫,
    7권, 1호, 185~222쪽.

이종승. 2019. 「스크린 독과점 해소를 위한 법률적 토대와 해법연구」. ≪씨네포럼≫,
    33권, 181~235쪽.

이충직. 2012. 「한국영화산업과 멀티플렉스의 역할: 한국영화의 다양성 확보사례를 중
    심으로」. ≪영상예술연구≫, 20권, 231~258쪽.

전범수·박조원·박성복. 2016. 「문화 상품 소비 규모 결정 요인: 취향, 미디어 이용, 인
    구사회학적 요인의 영향」. ≪문화정책논총≫, 30권, 1호, 182~202쪽.

정민경. 2019.12.21. "스크린 독점에 "영화법 개정부터" vs "실효성 의문"". ≪미디어
    오늘≫. http://www.mediatoday.co.kr/news/articleView.html?idxno=204291
    (검색일: 2020.3.9).

조재영. 2020.2.13. "작년 '극한직업' 빼면 상업영화 수익률 -8.1%". ≪연합뉴스≫. https://
    www.yna.co.kr/view/AKR20200213142600005?input=1179m(검색일: 2020.

4.10).

차용승·이광철. 2013. 「국내 개봉 미국영화의 장르별 흥행성과와 문화적 할인」. ≪대한
　　경영학회지≫, 26권, 2호, 411~433쪽.

최건용. 2012. 『비즈니스로 보는 한국영화산업』. 파주: 형설출판사.

최용배·조준형·안지혜·한세희·이은경·김지숙·박혜미·김수경. 2003. 「한국영화 배급
　　시스템 연구」(정책연구보고 2003-1). 서울: 영화인회의.

한국저작권보호원. 2021. 「2021년 저작권 보호 연차보고서」(영화). 서울: 한국저작권보
　　호원.

한선희·유은정·김홍천·강명찬·김경태. 2019. 『한국영화제작의 국제화 현황 및 정책방
　　안 연구』(KOFIC 연구 2019-03). 부산: 영화진흥위원회.

함충범. 2015. 「1990년대 영화진흥법의 제개정 과정 및 양상 연구: IMF사태 전후 신자
　　유주의 제도화 경향을 중심으로」. ≪한국예술연구≫, 11권, 33~54쪽.

황치승. 2022. 「2021년 영화 온라인 불법유통 실태조사 및 저작권 보호조치 12월 모니
　　터링 통계(보고서)」(2022.1.24). 부산: 영화진흥위원회.

Frank, Robert H. and Pierre J. Cook. 1995. *The Winner-Take-All Society: How more
　　and more Americans compete for ever fewer and bigger prizes, encour-
　　aging economic wast, income inequality, and impoverished cultural life*. New
　　York: The Free Press.

Kim, Young Chan. 2004. "Rethinking Korean Cinema Studies." *Korean Journal of
　　Communication Studies*, Vol. 12, No. 5, pp.161~170.

Lee, Francis L. F. 2008. "Hollywood Movies in East Asia: Examining cultural dis-
　　count and performance predictability at the box office." *Asian Journal of
　　Communication*, Vol. 18, No. 2, pp.117~136.

Lee, Young-il and Young-chol Choe. 1998. *The History of Korean Cinema*. trans-
　　lated by Richard Lynn Greever. Seoul: Jimoondang Publishing Company.

Lent, John A. 1990. *The Asian Film Industry*. Austin, TX: University of Texas Press.

Marich, Robert. 2005. *Marketing to Moviegoers: A handbook of strategies used by
　　major studios and independents*. Burlington: Focal Press.

이종임

5장

방송 산업과 OTT 플랫폼

1. 변화하는 방송 시장 생태계

글로벌 동영상 플랫폼 이용자가 급격하게 증가하면서 전통적 의미의 방송 산업은 큰 변화에 직면하게 되었다. 넷플릭스(Netflix)와 같은 스트리밍 서비스는 광고에 방해받지 않고, 일괄 출시(all-at-once release)와 몰아보기(binge watching) 방식이라는 '새로운 형식의 텔레비전 보기'를 가능하게 했고, 그 결과 편성 시간대에 방송 프로그램을 시청하는 전통적 방식은 많은 이용자들로부터 외면을 받고 있다. 이제 기존의 방송사가 가졌던, 전통적인 시간 편성의 권력은 거의 사라지거나 사실상 유명무실해졌다(바커·비아트로스키, 2019; 임종수, 2021).

방송 프로그램을 시청하기 위해서는 따라야 하는 조건들이 많았지만, 시청자들은 복잡한 과정이 생략된 글로벌 OTT의 '시청 방식'에 금세 적응했다. 결국 국내 방송사들은 다양한 콘텐츠를 볼 수 있는 글로벌 OTT와 유튜브(YouTube) 등 편리하게 시청 가능한 플랫폼으로 이동하는 시청자들의 이동을 막지 못했다. 이러한 상황이 지속되면서 방송사는 시청률과 광고 매출

하락이라는 위기에 직면하게 되었다. 사실 대안을 찾기에는 너무 늦었다는 평가도 적지 않는데, 지난 2016년 지상파 방송사의 광고비가 급감했다는 보도 역시 방송 산업 구조의 지각 변동을 짐작하게 한다(김도연, 2016; 이슬기, 2016). 지상파 방송사의 광고비 급감에는 여러 가지 요인이 작용했겠지만, 유튜브, 넷플릭스 등 무료 또는 상대적으로 적은 비용으로 콘텐츠를 볼 수 있는 플랫폼의 증가가 주요한 요인으로 논의되었다. 전 세계의 수많은 콘텐츠를 OTT 플랫폼을 통해 편리하게 이용할 수 있게 되면서, 글로벌 OTT로 이탈하는 이용자들을 잡기 위해 국내 방송사, 통신사, 포털 IT 기업에서도 OTT 서비스를 선보이기 시작했다. 지상파는 푹(POOQ)을, 케이블 채널은 티빙(tving)을, 통신사들은 옥수수(oksusu), 올레TV를, 포털 IT 기업은 네이버TV와 카카오 TV를 선보였고, 영화만 서비스하는 왓챠플레이(Watcha Play)까지 등장했다. 하지만 거대 자본을 가진 글로벌 OTT의 물량 공세와 글로벌 플랫폼이라는 기반을 따라잡기에는 더 많은 준비가 필요했다. 유튜브의 확산세가 심상치 않자 이용자들의 니즈(needs)에 부합하기 위해 방송사들도 유튜브 채널을 개설하기 시작했고, 유튜브 채널로만 콘텐츠를 제공하는 방식도 과감히 선택했다. 방송 프로그램에 유튜브 크리에이터(creator)들의 출연도 늘어났다. 콘텐츠를 이용하는 이용자에게 방송사, OTT, 인터넷 포털 등의 구분보다 이용자의 니즈에 부합하는 콘텐츠를 볼 수 있는 플랫폼이 중요했다. 이후 국내 지상파 방송사 플랫폼 푹은 SK텔레콤의 옥수수와 2019년 합병했고, 통합 OTT 플랫폼 웨이브(wavve)를 출시했다. 웨이브는 OTT·스트리밍 분야 이용자 순위(모바일인덱스 안드로이드·iOS 합산 조사 8월 기준)에서 유튜브·넷플릭스에 이어 3위를 차지, K-OTT 가운데 가장 많은 이용자를 확보했다. 2022년 기준 유·무료 전체 회원 수는 현재 1200만 명으로 나타났다. HBO, NBC유니버설(NBC Universal), 소니(Sony) 등 글로벌 메이저 스튜디오의 콘텐츠도 서비스를 하고 있다(박종진, 2022.9.18). 여기에 지난 2020년 갑작스럽게 확산된 코로나19 팬데믹으로 집에서 보내는 시간이 늘어난 이용자들에게 OTT 플랫폼은 여가 시간을 보내는 데 더욱 중요한 미디어가 되었다.

따라서 이 장에서는 빠르게 변화하는 미디어 생태계에서 텔레-비전(tele-vision)의 시청하기가 OTT 플랫폼의 등장으로 어떠한 '새로운 시청하기'를 가능하게 했는지 살펴보고자 한다. 기존의 국내 방송 산업 시스템과 글로벌 OTT 플랫폼 간 경쟁 과정에서의 콘텐츠 생산 방식과 콘텐츠의 경제적 가치에 대한 변화 그리고 진보하는 미디어 기술의 흐름에 빠르게 적응하는 이용자들의 미디어 소비 방식이 갖는 사회 문화적 의미도 살펴봐야 할 것이다. 미디어 생태계의 변화에 맞춰 이용자가 스스로 콘텐츠를 찾아 소비하고 놀이 문화를 향유할 뿐만 아니라, 새롭게 부상하는 트랜스미디어 스토리텔링, 다양한 콘텐츠 생산 주체와 상호 작용하는 특징이 이에 해당된다.

2. 방송 산업의 주요 개념

1) 방송

텔레비전 방송 프로그램은 시청자들의 요구와 사회 문화적 환경에 부합하는 콘텐츠를 생산하는 가장 대중적 콘텐츠다. 웹상의 여러 다양한 콘텐츠가 생겼지만, 특히 텔레비전을 통해 유통되는 방송 프로그램은 동시대의 사회 문화적 특징을 담아내기도 하고, 정치적 저항을 표출하기도 하는 등 공적 담론을 형성하고 대중문화의 핵심적인 의미 생산 주체로서의 역할을 해왔다.

텔레비전의 다양한 기능과 상징적 역할은 프로그램 생산 주체, 유통 과정, 시청자들의 콘텐츠 소비 방식이 복합적으로 작용한 결과이며, 이는 시청자의 요구와 사회적 제도에 기반한 콘텐츠 유통이 이루어지기 때문이다. 좀 더 구체적으로 방송을 살펴보면, 방송은 텔레비전 방송, 라디오 방송, 데이터 방송, 이동 멀티미디어 방송 등 다양한 형태로 정보를 전송하고 있다.

> **'방송법' 제2조 1항**
>
> 1. "방송"이라 함은 방송프로그램을 기획·편성 또는 제작하여 이를 공중(개별
> 계약에 의한 수신자를 포함하며, 이하 "시청자"라 한다)에게 전기통신설비에 의
> 하여 송신하는 것으로서 다음 각목의 것을 말한다.
>
> > 가. 텔레비전방송: 정지 또는 이동하는 사물의 순간적 영상과 이에 따르는
> > 음성·음향 등으로 이루어진 방송프로그램을 송신하는 방송
> > 나. 라디오방송: 음성·음향 등으로 이루어진 방송프로그램을 송신하는 방송
> > 다. 데이터방송: 방송사업자의 채널을 이용하여 데이터(문자·숫자·도형·도
> > 표·이미지 그 밖의 정보체계를 말한다)를 위주로 하여 이에 따르는 영
> > 상·음성·음향 및 이들의 조합으로 이루어진 방송프로그램을 송신하는
> > 방송(인터넷 등 통신망을 통하여 제공하거나 매개하는 경우를 제외한
> > 다. 이하 같다.)
> > 라. 이동멀티미디어방송: 이동 중 수신을 주목적으로 다채널을 이용하여 텔
> > 레비전방송·라디오방송 및 데이터방송을 복합적으로 송신하는 방송

2004년에 개편된 '방송법' 제2조 1항의 정의에 따르면, "방송이라 함은 방송프로그램을 기획·편성 또는 제작하여 이를 공중(개별계약에 의한 수신자를 포함하며, 이하 '시청자'라 한다)에게 전기통신설비에 의하여 송신하는 것"을 의미하며, 방송의 범주에 텔레비전 방송, 라디오 방송, 데이터 방송, 이동 멀티미디어 방송이 포함되는 것으로 규정하고 있다.

지금까지 지상파, 케이블, 위성 방송 등 방송사는 정보 생산 주체로서 중요한 역할을 해왔다. 공정한 보도, 사회적 소수자와 약자의 권리 보호, 문화 다양성에 기반한 콘텐츠 생산 등이 이에 해당된다. 그러나 디지털 기술의 발달로 새로운 매체들이 증가하고 이에 따라 이용자들이 접근 가능한 매체가 다양화되면서 소수 매체 위주였던 방송 생태계는 빠르게 변화했다. 1990년

대 후반부터 인터넷이 대중화되면서, 콘텐츠·정보·수용자에 대한 개념 역시 변화했다. 아날로그에서 디지털로의 전환은 다채널 시대의 도래를 알렸고, 스마트 미디어가 대중화되면서 하나의 콘텐츠를 여러 개의 미디어 기기에서 이용할 수 있는 N스크린 시대 그리고 현재는 내가 원하는 시간에 콘텐츠를 소비할 수 있는 OTT 중심의 콘텐츠 소비 환경이 구축되었다. 따라서 방송 콘텐츠의 편성 시간과 같은 전통적 개념의 시간에 대한 개념도 바뀌었고, 콘텐츠에 적용되던 스토리텔링 방식 그리고 전문가만이 가능했던 콘텐츠 생산 방식 등도 달라졌다. 인터넷의 대중화로 웹툰, 웹 소설 등이 대중적 인기를 끌면서 모바일 기기로 짧은 시간에 문화 콘텐츠를 소비하는 스낵 컬처(snack culture)도 등장했다.

새로운 콘텐츠 생산과 소비 방식이 확산되는 사이, 이러한 변화에 빠르게 적응하지 못한 레거시 미디어(legacy media)에 대한 전망은 그리 밝지 않았다. 인터넷 포털 사이트를 통해 영상이나 텍스트 정보가 이용자의 미디어 환경에 편리한 방식으로 접근 가능해지면서, 방송 시청률이나 신문 구독률이 떨어지는 추세가 나타났기 때문이다.

〈그림 5-1〉에 나타난 것처럼, 지상파 방송 점유율은 2013년 27.8%에서 2020년 19.8%로 지속 하락하다가 2021년 20.6%로 소폭 반등한 것으로 나타났다. IPTV는 지속적 증가세를, 종합 유선 방송과 위성 방송은 지속적인 감소세를 나타냈다(과학기술정보통신부·방송통신위원회, 2021: 23). 방송사의 점유율은 계속 하락 추세에 있으며, 글로벌 플랫폼과의 경쟁 상황에 놓여 있기 때문일 것이다.

지상파 채널이나 케이블 채널이 아닌 인터넷을 통해 이용자 개인이 방송을 제작할 수 있는 유튜브에 관심이 높아지면서, 콘텐츠 제작 방식에 대한 인식도 달라졌다. 지상파 방송사의 영향력보다 유튜브나 넷플릭스, 네이버나 다음, 구글(Google) 등의 플랫폼 등을 통해 정보를 수집하고 방송 콘텐츠를 소비하는 이용자들이 점차 늘어나고 있기 때문이다. 방송사의 광고 수익

그림 5-1

2019년 방송 매체별 방송 사업 매출 점유율

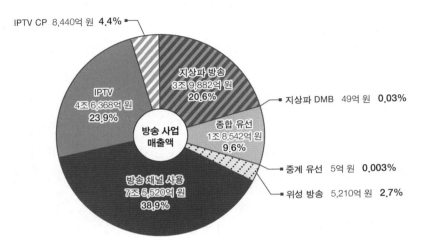

IPTV CP 8,440억 원 **4.4%**

지상파 방송 3조 9,882억 원 **20.6%**

IPTV 4조 6,368억 원 **23.9%**

방송 사업 매출액

종합 유선 1조 8,542억 원 **9.6%**

방송 채널 사용 7조 5,520억 원 **38.9%**

지상파 DMB 49억 원 **0.03%**

중계 유선 5억 원 **0.003%**

위성 방송 5,210억 원 **2.7%**

자료: 과학기술정보통신부·방송통신위원회(2022: 23).

이나 시청률, 청취율 등이 하락하면서 대중의 관심을 끌기 위한 다양한 전략을 모색하고 있다. 방송사들도 뉴스, 콘텐츠, 교양, 라디오 방송 등 다양한 콘텐츠를 서비스할 수 있는 유튜브 채널을 개설했고, OTT 확산에 적응하기 위해, 2019년에는 지상파 3사와 SK텔레콤이 협력해 OTT 서비스 플랫폼인 웨이브 서비스를 선보였다. 빠른 기술 발달로 급변한 미디어 환경에 적응한 대중에게는 모바일, SNS 등으로 방송 콘텐츠를 소비하는 것이 보편적 방법이 되었으며, 따라서 국내의 지상파, 케이블, 종합 편성 채널은 지금도 다양한 전략을 선보이고 있다.

2) 방송 콘텐츠

방송 콘텐츠 산업은 경제적 측면에서 다른 서비스 산업에 비해 투자 비용은 적은 반면 고용 유발 효과가 매우 크고, 낮은 한계 생산 비용으로 고수익을 얻을 수 있다. 물론 단점도 존재하는데, 수요의 불확실성이 크고 예측이 어렵다는 점이 있다. 그럼에도 불구하고, 방송 콘텐츠가 갖는 상징적 메시지는 파급력이 크고 문화적 다양성을 포함하고 있어 높은 경제적 가치를 지닌다. 방송 콘텐츠 속 영상 이미지를 통해 전달되는 메시지의 상징적 가치가 매우 크기 때문이다.

방송 콘텐츠는 일반적인 상품과 달리 많은 사람들이 동시에 이용할 수 있는 비배재성(non-exclusiveness)[1]과 비경합성(non-rivalry)[2]을 가지고 있어 준공 공재(semi-public goods)적 특성을 갖는다. 또한 경험재(experience goods)[3]적 특성을 갖고 있어서 경험해 보지 않고서는 품질 평가가 이루어지기 힘들다는 특징을 지닌다. 또한 시장에 상품이 출시되기 전까지는 제작자나 유통업자가 콘텐츠의 성공 여부를 판단하기 어려운 불확실성의 문제를 안고 있다. 전통적 의미에서의 방송 콘텐츠가 갖는 장점과 단점은 OTT 서비스를 통해 콘텐츠가 유통되면서 변화를 겪고 있다. 유튜브를 통해 기존의 방송사 콘텐츠와 개인이 제작한 콘텐츠가 경합을 벌이고 있기 때문이다. 여기에 최근 디지털화된 방송 시스템과 미디어 환경의 변화로 시청자/이용자 들이 방송 콘텐츠에 대해 적극적으로 피드백을 할 수 있게 되면서, 다양한 플랫폼을 통해 이용자와 방송 콘텐츠 제작자 간의 상호 작용은 매우 빠르게 이루어지고 있다.

이와 같이 방송 콘텐츠의 제작 경향의 변화는 인터넷 등의 플랫폼을 통해 프로그램에 대한 피드백을 언제든지 올릴 수 있는 환경의 변화도 영향을 미쳤지만, 시청자/이용자가 프로그램을 직접 제작할 수 있고 채널을 개설할 수 있는 플랫폼의 등장이 가장 큰 영향을 미쳤다. 일례로, 2006년 정식 오픈한 아프리카TV의 경우, 수많은 개인 채널을 한 번에 선택적으로 시청할 수 있는 시청 환경을 선보였고, 볼 수 있는 콘텐츠도 다양했다. 또한 각 채널별 이용자들의 피드백도 실시간으로 이루어지면서, 상호 작용성이 극대화된 경험을 가능하게 했다.

아프리카TV의 경우, 지상파나 케이블 채널에서 쉽게 볼 수 있는 먹는 방송이나 요리하는 방송인 소위 '먹방'이나 '쿡방'으로 불리는 콘텐츠가 큰 주목을 받았다. 아프리카TV에서 제작되는 방송 콘텐츠의 주제가 세분화되고, 자세해지면서 기존 방송 콘텐츠는 기존의 틀에 머물러 있다는 비판적 시각도 등장했다(최진홍, 2016). 2008년부터 한국에서 서비스를 시작한 유튜브도 국내 방송 시장에 가세하면서 개인 채널 운영자는 더욱 늘어났다.

디지털 미디어렙(media-rep) 나스미디어의 「2020 인터넷 이용자 조사」(Netizen Profile Research: NPR) 결과에 따르면, 온라인 동영상 시청 시 유튜브를 이용한다는 응답은 93.7%, 넷플릭스 이용률은 28.6%로 나타났다. 특히 넷플릭스 이용률은 전년도인 2019년 11.9% 대비 두 배 이상 성장한 것으로 나타났다(나스미디어, 2020). 국회입법조사처 보고서(최진웅, 2019)에서도, 2018년 기준 유튜브는 PC에서 53.1%의 점유율, 모바일에서 56.5%의 점유율을 확보했으며, 이는 네이버TV, 아프리카TV, 카카오TV를 합친 점유율보다 세 배가량이나 많은 것으로 나타났다.

지상파, 케이블 등 기존의 방송사들이 제작하는 콘텐츠도 동영상 중심의 플랫폼의 제작 경향과 이용자들의 피드백을 외면할 수 없는 단계에 이르렀고, 무엇보다 과거의 기준으로 광고주의 관심을 받기 어려운 상황이기에 제작 방식의 변화를 도모하고 있다. 또한 유튜브나 넷플릭스의 경우 실시간으로 많은 양의 콘텐츠를 소비할 수 있는 데 반해, 텔레비전 콘텐츠의 경우 여러 단계를 거쳐야 하는데, 이로 인해 오랫동안 지상파 콘텐츠에 시청자들이 머물지 않는다는 점도 중요한 변화의 이유가 되고 있다. 특히 시청자들은 제한된 콘텐츠만 소비할 수 있는 국내 방송사들의 콘텐츠 제공 방식에 흥미를 잃어가고 있다. 그 결과 지상파는 넷플릭스와 협업을 거절했지만, 케이블 채널은 넷플릭스와 공동 투자를 통한 콘텐츠 제작을 하고 있고, 유튜브와 동시 방송 등 돌파구를 찾기 위해 움직이고 있다. 각자도생의 방송사가 상장하는 것은 콘텐츠 생산자도 콘텐츠 소비자 들도 기존의 산업 전략으로는 살아남

N스크린

N스크린(N-Screen)이란 공통된 OS를 기반으로 N개의 디바이스에 하나의 동일한 콘텐츠를 제공하는 것을 의미한다. N스크린은 이미 몇 년 전부터 가능성이 탐색되던 개념이었고, 스마트 기기의 확산이 본격화되면서 비약적 진보를 이루게 되었다. 초기의 N스크린은 단순히 OSMU(One Source Multi-Use), 공통의 OS, 유무선 네트워크로 연결된 다양한 기기를 통해 콘텐츠를 이용하는 서비스로 인식되었지만 최근에는 끊김 없는 서비스, 클라우드 서비스 개념이 N스크린의 구성 요소로 추가됨으로써, 기기별로 콘텐츠를 차별화하는 ASMD(Adaptive Source Multi Device)도 적극 추진되고 있다(이종근, 2011: 24).

기 어렵다는 것을 보여준다.

2016년 국내 서비스를 시작한 넷플릭스의 영향력이 커지면서, 기존의 OTT 방식을 바꿔, 지상파와 SK텔레콤이 함께 서비스를 시작한 웨이브도 출시되었고, JTBC와 CJ ENM이 서비스를 시작한 티빙도 등장했다. 티빙의 경우, 2021년 3월에 네이버와 제휴를 맺어 네이버플러스 멤버십에 티빙 이용 항목을 추가했다(홍진수, 2021). 이러한 현상은 인터넷 이용자들의 관심을 끌기 위한 방송사의 전략으로 해석할 수 있을 것이다. 현재는 동영상 플랫폼이 점차 늘어나면서, 방송 콘텐츠 경쟁은 더욱 가속화되고 있다.

3) 방송 산업

방송 서비스 시장은 방송 콘텐츠를 채널 등의 상품으로 구성해 시청자에게 전달하는 구조를 형성하고 있다. 방송 산업은 콘텐츠를 소비자에게 물리적으로 전달하는 기능뿐만 아니라 콘텐츠를 선별, 편성, 상품화하는 역할을 담당하고 있어 사회 문화적으로 영향력이 매우 크기 때문에 방송법 등을 통한 정부의 제도적 규제가 존재한다. 방송 산업은 크게 광고 수익 기반의 지상파 방송과 수신료 수익 기반의 유료 방송으로 구분되며 유료 방송은 플랫폼 사업, 채널 사용 사업 등으로 분류된다. 이러한 방송 산업은 최근 새로운 플랫폼의 등장과 1인 방송이 큰 주목을 받으면서 기존의 프로그램 제작 방식으로는 시장에서 경쟁력을 얻기 어려운 시대가 되었다.

이러한 변화는 1990년대 중반부터 시작되었다고 봐야 할 것이다. 인터넷의 대중화와 케이블 채널의 도입이 시작된 시기이기 때문이다. 1995년 케이블 채널 출범 당시 지상파 방송사는 케이블 채널에 크게 영향을 받지는 않았다. 당시만 해도 케이블 채널은 자체 제작 능력이 많지 않아 해외 방송 프로그램을 수입해 방송하는 비중이 높았기 때문이다. 이러한 지상파 방송사가 흔들리기 시작한 것은 인터넷과 IPTV가 등장한 2000년대 이후다. 지상파 3사의 뉴스 채널로서의 경쟁력은 2011년 종합 편성 채널의 출범으로, 또한 드라마와 예능 등의 콘텐츠 채널의 경쟁력은 CJ ENM의 급성장으로 인해 어려움을 겪게 되었다. 여기에 2008년부터 국내 서비스를 시작한 유튜브와 2016년부터 동영상 스트리밍 서비스를 시작한 넷플릭스가 국내 이용자들의 관심을 끌기 시작하면서, 방송 시장은 말 그대로 무한 경쟁 체제에 돌입하게 되었다.

「2022년 방송산업 실태조사 보고서」(과학기술정보통신부·방송통신위원회, 2022)에 따르면, 지상파 방송(지상파 DMB 포함) 광고 매출액은 2015년부터 2020년까지 계속 하락하다가 2021년 약간 반등한 것으로 나타났다. 지상파 방송(지상파 DMB 포함)은 광고 매출이 전년 대비 20.8%p 증가한 1조 2110억 원을 기록하며 점유율도 38.4%로 확대되었다. 방송 채널 사용 사업은 1조 6912억 원으로 전년 대비 15.5%p 증가했으나 광고 시장 점유율은 53.7%로 소폭 축소한 것으로 나타났다. 유료 방송의 경우, 종합 유선 방송은 전년 대비 4.8%p 감소한 1090억 원이며, 위성 방송은 전년 대비 0.7%p 감소한 330억 원, IPTV의 광고 매출은 전년 대비 4.0%p 증가한 1071억 원으로 전체 방송 광고 매

표 5-1

방송 매체별 광고 매출 추이(2019~2021)

구분	2019 (억 원)	2020 (억 원)	2021 (억 원)	2019~2020 증감률(%p)	2020~2021 증감률(%p)
지상파 (DMB 포함)	11,018	10,029	12,110	-9.0	20.8
종합 유선	1,355	1,145	1,090	-15.5	-4.8
위성 방송	500	332	330	-33.6	-0.7
방송 채널 사용	15,904	14,637	16,912	-8.0	15.5
IPTV	1,232	1,029	1,071	-16.5	4.0
합계	30,009	27,172	31,512	-9.5	16.0

자료: 과학기술정보통신부·방송통신위원회(2022: 24).

출의 3.4%를 차지한 것으로 나타났다.

〈표 5-1〉에서도 알 수 있듯이, 레거시 미디어가 수행하는 저널리즘과 공공성 유지에 중요한 역할을 하는 지상파 방송사의 광고 매출은 매년 하락하고 있는 것으로 나타났다. 빠르게 변화하는 미디어 기술, 이용자들의 취향 변화, 즉각적인 피드백에 부응 미비로 인해 이용자들은 다른 플랫폼을 선호하게 되었고, 시청률이 떨어지자 방송사 경영에 중요한 광고 매출액은 점점 하락 추세를 면치 못하고 있다. IPTV를 제외한 다른 채널의 광고 매출도 크게 다르지 않다. 2020년 전 세계적으로 확산된 코로나19 팬데믹으로 기존 방송사에서 생산하는 뉴스 정보를 신뢰하는 이용자들이 크다는 분석이 존재하지만, 예능, 교양, 드라마, 다큐멘터리 등 다른 장르 콘텐츠에서 기존의 방송사들이 큰 선택을 받지 못한다는 점은 변치 않고 있다.

하나의 콘텐츠를 다양한 기기에서 소비할 수 있는 네트워크 서비스인 N스크린, 전통적 방송사가 아닌 인터넷 플랫폼 회사가 여러 개의 1인 방송을 운영하는 MCN(Multi Channel Network), 개방된 인터넷으로 콘텐츠를 서비스하는 OTT 등이 빠르게 정착했다. CJ ENM은 다이아TV를 개설했는데, 국내 크리에이터뿐만 아니라 해외의 크리에이터도 보유하고 있다(박진형, 2019). 이 외에 기존 방송사들의 노력은 채널 운영, 콘텐츠 소재, 유통 방식 등에서도 나타나고 있다. 일례로, 이용자들의 취향을 따라잡기 위해 지상파 방송사와 종합 편성 채널은 인기 유튜버를 섭외해 방송을 제작하기도 하고, 유튜브 방송 형태로 프로그램을 편성하기도 했다. 본격적인 움직임은 2018년부터 시작되었다. JTBC는 2018년 〈사심방송제작기: 날보러와요〉를 통해 유명 연예인들이 각기 다양한 주제의 유튜브 방송을 제작하는 과정을 방송했고, 〈랜선 라이프〉에서는 유명 유튜버들이 스튜디오에 출연해 일상생활을 공개하기도 했다. 현재는 방송사 뉴스 방송을 유튜브 채널로도 라이브 시청할 수 있으며, 과거 제작했던 인기 콘텐츠를 유튜브 채널로 볼 수 있는 서비스도 제공하고 있다. 이러한 제작 경향은 지난 몇 년 동안 방송 산업이 미디어 생태계의 변화에 적응하려는 노력의 하나로 봐야 할 것이다. 방송사의 점유율과 광고 매출액이 계속 감소하는 추세를 나타내면서 방송사들이 현재까지도 콘텐츠 유통 전략에서 새로운 변화를 계속 시도하고 있다.

3. 방송사와 OTT 플랫폼 간의 경쟁

1) 스트리밍 플랫폼이 방송 산업에 미친 영향

2000년대 들어서면서 초고속 인터넷의 발전으로 온라인 동영상은 이용률이 꾸준히 증가했다. 초기 콘텐츠 다운로드와 P2P 동영상 공유 위주였던 시장은 최근 수년 새 동영상 스트리밍 서비스로 대거 전환되는 추세다. 유튜브와 넷플릭스 등 온라인 동영상 전문 서비스가 인기를 끌면서 TV 방송사는 시청자/이용자 들의 기호에 부합하는 콘텐츠 소비 방식으로의 전환을 준비하지 않을 수 없게 되었다. 2008년도의 유튜브의 한국 서비스와 2016년 넷플릭스의 한국 서비스는 이용자들이 편하게 콘텐츠를 소비할 수 있는 라이프 스타일을 구축하게 만들었다. 모바일 중심의 스마트 미디어가 일상생활에서 차지하는 비중이 커지면서 편성 시간대라는 고정된 시간에 콘텐츠를 시청하기보다 이용자가 원하는 시간에 다양한 콘텐츠를 비교적 저렴한 비용으로 사용할 수 있었기 때문이다. 최근에는 넷플릭스와 같은 동영상 스트리밍 서비스를 전문으로 하는 OTT 서비스가 대중화되면서, 방송사의 콘텐츠 생산과 유통 방식에도 영향을 미쳤다.

넷플릭스는 2020년 말 가입자 수가 2억 370만 명으로, 4분기 중에만 850만 명이 늘어났다. 넷플릭스 가입자는 2017년 3분기 중 1억 명을 넘어선 데 이어 다시 3년여 만에 두 배로 증가한 것으로 나타났다(이정현, 2021.1.20). 유튜브 국내 월간 순 이용자 수(Monthly Active Users: MAU)는 2018년 12월 2554만 명을 나타냈다(김위수, 2019). 스트리밍 플랫폼 가입자 수는 스트리밍 플랫폼의 영향력을 보여준다. 넷플릭스 이용자 수가 급증한다는 것은 기존 방송사의 콘텐츠 이용자들 중에서 이탈이 있다는 것을 의미하기도 한다. 넷플릭스에서 세계의 다양한 인기 TV 프로그램을 볼 수 있었는데, 방송사들이 이용자들에게 콘텐츠를 제공하기 위해 가입자 수가 큰 플랫폼에 콘텐츠를 공급했지만, 실제로 방송사에는 큰 수익을 가져다주지 못했다.

최근에는 방송사들의 전략이 변화하고 있는데, 일례로 영국 BBC의 콘텐츠 제작 배급사인 BBC 스튜디오(BBC Studio)는 2019년 3월 영국 민영 방송 ITV와 합작해 BBC 브릿박스(BBC BritBox)라는 OTT 회사를 설립했다. 또한 영국의 민영 방송사들은 각각 ITV 허브(ITV Hub), 채널 4(Channel 4)의 올4(All4), 채널 5(Channel 5)의 마이5(My5), 스카이(Sky)의 나우 TV(Now TV) 등 각자의 OTT를 운영하고 있다. 그러나 2018년 이들 민영 방송사 OTT 모두가 올린 매출 합계는 약 6억 7000만 달러(약 8000억 1500만 원)로, 이는 넷플릭스 한 회사가 영국에서 올린 매출 약 8억 8000만 달러(약 1조 511억 6000만 원)에 미치지 못하는 것으로 나타났다(정인숙, 2019).

미국의 주요 방송사들[NBC(NBC Universal Television Group), 폭스(Fox Broadcasting Company), 디즈니-ABC(Disney-ABC Television Group))]이 투자해 설립된 홀루(Hulu)는 2014년 말 900만 명이 가입하고 있으며, 매출은 10억 달러 이상인 것으로 추정된다. 당초 90% 이상 PC를 통해 시청되던 서비스에서 엑스박스(XBOX), 플레이스테이션(PlayStation), 로쿠(ROKU) 등을 통해 영상을 시청하는 서비스로 확대되어 점차 TV, 태블릿, 스마트폰 등으로 콘텐츠를 이용할 수 있는 방법이 다양해지고 있다(권만우·이상호, 2015: 20).

해외의 이런 변화에 비해 그동안 국내 미디어 시장에서는 N스크린 성장이 두드러지지 않았는데, 그 이유는 국내 유료 방송 시장이 저가로 고착되어 이용자들의 방송 콘텐츠에 대한 지불 의사가 낮은 데다가 방송 콘텐츠를 무료로 이용할 수 있는 다양한 경로가 발달되어 있어 유료 가입자 확보가 쉽지 않기 때문이었다. 그러나 지난 몇 년 동안 스마트 기기의 사용이 급속히 증가하면서 이동성, 통합성 그리고 다양한 양방향 서비스의 장점을 이용자가 적극적으로 수용하는 방식으로 변화했다. 본격적인 스마트 TV, OTT 등의 도입으로 가정 내의 고정 TV, 스마트폰, 태블릿 등의 각종 미디어 단말이 하나의 통신 네트워크로 연결되는 시대가 확대된다면 N스크린이 동영상 콘텐츠가 유통되는 핵심 서비스가 될 가능성이 크다(김동우·장형준·박성규, 2014; 권만우·이상호, 2015).

또한, 지금 미디어 이용자들은 국내외 다양한 스트리밍 플랫폼을 이용할 수 있는 환경에 놓여 있다. 국내의 경우, OTT 서비스가 넷플릭스나 유튜브의 프라임 비디오가 주를 이루는데, 가입형 OTT 서비스는 전통 유료 방송 서비스에서 시청할 수 없는 오리지널 또는 독점 VOD를 주로 제공하고 있다. 하지만 국내 가입형 OTT 서비스는 지상파, 유료 방송, 통신 사업자가 자사의 실시간 TV채널과 VOD 다시 보기를 온라인으로 제공하는 형태가 주를 이룬다. 따라서 이용자가 전통 유료 방송 서비스 대체제로서 가입형 OTT 서비스로 이동해야 할 뚜렷한 매력이 없는 상황이다.

네이버는 네이버 캐스트와 네이버 미디어 플레이어 애플리케이션을 2017

년 '네이버TV'로 통합했다. 이용자의 모바일 중심의 미디어 생태계가 형성되면서, 그에 맞는 서비스 변화를 시도한 것이다. 이후 서비스 전략을 방송 프로그램 VOD와 TV 생중계를 제공하는 방식에서 이용자의 동영상과 개인 방송 채널을 주로 제공하는 방식으로 전환해 개방형 플랫폼 생태계를 구축하는 데 주력하고 있다. 네이버는 V라이브 방송까지 추가하면서 아이돌 가수, 영화나 뮤지컬 배우 들이 출연해 이용자들과 만나는 방송도 진행했다. 카카오는 2007년부터 제공해 오던 다음TV팟과 2015년에 출범한 카카오TV를 통합해 실시간 방송과 VOD 영상을 다음 포털, 카카오톡, 팟플레이어, 카카오TV 라이브앱에서 이용할 수 있도록 서비스하고 있다. 카카오TV 라이브앱은 누구나 생중계를 할 수 있고, 방송 진행자에게 후원도 할 수 있는 실시간 채팅 서비스를 도입했다. 아프리카TV는 2018년 하반기부터 실시간 개인 방송을 VOD로 저장해 다시 볼 수 있는 서비스를 새로 도입했다. 나아가 실시간 개인 방송의 영향력을 높이기 위해 케이블 TV 서비스를 위한 방송 채널 사용 사업(Program Provider: PP)에도 진출했다(최세경, 2019: 12~13). 2018년 11월, LG유플러스는 넷플릭스 콘텐츠를 가입자에게 서비스를 시작했다. 하지만 코로나19 시기를 거치면서, 미디어 생태계는 급변했고, 방송사뿐 아니라 포털 사이트도 동영상 서비스에 대한 개편을 선택하게 되었다. 네이버와 카카오는 한국에서 강력한 영향력을 지니지만, 동영상 스트리밍에서는 글로벌 OTT뿐 아니라 유튜브와 틱톡 등의 플랫폼에 밀리고 있기 때문이다. 2023년 6월, 네이버는 온라인 동영상 서비스(OTT)인 '네이버TV'를 11년 만에 접고, 해당 콘텐츠를 전부 실시간 스트리밍 서비스 'NOW(나우)'로 연내 통합하는 작업을 진행하고 있다. 카카오는 카카오TV를 카카오톡 내 주요 위치인 세 번째 탭에서 최근 빼내는 선택을 했다(고민서, 2023.6.22). 국내 지상파 방송사의 통합 플랫폼 웨이브의 등장으로 다양한 국내 오리지널 시리즈뿐 아니라 해외 콘텐츠도 시청자에게 서비스하고 있다. 넷플릭스는 봉준호 감독의 〈옥자〉에 투자하면서 본격적으로 한국 콘텐츠 산업에 진출했다.

OTT 플랫폼과 코드 커팅

OTT(Over The Top)는 원래 TV 수상기 위에 놓는 장치, 즉 셋톱 박스를 기반으로 제공되는 영상 콘텐츠 서비스를 의미했다. 하지만 최근 셋톱 박스를 통한 영상 콘텐츠 유통 시장이 정체 양상을 보이고 인터넷을 기반으로 영상 콘텐츠를 유통하는 다양한 서비스와의 경계도 모호하게 되면서 인터넷 기반의 영상 콘텐츠 유통 서비스를 OTT로 통칭하게 되었다. 즉, TV 수상기 없이 인터넷망을 통해 다양한 기기를 오가며 콘텐츠를 시청할 수 있는 'N스크린' 서비스를 의미한다.

코드 커팅(cord-cutting)은 케이블 TV나 위성 TV 같은 유선 방송을 이용했던 것에서 별도의 선이 필요 없는 온라인 기반 동영상 서비스로 이동해 가는 시청 행태를 의미한다.

2017년 칸(Cannes) 영화제에 〈옥자〉가 출품되었을 때, 프랑스 극장주들의 반발도 컸다. OTT 플랫폼에서 제작한 영화를 전통적인 영화제에 출품하는 것에 대한 갈등이 컸다. 하지만 넷플릭스는 이후 오리지널 시리즈와 투자 제작 방식을 계속 확장시켜 나갔고, 2021년 한국의 오리지널 시리즈 드라마 〈오징어 게임〉이 전 세계적 인기를 끌면서, 글로벌 OTT가 국내 콘텐츠 제작 시스템과 시장 구조에 영향을 미치게 되었다. 드라마뿐 아니라 넷플릭스로 스트리밍된 한국의 예능과 다큐멘터리도 전 세계적 인기를 끌었다. 2023년 예능 〈피지컬: 100〉과 시사 다큐멘터리〈나는 신이다: 신이 배신한 사람들〉이 해당된다. 하지만 MBC가 제작한 두 개의 프로그램은 넷플릭스와 계약 당시 모든 IP(Intellectual Property)를 다 넘기는 조건으로 제작을 했고, MBC가 얻은 수익성은 매우 낮았다(노지민, 2023.4.25). 국내 방송사 시스템이 글로벌 OTT에 익숙해지는 시청자들의 요구를 어디까지 맞출 수 있을지도 고려해야 할 부분이다.

이와 같이 현재, 국내 방송사, 통신사, IT 플랫폼 기업 들이 동영상 스트리밍 서비스에 적극적으로 참여하고 있고, 해외의 글로벌 동영상 플랫폼 역시 국내 콘텐츠 제작 시장에 투자를 하는 상황이다. 이용자들의 선택을 받기 위한 콘텐츠 경쟁이 더욱 본격화되고 있는 것이다.

2) 유튜브 속 지상파 콘텐츠 '소환'의 의미

국내 방송사가 글로벌 플랫폼과의 경쟁에서 우위를 점하기 위한 다양한 전략을 고민하는 사이, 유튜브에서는 과거 인기 방송 콘텐츠가 큰 인기를 끌었다. 2019년 하반기부터 '온라인 탑골공원'[4]이라 불리는 유튜브 채널의 콘텐츠가 폭넓은 세대에게 소비되면서 과거 지상파의 콘텐츠가 폭발적인 인기를 얻게 되었다(임지영, 2020; 최민영, 2020; 이호연, 2019). 이러한 현상은 SBS가 유튜브로 서비스하는 'SBS KPOP CLASSIC'으로 1990년대부터 2000년대 〈SBS 인기가요〉 방영분을 실시간으로 서비스하면서 나타나기 시작했다. 채널 접속자들은 실시간 채팅을 하면서 추억을 향유하고, 인기 가수에 대한 대중의 관심을 이끌어냈다. 지금 이용자들의 실시간 콘텐츠 소비와 실시간 댓글을 주고받는 과정에서 대중적 담론을 형성하게 되었다. SBS 프로그램의 인기는 MBC와 KBS의 유튜브 채널을 이끌어냈다. KBS는 〈가요 톱10〉을 방송하는 '어게인 가요톱10'을 유튜브에 개설했고, 그 외에도 당시 인기를 끌었던 시트콤, 예능 프로그램을 볼 수 있는 채널도 등장했다. MBC는 '5분 순삭' 채널을, KBS는 '깔깔TV', SBS는 'SBS NOW'를 개설했다.

유튜브 이용자들의 과거 콘텐츠에 대한 관심은 편성된 방송 프로그램에서도 나타났다. 특히, JTBC가 관련 프로그램을 꾸준히 제작해 왔는데, 2018년에는 1990년대 후반 데뷔한 인기 보이그룹 GOD 멤버들이 스페인 순례자의 길을 함께 걷는 모습을 보여준 〈같이 걸을까〉를 방송했고, 2019년에는 1990년대 후반 데뷔했던 인기 걸그룹 핑클 멤버들의 여행 모습을 담은 〈캠핑클럽〉을 방송했다. 정규 방송으로는 과거 인기 있었던 가수의 무대 위 모습을 볼 수 있는 〈투유 프로젝트: 슈가맨〉을 2015년부터 시즌제로 방송해 시청자들의 큰 호응을 얻었다(이종임, 2018).

유튜브에서 높은 조회 수를 기록하는 지상파의 콘텐츠가 대중적 인기를 끌었던 시기인 1990년대와 2000년대에는 지상파 채널의 브랜드 파워가 강력했던 시기다. 지상파 드라마와 예능 프로그램의 시청률이 낮게는 20%에서 50%를 기록하곤 했다. 프로그램 제작 과정에 시청자의 피드백을 받는 방식은 대부분 시청자 게시판을 통한 의견 제안이 주를 이루었다. 케이블 채널도 등장했지만, 주로 해외 방송 프로그램을 수입해 편성하던 시기였기 때문에, 지상파의 방송 콘텐츠의 경쟁력은 매우 높았다. 이러한 양질의 콘텐츠가 당시 문화를 소비했던 이용자들을 불러 모은 것이라 볼 수 있다. 실제로 유튜브의 지상파 채널의 실시간 채팅에 참여하는 이용자들은 주로 30~40대로 알려져 있는데, 이러한 참여자들이 적극적으로 과거의 콘텐츠를 소비하는 이유도 주목해야 할 것이다. 이용자들이 세대별 차이 없이 완성도 높은 콘텐츠를 소비하려는 욕구/요구가 높다는 것을 보여주기 때문이다. 동시에 이러한 문화가 갖는 의미는 현재의 방송 콘텐츠가 다양한 세대의 요구를 충족하고 있는지에 대한 질문도 가능하다. 또한 이용자들이 다양한 콘텐츠와 플랫폼을 넘나들며 콘텐츠의 흐름을 주도하는 주체적 역할을 하고 있다고도 볼 수 있다.[5]

채널과 편성표에 따른 콘텐츠를 인식하는 것은 오랫동안의 방송사와 시청자와의 습관이자 약속이었다. 하지만 모바일이 이용자의 일상생활에 밀접한 매개체 역할을 하게 되고, 유튜브나 넷플릭스처럼 내가 원하는 시간에 콘텐츠를 시청할 수 있는 시대가 되면서, 방송사의 특별한 콘텐츠를 인식하던 시대는 지나간 듯하다. MBC의 〈무한도전〉이나 KBS의 〈1박 2일〉이 종영하거나 인기가 사그라지면서, 전통적인 방송 인기 프로그램의 생산과 소비 방식은 달라졌다. 현재 지상파 방송사는 과거와 달리 다양한 플랫폼을 유통 채널로 선택하는 방식을 취하고 있다. 이용자가 많은 유튜브에 과거의 인기 콘텐츠를 올리거나 방송 콘텐츠를 넷플릭스에서도 볼 수 있는 동시적 방법을 취하고 있다. '펭수'나 '유산슬'과 같은 캐릭터의 대중적 인기와 여러 개의 다른 방송국에 출연하는 방식이 새롭기는 하지만, 다양한 플랫폼을 적극적으로 활용하는 이용자들에게는 그렇게 '새로운' 일은 아니다. 2000년대 후반부터 아프리카TV, 유튜브, 지금의 넷플릭스를 통한 콘텐츠 소비를 해왔고, 네이버와 다음과 같은 포털 사이트를 통해서도 많은 동영상 서비스를 실시간으로 볼 수 있기 때문이다. 유튜브에서 인기를 끄는 캐릭터가 지상파와 케이블 방송 프로그램에 출연하는 것은 자연스러운 현상이 되었다. '다나까', '피식대학' 등 유튜브 채널의 캐릭터가 이용자들과 공감하고 호응을 받는 것도 대중문화의 중요한 현상이고, 방송사의 제작 속도보다 빠른 콘텐츠 생산과 이용자들의 피드백을 받으며 대중적 인기몰이를 하고 있다. 전통적 미디어가 떠나가는 시청자/이용자 들을 붙잡기 위해서 변화된 전략을 '우연히' 또는 '치밀하게 준비하고 선택한' 여러 가지 사례들이 동시다발적으로 나타나고 있는 것이 현재의 방송사의 움직임이라고 볼 수 있을 것이다.

4. 방송 산업에 대한 전망

새로운 미디어 기술이 등장할 때마다 '콘텐츠의 변화 또는 새로움'에 대한 기대는 꾸준히 논의되어 왔다. 이러한 현상은 1990년대 후반 인터넷의 등장 이후 모바일, SNS, 스트리밍 플랫폼까지 반복되고 있다. 인터넷의 등장은 만화와 소설을 웹툰과 웹 소설로 바꾸었고, 라디오는 팟캐스트(podcast)로 바꿨다. 또한 트위터(Twitter)와 페이스북(Facebook)의 플랫폼은 시청자를 이용자 또는 프로슈머로 명명하게 했다. 글로벌 플랫폼의 유입과 이용자 증가로 인해 지상파, 케이블 등의 방송사는 때로는 통신사와 협업하며 콘텐츠를 모바일 이용자들에게 제공하기도 하고, 다양한 주체가 제작한 콘텐츠를 편성하기도 한다.

구글의 유튜브가 수많은 영상을 이용자들에게 저렴한 비용으로 제공할 수 있게 되면서 전통적 의미의 방송 산업은 큰 변화에 직면해 있다. 과거 그 어느 때보다 방송사와 통신사, 플랫폼에서 콘텐츠를 서비스할 수 있기까지, 유통에 걸리는 시간이 짧아지고 있으며, 이용자들에게 전달하는 시간은 실시간으로 이루어진다. 콘텐츠는 플랫폼을 자유자재로 넘나들면서 이용자들은 방송사나 플랫폼의 브랜드가 아닌 어떤 콘텐츠를 이용할 수 있는지, 그 정보를 찾아다닌다. 지금의 콘텐츠 소비는 시기, 연령, 국가 등의 세부적인 기준에 적용되지 않는 방식으로 유통되고 있다.

미디어 시장이 급변하고 국내외 시장에서 OTT 사업자 간 인수 합병이 화두가 되던 시기, 국내 이용자들을 대상으로 한 2016년 설문 조사 결과를 살펴보면, VOD 서비스로 인해 편성 시간에 맞춘 실시간 시청보다는 내가 원하는 시간에 맞춰 TV를 보는 시청 행태가 자리 잡고 있었고, 모바일을 통한 영상 미디어 시청이 늘어나면서 개인화된 영상 소비가 증가한 것으로 나타났다. 또한 콘텐츠의 형식과 내용이 다양한 멀티 플랫폼 환경 등으로 인해 내 기호에 맞는 콘텐츠를 찾는 이용자의 관련 검색 시간이 늘어나는 것으로 나타났다. 실시간 TV 시청의 감소로 인해 방송 프로그램의 편성이 갖는 영향력은 점차 줄고 있다. 이용자들이 능동적으로 자신이 원하는 콘텐츠를 찾아보는 일이 더욱 많아지고 있기 때문이다. 점점 채널 브랜드는 약해지는 반면, 콘텐츠의 중요성이 더욱 부각되는 추세다.

국내의 경우도 지상파의 경우 광고 매출은 줄어드는 반면, 콘텐츠 판매에 따른 수익은 증가하고 있다(장재현·김나경, 2016). 미국의 경우 VOD 방식의 OTT 서비스를 제공하는 넷플릭스가 유료 방송 업계의 우선순위를 차지한다는 것은 이미 알려진 사실이다. SNS 플랫폼도 이용자들의 콘텐츠 소비 패턴에 맞춰 다양한 기능을 추가했는데, 일례로 페이스북과 트위터도 라이브 방송 기능을 통해 실제 방송의 역할을 하고 있기도 하다. 국내 지상파 방송사도 다양한 유튜브 채널을 개설해 콘텐츠를 서비스하는 이유도 변화하는 미디어 이용 패턴에 맞춰 콘텐츠를 제공하기 위한 변화로 볼 수 있으며, 방송사가 OTT 플랫폼과의 경쟁 전략을 다변화하고 있다는 것도 알 수 있다.

끝으로, 방송사보다 플랫폼 업체의 미디어 지배력이 증가하고 있다는 것에 주목해야 한다. 유튜브는 광고 없이 콘텐츠를 볼 수 있는 프리미엄 서비스를 시작했고, 넷플릭스는 로컬 콘텐츠 제작에 투자하고 있다. 지난 2016년 발표된 AT&T와 타임워너(Time Warner)의 인수 합병 소식, 2019년 디즈니의 21세기폭스(21th Century Fox) 인수 등도 동영상 스트리밍 시장이 거대 기업들 간의 경쟁으로 가고 있다는 것을 보여준다. OTT 시장은 진입 장벽이 거의 없는 상황이기 때문에 기존의 전통적 미디어 기업들과 OTT 플랫폼 기업들과의 경쟁이 치열한 상황이다. 국내뿐 아니라 해외에서도 OTT 플랫폼의 영향력이 커지면서 기존 방송 산업 구조의 문제가 발생하고 있고, 이에 대한 반발도 나타나고 있다. 미국작가조합(Writers' Guild of America: WGA)이 2023년 5월 1일 파업을 선언했다. 이유는 온라인 동영상 서비스(OTT) 위주로 시장이 재편되며 드라마·시트콤 등 시즌당 편수가 평균 20여 편에서 10편 남짓으로 줄어든 데다 작품 재판매 수익을 지급하는 재상영 분배금(residual) 역시 감소했지만, 업무량은 오히려 늘어났기 때문이다. 여기에 제작사들이 AI를 활용해 이전에 작가들이 작업한 시나리오·각본에서 새로운 스크립트를 생성하거나, 이렇게 AI가 만든 대본 초안을 작가들에 수정하도록 요구하는 데 대한 반발이 큰 것으로 알려졌다(김동호, 2023.5.2). 제작 시스템이 급변하고 있지만, 정작 현장 전문 인력의 노동 환경은 열악해졌다는 것을 알 수 있으며, 국내의 상황도 점검이 필요하다. 콘텐츠가 경쟁에서 우위를 점할 수 있는 중요한 요소이지만, 전통적 미디어인 국내 방송 콘텐츠가 글로벌 OTT와 스트리밍 플랫폼과 경쟁을 하는 구조가 형성되면서 대안을 찾아야 하는 실정이기 때문이다. 국내 방송사도 다양한 전략을 모색하며 글로벌 플랫폼을 활용하기도 하고 통신사와 협업을 추구하기도 한다. 그럼에도 불구하고 국내 이용자들이 여전히 방송사에 기대하는 것은 로컬화된 문화가 반영된 양질의 콘텐츠 제작 주체로서의 역할일 것이다. 국내 방송사가 거대 글로벌 플랫폼과 치러야 하는 경쟁은 이제 본격화되었고, 얼마나 적합한 전략을 제시할 수 있을지에 따라 이용자들의 관심은 유지될 수 있을 것이다.

---

1   어떤 재화를 소비함에 있어서 다른 사람을 배제할 수 없는 특성을 말한다.
2   여러 사람이 함께 사용해도 경합(경쟁)이 붙지 않는 공공재의 특성을 말한다. 즉, 비경합성이란 어떤 특정 공공재를 현재 쓰고 있더라도 다른 사람들도 이를 함께 사용할 수 있는 성질을 의미한다.
3   경험을 하기 전에 가치를 평가하기 어려운 재화를 말한다.
4   '온라인 탑골공원'은 1990년대 문화를 향유했던 세대가 낮에 온라인에 모이는 곳이라는 의미이며, 노년층이 모이는 장소인 '탑골공원'이라는 단어를 비유적으로 합성했다.
5   '온라인 탑골공원'으로 대표되는 옛 가요에 대한 열풍은 대중문화계의 레트로(retro) 열풍을 반영하기도 한다. 레트로는 레트로스펙티브(retrospective)의 줄인 말로 재유행, 복고라고도 한다. 레트로는 2000년대 이후 전 세계적 추세이기도 하다. 디자인 분야에서 시작된 말이지만 금세 대중문화 전반을 아울렀다. 최근에는 소주와 과자 포장도 1990년대로 돌아가고 있고, 서울 을지로의 카페를 비롯해 게임기와 전시회도 온통 '레트로 감성'이다(임지영, 2020).

생각해 볼 문제

1. 동영상 플랫폼의 종류와 특징을 살펴보고, 자신이 주로 이용하는 플랫폼과 그 선택 이유를 논의해 보자.
2. 유튜브 등의 플랫폼에서 화제가 된 국내 방송사 콘텐츠를 살펴보고, 이용자들이 유튜브에서 기존 방송사(특히 지상파)의 프로그램에 관심을 갖는 이유를 논의해 보자.
3. 빠르게 변화하는 미디어 시장에서 이용자들의 자발적 상호 작용을 통해 만들어진 문화적 사건들을 찾아보고, 국내 방송사가 이용자의 취향에 적합한 콘텐츠를 생산할 수 있는 전략은 무엇인지 논의해 보자.

더 읽을거리

이기형 외. 2018.『문화연구의 렌즈로 대중문화를 읽다: 변화하는 한국 대중문화 지형도』. 서울: 컬처룩.
대중문화 지형 내 핵심 장르를 중심으로 그 현상을 분석하고 문화산업 내 주요 쟁점을 세밀하게 짚어낼 뿐만 아니라 특정 장르를 넘어서 관찰되는 새로운 문화 징후와 주목해야 할 담론을 영화, 케이 팝, 드라마, 웹툰, BJ, 영화, 연예 산업 등을 중심으로 논의한다.
전범수 외. 2020.『새로운 방송학 개론』. 파주: 한울.
미디어 및 방송 전반적으로 급격한 변화가 이루어지고 있는 현재 시점에 비교적 새로운 시각으로 이 변화들을 읽어내고 있다. 지난 레거시 미디어 시대의 종언과 함께 새롭게 방송이 확장되는 특성들을 살펴볼 수 있다.
바커·비아트로스키(Cory Barker and Myc Wiatrowski). 2019.『넷플릭스의 시대: 시간과 공간, 라이프스타일을 뛰어넘는 즐거운 중독』. 임종수 옮김. 부천: 팬덤북스.
미디어 역사에서 넷플릭스가 어떻게 문화적 제도가 되어 대중문화 소비의 중심 플랫폼이 되었는지, 또 디지털 미디어 환경에 어울리는 콘텐츠 전략이 무엇인지, 개인화와 최적화의 알고리즘이 무엇이고, 이를 위해 전 세계를 어떻게 넷플릭스의 콘텐츠 공장으로 만들었는지를 분석하고 있다.

참고문헌

고민서. 2023.6.22. "외면받는 네카오 TV '대수술'". ≪매일경제≫(검색일: 2023.6.22).

과학기술정보통신부·방송통신위원회. 2022. 「2022년 방송산업 실태조사 보고서」. 세
  종: 과학기술정보통신부.

권만우·이상호. 2015. 「방송의 보완적 서비스인가 파괴적 혁신인가?: N스크린 및 OTT
  서비스의 현황과 이슈, 전망」. ≪방송문화연구≫, 27권, 1호, 9~37쪽.

김도연. 2016.3.11. "위기 현실화, 1-2월 지상파 광고매출 24% 폭락". ≪미디어오늘≫.
  http://www.mediatoday.co.kr/news/articleView.html?mod=news&act=article
  View&idxno=128622(검색일: 2020.2.29).

김도형. 2023.5.2. "할리우드 작가들, 넷플릭스 맞서 총파업…미드 차질 불가피". ≪연
  합뉴스≫(검색일: 2023.6.22).

김동우·장형준·박성규. 2014. 「N스크린 서비스의 유료이용자와 무료이용자의 이용행
  태와 삶의 만족도 비교」. 『한국방송미디어공학회 학술발표대회 논문집』. 2014
  년도 한국방송공학회 추계학술대회 자료집(2014.11).

김위수. 2019.2.6. "동영상 플랫폼 전쟁…설 자리 잃은 토종 기업". ≪디지털타임스≫.
  http://www.dt.co.kr/contents.html?article_no=2019020702100131033001&
  ref(검색일: 2020.2.29).

나스미디어. 2020. 『2020 인터넷 이용자 조사 NPR』. https://www.nasmedia.co.kr/
  NPR/2020/(검색일: 2021.11.5).

노지민. 2023.4.15. "피지컬100 제작하고 떠난 지상파PD…OTT 역설적 환경 극복하려
  면". ≪미디어오늘≫. http://www.mediatoday.co.kr/news/articleView.html?idx
  no=309782(검색일: 2023.6.22).

바커·비아트로스키(Cory Barker and Myc Wiatrowski). 2019. 『넷플릭스의 시대: 시간
  과 공간, 라이프스타일을 뛰어넘는 즐거운 중독』. 임종수 옮김. 부천: 팬덤북스.

박종진. 2022.9.18. "웨이브 'K-OTT' 자존심…오리지널 47개·매출 3.5배↑". ≪전자신
  문≫. https://www.etnews.com/20220916000154(검색일: 2023.5.14).

박진형. 2019.5.15. "CJ ENM 다이아 티비 "유튜브 글로벌 조회수 비중 60%↑"". ≪전
  자신문≫. https://www.etnews.com/20190515000226(검색일: 2020.2.29).

이슬기. 2016.3.11. "지상파 방송광고 매출 1~2월 24%↓ …"IMF 이후 최저"". ≪연합

뉴스≫. https://www.yna.co.kr/view/AKR20160311078200033?input=1195m (검색일: 2020.2.29).

이정현. 2021.1.20. "'폭풍 성장' 넷플릭스…전세계 가입자 지난해 2억명 돌파". ≪연합뉴스≫. https://www.yna.co.kr/view/AKR20210120034451009(검색일: 2023. 6.22).

이종근. 2011. "스마트기기 대중화 시대, N스크린 개념이 현실화되고 있다." 서울: LG경제연구원.

이종임. 2018. 「JTBC 뉴스와 예능은 가는 길이 다르다?」. ≪문화과학≫, 봄호, 156~171쪽.

이호연. 2019.12.26. "50대 양준일 파워, 추억 넘어선 '온라인탑골공원'의 나비효과". ≪한국일보≫. https://www.hankookilbo.com/News/Read/201912260915058887 (검색일: 2020.2.29).

임지영. 2020.2.13. "'온라인탑골공원'에 젊은 세대가 열광하는 이유". ≪시사IN≫. https://www.sisain.co.kr/news/articleView.html?idxno=41221(검색일: 2020.2.29).

임종수. 2021.3.2. "넷플릭스는 과연 어떤 텔레비전인가". ≪프레시안≫. https://www.pressian.com/pages/articles/2021030210162094598?utm_source=naver&utm_medium=search(검색일: 2021.3.2).

장재현·김나경. 2016. "방송 미디어 시장 변화의 시대로 본격 진입". 서울: LG경제연구원.

정인숙. 2019. 「플랫폼의 위기: 플랫폼 '춘추전국시대', 살려면 뭉쳐라」. ≪신문과방송≫, 10월호, 6~10쪽.

조유빈. 2019.2.13. "미디어혁명① 넷플릭스, 한국미디어를 흔들다". ≪시사저널≫. https://www.sisajournal.com/news/articleView.html?idxno=181096(검색일: 2020.2. 29).

최민영. 2020.1.22. "지난해 음반 중고거래 가장 많았던 '탑골아이돌'은 신화". ≪한겨레≫. https://www.hani.co.kr/arti/economy/it/925408.html(검색일: 2020.2.29).

최세경. 2019. 「국내 OTT 서비스의 지형 변화와 시장 전망」. ≪언론중재≫, 봄호(통권 150호), 4~17쪽.

최진웅. 2019. 「1인 영상미디어 산업 진흥을 위한 입법 및 정책과제」(NARS 현안분석 70호). 서울: 국회입법조사처.

최진홍. 2016.10.25. "언론사는 대도서관이 부럽다". ≪이코노믹리뷰≫. http://www.econovill.com/news/articleView.html?idxno=300912(검색일: 2020.2.29).

홍진수. 2021.3.4. "네이버와 쿠팡의 OTT 대결…'티빙'으로 '쿠팡플레이'에 맞불". ≪경향신문≫. http://biz.khan.co.kr/khan_art_view.html?artid=202103041002001&code=930100(검색일: 2021.3.4).

Watson, Amy. 2019. "Number of Netflix Paid Streaming Subscribers Worldwide 2011-2019." Statista. https://www.statista.com/statistics/250934/(검색일: 2019.9.1).

6장
패션과 유행의 사회학

왕혜숙

1. 서론: 패션이란 무엇인가

패션은 특정한 시기의 지배적인 스타일이다(Nystrom, 1928: 12). 주로 의복이나 복식품 유행을 가리키는 말로 쓰이며, '복식 유행'이라는 말로 번역되는 경우가 많다(손미영·이성희, 2010). 그러나 패션의 범주는 사실상 정리하기 어려울 정도로 광범위하다. 외모를 치장하고 관리하는 스타일과 관련된 범주로 한정하더라도, 머리부터 발끝까지 모든 것이 패션의 대상이다. 나아가, 패션은 단순히 외모를 꾸미는 의복이나 장신구뿐만 아니라 행동 양식, 생활양식, 소비 패턴까지 모든 것을 포괄한다. 즉, 패션은 복식이나 두발에 한정되지 않으며, 언행, 걸음걸이, 음식, 자동차와 같은 다양한 대중적 취향이 모두 포함된다. 이렇듯 광범위한 패션의 범주 가운데, 이번 장은 주로 외모를 꾸미고 관리하는 의복과 장신구 그리고 화장과 메이크업과 관련된 영역에 한정해 서술한다. 물론 이 범위를 넘어서는 다양한 항목과 아이템이 서술의 목적상 다루어질 수 있다. 또한 여기서는 의복이나 화장과 관련된 발달사와 종류, 범주의 세세한 설명을 제공하기보다는, 의복과 화장을 중심으로 패션의 기원과 기능들을 비교해 보고, 사회학의 관점에서 해당 산업의 주요 이슈를 정리하는 것을 목적으로 한다. 그리고 시기적으로 의복과 화장(품)을 포함한 패션이 하나의 산업으로 자리 잡기 시작한 근대적인 자본주의 산업 사회를 중심으로 다루게 될 것이다.

먼저, 패션이란 무엇인가. 『표준국어대사전』에 따르면 패션은 "특정한 시기에 유행하는 복식이나 두발의 일정한 형식" 그리고 "새로운 양식"이라 정의된다. 이러한 정의는 매우 단순하지만 패션이라는 용어가 포함하는 핵심 개념들을 포괄한다. 먼저 "특정한 시기에 일시적으로" 받아들여지는 형식이라는 점은, 패션의 '일시성', '당대성', '가변성'을 특징으로 한다(리포베츠키, 1999). 즉, 패션은 끊임없이 변화를 추구하며, 새로운 스타일의 순간적 유행을 만들어내야 한다(레네르트, 2005).

두 번째로 패션은 시간과 상황에 따라 사회적으로 적합한 것으로 인식되어 다수의 사회 구성원들에 의해서 일시적으로 수용되는 하나의 행동 양식으로(Sproles, 1985), 본질적으로 사회적 현상인 셈이다. 즉, 패션은 많은 사람이 어떤 행동 양식이나 사상을 택함으로써 생기는 사회적 동조 현상으로서 '사회성'을 특징으로 한다(손미영·이성희, 2010: 11). 가와무라(Yuniya Kawamura)에 따르면, 패션이 마치 창조적인 디자이너와 같이 한 개인에 의해서 만들어지는 것이라고 생각되지만 사실은 그렇지 않다(Kawamura, 2018). 특정한 의복 스타일이나 착용 방식이 사회의 많은 사람들에 의해서 채택되어야만 비로소 패션이 될 수 있기 때문이다. 이러한 이유로 많은 학자들은 패션을 집합 행동으로 간주한다. 즉, 새롭게 등장한 스타일이 널리 유행하게 되면 그때 비로소 패션이라고 부를 수 있다(손미영·이성희, 2010: 18~19). 그런 점에서 패션은 다수성, 사회성, 대중성을 특징으로 한다.

또한 패션은 '상징성'을 가진다. 엘리자베스 루즈(Elizabeth Rouse)에 따르면(루즈, 2003), 패션은 상품 이상의 것인 동시에 산업 산물 이상의 것이다. 패션은 스타일이라는 특성을 가져야 하는 것은 물론, 특정한 스타일이 유행되기 위해서는 다수의 사람들이 실제로 그것을 입고 하나의 패션으로 인식해야 하기 때문이다. 여기서 패션이 단순히 많은 사람들에 의해 수용된다는 점이 중요한 것이 아니라, 특정한 의복, 외모, 장식 들이 무엇을 상징하고 의미하는가가 다수에 의해 인정, 공유된다는 점이 중요하다. 즉, 패션은 기능성이 아닌 상징성을 특징으로 한다. 물론 이를 도식적으로 구분하는 것은 불가능하다. 그럼에도 패션에서는 기능적 필요보다 상징적 기호가 더욱 중요한 의미를 가진다.

가와무라에 따르면, '의복'은 물질적인 유형의 상품인 반면, '패션'은 상징적인 무형의 상품이다. '의복'은 실용적인 기능을 갖는 필수품인 반면, '패션'은 신분을 드러내는 기능을 하는 사치품이다. "패션은 항상 특정 시기에 특정 사회에서 제도적으로 구축되어 문화적으로 확산되어야 존재하지만, 의복은 사람들이 의복을 입는 한 모든 사회와 문화권에 존재한다." 그리고 의복을 상징적 가치를 지닌 패션으로 전환시키는 것은 바로 패션의 산업적 시스템이라 할 수 있다(Kawamura, 2018: 144).

이 글에서는 외모를 치장하고 관리하는 특정한 패션과 스타일이 만들어진 기원을 그 목적에 따라, ① 신체 보호를 위한 기능적 필요, ② 자아 및 개성의 표현, ③ 소비를 위한 상품, ④ 구별 짓기(모방)와 과시, ⑤ 젠더 질서의 위계화, ⑥ 신체 결점의 은폐와 교정으로 나누어 살펴볼 것이다. 또한 이렇게 구분되는 기능과 목적에 따라 패션과 관련된 중요한 사회학적 쟁점을 제시하고, 쟁점별로 대립되는 견해들과 이론들을 정리해 볼 것이다.

2. 패션의 기원: 실용성 대 상징성

의복과 패션은 어떤 과정을 통해 발전했을까? 성경의 「창세기」에 근거해 인간의 수줍음 때문에 의복을 입게 되었다는 단순한 생각부터, 노출과 은폐의 신비한 매력을 조장하기 위해 옷을 입기 시작했다는 복잡미묘한 개념에 이르기까지 수많은 의복 착용에 대한 동기들이 추론되었다(레버, 2005: 7~8).

먼저 의복의 일차적이며 보편적인 궁극적 목적은 신체의 보호이다. 의복의 일부 장식은 사회적 혹은 심리적인 요인들에 의해 결정되는 경우도 있겠지만, 옷을 몸에 감싸게 된 주요 동기는 추위, 더위, 비바람 등과 같은 외부 환경으로부터 신체를 보호하기 위함이었음은 분명하다. 물론 이는 앞서 엄밀한 의미의 패션이라기보다는 기능적 필요성의 목적만을 가진다. 그러나 초기 기능적 기원을 가졌던 특정한 복식, 장식이 이후 하나의 패션이나 스타일로 확립되었다고 설명될 수 있다. 예컨대, 고대 이집트 여인들의 눈 화장은 일종의 살균제로서 해충을 쫓는 효과가 있었으며, 강한 햇빛으로부터 눈을 보호하는 실용적 기능으로 발달해 이후 하나의 스타일로 굳어진 경우이다(콕스 외, 2013: 161). 마찬가지로, 초기 실용적인 목적을 위해 고안된 상류층의 의복이나 장식이 그들에 대한 동경과 선망을 갖고 있던 낮은 지위나 계층의 사람들에 의해 모방, 확산되면서 하나의 패션이 될 수 있었다.

그러나 실용성, 효용성이 의복의 기원 전부를 설명할 수는 없다(페로, 2007: 21). 위대한 고대 문명은 유프라테스(Euphrates)강, 나일(Nile)강, 인더스(Indus)강 유역의 비옥한 땅에서 일어났다. 이 지역들은 모두 열대성이었으므로, 추위로부터의 보호가 의복 착용의 주된 동기가 될 수 없는 곳이다. "인간에게 옷을 입게 한 것은 추위나 나체 상태가 아니라, 이 세상에서 자아 확신과 자아실현에 도움이 되는 모든 것에 자신을 맡기려는 근심 때문"이라는 모리스 레나르(Maurice Leenhardt)의 설명처럼(페로, 2007: 22), 패션은 기능이나 효용성과 무관한 발전의 역사를 가지고 있다. 따라서 단순한 의복의 역사, 즉 '복식사'와 '패션의 역사'는 구분되어야 한다.

일부 연구에서는 원시 시대에서조차도 의복은 실질적으로 혹한 등의 자연환경으로부터 신체를 보호하기 위한 용도보다 자아 표현을 위해 만들어졌으며, 그 결과 의복의 발달이 오히려 인간의 신체를 외부 환경에 취약하게 만들었다는 주장까지 제기되기도 한다. 여러 인류학적 연구들을 보면, 원시 부족 사회에서도 효용 가치를 가지지 않은 특정한 의복 형태와 스타일, 장신구들의 활용이 이미 보편적으로 사용되어 왔음을 지적한다(Weiner, 1994).

문제는 의복을 통해서 표현하고자 하는 정체성이 특정한 사회 집단 안에서 고정된 신분적 위계와 계층적 질서를 표현하는 것인가, 아니면 이러한 사회 구조와는 무관한 개인의 고유한 정체성 또는 자아의 표현인가의 여부이다. 일반적으로 부르주아 사회의 발달 이전에는 패션은 위계적 계층 질서 내부에서 개인이 차지하는 지위를 가시적으로 표현하고 서로의 지위를 식별하는 수단으로 사용되어 왔다. 식별의 기준은 신분 지위, 인종, 민족, 부족, 성별, 연령, 지역, 직업 등의 집단적 정체성이었다. 개별적이고 미세한 차이는 용인되었을지 몰라도, 의복은 신분적·봉건적 질서에 따라 고정되고 보편적인 식별 수단이었다. 이러한 의복 코드를 결정하는 것은 한 사회의 전체적인 도덕적 가치 체계였다. 견고한 가치 체계는 의류품의 용도와 적합성을 규정하고, 의복에 관한 도덕적 표현을 구성했다. 즉, 옷을 입는 것은 무한한 가능성 속에서 끌어낸 요소들의 자유로운 결합이 아니라, 일정한 규칙에 따라 제한된 공간에서 수집된 요소들을 조합하는 것이었다. 이 시기 의복은 전통과 관습, 풍속, 예의범절, 제도 속에서 조직된 한 사회의 관성으로부터 자유로울 수 없었다(페로, 2007: 18).

근대화와 함께 전통적인 계층 질서와 지위를 표현하는 기존의 기능은 약화되었다. 그러나 산업 사회와 함께 새로이 나타난 다양한 의복 스타일들은 여전히 신분, 젠더, 인종, 종교, 지역 등의 집단적인 정체성을 식별하고 구별하는 기능을 이어갔다. 특히 새로이 나타난 근대적인 전문적 직업, 직능을 위한 작업복이나 계급을 구분하는 새로운 스타일들이 나타나기 시작한다. 이러한 의복은 유해하고 위험한 작업 현장으로부터 노동자를 보호하고, 특수한 작업의 능률을 높이고자 고안된 실용적 기능을 가지고 있는 동시에, 복장 자체가 직업, 계층을 구분하는 상징적 표식으로 기능했다(Joseph and Alex, 1972).

3. 패션: 예술 대 상품

앞서 살펴본 인류 초기의 기능적 필요에 의한 의복의 출현 그리고 전근대 사회의 신분적·봉건적 질서에 의해 고정, 강요된 복식들은 엄밀하게 본다면 현대적인 패션의 개념과 정의에 포함되지 않는다. 전근대 사회의 복식, 장식은 민주성, 개인성, 가변성, 개인의 미적 자율성의 표현 등 근대적인 패션의 조건에 해당된다고 보기 어렵기 때문이다.

산업 사회 이전 외모를 꾸미고 관리하기 위해 패션이나 스타일을 추구하는 것은 일부 특권 계층에게만 허용되었다. 그러나 근대로 넘어오면서 이러한 행위는 모든 계층에게 보편적으로 허용된 자율성의 영역이 되었다. 예컨대, 중세 프랑스에서는 사치 규제법이 존재해 평민들의 복식을 철저한 금욕주의적 규범에 따라 규제했다(레네르트, 2005: 25). 그러나 프랑스 대혁명 이후, 의상의 자유를 선포하는 칙령이 선포된다(페로, 2007: 46). 이를 통해 복식 행위의 위계질서를 규제하던 모든 구질서가 폐지되었다.

근대화와 함께 과거 전통적인 관습의 영향력이 약화되면서 비로소 자율적인 미적 추구로서의 패션이 등장하게 된다. 이러한 변화는 르네상스라는 사상적 기반과 근세 사회로의 진입이라는 토대 위에서 가능했다. 중세 말이 되면서 개인이라는 개념에 대한 인식이 싹트기 시작하면서, 개성과 주관적인 정체성을 표현하려는 새로운 욕망이 인지되기 시작했다. 이러한 개인성의 침투는 먼저 귀족 사회에 한정되어 시작했으나(리포베츠키, 1999: 77~78), 16세기 계급제의 붕괴와 함께 확산되어 나간다. 이 시기 중상 자본주의 및 도시 생활과 무역의 발달로 인해 상당한 부를 축적한 개인들, 즉 부르주아가 등장하며 의상 스타일의 변화를 꾀하기 시작했다. 그 결과 패션의 변화를 이끌던 계층은 일부 귀족에서 부르주아로 변화하게 되었다.

19세기 중반 이후 20세기에 들어서면서 도시화와 산업화는 패션을 위한 이상적인 배경을 제공했다. 도시화와 산업화로 인해 경제적으로 안정되고 부유한 중산층이 등장하면서, 이제 패션은 귀족이나 왕족, 부유층의 전유물이 아니었다. 중산층의 모든 이들이 패션을 추구하게 되었다. 더욱이 사회관계가 더욱 익명화되고 이질적으로 되어가면서 도시 생활과 규모가 큰 산업 도시의 발달은 사회적 상호 작용에서의 의상이나 패션의 중요성을 더욱 증가시켰다. 즉, 패션이 지위와 입장의 표지 역할을 하기 시작한 것이다.

더불어, 산업 혁명과 함께 직물 기술과 의류 산업의 급성장은 기성복 시장의 비약적 발달을 가능하게 했다. 이와 동시에 기성복을 활발하게 유통시킨 백화점의 등장은 외양의 부르주아화를 주도했다. 즉, 옷차림으로 계층이 구별되던 과거 관행과 달리, 기성복 시장은 외양의 평준화를 가져온 것이다. 역설적으로, 이러한 평준화의 위협은 패션의 차별화와 유행의 다양성을 가져온다. 이제 남성들은 세련된 신사도를 추구하는 것은 물론 보다 우아한 양복을 매일 갖추어 입었다. 백화점이 주도한 유행의 전파와 유통 그리고 패션의 혁신이 가속화되면서 여성들을 위한 맞춤복 시장인 그랑 쿠튀르(grand couture)도 즉시 명성을 얻게 된다(페로, 2007: 12). 기성복 시장과 백화점의 등장은 보편적이면서도 다양화된 근대 패션 산업으로 발전한다.

오늘날 패션은 고급문화의 한 장르로 받아들여지고 있다. 신문과 TV는 예술계 동향을 소개하듯, 최신 패션과 유행의 경향을 소개하고 있으며, 이러한 패션을 창조하는 패션 디자이너들은 예술가처럼 대우받는다. 즉, 대중문화 또는 대중 예술 가운데에서도 패션은 디자이너의 창의성과 독창성, 예술성을 보여주는 고급 예술의 한 분야로 자리 잡았다. 패션업계가 매년 정기적인 패션쇼를 통해 새로이 내놓는 난해하고 이해하기 어려운 '작품'들은 판매나 이윤을 목적으로 하는 것이 아니라 창의적인 디자이너의 영감과 예술혼의 표현으로 비추어지기도 한다.

동시에 패션은 대중에게 판매를 목적으로 생산되는 '상품'이기도 하다. 패션은 근대 산업의 하나로서 패션 디자이너와 재단사뿐 아니라 저널리스트와 편집자, 사진작가와 모델, 스타일리스트 및 헤어 디자이너, 나아가 공장 노동자와 가내 수공업자는 물론 백화점이나 패션 전문 상가의 판매원 등으로 이루어진 하나의 산업 생태계를 구성했다(Reilly, 2014). 즉, 이러한 대규모의 고용을 계속 유지하기 위해서 그리고 산업으로서 유지, 재생산되기 위해서 결국은 시장에서 대중의 선택을 받고 판매가 되어야 하는 상품의 운명을 피해 갈 수 없다. 그런 점에서 패션은 문화산업들이 항상 직면하는 예술과 상품의 딜레마로부터 자유로울 수 없다. 그렇다면 패션은 시장 판매를 목적으로 생산되는 상품인가, 아니면 순수한 미적 가치를 위해 창조되는 예술 작품인가?

이를 위해서는 순수 예술과 대중 예술을 우선 구분해 볼 필요가 있다(샤이너, 2015). 순수 예술(fine art)은 창작자, 즉 예술가가 미적 가치를 추구하는 과정에서 탄생한다. 이때 창작자의 동기는 예술적 영감과 천재성이다. 이들은 시장에서 판매되는 상품을 만드는 것이 아니라 오직 미적 가치 그 자체를 위해 작품을 만든다. 즉, 예술가의 초월적·정신적 활동의 결과물이 순수 예술인 셈이다. 반면, 순수 예술과 대별되는 수공예(craft)는 실용적인 용도를 위해 만들어진다. 특정한 사용 가치를 가지는 수공예품을 창작하는 사람들은 예술가가 아니라 장인 또는 수공예가라 불린다. 이들은 예술가에 비해 낮은 위치를 차지하는데, 그 이유는 이들이 창의성이나 예술성을 가진 것이 아니라 오직 기술만을 보유하고 규칙이나 주문에 따라 일하며 결국 돈을 우선시하기 때문이다(샤이너, 2015: 66). 순수 예술과 수공예 외에도, 일반 대중의 오락과 일상의 즐거움을 위해 생산되는 대중 예술 또는 대중문화의 영역이 있다. 이들은 프랑크푸르트(Frankfurt)학파가 비판했듯이 대중의 눈높이에 맞추어 하향 평준화되고 획일적인 문화 상품을 대량 생산 체제를 통해 만들어내는 영역이다. 물론 순수 예술/수공예/대중 예술의 구분은 18세기 최근에 나타난 역사적 구성물에 불과하다(샤이너, 2015: 20).

이 구분에 따르면, 의복, 특히 실용적 필요를 충족시키는 복식은 예술 작품이 아니라 장인들이 만들어내는 상품에 불과하다. 19세기 중엽까지 의복

오트 쿠튀르와 프레타포르테

'쿠튀르'는 봉재 또는 의상점이라는 뜻이며 '오트 쿠튀르(haute couture)'는 상류층을 위한 고급 맞춤 의상을 지칭한다. 공식적으로는 파리 의상 조합(federation francaise de la couture)에서 지정한 기준에 맞는 규모와 조건을 갖춘 의상 제작점에서 만들어지는 옷이다. 이 조합에서 자신들이 만든 옷을 선보이기 위해 개최한 것이 1년에 단 두 번, 파리(Paris)에서만 개최되는 파리 오트 쿠튀르 패션쇼로, 현대에도 세계 패션 문화를 선도하는 패션쇼로 남아 있다.

반면 '프레타포르테(pret-a-porter)'는 고급 기성복을 의미한다. 현대 기성복 중에서도 유명한 패션 하우스에서 디자인한 고급 기성복을 말한다. 현대인들이 소위 말하는 명품으로 칭하는 옷은 이 프레타포르테 컬렉션의 옷들이라고 할 수 있다. 오트 쿠튀르 컬렉션과 달리 프레타포르테 컬렉션은 세계 여러 곳에서 개최된다. 대표적으로 세계 4대 패션 위크[런던(London), 밀라노(Milano), 파리, 뉴욕(New York)]가 바로 프레타포르테 컬렉션이다.

생산은 귀족적이고 수공업적인 형태로 움직였다. 귀족이나 특권층이 대부분인 고객이 의복의 주인이었고, 장인은 이들의 주문에 따라 익명으로 물건을 만들었다. 노동의 가치는 사용된 재료의 가치와의 비교에서 상대적으로 낮게 평가되었다. 이러한 생산 체제에서의 주도권은 상품을 주문하는 영주나 대자본가 들이 쥐고 있었다. 게다가 의류 산업의 발달은 공장에서 대량으로 생산되는 대중 상품들이 보급되기 시작하면서, 통속적이고 저급한 상품의 지위로까지 떨어졌다.

그러나 이러한 장인들의 상황은 근대와 더불어 바뀌었다(리포베츠키·루, 2004: 47). 특히 오트 쿠튀르(haute couture)의 출현은 과거와의 명백한 단절을 알렸다. 자유롭고 독립적인 디자이너들이 등장하기 시작한 것이다. 디자이너는 자신의 뜻에 따라 의복을 제작했고, 주요 소비자인 여성 고객들에게 자신의 스타일과 취향을 받아들이게 했다. 즉, 근대적인 패션 시장의 등장으로 인해 디자이너가 고객에서 종속되었던 예전의 관계에서 벗어나 유행을 이끌어가기 시작했다. 그 결과, 창조자로서 디자이너는 고귀한 예술가의 지위로 격상되었다. 오트 쿠튀르의 시작과 함께 유명한 미용사들과 패션을 파는 상인들 역시 예술가로 취급되기 시작했고, 사치품과 관련된 패션은 처음으로 창작 산업이 되었다. 그런 점에서, 오트 쿠튀르는 예술과 산업을 결합시켰다(리포베츠키·루, 2004: 49).

이러한 변화가 산업 사회의 등장과 함께 자연스럽게 이루어진 것은 아니었다. 패션업계는 저급한 대중 상품을 대량으로 만들어내는 기성복 시장과 차별화하기 위해 노력했다. 예컨대, 프랑스의 고급 의류 업계인 오트 쿠튀르는 콩펙시옹(confection, 대중적 기성복 시장)이나 프레타포르테(pret-a-porter, 고급 기성복 시장)와의 차이를 만들기 위해 독립 조합을 만들고, 생산자 위주의 패션 관행을 만들어 나갔다. 또한 1960년대 옵아트(optical art)나 미니멀리즘과 같이 당대의 지배적인 예술, 문학 사조를 적극적으로 수용하며 패션을 예술과 접목시키기 위해 노력해 왔다. 그 결과, "사람은 그 자체로 예술 작품이 되거나, 아니면 예술 작품을 입어야 한다"는 오스카 와일드(Oscar Wilde)의 말처럼(콕스 외, 2013: 138), 이제 패션은 순수 미술에 견줄 만한 매우 중요한 문화 예술 분야가 되었다.

논란은 이러한 패션 디자이너들의 예술가적 지위에서 발생한다. 이들은 일반 대중과 달리, 예술성, 창의성, 미적 가치를 추구할 수 있는 재능과 창의성을 지닌 엘리트로서의 지위를 확보하게 된다. 이는 이들이 패션과 유행의 변화를 선도하는 역할을 정당화해 준다. 이들에 의해 대중이 이해할 수 없는 패션이나 유행이 만들어지고, 이들의 지위는 고급 패션 의류 및 소품 들이 예술이라는 이름으로 고가에 판매되는 근거가 된다. 그렇다면 패션과 일부 사치품의 유행들은 엘리트 예술가로서 패션 디자이너들의 미적 가치와 창의성의 결과인가, 아니면 패션업계의 대중 기만적인 음모에 의해 암묵적으로 강요된 유행과 스타일에 불과한 것인가?

4. 패션과 계급: 구별 짓기와 모방하기

패션의 예술적 지위는, 패션과 의복을 구분해 주는 기준이 되기도 한다. 그리고 이는 패션이라는 예술적·심미적 사치품을 향유할 수 있는 집단과 그렇지 못한 집단을 구분하는 계층 구별 짓기의 영역이 되고 있는 현상과 연결된다. 이와 관련해, 패션이라는 사회적 현상을 설명하는 지배적인 패러다임은 구별과 계급 경쟁의 상징물이라는 설명이다. 겉모습이 주는 이미지가 중요한 때, 세상에 자신의 존재를 부각시키거나 다른 사람들보다 뛰어나다는 것을 알리는 방법은 좋은 옷을 차려입는 것이다. 화려한 고가의 의복과 거동이 불편한 정도의 장신구는 실용성이 없는 것들이어야 했다. 이러한 패션과 스타일은 그 소유자가 노동할 필요가 없는 높은 경제적·사회적 지위를 가지고 있음을 의미한다. 이러한 사치와 낭비의 패션은 의복의 기능(function)이 부재할수록 구별 짓기의 효과적인 도구일 수 있었다. 그런 점에서 패션의 반대말은 기능이라 할 수 있다.

고대부터 자신의 부, 신분, 지위를 과시하기 위한 다양한 의복과 액세서리들이 존재했다. 고대 이집트에서는 귀족 남성만이 귀걸이를 할 수 있었으며, 금과 에나멜 귀걸이는 부의 상징이었다. 고대 로마 군대의 백인 대장들이 했던 유두 피어싱은 힘과 남성미를 과시하기 위한 것이었다(콕스 외, 2013: 234). 고대 중국에서는 신분에 따른 엄격한 의복 색깔 규제가 존재해, 가난한 사람들은 파란색이나 검정색 옷만 입어야 했다. 로마 황제였던 네로(Nero)는 왕족들에게만 보라색 의복을 허용하기도 했다(콕스 외, 2013: 81). 특히 중세 유럽에 존재했던 사치 규제법은 이러한 의복의 목적을 명시적으로 보여준다. 부유하고 권력을 가진 사람들은, 자신들이 더 화려하게 돋보이게 하기 위해 가난하고 힘없는 사람들이 비교적 볼품없어 보이길 원했다. 영국에서는 상인 계급의 아내는 12펜스 이상의 베일을 살 수 없었고, 평민 계급의 숄 끝 장식은 5cm를 넘으면 안 된다는 세세한 복식 규정까지 존재했다(콕스 외, 2013: 81). 특히 봉건 시대에 일부 복식들은 소수의 귀족들과 높은 신분의 여성들에게만 허용된 특권이었다(콕스 외, 2013: 21~22). 여성들의 파딩게일(farthingale), 파니에(panier), 코르셋(corset) 등은 자신의 부와 입지를 과시하고자 하는 목적으로 고안, 착용되었다(레네르트, 2005: 75). 남성 역시 동일한 목적으로 지팡이, 우산, 장갑, 담뱃대, 가방, 주얼리, 모피와 깃털, 모자 등과 같은 패션 아이템에 몰두했다.

그러나 이 시기까지 식별과 구별은 봉건적인 신분 질서에 종속되어 있었다. 산업화와 함께 복식에 대한 통제와 규정은 유동적으로 변화하기 시작했고, 봉건적 질서에서 해방되었다. 동시에 복식은 산업 사회와 함께 등장한 새로운 자본주의적 계급 질서에 다시 종속되었다. 즉, 패션과 스타일은 경제적 계급과 계층을 가시적으로 구분하는 화려하고도 낭비적인 기준이 되었다. 특히, 자본주의 소비문화에 대한 기존 연구들은, 패션이나 스타일과 관련해 계급 간의 차별화되는 소비문화 현상을 상층의 구별 짓기 그리고 하층의 모방하기라는 이중의 과정으로 파악한다. 베블런(Thorstein Veblen)은 상층 계급의 소비는 기본적으로 다른 사람들이 존경하고 부러워하도록 눈에 두드러질 정도의 낭비 원리를 따르며, 소비의 동기는 자기애에 의해 생긴 개인들 간의 경쟁 심리라고 한 바 있다(베블런, 2012). 따라서 패션은 이러한 사회적 지위를 과시하기 위한 도구이다.

고전 사회학자 게오르크 지멜(Georg Simmel)은 모든 유행은 본질상 계급 유행이라고 보았다(지멜, 2014: 810~811). 다시 말하자면 유행은 언제나 동일한 외양을 통해 내적으로는 하나로 결집되고, 외적으로는 다른 계층들로부터 격리되는 사회 계층의 특징을 나타낸다. 상위 계층을 모방하려는 하위 계층이 유행을 받아들이자마자, 상위 계층은 그 유행을 버리고 새로운 유행을

아비투스

아비투스(habitus)는 프랑스 사회학자 피에르 부르디외가 제시한 개념으로, 인간 행위에 영향을 주는 무의식적 성향을 뜻한다. 부르디외는 문화 자본을 체화된 상태, 객관화된 상태, 제도화된 상태 세 가지로 구분한 바 있다. 이 가운데 아비투스는 체화된 상태의 자본으로, 개인의 취향과 선호, 성향과 생활 태도, 가치관과 같이 무의식적으로 표현되는 실천적 감각을 말한다.

창조해 낸다. 그러므로 사회적 차이를 가시적으로 표현하려고 했던 곳에서는 언제나 유행이 존재했다.

부르디외(Pierre Bourdieu)는 상층 계급과 하층 계급의 소비를 필요 취향과 사치 취향으로 구분한 바 있다. 개인들이 일상생활이나 소비에서 어떤 취향을 지니고 있는가는 계층적 지위를 구분하는 기준이 되기 때문이다. 즉, 좋아하는 의상, 헤어스타일, 화장법부터 시작해서 입맛, 선호하는 그림과 음악, 스포츠까지, 개인의 선호나 취향은 우연적으로 습득하게 된 것이 아니라, 출신 배경, 교육 수준, 계급적 지위에 따라 축적된 서로 다른 문화 자본을 반영한다. 그는 이러한 체화된 감각이자 무의식적으로 표현되는 실천 감각을 아비투스(habitus)라 부른다(Bourdieu, 1986). 물론 이러한 체화된 문화 자본은 의도성, 전략성이 없다는 점에서 베블런의 과시 소비와는 다른 차원이라고도 볼 수 있다. 그럼에도 계급을 구별, 식별하는 것이 외모와 관련된 패션 또는 스타일임을 재차 강조한다(부르디외, 2005).

부르디외에 따르면 상층 계급은 사치재의 소비를 통해 자신들의 부를 과시하고 차별화하려고 노력한다. 중간 계급은 일정한 한계 속에서 부유층의 사치 취향을 따라잡으려고 노력하는 한편, 자신들의 고유한 지적·예술적 취향을 과시하면서 서민층과 차별화하려고 시도한다. 낮은 계층 사람들은 상층 계급의 라이프 스타일과 외양을 모방하며, 동시에 상층 계급은 사회적 거

히피 문화

1960년대 미국을 중심으로 베트남 전쟁 반대를 외치면서 전 세계로 퍼져 나간 히피(hippie 또는 hippy) 문화는 소비 지향적이며, 폭력적인 모든 것을 지양하고, 궁극적으로 사람들의 영혼의 자유를 추구했다. 이러한 자신들의 이념을 표현하기 위한 패션으로서, 히피족은 저렴한 재료를 이용해 직접 옷을 만들거나 리폼해서 입었으며, 벼룩시장이나 중고 가게의 옷들을 활용했다. 또한 이들은 청바지 옆 솔기를 뜯어 V 자 모양의 나팔바지, 술 장식, 조끼와 스커트, 염색, 사이키델릭한 납염(batik), 에스닉 문화, 아메리카 원주민 문화인 비즈와 전통 장식 등을 패션 아이템으로 활용했다.

리를 유지하고 스스로를 다른 사람들과 구별하기 위해 자신들의 스타일을 혁신시키고 변형시킨다고 주장한다(부르디외, 2005).

그러나 계급 구분, 계급 경쟁만이 산업 사회의 패션과 유행을 지배하는 논리인 것은 아니다. 패션과 유행은 계급적 정체성 외에도 다양한 개인적·집단적 정체성을 표현하기 위해 나타나기도 한다. 따라서 특정한 연령, 세대, 인종 집단의 고유한 문화나 서브컬처(subculture)를 상징하고 개인이 추종하는 이념, 예술 사조를 표현하는 패션과 스타일은 끊임없이 발전, 다양화되어 왔다. 특히, 대중문화가 본격적으로 등장한 1900년대 초반부터 서구에서는 연령, 인종, 지역 등에 따라 자신들만의 정체성과 정치적 지향을 표현하고자 하는 다양한 하위문화를 발달시켜 나간다. 예컨대, 1930년대 아프리카계 미국인들이 존엄성과 정체성을 표현하고자 했던 할렘 르네상스(Harlem Renaissance: 1920년대 뉴욕 할렘가를 중심으로 시작된 흑인 문화의 부흥), 반정부적 성향의 청년 문화들을 중심으로 발달했던 주트(zoot) 스타일(1930년대부터 1950년대 중반까지 반정부적 성향을 띠는 젊은이들의 나름 도덕적인 자기표현 방식), 루드 보이(rude boy: 자메이카 킹스턴(Kingston) 서부의 청소년들로부터 시작된 반항적인 하위문화), 또한 더욱 사회 비판적이고 반항적인 펑크족들의 패션이나 로큰롤 스타일, 1960년대 히피 스타일 등이 이러한 하위문화라 할 수 있다(콕스 외, 2013: 145~149). 이러한 다양한 하위문화를 표현하는 패션 스타일은 상층 계층과도 구분되고, 패션업계의 디자이너들의 고급 패션과도 구분되는 독자적인 스타일을 구축하려 했다.

리포베츠키(Gilles Lipovetsky) 역시 계급 경쟁의 사회적 역동성만으로 패션의 확산과 모방 현상을 설명하기에는 한계가 있음을 지적한다(리포베츠키, 1999: 63). 그는 패션은 경제적 역동성이나 사회적인 지위 경쟁 논리보다 인간의 주관적인 정체성에 대한 인식, 개인적인 독특함을 표현하려는 새로운 욕망, 새로운 것에 대한 꾸준한 탐구와 미적 유희라는 동기에 의해 지배됨을 주장하며, 패션을 개인성의 등장이라는 역사적 맥락에서 해석한다(리포베츠키, 1999: 70). 즉, 패션을 개인 또는 집단 사이의 미학적인 주도권의 문제로 해석하는 입장을 보이면서, 계급 결정론의 효과를 반박한다.

지멜에 따르면, 유행은 모방이라는 점에서 사회에 대한 의존 욕구를 충족시킨다. 또한 모방은 차별화 욕구를 만족시킨다. 즉, 유행은 사회적 균등화 경향과 개인적 차별화 경향 사이에 타협을 이루려고 시도하는 삶의 형식들 중에서 특별한 것이다. 즉, 모방은 상층 지향적인 특징을 보이지만 동시에 사회 지향적인 것이다. 반드시 자신들이 동경하는 경제적 상층이 아니더라도 자신이 속하고자 하는 동류 집단, 준거 집단 역시 모방의 대상이기 때문이다. 앞서 보았던 연령별, 인종별, 문화/정치적 지향별 다양한 하위 집단들만의 독특한 패션과 스타일이 존재하는 이유 역시 이 때문이다.

따라서 패션이나 유행은 상류 계층에서만 발생하고, 중산층이나 하류층은 이를 모방함으로써 패션과 스타일의 유행이 만들어진다는 기존 패러다임에 대해서 다시 고찰해 볼 필요가 있다. 이는 마찬가지로 하류 계층은 언제나 상층 지향적인가에 대해 회의적인 질문을 던지게 만든다. 모든 계층은 자신들 내부의 결속을 강화하고 다른 집단과 차별화하기 위한 고유한 식별로서,

또는 오로지 개인의 미적 감각과 개성을 표현하기 위해 특정한 패션과 스타일을 창조할 수 있는 가능성에 대해서 논의해 볼 필요가 있다.

5. 패션과 소비 자본주의: 욕망의 생산

근대 산업 사회로의 진전은 의복의 자유, 패션의 민주화를 가져온 핵심적인 동인이라 할 수 있다. 패션은 과거 장인들을 중심으로 한 수공업 생산 체제에서 기성복의 대량 생산 체제, 백화점을 비롯한 대량 유통 체계가 발전해 하나의 산업으로서 자리 잡게 된다. 그리고 광고를 통해 특정한 욕망을 내면화하고 유행을 통해 끊임없이 새로운 스타일을 소비하도록 만드는 소비 이데올로기가 작동하기 시작한다(보드리야르, 1999: 47).

현대 자본주의의 소비 사회는 소비의 균등화와 차별화를 동시에 추구한다. 포드주의적 대량 생산, 대량 소비 체계의 발달은 기존의 사치재를 대량 생산하게 되어 대중의 소비를 균등화했다. 그러나 이전의 사치재가 전체 사회 계층으로 확대되어 생활필수품 또는 대중 소비재로 전환되면 또 다른 희소재가 사치재로 등장하게 된다. 보드리야르(Jean Baudrillard)는 소비가 사회 전체를 균등화하기보다는 오히려 사회적 차별화를 심화하는 일종의 계급적 제도라고 말한다(보드리야르, 1999). 소비의 차별화는 자본에게는 새로운 상품화를 통한 이윤 추구의 기회를 제공하며, 부유층에게는 자신의 부를 과시하면서 차별화할 수 있는 상징을 제공한다.

소비 사회에서 상품이 미학화되고 소비가 기호가 되는 현상은 소비의 문화화라고 할 수 있다. 소비는 단순히 기본적 필요를 충족하는 수준을 넘어서 하나의 문화적·상징적 의미가 된다. 말하자면 소비는 자신을 표현하는 중요한 생활 양식이 된다. 상품을 구입하는 행위는 자신의 상징적·정서적 만족을 주는 것을 고르는 문화적·상징적 행위이며, 또 이렇게 구입한 상품으로 자신을 치장하고 과시함으로써 자신을 하나의 상징이자 기호로 드러내는 행위이다.

소비 자본주의는 '필요에 의한 소비'에서 '즐김을 위한 소비'로의 전환을 필요로 한다. 보드리야르는 소비 자본주의에서 소비는 실제 필요를 충족하기 위한 사용 가치뿐만 아니라 기호 가치, 즉 물질적 만족을 떠나 기호를 통한 상징적 의미 부여와 조작의 의미를 가진다고 주장한다. 소비 사회에서 대중은 상품 소비를 통해 자신의 욕구를 충족하고 만족을 느낄 수 있다고 생각하면서 끊임없이 소비를 추구한다. 이를 보드리야르는 소비 이데올로기로서 대중이 자본이 부추기는 욕망 생산의 논리에 서서히 빠져든 결과로 해석한다. 기업은 새로운 상품을 개발, 소비하도록 광고를 통해 끊임없이 대중의 욕망을 불러일으키고 증대시킨다. 이러한 광고 효과는 자본가에게는 더 많은 이윤을 가져다주지만 대중에게는 충동적 소비를 확산시켜 상품 물신주의에 빠져들게 만든다. 이러한 욕구의 확대 재생산은 상품의 생산 및 소비 주기를 갈수록 단축시키며, 자원의 낭비와 생태 위기를 심화시킨다.

폴란드 출신의 사회학자 바우만(Zygmunt Bauman)은 유행이 끊임없이 소비를 만들어내는 논리에 대해서 개인 정체성의 사회적 지향성에 대한 고찰을 풀어낸다. 그는 대중으로 하여금 상품 소비와 유행을 추구하도록 만드는 것은, 타인과 "달라지고자 하는 욕망과 군중에서 벗어나고 극심한 생존 경쟁에서 탈출하고자 하는 충동"이라고 해석한다(바우만, 2013: 37). 이러한 충동으로 인해 대중은 패션 소비에서 앞서 나가고 있다는 징표들을 획득하기 위해 최신 유행을 추구하는 한편, 뒤처졌다는 것을 보여주는 과거의 징표들은 신속하게 걸러내 쓰레기장으로 보내야 한다. 결국, 이러한 소비 지향적인 경제 논리는 상품의 '소유에서 허비, 폐기, 처분'으로 옮겨지는 사이클을 더욱 단축시킨다(바우만, 2013: 41).

이 욕망과 충동은 자본주의가 만들어내는 것인 동시에 사회적 인간으로서 자기 정체성에 대한 본질적 갈등이기도 하다. 즉, 지멜과 마찬가지로 바우만 역시 자본주의가 이러한 허위의식, 환상의 욕망을 주입하는 측면도 있지만,

인간이라는 사회적 존재가 가지는 본질적인 차원에서 발현되는 현상일 수 있음을 부분적으로 짚어낸다.

6. 패션과 젠더: 꾸밈 노동 대 자아 표현

패션은 여성의 영역으로 여겨진다. 남성 역시 패션이나 나름의 스타일, 유행이 있기는 하지만 여성만큼 범위가 넓지는 않다. 남성 역시 그루밍(grooming) 족이라는 용어가 대변하듯, 자신의 외모를 꾸미고 관리하는 것에 관심이 있기는 하지만 이는 최근에 나타난 현상이다. 여성은 자신의 외모를 가꾸어야 하고, 남성은 패션에 무심해야 하는 것이 지배적인 성별 고정 관념이었다.

앞 절에서 살펴본 논쟁, 즉 몸치장이 구별과 식별의 기능인가 아니면 정체성과 개성의 표현인가의 문제는 특히 젠더의 관점에서 민감한 이슈이다. 성별로 달라지는 의복이나 외모에 대한 요구를 남성과 여성 사이의 해부학적·생물학적 신체의 차이에서 기인하는 것으로 해석하는 시각을 생물학적 결정주의라 부를 수 있다. 이들의 주장에 따르면, 자본주의의 등장 이전인 부족 사회에서부터 원시적이고 기초적인 형태의 화장술의 존재는, 자신을 꾸미고 치장하는 것이 인간의 본성에서 발현되는 자연스러운 행동임을 주장하는 근거가 된다. 예컨대, 부족 사회에서 숯검정을 아이라이너로 활용해 눈을 크게 부각시키기 위한 화장술의 존재는, 꾸밈이 가부장제적 권력의 억압이나 소비 자본주의의 충동에 의한 것이 아니라 인간의 본능적 욕구임을 말해주는 증거로 제시된다.

반면 이러한 차이를 성별 사이에 신체적으로 차별화되는 기능에서 기인한 것이 아니라 사회, 문화적으로 구성된 결과물이라 해석하는 것은 사회 구성주의의 시각이라 부를 수 있다. 대표적으로 성별 차이는 타고나는 것이 아니라 사회, 문화적으로 구성되고, 학습된 결과라고 주장하는 페미니즘은, 여성성을 강조하는 패션이나 스타일이 여성들의 자발적인 선택이나 자연스러운 여성성의 발현이 아니라 남성의 시각에서 규정된 여성성으로 강압적으로 요구되는 것으로 해석한다. 즉, 남성의 눈에서 볼 때 성적 매력을 부각시키는 패션이나 스타일은 자연스러운 성별 정체성의 표현이 아니라, 가부장적인 젠더 질서에 의해 강요되는 규율에 의해 훈육되는 것으로 본다.

특히 유럽의 복식사를 연구한 페로(Philippe Perrot)에 따르면, 앞서 여성과 남성의 의복이나 패션에 대한 서로 다른 태도 및 관심과 관련된 고정 관념 역시 인류 역사를 보면 최근, 특히 프랑스 대혁명 이후 나타난 것에 불과하다(페로, 2007: 71~80). 중세까지 패션을 향유하고 유행을 주도하던 집단은 주로 '남성' 귀족이었다(레네르트, 2005). 그러나 프랑스 대혁명 이후 이러한 귀족의 이미지가 금지되고 비판과 개혁의 대상이 되면서, 귀족의 패션을 상징하는 화려함과 다채로운 색상의 의복이 사라지기 시작한다. 부르주아 계급은 자신들의 이념을 정당화하고 사회적으로 합법화하기 위한 표현인 동시에 체면의 기초로서, 단정하고 엄격한 외양을 추구하기 시작했다. 즉, 남성 의복은 귀족의 나태함과 사치를 나타내는 옷감과 장신구의 여러 가지 화려한 색상의 배합과 정반대로, 절약과 노동, 도덕성, 금욕주의를 상징하는 검은색의 승리로 귀결된다. 반면, 여성복이 화려해지면서 여성의 외양이 남성과 전적으로 구별되기 시작된 것은 이때부터이다. 여성은 '남성의 간판'으로서, 아버지나 남편 또는 연인의 사회적 지위와 금전적인 능력을 여성들의 화려한 화장과 풍만한 육체 속에서 대리로 표시하기 시작한다. 즉, 남성복과 여성복이 상반된 방향으로 발전하면서, 남성과 여성의 패션의 분리가 발생한다.

이러한 역사적 사료 및 연구는 결국 여성이 남성보다 더욱 패션과 외모에 관심을 가지고 관리하기 시작한 것 그리고 여성적인 또는 남성적인 패션과 외모에 대한 규범이 등장한 것은 비교적 최근의 일이라는 사실을 제시한다. 따라서 여성의 꾸밈이나 외모에 대한 관심이 그저 타고난 본능이나 자연적 욕구의 발현이라는 생물학적 결정주의의 한계를 말해준다. 결국 여성에게 특정한 방식으로 외모의 가꾸고 꾸미는 것이 일종의 강요된 노동인 동시에 강압적 규범으로 형성된 것은 사회 문화적 구성물이라 볼 수 있다.

이러한 사회 구성주의의 시각, 특히 페미니즘의 시각에서 볼 때 가장 악명 높은 패션 소품 가운데 하나는 코르셋이다. 오래전부터 가느다란 여성의 허리선을 강조하기 위한 체형 보조 도구로 활용되어 온 코르셋은 그 재료로 풀을 먹인 삼베부터 심지어 나무, 고래 뼈, 금속으로 만들어져 몸을 굽힐 수 없게 하는 옷이었다. 심지어 이를 착용하고 경솔하게 몸을 구부리려 하다가는 갈비뼈에 금이 가거나 부러질 수도 있었다. 또한 허리를 코르셋으로 숨을 쉴 수 없을 정도로 꽉 조였기 때문에 내부 장기(특히, 간)의 위치가 변형되기도 했으며, 극단적인 경우 갈비뼈가 부러지고 척추에 손상을 입을 정도였다(콕스, 2013: 52, 174). 이렇듯 여성스러운 몸과 체형에 대한 강압적인 요구 그리고 여성의 건강상의 위험에 대한 우려는 근본적으로 이러한 패션들을 거부하는 움직임으로 이어진다. 이는 최근 한국 사회에서도 '탈코(르셋)' 운동으로 이어지기도 했다.

흥미롭게도 이러한 남성 중심적인 여성성에 저항하는 움직임 역시 패션 안에서 등장했다. 일차적으로 건강을 해치는 위험한 화장품이나 체형 보조 도구 들을 거부하는 움직임으로부터 시작해서 남성의 시각에서 규정된 스타일과 패션을 거부하고 대항하는 상징들과 의미들을 지닌 패션들이 등장한다. 특히 1920년대 여성들은 새로이 발견한 성의 평등함을 중성적인 실루엣의 깡마른 몸매를 강조하는 플래퍼 룩(flapper look)으로 표현했다. 당시 여성들은 몸에서 곡선을 제거하고 머리카락은 짧게 잘랐으며 가슴은 납작하게 누른 채 사회 속에서 자신들의 위치를 지키고자 강하고 반항적인 태도를 취했다. 그러나 아이러니하게도 이러한 패션들은 중성성을 넘어서 남성적인 외모를 강조하는 경향으로 왜곡되기까지 한다. 약 30년 후, 영국 모델 트위기(Twiggy)는 깡마른 몸매에 남자아이 같은 헤어스타일과 커다란 눈으로 패션계에 돌풍을 일으키면서 플래퍼 룩의 또 다른 모습을 보여주었다. 트위기의 패션을 추종하던 10대 소녀들은 패션쇼에서나 볼 수 있는 거식증 환자처럼 마른 모델의 몸매를 선호하게 되었다(콕스 외, 2013: 59). 역설적이게도 코르셋을 저항하기 위해 시작된 '중성적이고 거식증에 걸린 패션(androgynous, anorexic look)'이 코르셋을 대신해 여성을 억압하는 스타일이 되어버린 것이다.

일부에서는 이러한 꾸밈 노동과 신체 관리에 대한 강요가 비록 여성에게 더욱 높은 강도로 요구되는 것을 반박할 수 없지만, 남성 역시 이러한 특정한 방식의 외모 관리의 사회적 요구로부터 자유롭지 못하다는 주장을 하기도 한다. 이는 패션과 사치의 여성화를 반박하는 시도로 볼 수 있다(리포베츠키·루, 2004: 80). 예컨대, 현재는 물론 과거부터 남성 역시 사회로부터 요구되는 특정한 신체의 표준에 부합하기 위해 다양한 화장, 보조 도구들을 착용해야만 했다. 특히 일반인보다 외모와 자신의 지위, 권력이 직접적인 상관관계를 가진 귀족 및 상류 계층 들에게 이러한 요구는 더욱 억압적인 것이었다. 17세기 유럽에서 남성들은 권력과 남성성을 과시하기 위해 무거운 가발과 어깨 패드를 착용해야 했으며, 중세 또는 근세 남성 역시 코르셋의 압박으로부터 자유롭지 못했다. 현재 남성 역시 오히려 여성보다 정도는 덜하지만, 오히려 더 좁은 선택지 속에서 그래서 더욱 획일적인 꾸밈 노동에 시달리고 있음을 토로한다.

결국 이러한 문제들은 특정한 외모 및 신체에 대한 강박이 여성에게만 요구되는 특수주의적인 문제라기보다는, 남녀의 구분 없이 무차별적으로 적용되는 과도한 외모 지상주의의 문제로 환원될 수 있음을 의미한다.

7. 몸의 사회학: 결점의 은폐에서 신체의 교정으로

앞서 살펴본 의복이나 장신구와 관련된 패션은 미적·자기표현적 목적만큼이나 기능적 효용성을 추구하는 과정에서 발전했음을 알 수 있다. 여기서 기능이라 함은 일차적으로 외모, 신체의 결함을 보완하거나 은폐하는 것을 목적으로 한다. 예컨대, 중세 귀족들이 애용했던 가발이나 킬 힐(kill heel)부터 의치(義齒)까지 이러한 용도의 패션 소품은 다양하다. 또한 더욱 억압적인 방식의 유럽의 코르셋이나 중국의 전족과 같이(콕스 외, 2013: 240~242), 체형을 위한 보조 도구로 디자인된 다양한 의상, 의복 스타일들은 더는 보조 도구나 외관을 가리는 목적이 아닌, 체형과 신체 자체를 변형시키는 패션 도구 및 소품의 역할을 수행했다.

신체 자체를 교정하고 변형하는 도구와 소품 가운데 가장 오래된 것은 피어싱과 타투와 같이 영구적으로 신체 일부를 변형하는 방식이었다. 뿐만 아니라 과거부터 성형술 역시 존재해 왔다. 그러나 이는 심각한 신체적 결함을 교정하는 것을 목적으로 한 예외적 처방이었다. 즉, 왜곡되고 손상된 신체를 '정상적인 신체'로 회복시키는 기능을 목적으로 한다. 물론 여기서 '정상'의 범주 역시 사회적으로 바람직한 것으로 여겨지는 일종의 표준적 신체가 존재한다는 것을 의미한다. 그러나 현대의 신체 '교정술'은 단순히 정상적 신체로의 회복이라는 목적을 넘어서 '아름다운 신체'를 만드는 것을 목적으로 하는 '성형술'로 발전한다.

성형 수술이라는 뜻의 plastic surgery에서 '플라스틱'은 그리스어로 거푸집, 틀을 의미하는 plastikos에서 유래했다. 고대 이집트에서는 사후 세계에서 아름답게 보이는 것이 중요했기 때문에, 죽은 파라오의 코에 작은 뼈를 삽입해 모양을 다시 잡았다. 로마인들은 공중목욕탕에서 많은 사람들에게 나체를 보여야 했기 때문에, 성기의 불완전한 모양을 바로잡기 위해 포경 수술을 했다. 고대 그리스나 로마 사람들이 했던 것처럼 미용의 목적, 또는 심미적·종교적 목적으로 몸의 형태를 바꾸는 성형 수술이 나타났다.

16세기 후반의 이탈리아인 가스파로 타글리아코치(Gasparo Tagliacozzi)는 성형 수술의 아버지로 평가된다. 그는 팔의 피부를 떼어 코에 이식하는 데 성공하면서 매우 초보적인 형태의 성형 수술의 가능성을 보여주었다. 그러나 중세 기독교 교회에서 피를 흘리는 행위를 큰 죄로 간주했기 때문에 모든 종류의 수술이 가져다주는 이로움은 가치 없이 묵살되었다. 가톨릭 개혁 때에도 이러한 시도는 이교도의 마술로 취급해 거들떠보지 않았다. 이처럼 성형 수술과 같은 적극적인 형태의 신체 교정술은 기술적 한계 그리고 경제 사회적 기반이 조성되지 않은 시대적 상황 속에서 주변적으로만 시행되던 의료 행위의 일종으로 남게 된다.

산업 사회가 도래하면서 이러한 몸을 변형시키고, 뼈를 깎는 노력과 시도들이 하나의 성형 산업으로 발전, 팽창하게 된다. 특히 근대적인 산업으로서 성형 수술의 확산과 발전에 결정적 계기가 된 것은 전쟁이었다. 20세기 두 번의 세계대전을 치르면서 의사들은 끔찍한 부상을 치료해야 했고 덕분에 전반적인 신체 조직 및 피부 이식과 뼈 재생과 관련된 의료 부문은 괄목할 만한 발전을 보인다. 제2차 세계대전이 끝나고 성형외과의들은 부유한 중년 여성들을 공략하기 시작했다(콕스 외, 2013: 245). 이때부터 성형술은 단순히 '정상'적인 신체로의 회복을 목적으로 한 '교정술'을 넘어서 '아름다운 신체'를 만들기 위한 '성형술'로 발전한다.

더불어 1960년대에 들어 아름다운 몸에 대한 대중의 관심이 생겨나기 시작한다. 이를 반영하듯이, 1960년대부터 사람들은 계획을 짜서 운동하게 되었다(콕스 외, 2013: 244~245). 산업 사회의 출현이 도시 노동자들을 오랜 시간 앉아서 일하게 만듦에 따라, 당장 운동해야 할 필요성을 느낀 사람들에게 체육관은 근육을 만들고 군살을 빼는 장소가 되었다. 미국 공군에서 군의관으로 일했던 쿠퍼(Kenneth H. Cooper) 박사는 점점 더 늘어가는 신체 불균형 문제를 가진 사람들을 위해 운동 프로그램을 개발했다. 그는 상태가 좋지 못한 심장과 폐를 꾸준한 운동과 노력으로 강화할 수 있다고 확신했다. 그는 자신의 운동 프로그램을 그리스어로 '공기 속으로 들어가다'는 뜻인 에어로빅(aerobic)이라고 불렀으며, 현재 유산소 운동으로 알려진 운동법이다. 최근에 노화 방지, 몸짱 만들기 등의 유행을 낳았던 웰빙 산업은 오늘날 범람하는 안티에이징(anti-aging) 산업으로 이어지고 있다.

또 다른 중요한 경향은 뷰티 산업의 의료화이다. '의료화'란 '비의학적 문제가 질병이나 질환과 같은 의학적 문제로 정의되고 치료되는 일련의 과정'을 말한다(Conrad, 2007: 4). 피부 시술이나 신체 일부의 형태를 변형시키는 성형 수술은 바로 이러한 뷰티 산업의 의료화를 잘 보여준다. 최근 뷰티 산업에서 이러한 신체/피부 자체를 교정하고 변형시키는 의료 시술들이 발달하는 양상을 보인다. 즉, 과거 화장을 통해 결점을 가리는 것이 아니라 화장품 자체를 필요로 하지 않는 결점 없는 건강하고 하얀 피부를 만드는 것을 목적으로 하는 산업으로 변화해 나가고 있다. 기능성 화장품의 발달 그리고 피부과, 성형외과 시술들의 발달이 이를 대변한다. 이는 단순히 아름다움의 추구를 넘어, 신체 자체에 대한 관리 및 통치를 목적으로 한다는 점에서 건강, 위생 관념의 출발과 맥을 같이한다. 정기적인 목욕을 통해 건강하고 청결한 몸을 스스로 관리하는 것은 단순히 아름다움이나 깨끗하고 하얀 피부를 유지하는 미용의 목적 외에도 사회 전체의 질병을 예방하고 통제하는 위생의 목적 역시 가지고 있었다.

이는 미셸 푸코(Michel Foucault)가 본 몸의 표준화와 합리화 과정이라 할 수 있다(터너, 2002: 35). 이는 신체를 규제, 훈육함으로써 개인의 감정, 섹슈얼리티, 정서적 생활을 규제하는 것을 핵심으로 하는 이데올로기라 할 수 있다. 특히, 실링(Chris Shilling)은 의학적 개입 통한 신체의 조형성을 강조한다. 근대 사회에서 의학 기술과 합리적 관리를 통해 노화와 죽음을 거부하며, 끝없는 재생, 활동성, 궁극적으로 영원한 젊음을 추구해야 한다는 것이 사회적 가치가 되어버린다(실링, 2011: 32).

터너는 다이어트와 섭식 관행이 과거 금욕주의적인 종교의 영향력에 의해 통제되었다면, 현대로 올수록 과학의 영향력이 더욱 강력해지고 있음을 강조한다. 더불어 몸에 대한 통제가 이제는 종교가 아니라 소비주의와 패션 산업을 통해서 이루어지고 있음을 지적한다(터너, 2002: 65). 즉, 과거 금욕주적인 종교를 대신해, 오늘날에는 몸의 관능성과 쾌락주의를 강조하는 소비 자본주의나 포스트모던 문화가 하나의 규범적 강제 체제를 형성하게 되었다. 현대 사회에서는 사회적 성공이나 개인의 가치를 높이기 위해 훈련, 훈육되고 조율된 성공적인 몸을 필요로 한다(터너, 2002: 239). 즉, 몸 자체가 하나의 육체 '자본'이라 할 수 있다(실링, 2011: 207).

특히, 소비의 가장 아름다움의 대상은 육체이다(보드리야르, 1999: 189). 육체를 둘러싼 위생 관념 및 영양 그리고 의료의 숭배, 젊음, 우아함, 남자다움, 여자다움 등에 대한 강박, 미용, 식이 요법 등은 '날씬함에 대한 강박 관념'을 보여주는 동시에 특정한 몸의 형태와 체형에 대한 의료적 숭배를 보여준다. 건강에 대한 태도가 도구로서의 육체에 의해 나타나는 경우에는 육체 균형의 일반적인 기능으로 정의되지만, 위세를 가져다주는 재화로서의 육체에 의해 나타나는 경우에는 지위 향상을 위한 하나의 기능이 된다. 건강은 경쟁의 논리 속에 들어가면, 의료 및 약에 대한 잠재적으로 무한한 요구라는 형태로 표현된다(보드리야르, 1999: 208).

이러한 의료화 현상은 특히 의류 산업보다 화장품 산업에서 더욱 두드러지게 나타난다. 1990년대 이후 고기능성 제품에 대한 소비자의 관심이 높아짐에 따라 기능성 화장품에 대한 연구 개발과 출시가 본격적으로 이루어졌다. 1990년대 후반 이후 미백, 주름 제거 등의 기능성을 갖는 원료가 개발되기 시작해 2000년 이후는 다양한 분류의 기능성 화장품 제품들이 개발되고 있다. 이는 점차 인구 고령화로 인해 구매력이 높은 고령층이 증가하고 삶의 질에 대한 욕구가 강해짐에 따라 건강한 노년을 추구하는 안티에이징 산업이 발전하고 있는 사회적 변화를 반영한다.

2019년 기준 국내 화장품 시장 규모는 총 10조 5347억 원에 달한다(신유원 외, 2020). 생산 실적을 기준으로 본다면, 기초 화장품이 전체 생산량의 60.5%에 달한다. 색조 화장품과 두발용 화장품이 뒤따르고 있으며, 이 세 품목의 합이 국내 화장품 시장 규모 전체의 85% 이상을 차지한다. 특히, 일반적으로 메이크업 제품이라 할 수 있는 색조 화장품은 전체 시장 규모의 13%에도 미치지 못하는 수준이다. 즉, 뷰티 산업에 있어서는 의학적 관리 기능을 강조하는 제품들이 압도적인 지위를 차지하고 있는 셈이다. 이는 뷰티 산업에서의 의료화 경향을 더욱 뚜렷하게 나타나고 있음을 보여준다. 최근의 환경오염, 기후 변화와 함께 기초 라인만을 전문적으로 개발, 판매하는 브랜드들이 기존의 명품 브랜드 못지않은 시장을 형성하고 있다. 소위 '약국' 화장품이라고 불리는 더마 코스메틱(dermatology cosmetic) 브랜드들의 시장이 급성장하고 있다.

기능성 제품들의 발전과 함께 비중이 늘고 있는 뷰티 산업은 피부, 성형 산업이라 할 수 있다. 즉, 과거 단순히 피부나 외양의 결점을 은폐하고 보완하는 것을 목적으로 하는 뷰티 산업이 피부나 신체 자체를 교정하고 변형하는 의료 산업으로 확산되고 있음을 의미한다(콘래드, 2018: 153; 실링, 2011: 32). 국제미용성형외과학회(ISAPS)에 따르면 2017년 기준 국내 성형 시장 규모는 약 5조 원으로 추정된다(류난영, 2017; 에이스트레이더, 2018). 국제 성형 시장 규모가 약 21조 원 수준인 걸 감안했을 때 우리나라가 전 세계 시장 규모의 25%를 차지하고 있는 셈이다. 성형 시장의 성장은 몸에 대한 직접적인 의료적 개입과 통제를 통한 패션, 뷰티 산업의 의료화 경향을 보여주는 지표라 할 수 있다.

8. 결론

패션과 유행은 개성과 정체성을 표현하고자 하는 지극히 개인적인 욕망과 욕구에서 시작된다. 그러나 특정한 패션의 유행은 그것의 상징적·심미적 가치를 인정하고, 수용하고, 모방하는 타인을 필요로 한다는 점에서 사회적 현상이다. 또한 패션은 계층과 계급, 젠더, 인종과 같은 사회 구조의 반영이다.

더불어 패션 산업은 소비 자본주의의 논리와 외모와 몸/신체를 관리하는 권력의 작동 방식 역시 보여준다. 그런 점에서, 패션은 사회 구조와 개인의 자율성 간 상호 작용이 만들어내는 집합적 효과들을 관찰할 수 있는 사회학적 주제라고 할 수 있다.

패션을 중심으로 한 핵심적인 사회학적 논점들을 한국 사회에 적용해 보면 더욱 극명하게 드러난다. 과거 한국 사회는 봉건적인 위계질서에 따라 신분을 구분하는 엄격한 복식 문화가 발달했었다. 그러나 근대화와 산업화 과정에서, 삼백 산업을 중심으로 한 초기 공업화 전략은 의류의 보급을 통해 패션의 민주화의 기틀을 마련했다. 물론 권위주의 정권하에서 보급된 의류 산업(직업복, 교복 등)은 사회 통제의 성격을 더욱 강하게 띠고 있었다. 이후 민주화와 세계화 이후 비로소 산업적·정치적 통제로부터 벗어난 자율성과 개성을 추구하는 패션이 등장하기 시작한다.

그러나 이른바 패션의 민주화 이후에도 한국 사회에서 패션과 스타일 그리고 외모와 신체는 계급, 젠더, 세대 갈등의 교차점에 여전히 위치하며, 여러 논쟁들을 창조해 내고 있다. 계급과 계층에 따라 다양한 생활 양식과 스타일을 통한 구별 짓기와 모방하기 현상은 새로운 유행을 끊임없이 만들어내고 있다. 더불어 이러한 유행은 연령과 세대에 따라서도 차별화된다. 미디어의 발달과 한류 현상에 힘입어 아이돌들의 패션과 스타일, 나아가 외모까지 모방하려는 현상 역시 관찰할 수 있다. 이러한 연예인들의 패션과 외모에 대한 소비와 탐닉은 성의 상품화라는 위험까지 내포하고 있다. 후기 산업 사회에서 더욱 심화된 노동 시장에서의 경쟁은 이른바 외모 가꾸기를 통해 취업에서 유리한 위치를 차지하고자 성형 열풍을 만들어내고 있다. 또한 3차 대면 서비스업의 증가로 서비스 직종 종사자들에 대한 외모 관리 및 통제 역시 문제가 되고 있다. 이렇듯 패션은 단순히 개인의 취향과 선호의 문제를 넘어서, 현재 한국 사회가 경험하고 있는 경제적·정치적·사회 문화적 전환을 엿볼 수 있는 창구라고 할 수 있다.

생각해 볼 문제

그림 6-1
예술과 금기 사이의 타투

자료: 타투이스트 Mawoo G.

1. 18세기 남태평양을 탐험한 유
   럽인에 의해 타투는 처음 서구
   세계에 알려졌다. 이후 타투에
   대한 사회적·상징적 거부감에
   도 불구하고, 서구에서 타투는
   일반적인 패션 아이템으로 자
   리 잡았다. 반면, 한국 사회에
   서는 타투는 개인의 정체성과
   개성을 표현하는 패션 예술이
   아니라 의료 행위로 규정되며
   엄격하게 규제되고 있다. 타투
   를 둘러싼 의료적 개입이 유독
   한국 사회에서 강하게 나타날 수 있었던 역사적·사회적·문화적 배경에 대해 논의해
   보자.

2. '건강한 몸'과 '아름다운 몸'은 어떤 차이가 있는가? 운동을 하며 신체를 가꾸는 것의
   목적은 무엇인가?

3. 특정한 패션과 스타일의 유행 주기가 갈수록 짧아지면서, 2~3주에 불과한 단기간에
   생산, 소비되고 버려지는 '울트라 패스트 패션(ultra-fast fashion)' 현상까지 나타나고
   있다. 이러한 의류의 유행과 소비가 가져오는 현대 사회의 다양한 문제에 대해서 생
   각해 보자.

더 읽을거리

고프먼, 어빙(Erving Goffman). 2016. 『자아 연출의 사회학: 일상이라는 무대에서 우리
는 어떻게 연기하는가』. 진수미 옮김. 서울: 현암사.
개인들이 일상생활의 공적 공간에서 자신의 정체성과 자아를 표현하는 다양한 방식과
전략들을 살펴볼 수 있다. 특정한 방식으로 외모를 꾸미고 연출하는 행위가 갖는 사회적
의미를 개인의 자율성의 차원에서 고민해 볼 수 있는 여지를 제공한다.

부르디외, 피에르(Pierre Bourdieu). 2005. 『구별짓기: 문화와 취향의 사회학 (상/하)』. 최종철 옮김. 서울: 새물결.

개인이 갖는 다양한 취향과 선호를 자본주의적인 계급 구조 속에서 이해해 볼 수 있다. 라이프 스타일부터 여가, 패션, 문화적 향유에 이르기까지 지극히 개인적인 선호의 영역으로 보일 수 있는 문제를 거시적인 사회 구조와 연관 지어 고민해 보자.

터너, 브라이언(Bryan Turner). 2002. 『몸과 사회』. 엄인숙 옮김. 서울: 몸과마음.

계몽주의와 근대 이후 인간의 이성과 몸의 이분법적인 구도 속에서 상대적으로 경시되어 왔던 몸의 문제를 고민해 볼 수 있다.

콘래드, 피터(Peter Conrad). 2018. 『어쩌다 우리는 환자가 되었나』. 정준호 옮김, 서울: 후마니타스.

사회의 의료화의 개념을 통해, 과학 지식과 의료 기술에 의한 개인에 대한 통제가 일상을 더욱 지배하게 되는 현상에 대해 고민해 볼 수 있다.

참고문헌

국립국어원. 『표준국어대사전』(https://stdict.korean.go.kr).

레네르트, 게르트루트(Gertrud Lehnert). 2005. 『패션: 한눈에 보는 흥미로운 패션의 세계』. 박수진 옮김. 서울: 예경.

레버, 제임스(James Laver). 2005. 『서양패션의 역사』. 정인희 옮김. 서울: 시공아트.

루즈, 엘리자베스(Elizabeth Rouse). 2003. 『코르셋에서 펑크까지: 현대사회와 패션』. 이재한 옮김. 서울: 시지락.

류난영. 2017.1.18. "5조 '미용·성형' 시장 잡아라···제약업계 '눈독' ". ≪뉴시스≫. https://newsis.com/view/?id=NISX20160616_0014155477&cID=10401&pID=10400 (검색일: 2021.9.27).

리포베츠키, 질(Gilles Lipovetsky). 1999. 『패션의 제국』. 이득재 옮김. 서울: 문예출판사.

리포베츠키·루(Gilles Lipovetsky and Elyette Roux). 2004. 『사치의 문화: 신성의 시대에서 상표의 시대로』. 유재영 옮김. 서울: 문예출판사.

바우만, 지그문트(Zygmunt Bauman). 2013. 『유행의 시대: 유동하는 현대사회의 문화』. 윤태준 옮김. 오월의봄.

베블런, 소스타인(Thorstein Veblen). 2012. 『유한계급론』. 김성균 옮김. 서울: 우물이있는집.

보드리야르, 장(Jean Baudrillard). 1999. 『소비의 사회: 그 신화와 구조』. 이상률 옮김. 서울: 문예출판사.

부르디외, 피에르(Pierre Bourdieu). 2005. 『구별짓기: 문화와 취향의 사회학(상/하)』. 최종철 옮김. 서울: 새물결.

샤이너, 래리(Larry Shiner). 2015. 『순수예술의 발명』. 조주연 옮김. 고양: 인간의 기쁨.

손미영·이성희. 2010. 『한국의 패션 저널리즘: 미디어로 보는 패션의 역사와 경향』. 서울: 지식의 날개.

실링, 크리스(Chris Shilling). 2011. 『몸의 사회학』. 엄인숙 옮김. 서울: 나남.

신유원·신민선·조홍미·김미희·김태은. 2020. 「2020년 한국 화장품산업 분석 보고서」. 청주: 한국보건산업진흥원.

에이스트레이더. 2018.12.21. "온라인 마케팅 동향 리포트: 성형외과". ≪open.ads≫. http://www.openads.co.kr/content/contentDetail?contsId=2104(검색일: 2021.9. 27).

지멜, 게오르크(Simmel, George). 2014.『돈의 철학』. 김덕영 옮김. 서울: 도서출판 길.

최은수. 2007.1.1. "조선시대 최초의 피어싱 금지는 1572년 남성들에게?". ≪이코노미 조선≫. http://economychosun.com/client/news/view.php?boardName=C26 &t_num=2076(검색일 2021.10.15).

콕스·존스·스태퍼드·스태퍼드(Barbara Cox, Carolyn Sally Jones, David Stafford, and Caroline Stafford). 2013.『패셔너블: 아름답고 기괴한 패션의 역사』. 이상미 옮김. 서울: Two Plus Books.

콘래드, 피터(Peter Conrad). 2018.『어쩌다 우리는 환자가 되었나』. 정준호 옮김. 서울: 후마니타스.

터너, 브라이언(Bryan Turner). 2002.『몸과 사회』. 엄인숙 옮김. 서울: 몸과마음.

페로, 필리프(Phlippe Perrot). 2007.『부르주아 사회와 패션』. 이재한 옮김. 서울: 현실 문화연구.

〈SBS 뉴스〉. 2014.2.5. "'성형 천국' 대한민국⋯전세계의 4분의 1 규모". https://news. sbs.co.kr/news/endPage.do?news_id=N1002218352&plink=COPYPASTE& cooper=SBSNEWSEND(검색일: 2021.9.28).

Bourdieu, Pierre. 1986. "The Forms of Capital." In John. G. Richardson(ed.). *Handbook of Theory and Research for Sociology of Education*. New York: Greenwood.

Conrad, Peter. 2007. *The Medicalization of Society: On the transformation of human conditions into treatable disorders*. Baltimore: The Johns Hopkins University Press.

Joseph, Nathan and Nicholas Alex, 1972. "The Uniform: A sociological perspective." *American Journal of Sociology*, Vol. 77, No. 4, pp. 719~730.

Kawamura, Yuniya. 2018. *Fashion-Ology An Introduction to Fashion Studies*. New York: Bloomsbury Academic, An imprint of Bloomsbury Publishing Plc.

Nystrom, Paul H. 1982. *Economics of Fashion*. New York: Ronald Press.

Reilly, Andrew. 2014. *Key Concepts for the Fashion Industry*. London: Bloomsbury Academic.

Weiner, Annette B. 1994. "Cultural Difference and the Density of Objects." *American Ethnologist*, Vol. 21, No. 2, pp. 391~403.

7장

김수철·이현지

플랫폼 시대의 웹툰 산업

1. 웹툰 플랫폼과 웹툰 산업의 성장

이 글은 지난 약 20년 동안 눈부시게 성장해 온 웹툰 산업의 변화 과정을 고찰하면서 디지털 플랫폼 기술의 발전에 따른 웹툰 산업의 특징과 변화 그리고 여기서 제기되는 사회 문화적 이슈에 대해 살펴보고자 한다. 한국의 문화 콘텐츠 산업의 규모는 2022년 현재 총매출액이 146조 원을 상회하며 웹툰 산업의 경우 1.5조 원(2021년 기준)을 넘는 것으로 알려져 있다. 산업 규모의 비중으로 보자면 1% 정도로 매우 미약하다고도 볼 수 있지만 웹툰이 드라마, 영화, 게임 등 한국 문화 콘텐츠의 원천 스토리 주요 공급원으로 자리 잡으면서 전 세계적으로 주목받고 있는 한국 문화 콘텐츠의 다양화와 양적·질적 성장에 미친 영향은 결코 1%라는 수치로 대변될 수 없을 것이다.

이러한 눈부신 성장을 성취해 온 한국 웹툰 산업의 가장 두드러진 특징 중의 하나는 바로 디지털 플랫폼에 있다. 지난 20년 동안의 웹툰 산업의 성장과 변화 과정은 한마디로 플랫폼화(platformization) 과정으로 요약해 볼 수 있다. 여기서 플랫폼화란 디지털 플랫폼이 기술적 영역을 넘어서 경제적 영역,

즉 웹툰 문화 상품(생산물)의 시장 구조 및 시장 참여자들의 행위 그리고 궁극적으로 관련 주요 행위자들(작가, 플랫폼 소유 기업, 독자 또는 소비자 등) 간에 형성되는 정치적 권력관계에도 영향을 미치고 있는 현상을 일컫는다(Nieborg and Poell, 2018: 2).

사실 디지털 플랫폼의 사용 확대에 따른 플랫폼화 현상은 웹툰 산업에만 해당되지 않는다. 문화산업 전반에서 디지털 플랫폼의 사용 확대와 그로 인한 변화들은 이미 지배적 현상이다. 예컨대, 음악 산업의 경우 아이튠스(iTunes), 스포티파이(spotify), 국내에서는 멜론, 네이버 바이브 등을 비롯한 소위 디지털 음원 서비스가 음악의 유통, 소비에 있어서 핵심적 영향력을 발휘하고 있다. 신문 산업에서도 한국의 경우 포털 서비스라는 디지털 플랫폼의 등장이 뉴스의 유통 방식은 말할 것도 없고 뉴스 생산 방식 및 소비 패턴에 어떤 영향을 주었는지는 현재 저널리즘 연구 분야에서 핵심적 의제이다. 영화 산업의 경우도 과거 극장, 텔레비전, 비디오(VHS)에서부터 오늘날 넷플릭스(Netflix)와 같이 무한정의 (영화) 콘텐츠를 개인화되고 디지털화된 플랫폼을 통해서 가입자에게 소위 오버더톱(Over The Top: OTT) 서비스를 공급한다. 이러한 플랫폼화는 오늘날 문화 콘텐츠 산업에 있어서 핵심적으로 특징적 현상이라고 할 수 있다(원용진·박서연, 2021). 하지만 이러한 플랫폼화에 따른 문화산업의 변화는 일반화하기 어려우며 각 문화산업 분야의 고유한 역사와 특징을 고려하면서 이해될 필요가 있다.

이 글은 2000년대 이후 웹툰 산업의 변화와 발전을 플랫폼화라는 시각에서 바라보면서 웹툰 시장 구조의 변화 및 여기서 제기되는 산업적·사회 정치적 이슈에 주목하고자 한다. 특히 웹툰 플랫폼 소유 기업/웹툰 작가/독자 사이에 존재하는 불균등한 권력관계 그리고 웹툰 플랫폼의 독점적 지위가 가져오는 문제점들 및 웹툰 산업의 선순환 구조에 미치는 영향에 대해 살펴보고자 한다(박석환, 2018; 성상민, 2017; 2019; 안희정, 2018; 정다솜, 2019). 특히 플랫폼화 과정에 대한 니보그(David Nieborg)와 포엘(Thomas Poell)의 접근 방식을 기반으로 하면서(Nieborg and Poell, 2018) 동시에 한국의 디지털 환경 및 산업 상황을 고려해 한국 웹툰 산업의 플랫폼화 과정을 경영(경제)학적 접근, 미디어 정치 경제학적 접근, 인프라스트럭처(infrastructure) 접근이라는 관점에서 통합적으로 살펴볼 것이다.

2. 웹툰 산업에 대한 기존 연구 검토 및 플랫폼 연구

기존의 웹툰 콘텐츠 및 웹툰 산업에 대한 인문 사회 영역에서의 연구들은 2000년대 초중반부터 나타나기 시작했다. 먼저 웹툰 콘텐츠에 대한 연구에서는 웹툰 산업이 콘텐츠 산업에서 차지하고 있는 중요성과 가능성에 주목하면서 웹툰 콘텐츠의 서사 구조, 기술적 측면, 연출 기법, 광고 효과 등을 포함한 서사적 특징이나 전략에 주목하는 연구들이 이루어졌다. 다른 한편으로 장르 또는 미디어 간 이동성이나 재매개 현상에 주목하는 트랜스미디어 스토리텔링 전략이라는 측면에서의 연구들도 이루어졌다(김용희, 2016; 안상원, 2017; 전혜미·박만수·한동섭, 2019; 한상정, 2015). 기존의 웹툰 콘텐츠에 대한 연구들은 서사 분석을 통한 트랜스미디어 스토리텔링 가능성 연구와 다양한 미디어를 통한 미디어 마케팅 전략의 시각에서 연구가 지배적이라고 할 수 있다.[1] 웹툰 산업 자체에 대한 연구들에는 웹툰 산업 현황, 웹툰 플랫폼 규모 및 운영 모델 그리고 해외 진출 및 세계화 전략, 활성화 방안 등에 대한 연구들과 정책 보고서들이 지배적이라고 할 수 있다(박석환, 2014; 송요셉, 2012).

하지만 웹툰 산업의 플랫폼화 현상은 앞에서 논의했듯이 문화산업 전반에서의 플랫폼화가 일반화된 현상으로 자리 잡아감에 따라서 단지 기술적 변화만의 문제가 아닌 그 변화의 결과에 대한 포괄적인 분석이 요구된다. 이글에서는 경영(경제)학적 접근, 미디어 정치 경제학적 접근, 인프라스트럭처 접근에 대해 간략하게 살펴보고자 한다.

먼저, 경영(경제)학적 접근 방식을 살펴보자. 이 접근에서의 주요 관심은 플랫폼을 소유하고 있는 기업들이 플랫폼에 기반한 시장에서 지니게 되는 중간 매개자로서의 역할이다. 플랫폼을 문화 상품 시장의 거래 중개자로 보는 시각이 기본적으로 깔려 있다. 이 접근 방식은 플랫폼화의 진행에 따라 시장 구조 및 지배 구조의 변화는 무엇이며 플랫폼 기업들의 전략은 어떻게 변화하는지에 대해 유용한 논의들을 제공해 준다(Gawer, 2014; 전병유·정준호, 2019).

경영(경제)학적 접근 방식에서 보았을 때 플랫폼화란 시장 구조의 변화를 말한다. 여기에는 다음의 두 가지 주요 변화가 있다(Nieborg and Poell, 2018). 첫 번째는 단일 또는 이중 시장 구조에서 복잡한 다중 시장 구조로의 변화이고 다른 하나는 플랫폼 시장의 모든 참여자들에 영향을 미치는 강력한 승자 독식(winner-take-all) 구조로의 변화이다(4282). 즉, 플랫폼화에 따라서 생산자·소비자, 생산자·광고주 사이에 존재하던 단일 또는 이중 구조의 시장이 플랫폼 기업이나 소유주·다중 거래자(소비자, 광고주, 그 외 제3의 거래 당사자 등)라는 다중 시장 구조로 변화되고 여기서 발생하는 네트워크 효과가 바로 플랫폼 경쟁력의 원천이자 승자 독식 구조로의 변화를 가능케 한다는 것이다(Rochet and Tirole, 2003; 전병유·정준호, 2019).

이 접근은 플랫폼이라는 용어가 다양하고 복합적인 의미로 저널리스틱하면서도 다소 혼란스럽게 사용되고 상황에서 플랫폼, 특히 디지털 플랫폼의 도입이 실제로 특정 산업 및 시장 구조에 어떠한 영향을 미치게 되는지에 대해 시장을 둘러싼 한 시장 참여자(행위자)들의 관계를 중심으로 조명한다.

하지만 경영(경제)학적 접근에서의 분석은 플랫폼을 상대적으로 정적인 대상으로 바라본다는 한계를 지닌다(Gawer, 2014; Nieborg and Poell, 2018; Tiwana, 2014). 실제로 수많은 디지털 플랫폼 기업들은 새로운 플랫폼 기술, 비즈니스 모델 그리고 지배 구조상에 있어서 적지 않은 변화와 혁신을 추구하는 경향이 있다. 이러한 플랫폼에 대한 정적인 시각은 플랫폼과 플랫폼에 다양한 콘텐츠를 제공하거나 또는 이러한 플랫폼에 의존해서 다양한 가치와 이윤을 창출해 내는 '플랫폼 보완자(platform complementor)'(Nieborg and Poell, 2018: 4278)들 사이에 존재하는 역동적인 관계의 변화를 정확하게 설명하지 못하는 경향이 있다.

둘째, 플랫폼에 대한 미디어 정치 경제학적 접근이다. 이 접근은 플랫폼화의 진행에 따라서 플랫폼 기업을 중심으로 한 자본 집중 현상과 권력의 문제 그리고 플랫폼과 연관된 생산자와 소비자(사용자)들의 비물질적 노동의 불안정하고 착취적인 성격에 주목하는 비판적 논의들이 주를 이룬다. 특히 마르크스(Karl Marx)의 노동 가치 이론과 스미스(Dallas Smythe)의 '수용자 상품(audience commodity)'론(Smythe, 1981)을 오늘날의 '플랫폼 자본주의(platform capitalism)'(Srnicek, 2016)에 적합하게 변용, 발전시킨 비판적 미디어 정치 경제학에서의 논의가 이러한 시각을 대표한다(Andrejevic, 2011; Fuchs, 2012; 2017; Van Dijck and Poell, 2013; Winseck and Jin, 2011; Jin, 2015; Terranova, 2000; 김수철·오준호, 2013; 김영욱, 2018; 김동원, 2015; 백욱인, 2014; 이광석, 2018; 이희은, 2014; 채석진, 2016; 조동원, 2013; 조정환, 2011). 미디어 정치 경제학적 접근에서는 플랫폼화가 미디어 다양성뿐만 아니라 문화 생산자들의 독립성과 미디어 접근성의 문제 그리고 특정 산업 분야에서 플랫폼 소유 기업의 지배적 영향력 등에 대한 비판적 논의를 찾아볼 수 있다.

최근 웹툰 플랫폼 중심으로 발전해 온 웹툰 산업의 문제점의 하나로 제기되고 있는 웹툰 작가들의 창작 노동 환경의 악화에 따른 문제점을 지적하는 목소리들도 이러한 맥락에서 이해될 수 있다. 웹툰 작가들과 웹툰 플랫폼 사이에 불균등한 권력관계에 기인하고 있는 웹툰 생산 노동 환경 변화에 대한 논의는 4절에서 자세히 논의될 것이다.

마지막으로, 상대적으로 최근에 새롭게 주목받고 있는 인프라스트럭처 연구(infrastructure studies) 분야에서 제기되는 접근 방식이다. 이 중에서도 특정

소프트웨어, 플랫폼, 애플리케이션의 물질적이면서도 기술적인 작동 방식에 주목하고 있는 연구들이 이 접근에 해당한다(Gillespie, 2010; 2017; Langlois and Elmer 2013, 2019; Plantin et al., 2018; 이광석, 2017).

인프라스트럭처 접근 방식에서의 플랫폼화에 대한 논의는 소위 최종 사용자(end-users)와 플랫폼 사이의 관계 변화에 집중된다. 디지털 플랫폼 사용의 확산과 그 지배적 영향력의 확대를 이제는 디지털 플랫폼을 특정 영역이나 기술적 측면에서의 변화에만 한정되는 것으로 볼 것이 아니라 인프라스트럭처의 하나로 바라볼 필요성이 제기된다. 다시 말해, 오늘날의 디지털 플랫폼이 인프라스트럭처로서 지니는 사회 기술적(sociotechnical) 특성이 어떻게 최종 사용자들로 하여금 특정 형태의 활동, 연결성, 지식을 허용하고 받아들일 수 있게 하는지에 주목하는 것이다. 예컨대, 구글(Google)이나 페이스북(Facebook)과 같은 특정 디지털 플랫폼들이 어떻게 특정한 형태의 커뮤니케이션을 포맷하거나 코드화해 강화시켜 그 영향력을 발휘하는지에 대한 분석이 그 대표적 예시이다(Langlois and Elmer, 2013).

미디어 정치 경제학의 접근이 플랫폼화에 따른 노동 환경의 변화에 대해 집중하고 있다면 인프라스트럭처 접근은 단지 생산 노동(창작 활동)과 생산자(작가)만이 아니라 최종 사용자(소비자) 그리고 플랫폼 보완자(또는 콘텐츠 개발자), 더 나아가 해당 산업 생태계 전반에 플랫폼화가 의미하는 바에 대한 논의를 포괄적으로 제공하고 있다고 볼 수 있다. 인프라스트럭처 연구에서의 접근은 오늘날 점차로 첨예한 문제로 제기되고 있지만 그동안 다른 접근에서는 주목받지 못했던 플랫폼 비즈니스 모델과 디지털 플랫폼 기술 사이의 내밀한 연관성에 대한 통찰을 보여주고 있다고 평가할 수 있다.

플랫폼화에 대한 미디어 정치 경제학에서의 논의에도 불구하고 플랫폼 의존적인 노동 성격의 변화가 어떻게 웹툰이라는 문화 상품의 변형뿐만 아니라 문화산업 전반 생태계의 변화로 더욱 포괄적으로 번역될 수 있는지에 대한 논의는 상대적으로 적은 편이라는 점에서 이 접근의 유용성을 찾을 수 있다. 오늘날 플랫폼은 독립적으로 개발되고 유지되는 시스템들을 연결해 주는 하나의 네트워크나 웹으로 흔히 이해되지만 오늘날의 플랫폼이 주로 상업화된 기업과 자본에 의해서 중앙 집중적으로 관리, 기획되고 통제되는 시스템이라는 점은 상대적으로 주목을 받지 못했다(Plantin et al., 2018).

한국 웹툰 산업에 대한 연구에서도 웹툰 플랫폼의 역할과 플랫폼화에 따른 시장 구조의 변화, 노동 환경의 변화 그리고 웹툰 산업 생태계에서의 변화에 대한 비판적 논의는 많지 않은 게 사실이다. 문화 생산품, 문화 상품으로서 웹툰은 사실 그 이전에 만화의 형식을 띤 문화 상품의 변형물이다. 그러나 이러한 변형을 낳은 플랫폼화에 따른 네트워크 효과와 승자 독식의 플랫폼 시장 구조의 효과에 대한 비판적 논의는 의외로 많지 않다.

3. 한국 웹툰 산업의 변화

1) 웹툰의 등장과 웹툰 플랫폼의 성장

한국의 웹툰이 등장하기 시작한 시기는 2000년대 초반으로 알려져 있다. 이 시기는 다수의 만화 잡지가 폐간되고 발행 주기가 주간에서 격주간으로 조정되는 위기를 맞은 때이다.

이 시기 나타났던 웹툰의 원형은 두 가지 형태를 찾아볼 수 있다. 하나는 2000년대 초반 인터넷 보급이 활성화되면서 그림 작가 또는 작가 지망생 들 사이에서는 자가 포트폴리오 형식으로 개인 홈페이지나 블로그를 통해서 나타난 것이고 다른 하나는 기존의 출판 만화가 '다음'이나 '네이버' 등 인터넷 포털 사이트를 통해서 전자책(ebook) 형태로 제공되는 형태였다.

한국에서 웹툰 플랫폼의 시작은 2003년부터 주기적으로 대형 포털을 통해서 웹툰이 연재되기 시작하면서 등장했다고 볼 수 있다. 2003년 다음 포털 서비스의 웹툰 플랫폼에서 선보인 강풀 작가의 「순정만화」가 대표적이다. 강풀 작가의 작품은 이 시기 이미 연극 또는 영화 등으로 제작되어 오늘날 트랜스미디어 스토리텔링으로 흔히 알려진, 즉 웹툰을 원천 콘텐츠로 하면서 다른 형태의 콘텐츠로 제작되는 방식을 보여주었다.

웹툰이 하나의 독자적인 엔터테인먼트 산업 분야로 주목받기 시작한 시기는 사실 대형 포털 사이트가 더 많은 이용자 확보를 위해서 웹툰 서비스를 이용하는 과정에서 자체적인 독점 연재 작품을 보유하고자 경쟁에 박차를 가하기 시작한 시기와 맞물린다. 전자책 형태의 디지털 만화 형식에서 출발한 웹툰은 대형 포털 사이트 서비스와 결합되면서 웹툰 플랫폼의 형태를 띠게 되었고 그 이후 어디에서나 인터넷에 접근할 수 있는 모바일 인터넷 기술과 스마트폰의 보급과 결합되면서 페이지 스크롤 방식이나 애니메이션과의 혼합 등 다양한 시각적·청각적 효과를 접목시키면서 진화해 왔다.

웹툰 콘텐츠와 웹툰 플랫폼의 결합 과정에서 주목해야 할 점이 단지 기술적 부분(스크롤 방식)이나 웹툰 유통 방식의 변화를 통한 인지도 향상만은 아니다. 웹툰 산업의 플랫폼화, 즉 웹툰 플랫폼의 등장과 성장은 웹툰 생산 방식에도 근본적인 변화를 가져왔다. 즉, 공모전 등의 작가 충원 제도를 통해서 웹툰 작가를 발굴하고 생산 인력을 충원할 수 있었다. 다음과 네이버는 공모전 등의 작가 충원 제도를 통해서 웹툰 작가를 발굴해 웹툰 생산 인력을 충원했으며, 웹툰에 관심 있는 독자와 프로 웹툰 작가를 꿈꾸는 작가 지망생 그리고 업계의 흥미를 모았다.[2]

이 과정에서 포털 서비스 회사들은 웹툰을 통해서 포털 트래픽을 높이는 동시에 웹툰 배포를 통해서 플랫폼 인지도와 원천 콘텐츠의 주목도를 높이고, 또한 파생 콘텐츠의 개발을 통한 수익 창출의 모델을 만들어낼 수 있었다. 예컨대, 2013년 웹툰 전문 플랫폼인 '레진코믹스'를 선두로 규모를 늘린 유료 웹툰 플랫폼들은 웹툰을 유료 콘텐츠 반열에 올려놓았으며 드라마, 영화, 애니메이션, 캐릭터 팬시 산업 등의 영역에서 웹툰 개발이 각광받을 수 있는 기반을 마련했다. 더 나아가 웹툰의 해외 유통도 빠르게 확산되었다. 주요 포털 웹툰 플랫폼은 자사의 해외 법인 및 관계사를 중심으로 다국어 웹툰 서비스를 확대했고 이미 진출한 자사의 플랫폼 서비스와 연계하는 방식으로 웹툰의 해외 유통을 활성화시켰다.

웹툰 산업의 시장 규모는 2009년에는 119.6억 원, 2012년에는 390.9억 원, 2013년에는 1000억 원, 2014년에는 1500억 원 규모로 추산되는 정도에 불과했다. 포털 웹툰의 생산량과 광범위한 사용자 기반으로 인해 오늘날(2021년 기준) 웹툰 산업의 규모는 1.5조 원을 넘어서고 있다(한국콘텐츠진흥원, 2022b).

2) 한국 웹툰 산업의 해외 진출 현황과 웹툰 시장의 전망

오늘날 웹툰 산업은 한류 산업의 주요 핵심 분야로 인식되고 있으며 글로벌 엔터테인먼트 비즈니스로 확대되어 복합 엔터테인먼트 산업이 되었다. 이 과정에서 활발한 웹툰 산업의 해외 시장 진출도 한몫을 했다. 2019년 국내 만화 산업의 지역별 수출액 현황을 보면, 유럽에 1194만 달러를 수출해 전체 수출액의 29.5%를 차지했다. 다음으로 일본에 1160만 달러(28.6%), 동남아시아에 824만 달러(20.4%), 북미에 529만 달러(13.1%), 중화권에 246만 달러(6.1%)를 수출한 것으로 조사되었다. 2018년 국내 만화 산업의 수출액은 전년 대비 14.9%p 증가했으며, 2016년부터 2017년까지 연평균 11.7%p 증가했다(〈표 7-1〉 참조).

한국 웹툰 시장은 일본에서 2013년에 'NHN 엔터테인먼트'의 일본 자회사인 'NHN 코미코(NHN Comico)' 서비스를 시작으로 형성되기 시작했다. 네이버는 자회사 '라인'의 디지털 만화 서비스인 '라인망가'를 2013년 일본에 출시했다. 라인망가는 2018년 1월 기준 앱 다운로드 수 1900만 회에 달했고, 단행본 누계 다운로드 수는 15억 권을 돌파했다. 일본에 이어 세계 2위의 만화 시장인 미국으로의 한국 웹툰 시장 진출은 2012년 '타파스미디어(타파스

표 7-1

만화 산업 지역별 수출액 현황

연도 지역	2016 (천 달러)	2017 (천 달러)	2018 (천 달러)	비중 (%)	전년 대비 증감률(%)	연평균 증감률(%)
중화권	1,325	1,367	2,461	6.1	80.0	36.3
일본	9,154	9,742	11,601	28.6	19.1	12.6
동남아시아	6,352	7,094	8,244	20.4	16.2	13.9
북미	4,602	5,036	5,295	13.1	5.1	7.3
유럽	10,324	11,093	11,948	29.5	7.7	7.6
기타	725	929	952	2.4	2.5	14.6
합계	32,482	35,262	40,501	100.0	14.9	11.7

자료: 한국콘텐츠진흥원(2020: 157).

틱)'를 시작으로 2014년 '네이버 라인 웹툰', 2015년 '스팟툰(투니온)', 2016년 레진코믹스, '태피툰'이 진출해 서비스하고 있다. 중국에는 한국 플랫폼이 현지 업체와의 합작 법인으로 진출했다. '카카오' 또한 2017년 초부터 현지 업체 '텐센트'와 콘텐츠 관련 자회사 '포도트리' 간 직접 계약을 맺고 웹툰 플랫폼 '텐센트동만'에 20개 작품을 제공했다(김윤희, 2017).

'2018년 콘텐츠 산업 실태 조사'에 따르면, 연간 콘텐츠 산업의 총매출액은 119조 1103억 원으로 전년 대비 5.2%p 증가했다. 여기에서 음악, 지식 정보, 만화 산업 장르가 전년 대비 높은 매출 증가를 기록하며 성장세를 보였다. 수출액 또한 95억 5078만 달러로 전년 대비 8.4%p 증가했다. 수출액에서는 애니메이션, 만화, 출판 산업이 전년 대비 높은 수출 증가 추세를 보였다. '대한민국 콘텐츠산업 2018년 결산과 2019년 전망'에 따르면 특히 만화·웹툰이 영화, 드라마, 애니메이션, 게임 등 다양한 장르의 이차적 창작물로 이어지며 영향력 있는 대중문화 콘텐츠로 각인되고 있음을 알 수 있다(한국콘텐츠진흥원, 2019: 14). 또한 2018년에는 국내에서 손에 꼽는 플랫폼인 네이버와 카카오가 각기 콘텐츠 플랫폼 자회사로 '스튜디오N', '카카오M'을 설립해 원작 웹툰을 성공적으로 영상화하도록 지원하는 가교 역할을 자처해 콘텐츠 제작에 박차를 가하고 있다. 이것은 수익 창출 산업에서 콘텐츠의 중요성이 커지고 있음을 시사하는데, 웹툰이라는 원천 콘텐츠 역량을 강화하려는 측면으로도 보인다.

그러나 웹툰 산업 전망에 대해서 우려하는 시각도 있다. 최근 20년 동안 성장을 거듭해 온 웹툰 시장에서의 과열 경쟁과 웹툰 작가 창작 환경의 양극화 내지는 전반적 악화를 지적하는 것이다. 2000년대 초반 출판 만화 시장이 몰락하기 직전의 과열 경쟁 양상과 작가에게 가는 수입의 불투명한 정산 문제 그리고 불공정한 처우 문제가 쌓였던 것처럼, 창설 초기 웹툰 작가들에게 좋은 조건을 내밀던 플랫폼은 일방적으로 고용 조건을 회사에 유리한 방향으로 변경하기도 한 사례가 대표적이다. 이 중에서 가장 큰 논란은 작가가 안정적인 창작 활동을 영위할 수 있을 만큼 받는 적절한 보수 수준과 관련된 창작 환경에 대한 문제일 것이다.

웹툰과 관련해서 발생한 수익에 대한 적절한 배분 체계의 문제를 지적하는 목소리도 많다(송요셉, 2012: 3). 플랫폼이 수익 창출과 사회적 영향력에 의한 공적인 역할을 모두 수행해야 할 필요가 높아지고 있으며 적절한 위치 설정을 통해 웹툰 시장의 발전 방안을 모색할 필요가 있다는 것이다. 즉, 웹툰 산업이 확장되면서 웹툰 산업 플랫폼화의 대가와 그 결과에 대한 논의가 필요한 시점이다. 최근 일부 웹툰 플랫폼 기업의 개선안 발표 및 국회 차원에서의 법안 발의 등 개선 노력이 없지 않았지만, 여전히 실질적인 제도화를 통한 웹툰 제작 현장에서의 눈에 띄는 변화는 찾아보기는 힘든 상황이다. 아래에서는 이러한 문제를 시장 구조의 변화와 권력관계 및 웹툰 플랫폼의 인프라스트럭처화라는 측면에서 자세하게 살펴볼 것이다.

4. 웹툰 산업의 플랫폼화와 그 명암

1) 시장 구조의 변화

문화산업 전반에 걸쳐서 나타나고 있는 플랫폼 미디어 사용의 확대와 심화 현상, 즉 플랫폼화 현상은 문화산업 전반, 즉 문화 상품 또는 문화 생산물의 소비, 유통 방식은 물론 생산 방식에도 지대한 영향을 미치고 있다. 문화산업에서의 플랫폼화에 따른 변화의 내용을 파악하기 위해서는 먼저 플랫폼은 내적인 위계화(는 다른 말로 수직적 위계화)를 추구하기보다는 외부의 행위자에 의해서 플랫폼의 디자인이나 작동 방식이 확대되고 세련화된다는 점이 이해될 필요가 있다. 즉, 플랫폼은 문화 상품 시장에서 독창적인 생산품의 생산을 통한 이윤 추구가 아니라 자신들의 소프트웨어 생태계에 기여하는 수많은 독립적인 개별 행위자들을 자신들의 플랫폼에 끌어들임으로써 시장에서의 성공을 추구한다. 따라서 사용자들은 플랫폼의 규격화된 인터페이스를 사용함으로써 과거에 비교하지 못할 만큼의 양적으로 다양한 상품이나 콘텐츠에 접근할 수 있고 해당 산업계의 개발자나 중간 매개자 들은 이 플랫폼이 제공하는 코드, 거대 규모의 소비자(수용자), 마케팅 파워에 기대어 자신들의 이윤을 추구할 수 있게 된다.

플랫폼이 지배적이 되기 이전 만화 출판사는 독자와 광고주를 연결시켜 주는 매개자였다. 또한 만화 출판사는 만화 작가, 즉 문화 생산자와 독자(소비자)를 연결시켜 주는 역할을 담당했다. 그러나 웹툰 플랫폼, 특히 웹툰 전문 플랫폼만이 아니라 네이버나 다음과 같이 일반적인 포털로서 역할을 하는 소셜 미디어 회사에 의해 창립되고 지배받는 웹툰 플랫폼들이 등장하면서 이러한 시장 구조는 복합적인 다중 시장 구조로 변하게 된다.

그러나 다중 시장 구조로의 웹툰 콘텐츠 시장의 변화가 대표적인 디지털 플랫폼인 유튜브(YouTube), 페이스북과 같은 플랫폼화에서 나타나듯이 광고 시장을 중심으로 한 시장 구조의 변화와 동일하지는 않았다는 점에 주목할 필요가 있다. 실제로 유튜브나 페이스북과 같이 플랫폼화의 결과로 나타나는 다중 시장 구조로의 변화는 수익 모델에 있어서 광고 매출의 압도적인 비중과 확대를 기본 전제로 하고 있다. 웹툰 플랫폼에서의 광고(PPL 광고, 브랜드 웹툰 광고, 배너 광고 등)가 실제로 있지만 웹툰 플랫폼의 총매출액에서 광고가 차지하는 비중이 2차 콘텐츠 제작 관련 저작권료나 콘텐츠 사용료 매출액에 비해 압도적인 비중을 차지하지는 않는다.

즉, 실제로 웹툰 플랫폼에 의해 유발된 시장 구조의 변화는 광고주를 위한 전형적인 다중 구조 시장으로의 변화라기보다는 사실 웹툰 원작의 오리지널 스토리를 재료 삼아 원 소스 멀티 유즈(OSMU) 전략이나 트랜스미디어 전략을 통해서 영화, 드라마, 게임 등의 다른 미디어, 다른 장르의 콘텐츠를 제작하고자 하는 원작 스토리 구매자를 위한 스토리 시장의 형성에 더 가깝다고 볼 수 있다. 이는 실제로 웹툰 전문 플랫폼들의 경우 플랫폼의 수익 대부분이 콘텐츠 판매 수익에 의존하고 있다는 점에서 보면 더욱 그러하다. 포털 웹툰 플랫폼의 경우도 기존의 해당 포털의 소셜 미디어 서비스에 익숙한 절대 다수의 가입자와 사용자 들을 기반으로 한 강력한 마케팅 파워에 기대어 웹툰 플랫폼으로 그 기능을 더욱 확대한 것은 사실이지만 이러한 포털 웹툰 플랫폼의 등장으로 인한 시장 구조의 변화가 그 포털의 광고 수익보다는 웹툰 전문 플랫폼과 마찬가지로 트랜스미디어 스토리텔링 시장의 확대 과정에서 원작 콘텐츠 스토리 시장의 형성과 더 밀접하게 연관되어 있다.

이는 문화산업에서의 플랫폼화에 따른 문화산업 시장 구조와 특정 플랫폼에서의 경영 전략에서의 변화가 문화 생산 전반에 어떠한 영향을 미치는지에 대한 색다른 통찰을 제공해 준다. 일반적으로 웹툰 플랫폼은 광고주를 위한 다중 시장 구조의 변화가 아니라 웹툰 플랫폼이 기존의 흩어져 있던 웹툰 작가들, 즉 콘텐츠(스토리) 공급자들과 웹툰 독자들이 모두 상호 작용하고 참여하는 다중 시장의 형성을 가능케 하는 것으로 알려져 있다. 이를 통해서 새로운 콘텐츠 소비자들(즉, 일반적으로는 광고주)이 중요한 클라이언트가 되는 시장 구조의 변화를 가져왔다. 그러나 웹툰 산업의 플랫폼화 과정에서 다중 시장 구조로의 변화는 광고주 중심의 시장 구조의 변화라기보다는 기존의 오리지널 스토리 시장(즉, 만화 작가와 만화 출판사 사이에 존재하던 시장과 만화 작가와 만화 소비자 사이에 존재하던 시장)을 오리지널 웹툰 스토리 공급자인 작가와 웹툰 독자, 무엇보다도 웹툰 원작 스토리의 소비자인 2차 콘텐츠 제작자 사이에 존재하는 시장으로 변화시킨 것이다.

또 다른 의미에서 이러한 시장 구조의 변화가 의미하는 바가 무엇인지를 이해하기 위해서는 오리지널 스토리 시장의 공급자인 국내 웹툰 작가 현황에 주목해 볼 필요가 있다. 국내 웹툰 작가 숫자는 얼마일까? 한국콘텐츠진흥원에서 조사한 「2022년 웹툰 작가 실태조사」 보고서에 따르면, 2021년 기준 국내 웹툰 작가 수는 총 9326명으로, 2020년(7407명) 대비 25.9%p 증가했다(한국콘텐츠진흥원, 2022a: 21). 하지만 작가 활동을 전업으로 하고 있는 작가와 다른 직업 활동과 병행하는 경우도 적지 않으며 그리고 광범위하게 분포하고 있는 이른바 잠재적 작가(작가 지망생)의 수를 고려한다면 소위 웹툰 플랫폼을 통해서 자신의 작품(글, 그림)을 공급하고 있거나 공급한 적이 있거나 또는 앞으로 데뷔(공급)하고자 하는 광의의 의미의 웹툰 작가는 상당한 수에 이를 것이라고 예상해 볼 수 있다.[3]

이런 면에서 보면 웹툰 플랫폼은 웹툰이라는 특정 문화 생산물의 형식을 통해서 다양한 스토리들(데이터)을 수집, 동원, 저장하면서 동시에 광범위한 독자들과 상호 작용할 수 있는 공간을 제공하고 이를 통해 오리지널 스토리를 잠재적인 2차 콘텐츠 제작자들에게 연결, 또는 2차 저작물을 직접 판매, 제작함으로써 이익을 도모하고 있다고 보는 데에 큰 무리가 없어 보인다. 이는 웹툰 플랫폼에 의해 이루어진 웹툰 산업의 플랫폼화에 의한 시장 구조의 변화는 오리지널 스토리를 공급할 수 있는 대규모 스토리 창작 생태계의 창출이라는 것을 의미한다.

이는 유튜브 모델에서처럼 대규모의 전문 크리에이터(creator)와 아마추어 크리에이터를 포괄하는 동영상 콘텐츠 창작 생태계라는 플랫폼을 창출한 것과 비교될 수 있을 것이다. 단지 미디어 플랫폼으로서 유튜브의 수익 구조가 광고의 비중이 높은 반면에 네이버웹툰과 같은 포털 웹툰 플랫폼은 콘텐츠 판매액, 광고, 2차 콘텐츠를 통한 라이선스 사업(IP(Intellectual Property) 비즈니스) 등과 같이 좀 더 다변화된 매출 구조를 가지고 있다는 점에서 차이가 있다고 볼 수 있다(강성원, 2019). 웹툰 원작을 활용한 2차 콘텐츠의 제작, 판매가 웹툰 플랫폼 공간에서 이미 큰 인기를 끌었던 작품들을 중심으로 이루어지고 있다는 면에서 웹툰 산업의 플랫폼화는 다양한 직간접적 형태의 네트워크 효과를 창출하는 시장 구조의 변화뿐만 아니라 향후 웹툰 산업의 성장에 있어서 핵심적이 될 가능성이 높다.[4]

하지만 많은 플랫폼 기술, 플랫폼 미디어에 대한 연구들이 지적하고 있듯이, 이러한 플랫폼화의 대가는 작지 않다. 먼저, 플랫폼이 제공하는 업데이트에 의해 유발되는 지속적인 수정과 제한이다. 사용자, 기능, 디자인의 측면에서 플랫폼 잠금 효과들에 의해 유발되는 비용들은 어떤 경우 개별 행위자들이 얻게 되는 플랫폼화에 의해서 제공되는 직간접적인 긍정적 효과들 ― 예컨대, 편의성, 마케팅 파워, 시장성 등 ― 에 의해 유발되는 애초의 플랫폼의 긍정적인 네트워크 효과를 무력화하거나 혹은 오히려 부정적인 효과를 유발하기도 한다. 이러한 상황은 플랫폼 소유자들이 다른 경쟁 플랫폼에서도 공통으로 작동되거나 구현될 수 있는 길을 계약 등을 통해서 애초에 봉쇄해 버리는 전략을 추구하면서 웹툰 작가들이 오직 하나의 플랫폼에만 충성하도록 하거나 아니면 단 하나의 작품(문화 생산물)의 여러 가지 버전만을 유지하는 전략을 취할 때 더 많이 나타나는 경향이 있다(박석환, 2018; 정다솜, 2019).

이러한 플랫폼화의 대가와 플랫폼화로 인한 시장 구조의 변화는 시장 참여자들 사이의 권력관계 문제와도 밀접하게 연관된다. 실제로 플랫폼화의 진행에 의한 변화는 시장 구조의 변화만이 아니라 문화산업에서의 권력관계, 문화 생산자의 자율성과 같은 문제에도 심각한 변화를 가져오고 있다.

2) 권력관계 및 문화산업 생태계의 변화

플랫폼 미디어 연구자인 길레스피(Tarleton Gillespie)가 지적하고 있듯이 (Gillespie, 2010; 2017) 오늘날 유튜브, 페이스북과 같은 디지털 플랫폼 기업에 의해서 구사되는 플랫폼 용어(메타포)의 보편화된 사용 방식의 문제점에 대한 지적은 한국 웹툰 산업의 플랫폼화 현상을 설명하는 데에도 적합하다. 그에 따르면, 플랫폼이라는 메타포의 사용은 실제로 소셜 미디어나 다른 디지털 디바이스들이 작동하는 방식 — 예컨대, 경제, 사회, 정치적 상호 작용의 활성화와 같이 — 을 드러내주기도 하지만 또한 이러한 이질적이고 다양한 상호 작용이 어떻게 조정되고 조직화되는지에 대한 명확한 이해를 방해하기도 한다고 지적한다(Gillespie, 2010).[5]

특히 기존의 플랫폼에 대한 미디어 연구 분야에서의 논의들이 디지털 플랫폼의 광범위한 확산 경향과 함께 기존의 인프라스트럭처 연구와 융합되면서 플랫폼 및 플랫폼화에 대한 접근들은 점차로 인프라스트럭처의 하나로 여겨질 만큼의 영향력을 높여가고 있는 디지털 플랫폼에 대한 연구로서 더욱더 그 시의성을 더해가고 있다고 볼 수 있다. 이는 오늘날 벌어지고 있는 플랫폼화 현상의 의미를 풍부하게 파악하기 위해서는 인프라스트럭처 개념과 플랫폼 개념을 동시에 비교 고찰해 보는 것이 유익하다.

개념적으로 보았을 때 인프라스트럭처와 플랫폼의 차이점은 비교적 명확하다. 인프라스트럭처는 "시스템에서 네트워크로 그리고 다시 웹으로 진화해 오는 과정에서 다양한 사회 기술적 게이트웨이[6]를 통해서 이질적인 요소들을 통합시켜 왔다고 볼 수 있다"(Plantin et al., 2018: 299). 인프라스트럭처에 대한 사회학적 연구들이 보여주었듯이 인프라스트럭처는 우리의 일상생활, 노동에 깊숙이 자리 잡고 있으며 그 접근성이 높은 편이고 심지어는 존

인프라스트럭처에 대한 사회학적 이해

인프라스트럭처(infrastructure)는 사전적으로 빌딩, 교통, 물, 에너지 공급 등이 한 국가나 조직에서 운영되는 데 필수적인 시스템이나 서비스를 통칭한다(*Oxford Dictionaries*, 2021). 인프라스트럭처는 의미상 물질적 시스템이나 구조를 포함 하지만 이는 인프라스트럭처에 대한 단순 도구주의나 기술 결정론적 이해이다. 최근 기술 사회학, 지리학, 미디어 커뮤니케이션학 등의 분야에서 새롭게 주목 되고 있는 인프라스트럭처에 대한 접근은 인프라스트럭처를 단순 기술적 기능 이나 전달 매체 또는 도구로만 해석할 경우 오늘날 변화하는 미디어 및 디지털 기술의 발전, 확산의 의미를 온전하게 담아내지 못할 것이라는 문제의식이 깔 려 있다. 이러한 맥락에서 최근 인프라스트럭처에 관한 연구는 인프라스트럭처 의 물적/비물적 측면의 구분을 넘어서면서 동시에 탈도구주의, 탈기술 결정론 적 관점에서의 이해를 추구한다.

인프라스트럭처에 대한 이러한 포스트휴먼적 이해의 핵심에는 인프라스트럭처 의 물적/비물적 특성의 관계에 대한 새로운 이해가 핵심에 있다. 즉, 인프라스 트럭처에 대한 포스트휴먼적 이해는 인프라스트럭처를 구성하는 시설, 시스템, 또는 구조가 물적이지 않다는 말이 아니라 오히려 그 물적 측면이 맺고 있는 다 른 비물적 측면과의 관계를 주목할 필요성을 강조하는 것이다. 일례로, 지리학 자 그레이엄(Stephen Graham)과 마빈(Simon Marvin)이 밝히고 있듯이(Graham and Marvin, 2001), 오늘날 대부분의 인프라스트럭처(예컨대, 철도망, 도로망, 하수 시설, 대중교통 체계 등)는 19세기 중반에 등장했으며 등장할 시기의 그 민주주의적 이상(ideal)과는 달리 점차로 파편화(splintered)되고 더 나아가 탈 규제와 사유화가 심화되어 과거에 공공재나 공적으로 엄격하게 규제되는 재화 나 서비스라는 위치와 개념을 점차로 상실하고 있다. 철도망, 전기, 도로, 통신, 우편 서비스 등이 19세기와 20세기를 거치면서 세계의 수많은 국가에서 그 소 유와 운영이 어떻게 변화되어 왔는지를 떠올려보면 쉽게 이해될 수 있다. 특히

20세기 중반 이후 불어온 신자유주의의 영향으로 이러한 대표적인 근대 인프라스트럭처들은 초기의 보편적이고 공공적 성격을 법적으로도 그리고 실질적으로도 상실한 경우가 많다. 하지만 이러한 사유화에도 불구하고 일반 사람들의 근대 인프라스트럭처에 대한 정치 사회적 감수성은 이러한 변화와 일치하지 않는 경우가 많다.

또 다른 예시로, 사회학자 미미 셸러(Mimi Sheller)에 따르면, 인프라스트럭처는 단순히 기술적 기능의 문제를 넘어서 종종 "국가나 기업의 미래 계획 속에 담긴 환상, 욕망 그리고 미래에 대한 모색이 담긴 투자"(셸러, 2019: 234)인 경우가 많다. 인프라스트럭처에 새겨져 있는 이러한 욕망과 환상이 재난 상황이나 공포 또는 패닉 상태로 변질되거나 혹은 불평등, 갈등, 소외의 근원으로 드러나 아래로부터의 저항과 개입을 낳는 순간들은 모두 우리가 인프라스트럭처와 맺고 있는 다양한 관계의 사회 정치적 속성이 드러나는 순간들이다.

재하고 작동하고 있는지도 모를 정도로 하나의 본질적 요소로서 존재한다(Edwards, 2002; Star and Ruhleder, 1996).

반면에 플랫폼은 상대적으로 규모나 범위에 있어서 인프라스트럭처에 비해 작은 편이라고 할 수 있다. 대신 플랫폼의 설립자들은 일반적으로 거대한 시스템을 모듈화하고자 한다(Plantin et al., 2018). 즉, 거대 규모의 시스템을 작은 파트들로 나누고 이 작은 파트를 구성하는 모듈들이 다른 시스템에서도 개별적으로 사용되고 만들어질 수 있도록 하는 구조를 선호한다.[7] 여기서 플랫폼은 보통 상업적 이윤을 추구하는 사적 기업들에 의해서 중앙 집중적으로 통제되고 계획된 시스템으로 계속 유지되고 있으며 수많은 제3자들, 개발자들의 혁신으로부터 이윤을 취하고자 한다.

오늘날 한국 문화산업 전반뿐만 아니라 사회 각 분야에서도 플랫폼 메타포의 사용이 일반화되고 하나의 혁신이나 주요 트렌드를 대표하듯이 일상적으로 사용되고 있다. 즉, 플랫폼의 대중적 확산에 따라 인프라스트럭처와의 구분이 점차 어려워지고 있는 상황이다. 이 과정에서 문화 생산, 창작 활동은 점차로 플랫폼 의존성이 증대되어 자율적이면서도 지속 가능한 문화 생산 방식들이 점차로 축소 내지는 훼손되고 있는 상황들에 나타나고 있다. 이러한 상황에서 플랫폼 메타포의 광범위하고 일방적인 사용과 재현 방식은 웹툰 플랫폼이 다양하고 이질적인 행위자들 — 웹툰 작가, 소비자, 에이전트, 콘텐츠 프로듀서 등 — 사이의 상호 작용을 어떻게 특정한 방향으로 틀 지우고 유도하고 있는지를 파악하는 것을 어렵게 만든다. 또한 이 과정에서 발생하는 플랫폼 소유자와 웹툰 작가들 사이에 불균등한 권력관계에 대한 이해를 어렵게 만든다.

웹툰 산업계에서 나타나는 이슈가 되고 있는 불공정 계약 문제는 단순한 갑을 관계의 문제가 아니라 플랫폼화의 심화에 따르는 플랫폼 소유자와 웹툰 작가 사이에 존재하는 불균등한 권력관계의 심화라는 맥락에서 바라볼 필요가 있다. 예컨대, "지각비"에 대한 요구와 "기한 없는 원고 수정 요구, 작가도 모르는 재연재, 쉽지 않은 휴재"(안희정, 2018) 등의 문제는 대표적인 불공정 계약의 문제로 지적된다. 또한 전송권, 2차 저작권 수익 배분 등과 관련된 계약 관련 용어의 부정확성이나 정확한 규정 및 설명의 결여 그리고 플랫폼마다 상이한 수익 배분 셈법 등의 문제도 자주 지적된다. 계약서의 부정확성이나 불공정성 외에도 웹툰 작가들은 플랫폼 업체와의 계약 과정에서 기본적으로 불리한 위치에 놓여 있는 관계로 심지어는 계약 과정에서 "질문조차 하지 못하는 분위기"(안희정, 2018)에서 계약이 체결되는 경우도 있으며 계약 수정을 요청하는 작가에게는 소위 업계 관행이라거나 계약을 취소당할지도 모른다는 염려로 일방적인 요구 사항에 따를 수밖에 없는 처지에 놓이는 경우가 많다는 점도 불균등한 권력관계의 결과를 드러내준다(박석환, 2018; 성상민, 2017; 안희정, 2018; 정다솜, 2019).

문화산업계에서 불공정 계약의 문제는 사실 케이 팝(K-pop) 아이돌 그룹의 불공정 노예 계약 문제에서부터 상당히 오래전부터 존재해 온 문제이다 (이동연, 2010). 개별 문화 생산자와 광범위한 소스와 마케팅 파워를 가진 기관이나 회사 사이에 존재하는 불공정 계약은 문화산업의 역사만큼이나 뿌리가 깊은 불균등한 권력관계에 기인한다. 주목할 점은 이러한 뿌리 깊은 문화산업 내의 오랜 불공정 관행이 최근 문화산업의 플랫폼화가 진행되면서 더욱 악화되거나 더욱 미묘한 형태로 자리 잡아가고 있다는 점이다.

따라서 웹툰 산업의 플랫폼화에 따른 웹툰 플랫폼과 웹툰 작가 사이의 권력관계의 문제는 웹툰 플랫폼이 점차로 웹툰 산업 내부에서 하나의 필수적인 인프라스트럭처로 여겨지고 있다는 점과 불가분하게 연관되어 고찰될 필요가 있다. 즉, 웹툰 플랫폼의 영향력이 지배적이 됨에 따라 웹툰 작가들이 많은 독자들과 접촉할 수 있는 통로가 제한적 채널로 축소되거나 독점되면서 웹툰 플랫폼은 웹툰 작가와 독자 들에게 웹툰 문화 상품을 접하는 데 있어서 피할 수 없는 통로이자 환경이 되었다는 점이다. 다시 말해서, 웹툰 플랫폼은 웹툰 산업에서 없어서는 안 되는 생태계의 일부가 되어 모든 창작 활동, 독자들의 소비 활동, 유통 과정 전반에 깊숙이 자리 잡고 작동하고 있다는 점이다.

디지털 플랫폼 모델은 특정 플랫폼 창립자가 인터넷이라는 보편적인 정보/커뮤니케이션 인프라스트럭처 '위에 위치해(sit on top)' 특정하게 브랜드화되고 폐쇄된 커뮤니케이션 공간이자 일종의 재산 소유물(property)을 만들어냄으로써 이윤을 얻고자 하는 모델이다(Gillespie, 2010).[8] 여기서 이윤의 창출은 플랫폼 사용자들(이 경우 웹툰 독자)이 다양한 정보 대상들(웹툰 콘텐츠)에 접근하고 그것을 소비하는 다양한 방식과 관계 들을 빅 데이터 분석 등을 통해서 더욱 편리하게 세련화시키고 강화시키는 가운데 여기에 가치를 부여함으로써 이루어진다고 볼 수 있다.

이러한 디지털 플랫폼에 의한 플랫폼화 과정의 수익 모델은 확실히 인프라스트럭처화 과정에서의 금전화(monetization) 방식과는 구분될 필요가 있다.

즉, 랭글로이스(Gannele Langlois)와 엘머(Greg Elmer)가 지적하듯이(Langlois and Elmer, 2019: 240) 월드 와이드 웹(world wide web) 모델과 같은 경우 사용자는 인터넷이라는 인프라스트럭처에 접근할 수 있는 일반적인 의미의 개인으로 볼 수 있었다. 하지만 플랫폼 모델에서 개별 사용자들은 다른 데이터나 정보 소스로 연결될 수 있는 상당히 개인화된 데이터의 소스들이다. 이는 플랫폼 모델에서 특정 사용자들은 다른 사용자들과 구분되게끔 끊임없이 이들의 활동에 대한 데이터가 추적될 수 있음을 의미한다. 여기서 데이터 개인화와 추적은 알고리즘을 통해서 자동적으로 이루어지며 여기에는 이들 데이터를 연결하고 분류하고 연결 짓는 특정한 논리가 적용되게 된다. 즉, 플랫폼 모델에서의 개인화된 데이터에 대한 알고리즘을 통한 분석을 제공함으로써 실현되는 금전화 방식은 디지털 플랫폼의 핵심적 자산인 셈이다.

이러한 방식의 플랫폼 모델에서의 금전화 방식은 웹툰 산업에서도 확산되고 있다. 웹툰 독자 등을 포함한 웹툰 소비 방식에 대한 다양한 형태의 빅 데이터 분석은 점차로 정교화되고 있으며 때때로 트랜스미디어 마케팅, 해외 진출 전략이나 웹툰 관련 정책 수립에도 점차로 광범위하게 활용되고 있는 추세이다. 대표적인 예시로 웹툰 분석 유료 사이트인 워즈(Webtoon Analysis Service: WAS)를 들 수 있다. 워즈(WAS)는 웹툰 관련 다양한 데이터 분석 자료와 리포트 들을 유료로 제공하고 있다.[9]

현재 웹툰 플랫폼과 콘텐츠에 대한 정보에 대한 접근성이 점차로 유료화되어 제한적이 되어가고 있다는 것은 구글, 아마존(Amazon), 페이스북 등의 거대 소셜 미디어 기업에 의한 데이터에 대한 독점적 통제권의 문제가 웹툰 플랫폼에서의 데이터 통제와도 무관하지 않음을 의미한다. 즉, 웹툰 플랫폼에서도 사용자들을 포함해 여기에 가입되어 있는 다른 행위자들(웹툰 작가, 광고주나 다른 기관을 포함)은 자신들의 데이터에 대한 통제권 및 플랫폼 관련 정보에 대한 제한적 접근권만을 가지고 있거나 유료화되어 있다. 즉, 거대 소셜 미디어 플랫폼뿐만 아니라 주요 웹툰 플랫폼의 경우에도 자신의 데이터, 자신에 관한 데이터나 자신이 만들어낸 데이터로부터의 소외는 플랫폼화에 의한 플랫폼 소유자와 다른 플랫폼 관련 행위자 들 사이에 존재하는 불균등한 권력관계를 유발하는 가장 근원적인 요인으로 볼 수 있다.

더 나아가 웹툰 플랫폼에 의해서 제공되는 웹툰 소비와 산업 전반 관련 데이터 분석은 웹툰 플랫폼 소유자와 개별 웹툰 작가 사이에 계약 관계만이 아니라 문화 생산(창작 노동)의 성격과 과정 자체를 근본적으로 변화시키고 있다는 점도 주목되어야 한다. 즉, 창작 노동 또는 문화 생산 활동과 그 결과물로서 문화 상품, 문화 생산물은 이제 언제나 추가적인 조치나 업데이트를 필요로 하고 새로운 변화를 당연히 전제해야 하는, 상당히 취약하고 유동적이며 불안정한 어떤 것(활동이나 대상물)으로 만드는 경향이 있다는 것이다. 예컨대, 웹툰 작품의 연재 주기는 일주일에 2회에서 열흘이나 2주에 한 번 등으로 이미 다양화되었으며 웹툰 플랫폼에서 제공하는 각 작품별 트래픽 수에 대한 통계, 평판(reputation), 댓글은 작품의 조기 종결이나 스토리라인에 대한 외부의 개입의 정당성을 높여주는 반면에 창작 노동자(작가)의 자율성은 더욱더 취약한 것으로 만든다. 이는 다시 웹툰 작가의 개별적인 계약 시에 창작 노동의 불안정성과 유동성을 더욱 증가시킨다. 즉, 전통적인 의미의 창작 노동(문화 생산 과정) 자체가 외부의 지표나 기준, 개입에 의해서 ─ 자의에 의해서건 타의에 의해서건 ─ 끊임없이 재조정(때로는 감시)되어야 하는 퍼포먼스로 바뀌는 것이다. 즉, 문화 생산, 창작 노동의 '우버(Uber) 노동화' 또는 '긱(gig) 노동화'[11]가 이루어지는 것이다. 디지털 플랫폼에 의한 우버 노동화 또는 긱 노동의 확장은 기존의 노동자를 고용함에 있어서 전통적으로 부여되었던 고용주의 책임, 즉 노동 복지의 쇠퇴로 이어질 가능성이 높아짐을 의미한다. 이러한 과정에서 문화 창작 노동의 불안정성은 더욱 증대할 가능성이 높다.

이와 연관되어 문화산업의 플랫폼화에 따른 문화 상품, 문화 생산물의 유동성 및 불안정성의 증가는 기존의 고정되고 안정화된 문화 상품과 이러한

대규모 플랫폼의 등장과 사회적 관계(주체)의 변화

: 개인 주체화에서 비개인적 주체화로

플랫폼의 대중화에 따른 변화는 노동관계에만 머무르지 않는다. 우버 플랫폼과 같이 소셜 미디어, 디지털 미디어의 사용(플랫폼화)에 따른 상이한 주체화 과정 (subjectification) 및 사회적 관계의 변화를 폭넓게 다루고 있는 랭글로이스와 엘머의 연구에 따르면(Langlois and Elmer, 2019), 소셜 미디어와 디지털 미디어를 이용한 거대 디지털 플랫폼 기업에 의해 수행되고 있는 주체화 모델은 현재의 개별 가입자(사용자)를 중심으로 한 플랫폼 모델에서의 개인적(individual) 주체화 과정에서 인프라스트럭처 모델에서의 비개인적(impersonal)인 집합적이고 확장된(distributed) 형태의 주체화 과정에 대한 고려를 필요로 한다. 기존 플랫폼 모델에서의 주체 모델은 1인 미디어, 즉 소셜 미디어 플랫폼을 사용하는 개별 사용자들이었다. 1인 미디어의 사용자들이 거대 플랫폼의 주요 수익 원천이며 이는 자기 결정과 자기 선택 능력을 가진 것으로 가정되는 신자유주의적 주체와 잘 부합되는 모델이다.

하지만 플랫폼 대기업에 의한 주체화와 사회적 관계 변화는 여기에서 멈추지 않는다. 개별 사용자들의 수요, 주목(attention), 프라이버시, 데이터에 의존해 수립된 사회적 주체와 관계는 이제 점차로 무의식적이고 대규모의 집합적 수준에서의 데이터 관리를 통해서 하나의 환경, 나아가 존재의 조건(conditions of existence)으로까지 변모한다. 페이크 뉴스, 소셜 미디어를 통해서 형성되는 집단적 혐오와 같은 사회적 정동(감응)이 대표적인 예시이다. 이들 존재의 근거는 개인의 의식적인 주목, 프라이버시, 데이터 활동에 의존하는 것이라기보다는 근본적으로 무의식적 수준에서 작동하는 대규모(비개인적)의 집합적 수준에서의 소셜 미디어 데이터 관리(조작과 분석)에 의존한다. 이는 더 많은 주목과 클릭을 주요 수익 원천으로 삼는 소셜 미디어 플랫폼 모델에서 필연적으로 나타나는 (바람직하지는 않지만) 모순적 현상이다. 디지털 대기업에 의한 플랫폼 모

델이 지니고 있는 이러한 집합적·환경적·인프라스트럭처적인 측면을 잘 드러
내는 또 다른 예시로 세계 유명 관광지나 대도시에서의 에어비앤비(airbnb) 확
산으로 인한 임대료의 전반적 상승, 우버나 모빌리티 플랫폼에서 사용량의 증
가와 연동된 가격 체계 등을 들 수 있다. 즉, 플랫폼에 직접 가입되어 있지 않더
라도 플랫폼의 영향력은 제3자에게 그리고 집합적인 수준에서 또는 더 나아가
사회적 환경 수준에서 작동하게 되는 것이다.

이제 디지털 미디어 시대를 개인 미디어, 또는 1인 미디어 시대와 등치하는 것
은 더 이상 전적으로 옳은 말이 아니다. 대기업에 의한 플랫폼이 지배적인 영향
력을 행사하고 있는 플랫폼 미디어 시대에 우리의 노동, 더 나아가 주체, 사회
적 관계는 집합적 수준에서, 마치 환경처럼 작동하고 있으며 이것이 갖는 사회
학적 의미에 주목할 필요가 있다.

문화 상품의 소비의 의미를 근본적으로 변화시킬 수 있다. 기존의 고정되고
잘 변하지 않는 문화 텍스트, 문화 상품 들이 디지털 플랫폼을 통해서 유통
되는 과정에서 디지털 플랫폼에 의한 빅 데이터 분석 등을 통해서 문화 소비
자체가 고도로 개별화되고 끊임없이 변형되는 개인 맞춤형 서비스로 변화될
가능성이 있다. 이러한 개인화된 서비스는 개별 사용자(소비자)의 시간, 위
치, 취향, 특성에 따라 각기 상이한 맞춤형 서비스로서 문화 텍스트 및 콘텐
츠의 변형(즉, 트랜스미디어 전략에 의한 각색)의 가능성이 한층 높아짐을 의미
한다. 문화 상품, 문화 생산물의 개인 맞춤형 서비스화 경향의 확산이 근대
국가의 문화 정책의 주요 방향으로서 문화 민주주의의 이상에 어떤 영향을
미칠지는 아직 속단하기 이르다. 그러나 문화산업의 플랫폼화는 이미 문화
예술의 향유 방식과 문화 상품의 소비에 있어서 기존의 개인화와 창작 노동
의 유연화를 더욱더 가속화시킬 가능성이 높다. 이 과정에서 코먼스(com-
mons)로서의 문화 예술 공유, 문화 정책의 공공성은 플랫폼화의 과정과 어

떠한 방식으로 결합될 것인지에 대한 논의를 향후 중요한 의제로 부상시키고 있다.[11] 이는 또한 웹툰 산업 분야를 넘어서 문화산업 전반에 걸쳐 문화적 대상물(cultural object), 문화 생산(창작 활동)의 이러한 변화가 문화 생산물의 소비 방식 및 문화산업 전반에 가져올 장기적 결과들은 무엇일지에 대한 문제와 연관되는 것으로 향후 문화산업의 플랫폼화의 심화 과정에서 주목해야 할 부분이다.

5. 나가며: 플랫폼화와 웹툰 산업의 미래

이 글은 최근 콘텐츠 산업 및 한류 산업 분야에서 높은 성장세를 보이면서 그 발전 가능성이 주목받고 있는 웹툰 산업의 변화와 발전 양상 그리고 플랫폼화에 따른 결과 들을 비판적으로 살펴보고자 했다. 이 과정에서 이 글은 기존의 웹툰 산업에 대한 접근들에서 주로 나타나듯이 문화산업 마케팅의 시각에서 웹툰의 트랜스미디어 전략의 적용 가능성이나 성장 가능성에 주목하는 일면적이고 협소한 시각과는 일정한 거리를 두고자 했다. 동시에 오늘날 전 세계적 현상으로 나타나고 있는 플랫폼화 경향에 주목하면서 문화산업의 플랫폼화의 사례로서 한국 웹툰 산업의 플랫폼화 과정과 그 의미에 대해 살펴보고자 했다. 이를 위해서 기존의 플랫폼, 플랫폼화에 대한 접근들 — 경제(경영)학에서의 접근, 미디어 정치 경제학에서의 접근, 인프라스트럭처 연구에서의 접근 — 에서의 논의를 살펴보았다. 이 세 가지 접근들은 문화산업의 플랫폼화를 설명하는 데 있어서 시장 구조의 변화, 권력관계 및 문화산업 전반 생태계의 변화에 대한 유용한 논의들을 제공해 주고 있다.

한국 웹툰 산업은 기존에 유지되어 오던 만화 산업이 2000년대 초반에 들어 웹툰 플랫폼들이 등장하면서 본격적인 디지털 플랫폼화의 변화를 겪기 시작했다. 이러한 웹툰 플랫폼과 함께 웹툰 산업은 현재 1조 원대에 해당하는 시장 규모를 갖기에 이르렀으며 또한 앞으로도 2차 저작물 시장의 활성화와 해외 진출 등으로 더욱 성장할 가능성이 높게 점쳐지고 있는 문화산업 분야이다. 웹툰 산업의 플랫폼화가 웹툰 산업의 양적 성장이라는 결과만을 가져온 것은 아니다. 이 글은 웹툰 산업의 플랫폼화가 가져온 양적 성장이라는 긍정적 효과 이면에 존재하는 문화 생산물, 문화 상품의 생산, 유통, 소비 방식에서의 변화, 즉 플랫폼화의 대가와 결과에 대해서 다각적이고 포괄적으로 살펴보고자 했다. 웹툰 산업의 플랫폼화는 웹툰 작가나 독자가 아닌 광고주와 2차 저작물 제작자의 존재가 중시되는 시장 구조의 변화를 가져왔음을 알 수 있었으며 웹툰 산업의 행위자들(플랫폼 소유자, 웹툰 작가, 웹툰 독자 등) 사이의 권력관계에도 불균등한 효과를 가져왔다.

또한 문화 상품, 문화 생산물의 생산, 소비, 유통의 전반적인 생태계에도 중대한 변화를 가져올 가능성이 높게 점쳐지고 있음을 알 수 있었다. 즉, 문화 상품의 생산, 유통과 문화 상품의 소비를 통한 금전화의 방식들이 과거처럼 서로 분리된 과정으로서 존재하는 것이 아니라 웹툰 플랫폼을 통해서 긴밀하게 서로 연계된 방식으로 변화하고 있음을 알 수 있었다. 즉, 문화 생산의 측면에서 문화 상품의 생산자들을 광범위하게 크라우드소싱(crowdsourcing)하면서 광범위한 웹툰 독자층을 동원하는 웹툰 플랫폼의 방식 그리고 웹툰 콘텐츠를 독자들과 다른 2차 저작물 제작자들에게 유통시키는 방식은 모두 웹툰 플랫폼이 없이는 상상하기 힘든 방식임을 알 수 있었다.

웹툰 플랫폼 기업과 웹툰 작가 들 사이에 존재하는 불공정 계약이나 불균등한 권력관계 들은 웹툰 플랫폼의 영향력이 점점 강화됨에 따라서 증가하는 웹툰 작가들의 플랫폼에 대한 의존성의 증가 현상의 이면으로 이해될 수 있음도 알 수 있었다. 문화산업에서의 플랫폼 영향력의 확대로 인해 문화 소비에 대한 데이터 분석의 확대된 활용은 문화 상품의 속성 및 창작 활동 전반에 있어서 과거에는 찾아보기 힘들 정도로 유동성, 불안정성을 심각하게 증대시킬 뿐만 아니라 문화 상품 소비의 속성 자체를 개인화·불안정화시키고 있음을 알 수 있었다.

전 세계적으로 10위권 안에 위치하고 있는 한국 콘텐츠 시장에서 현재 웹툰 원작이 다양한 문화 콘텐츠 제작에 있어서 오리지널 스토리의 제공자로서 차지하고 있는 비중을 보았을 때 웹툰 산업의 플랫폼화에 따른 문화 생산물의 생산, 유통, 소비 방식의 변화와 향후 그것이 가져올 결과에 대해서 보다 주의 깊게 살펴보아야 할 것임은 두말할 여지가 없다.

---

1   이외에도 브랜드 웹툰 등 웹툰 관련 광고 분야의 연구도 있다.
2   특히 네이버는 2012년부터 한국만화영상진흥원과 네이버웹툰 공동 주최로 웹툰 공모전인 '네이버 최강자전'을 매년 개최하고 있다. 처음 대회명은 '대학만화 최강자전'이었다가 네이버 최강자전으로 바뀌면서 참가 대상도 '대학교 만화 관련 학과 재학생'에서 '누구나'로 참가 영역을 넓혔다. 독자의 투표를 점수로 환산하는 토너먼트 형식으로 독자들의 흥미를 유발했고, 최상위권에 오른 참가작 작가에게는 네이버에서 정식으로 작품을 연재할 수 있는 기회가 주어졌다.
3   한 언론 보도에 따르면, 네이버웹툰의 신인 발굴 코너인 '도전만화'에 작품을 출품하고 있는 예비 작가의 숫자는 14만 명에 이른다(이수기, 2019).
4   이와 관련되어 2018년 네이버 자회사인 네이버웹툰은 웹툰 원작을 영상으로 제작하는 스튜디오N을 설립해 원작 웹툰을 영상화하고 있다. 카카오의 콘텐츠 플랫폼 자회사인 카카오페이지도 누적 작품 수 6만 6000여 개를 기록하고, 오리지널 영상 콘텐츠 제작을 위한 자회사 카카오M을 설립했다. 즉, 국내에서 손에 꼽는 플랫폼들이 콘텐츠 제작에 박차를 가하고 있는 것이다. 이는 각 플랫폼이 웹툰과 웹 소설로 기반을 다져놓은 이유도 있겠지만 그만큼 수익 창출 산업에서 콘텐츠의 중요성이 커지고 있음을 시사한다.
5   이러한 논의는 국내 문화산업 분야에서의 전반적인 플랫폼화를 두고 보았을 때도 매우 적절해 보인다. 오늘날 플랫폼 메타포의 사용이 일반화되고 하나의 트렌드를 대표하듯이 일상적으로 사용되는 과정에서 특히 문화 생산이 점차로 플랫폼 의존적이 되어가고 있다. 이에 따라서 자율적이면서도 지속 가능한 문화 생산 방식들이 점차로 축소 내지는 훼손되고 있는 상황들에 대한 우려의 목소리와 실제로 이러한 문화 생산 방식의 변화의 대가를 직접적으로 치르고 있는 문화 생산자들이 존재한다. 반면 또 다른 한편에서는 디지털 기술의 발전과 디지털 융합을 통해서 문화산업의 눈부신 양적 팽창에 주목하면서 앞으로 다가올 더 많은 기회들에 대한 전망들이 동시에 공존하고 있다는 점에서 그러하다.
6   여기서 게이트웨이란 다른 시스템, 네트워크 또는 컴퓨터 프로그램에서도 상호 작동할 수 있게 하는 노드, 프로그램 인터페이스, 시스템 전체를 일컫는다.
7   이러한 측면에서 플랫폼과 인프라스트럭처를 구분하는 결정적 차이점을 프로그램화의 가능성(즉, 다양한 맞춤형 서비스 제공을 위한)에서 찾는 시각도 있다(Andreessen, 2007).
8   최근 오버더톱(OTT) 서비스라는 용어를 통해서 넷플릭스와 유사한 형태의 수많은 영상 콘텐츠

제공 서비스 플랫폼들이 국내외에서 등장하면서 플랫폼 전쟁이라는 용어까지 등장하고 있다. 오버더톱 서비스라는 용어는 어떤 면에서 정확한 표현이다. 이들 서비스 모두 인터넷이라는 인프라스트럭처를 기반으로 해서 그 위에 특정한 콘텐츠 서비스(예컨대, 빅 데이터 분석을 통한 영상 추천 및 분류)를 제공하는 폐쇄되고 세련된 특정 커뮤니케이션 공간을 구축, 여기에 대한 접근권을 소비자, 콘텐츠 배급자 들에게 판매하거나 또는 제작자들에게 판매(직접 투자)해 수익을 창출하는 모델이다.

9   워즈는 웹툰 플랫폼 목록과 연도별 누적 웹툰 작품 추이 등에 대한 무료 서비스를 제공하고 있다. 또한 주요 웹툰 플랫폼의 순위를 비교하기 위해 플랫폼 파워 지수(Platform Power Index: PPI)를 개발해 페이지 뷰(page view)나 사용자 방문 수(user visit)와는 다른 기준을 제공하고 있다. 하지만 플랫폼 파워 지수를 비롯해 시기별 전체 플랫폼 순위 그리고 상세 트래픽, 플랫폼 및 에이전시에 관한 통계는 프리미엄 등급 이상만 이용할 수 있는 유료 서비스로 제공된다.

10 우버 노동화란 알고리즘에 의해서 작동하는 우버 애플리케이션(승객들의 평점 시스템을 포함)을 통해서 플랫폼 노동(운전)의 일거수일투족이 통제되고 감시되는 우버 드라이버의 노동 과정을 지칭한다. 플랫폼 기술의 확산에 따른 일시적이고 불안정한 노동에 의존하는 경제 체계, 즉 긱 경제와 긱 노동의 확산에 대한 논의로는 드스테파노(Valerio De Stefano)의 연구(De Stefano, 2016)를 참조. 노동 분야를 넘어서 대규모 플랫폼의 등장과 사회적 관계, 주체화의 변화에 대한 분석으로는 랭글로이스와 엘머(Langlois and Elmer, 2019)의 연구를 참조.

11 이와 관련되어 기존의 상업적·약탈적 플랫폼에 대응하는 플랫폼협동조합(platform cooper-ativism) 모델의 가능성에 대한 논의로 슐츠(Trebor Scholz)의 연구(Scholz, 2016)를 참조.

생각해 볼 문제

1. 플랫폼의 공공성에 대해 생각해 보자. 특히 도로망, 하수도 등과 같은 제반 사회 기반 시설처럼 공공적 성격을 강하게 띠는 인프라스트럭처(infrastructure)와의 비교를 통해서 플랫폼이 사회적으로 받아들여지는 의미, 개념의 사용 방식, 재현 방식에 대해서 생각해 볼 필요가 있다. 언제 플랫폼은 인프라스트럭처가 되고 또한 인프라스트럭처처럼 받아들여지고 재현되는가? 더불어 플랫폼에 대한 의존성의 증대, 플랫폼을 통한 정보, 데이터의 독점 경향 심화는 기존의 인프라스트럭처에 대한 인식과 운용 방식에 어떠한 영향을 줄 것인가?

2. 디지털 기술의 발전과 문화산업의 관계에 대해 생각해 보자. 문화산업 전반에서 디지털 기술(특히, 디지털 플랫폼 기술)의 확산 방식은 어떻게 나타나고 있는가? 특히 각 문화산업 분야(대중음악, 영화, 출판, 게임, 신문 산업 등)에서 디지털 플랫폼 기술의 확산과 함께 나타난 변화는 무엇이고 이는 문화산업 생태계, 창작 환경, 문화 상품 소비와 유통 방식에 어떤 의미를 갖는가?

3. 웹툰 산업에서의 대안적인 플랫폼 형태에 대해 생각해 보자. 웹툰 산업에서의 플랫폼화의 증대와 심화는 웹툰 창작 환경에 있어서 플랫폼에 대한 높은 의존성을 가져오고 있다. 웹툰 플랫폼 소유 기업과 웹툰 작가 사이의 관계도 웹툰 작가의 플랫폼 의존성의 심화를 가져와 더욱더 불균등한 관계로 자리 잡고 있다. 이에 대한 대안적 형태의 웹툰 생산, 유통 방식은 어떻게 가능할까? 플랫폼 협동조합 등 다른 플랫폼 산업, 노동 분야에서 제기되고 있는 대안적 형태의 플랫폼 방식은 웹툰 산업에 어떠한 의미를 가질 것인가?

더 읽을거리

Jin, Dal Yong. 2015. *Digital Platforms, Imperialism and Political Culture*. New York: Routledge.
21세기 자본 축적과 디지털 문화 형성에 가장 큰 영향을 주고 있는 디지털 플랫폼(페이스북, 구글, 애플, 아마존 등) 기업들의 글로벌 미디어 시장에서의 독점적 지위에 대한 선구적인 비판적 연구서이다. 특히 미디어 정치 경제학의 시각에서 자본 집중과 독점, 문화 제국주의, 지식 재산권, 디지털 디바이드, 자유 노동(free labor) 등의 시각에서 디지털 플랫폼의 역할에 대한 폭넓은 이해를 얻을 수 있다.

이광석. 2017. 『데이터 사회 비판』. 서울: 책읽는수요일.

노동과 디지털 기술의 변화와 발전 사이의 관계에 대한 비판적 논의를 담고 있다. 디지털 플랫폼, 공유 경제, 알고리즘, 빅 데이터, 인공 지능 등 소위 4차 산업 혁명 기술의 확산, 도입과 노동의 성격 변화, 일자리, 노동관계의 변화에 대한 비판적 논의를 폭넓게 담고 있다.

성상민. 2019. 『지금, 독립만화: 며느리기가 세상에 나오기까지』. 부천: 한국만화영상진흥원.

2000년대 초 한국의 만화 산업이 온라인화되기 전부터 존재했던 비주류, 독립 만화에 대한 개괄적 설명 및 온라인 전환 이후 웹툰 및 독립 만화의 변화, 흐름을 개괄적으로 파악할 수 있게 해주는 저작이다. 또한 독립 영화, 인디 음악과 같이 만화 산업에서 비주류 독립 만화가 온라인 웹툰 플랫폼의 등장 이후 어떠한 진화 과정을 겪어오고 있으며 여기서 발생하고 있는 다양한 이슈들을 이해할 수 있게 해준다.

원용진·박서연. 2021. 『메가플랫폼 네이버: 한국 인터넷 산업의 성장과 그늘』. 서울: 컬처룩.

한국 인터넷을 지탱하는 축으로서 뉴스 및 다양한 정보, 오락, 상거래, 금융 관련 서비스를 제공하고 있는 네이버가 어떻게 거대 플랫폼으로 성장했는지를 다층적으로 추적하고 있는 연구서이다. 특히, '포털에서 플랫폼'으로의 변화에 주목하면서 플랫폼으로서의 네이버의 성장 동력과 배경 및 그 역할의 정체를 들여다보고 있다. 이 과정에서 플랫폼의 영향력 증대에 따른 공공성 강화라는 의제를 제기한다.

참고문헌

강성원. 2019.7.26. "네이버, 영업이익 줄었지만 웹툰·V라이브 등 성장세". ≪미디어오늘≫. http://www.mediatoday.co.kr/news/articleView.html?idxno=201413(검색일: 2021.6.30).

김동원. 2015. 「이용자를 통한 미디어 자본의 가치 창출」. ≪한국언론정보학보≫, 70권, 2호, 165~188쪽.

김수철·오준호. 2013. 「웹 2.0 멀티 플랫폼 시대에 미디어 사회문화현상의 의미에 대한 고찰」. ≪사회과학논집≫, 44권, 2호, 67~90쪽.

김영욱. 2018. 「디지털 프로모션에서 생산소비자와 감시의 작동원리: 디지털 노동에 대한 감시사회의 착위 구도 해석」. ≪커뮤니케이션이론≫, 14권, 4호, 5~57쪽.

김용희, 2016. 「웹툰의 영화화 과정에서 나타난 매체전환 변이점 연구: 강풀의 웹툰 「이웃사람」을 중심으로」. ≪비교한국학≫, 24권, 1호, 143~171쪽.

김윤희. 2017.9.5. "中 진출한 韓 웹툰들, 누가 잘하고 있나". ≪지디넷 코리아≫. https://www.zdnet.co.kr/view/?no=20170905082445&re=R_20180207081733(검색일: 2021.6.30).

박석환. 2014. 「포털 웹툰 플랫폼의 산업 규모와 운영 정책 모델 연구」. ≪애니메이션연구≫, 10권, 2호, 145~162쪽.

_____. 2018.8.2. "[기획기사] 2018 상반기 만화/웹툰 결산: 불신·불만·불안의 웹툰 시장, 상호 존중과 이해로 연대해야". ≪디지털만화규장각≫. http://dml.komacon.kr/webzine/cover/2166(검색일: 2021.6.30).

백욱인. 2014. 「정보자본주의와 인터넷 서비스 플랫폼 장치 비판」. ≪한국언론정보학보≫, 65권, 1호, 76~92쪽.

성상민. 2017.7.14. "지워진 작가의 자리: 출판만화는 왜 몰락했을까". ≪슬로우뉴스≫. http://slownews.kr/64719(검색일: 2021.6.30).

_____. 2019.7.13. "웹툰 '며느라기' 작가가 오픈마켓으로 간 이유". ≪미디어오늘≫. http://www.mediatoday.co.kr/news/articleView.html?idxno=201162(검색일: 2021.6.30).

셸러, 미미(Mimi Sheller). 2019. 『모빌리티 정의』. 최영석 옮김. 서울: 앨피.

송요섭. 2012. 「웹툰의 현황 및 특성과 웹툰 기반 OSMU 활성화 방안」. ≪코카포커스≫,

2012-09호(통권 57호), 1~27쪽.

안상원. 2017. 「웹툰 연구의 현황과 전망: 인문사회영역을 중심으로」. ≪대중서사연구≫, 23권, 1호, 33~63쪽.

안희정. 2018.1.30. "웹툰 표준계약서 개정 필요…실효성도 담보해야". ≪지디넷코리아≫. http://www.zdnet.co.kr/view/?no=20180130170001(검색일: 2021.6.30).

원용진·박서연. 2021. 『메가플랫폼 네이버: 한국 인터넷 산업의 성장과 그늘』. 서울: 컬처룩.

이광석. 2017. 『데이터 사회 비판』. 서울: 책읽는수요일.

_____. 2018. 「도쿄와 서울을 잇는 청년들의 위태로운 삶」. ≪언론과 사회≫, 26권, 4호, 140~215쪽.

이동연. 2010. 『문화자본의 시대: 한국 문화자본의 형성 원리』. 서울: 문화과학사.

이수기. 2019.5.12. "예비 웹툰 작가만 14만명…하지만 절반은 한달 수입 160만원". ≪중앙일보≫. https://news.joins.com/article/23464764(검색일: 2021.6.30).

이희은. 2014. 「디지털 노동의 불안과 희망: 대학생의 '대외활동'에 대한 심층 인터뷰」. ≪한국언론정보학보≫, 66권, 2호, 211~241쪽.

전병유·정준호. 2019. 「개방형 혁신과 한국형 플랫폼의 모색: 자동차-모빌리티 생태계 구축을 중심으로」. ≪동향과 전망≫, 105권, 180~228쪽.

전혜미·박만수·한동섭. 2019. 「AI와 AR 기술 기반 웹툰의 서사 전달 구조 분석: 웹툰 〈마주쳤다〉를 중심으로」. ≪한국방송학보≫, 33권, 2호, 217~245쪽.

정다솜. 2019.8.27. "'링크'를 돌려달라던 웹툰 작가는 어떻게 됐을까?". ≪참여와혁신≫. http://www.laborplus.co.kr/news/articleView.html?idxno=22483(검색일: 2021.6.30).

조동원. 2013. 「인터넷의 이중적 플랫폼: 공개·공유·참여의 광장이자 추적·감시·통제의 시장」. ≪한국언론정보학보≫, 64호, 5~30쪽.

조정환. 2011. 『인지자본주의』. 서울: 갈무리.

채석진. 2016. 「테크놀로지, 노동, 그리고 삶의 취약성」. ≪한국언론정보학보≫, 79호, 226~259쪽.

한국콘텐츠진흥원. 2019. 「2018년 하반기 및 연간 콘텐츠산업 동향분석보고서」. 나주: 한국콘텐츠진흥원.

_____. 2020. 『2019 만화 산업백서』. 나주: 한국콘텐츠진흥원.

_____. 2022a. 「2022년 웹툰 작가 실태조사」. 나주: 한국콘텐츠진흥원.

_____. 2022b. "'국내 웹툰산업 연 매출액 1.5조원 돌파' 콘진원, 2022 웹툰사업체, 작가, 불공정 계약 실태조사 발간"(보도자료, 2022.12.22). https://www.kocca.kr/kocca/koccanews/reportview.do?nttNo=396&menuNo=204767(검색일: 2023.6.20).

한상정. 2015. 「한국 웹툰의 연출문법 연구」. ≪애니메이션연구≫, 11권, 3호, 119~136쪽.

Andreessen, March. 2007. "The Three Kinds of Platforms You Meet on the Internet." https://web.archive.org/web/20071002031605/http://blog.pmarca.com/2007/09/the-three-kinds.html(검색일: 2019.10.5).

Andrejevic, Mark. 2011. "Surveillance and Alienation in the Online Economy." *Surveillance & Society*, Vol. 8, No. 3, pp. 278~287.

De Stefano, Valerio. 2016. "The Rise of the "Just-in-time Workforce": On-demand work, crowd work and labour protection in the "gig-economy." *Conditions of Work and Employment Series*, 71. Geneva: International Labour Office, Inclusive Labour Markets, Labour Relations and Working Conditions Branch. https://www.ilo.org/wcmsp5/groups/public/---ed_protect/---protrav/---travail/documents/publication/wcms_443267.pdf(검색일: 2019.10.9).

Edwards, N. Paul. 2002. "Infrastructure and Modernity: Scales of force, time, and social organization in the history of sociotechnical systems." In Thomas J. Misa, Phillp Brey and Andrew Feenberg(eds.). *Modernity and Technology*. Cambridge. MA: The MIT Press.

Fuchs, Christian. 2012. "Dallas Smythe Today-The Audience Commodity, the Digital Labor Debate, Marxist Political Economy and Critical Theory: Prolegomena to a digital labor theory of value." *Triple C*, Vol. 10, Iss. 2, pp. 692~740.

_____. 2017. *Social Media: A critical introduction*. London: Sage.

Gawer, Annabelle. 2014. "Bridging Differing Perspectives on Technological Platforms: Toward an integrative framework." *Research Policy*, Vol. 43, Iss. 7, pp. 1239~1249.

Gillespie, Tarleton. 2010. "The Politics of 'Platforms'." *New Media & Society*, Vol. 12, Iss. 3, pp. 347~364.

_____. 2017. "Regulation of and by Platforms." In Jean Burgess, Thomas Poell and

Alice Marwick(eds.). *The SAGE Handbook of Social Media*. London: SAGE.

Graham, Stephen and Simon Marvin. 2001. *Splintering Urbanism: Networked infra-structures, technological mobilities, and the urban condition*. New York, NY: Routledge.

Jin, Dal Yong. 2015. *Digital Platforms, Imperialism and Political Culture*. London: Routledge.

Langlois, Gannele and Greg Elmer. 2013. "The Research Politics of Social Media Platforms." *Culture Machine*, Vol. 14, pp. 1~17.

_____. 2019. "Impersonal Subjectivation from Platforms to Infrastructures." *Media Culture & Society*, Vol. 41, Iss. 2, pp. 236~251.

Nieborg, B. David and Thomas Poell. 2018. "The Platformization of Cultural Produc-tion: Theorizing the contingent cultural commodity." *New Media & Society*, Vol. 20, Iss. 11, pp. 4275~4292.

Oxford Dictionaries. 2021. "Infrastructure." https://www.oxfordlearnersdictionaries. com/definition/american_english/infrastructure(검색일: 2021.8.1).

Plantin, Jean-Christophe, Carl Lagoze, Paul N. Edwards and Christian Sandvig. 2018. "Infrastructure Studies Meet Platform Studies in the Age of Google and Facebook." *New Media & Society*, Vol. 20, Iss. 1, pp. 293~310.

Rochet, Jean-Charles and Jean Tirole. 2003. "Platform Competition in Two-sided Markets." *Journal of the European Economic Association*, Vol. 1, No. 4, pp. 990~1029.

Scholz, Trebor. 2016. "Platform Cooperativism: Challenging the corporate sharing economy." Rosa Luxemburg Stiftung. New York Office. https://rosalux.org.br/ wp-content/uploads/2016/06/scholz_platformcooperativism_2016.pdf(검색일: 2019.12.1).

Smythe, Dallas. 1981. "On the Audience Commodity and Its Work." In *Dependency Road: Communications, capitalism, consciousness, and Canada*. Norwood, MA: Ablex Publishing Corporation.

Srnicek, Nick. 2016. *Platform Capitalism*. Cambridge: Polity Press.

Star, Leigh Susan and Ruhleder, Karen. 1996. "Steps Toward an Ecology of Infra-structure: Design and access for large information spaces." *Information*

Systems Research, Vol. 7, No. 1, pp. 111~134.

Terranova, Tiziana. 2000. "Free Labor: Producing culture for the digital economy." *Social Text*, Vol. 18, No. 2, pp. 33~58.

Tiwana, Amrit. 2014. *Platform Ecosystems: Aligning architecture, governance, and strategy.* Amsterdam: Morgan Kaufmann Publishers.

Van Dijck, José and Thomas Poell. 2013. "Understanding Social Media Logic." *Media and Communication*, Vol. 1, No. 1, pp. 2~14.

Winseck, Dwayne and Dal Yong Jin(eds.). 2011. *The Political Economies of Media: The transformation of the global media industries.* New York: Bloomsbury Academic.

3부

주요 이슈

대중문화산업과 남성성/여성성의 재현

1. 문화산업과 젠더

미디어 재현과 문화산업에서 젠더 이슈를 논의하기 위해서는 먼저 생산 참여자의 성별 불균형 이슈를 논의해야 한다. 생산 환경에서의 성차별성이 문화산업의 생산물인 콘텐츠에 미치는 영향력이 상당하기 때문이다. 2019년 한국문화예술위원회에서 지원하는 지원 사업의 성별 지원 현황에 대한 토론회(2019.10.10. 성 평등 예술지원정책 제2차 오픈 테이블: 기회는 평등하고 과정은 공정하였는가?)에서 제시된 주요 결과는 관련 대학 졸업자 수보다 실제로 예술가로 지원을 받는 경우의 성별 불균형이 심각하며, 개인으로 지원을 받는 경우는 여성도 있지만, 단체 지원의 경우 지원받는 단체장이 대체로 남성이라는 점이었다. 언론 분야, 방송 산업 분야, 영화 산업 분야 등 관련 문화산업 영역에서도 성별 불균형 문제는 꾸준히 지적되었다. 구체적인 수치를 보면, 2004~2011년간 콘텐츠 산업 분야의 남성 비율은 평균 68.03%를 차지하고 있었고(이용관·김혜인, 2015), 2018년 콘텐츠 산업 창의 인력 조사에서는 기업체별 평균 고용 인원수가 남성은 4.53명, 여성은 3.37명으로 나타났다

(김장호·이경호, 2018). 2020년 기준 콘텐츠 산업 조사 결과 남성 정규직은 48.5%, 여성 정규직은 37.3%의 비율을 보이며(문화체육관광부, 2022), 신문 산업의 경우는 정규직의 경우 남성 66.7%, 여성 33.3%의 비율을 보인다(한국언론진흥재단, 2021).

그런데 연차별로 보면, 여성의 진출이 꾸준히 늘어나고 있으며, 이에 따라 유리 천장 현상, 즉 여성의 진출에 비해 의사 결정자로서의 진출 비율이 심각하게 낮아지는 현상이 두드러졌다. 예컨대, 방송 기자의 경우, 2016년 기준으로 1~5년 차에서는 남성 대 여성의 성비가 61.1% 대 38.9%인 데 반해, 30년 차 이상(31~34년 차)에서는 남성 92.1%, 여성 7.9%로 변화한다(방송기자편집위원회, 2016). 신문 산업에서도 2019년 기준, 여성 임원 비율이 30.5%에 불과하며 직종별로 여성이 비서 직무와 판매, 취재 지원 등의 부서 비중이 높다는 점을 들어 유리 천장의 문제를 지적하고 있다(한국언론진흥재단, 2020).

문화산업 전반에서의 젠더 이슈는 이처럼 진입에서의 성별 불균형이 산업 자체에서 여성의 비가시성을 높이고, 이로 인해 성별 고정 관념이 재생산되는 악순환이 벌어진다는 것에서 출발한다. 황정미·장윤선(2006)은 영화·애니메이션·게임 산업의 여성 59명을 인터뷰해 문화산업에서 여성의 경험이 어떻게 비가시화되는지를 논의한 바 있다. 이들이 주요하게 지적한 문제는 성별 고정 관념으로 인해 여성이 문화산업에서 직업을 유지하기 어려우며, 이들이 직업을 유지하지 못하기 때문에 고정 관념을 전환시킬 계기를 마련하지 못하는 악순환에 있다는 것이다. 영화 산업에서 여성 감독의 위치에 관한 김숙현(2018)도 여성 감독들의 노력이 여성 장르나 비상업 영화 등으로 제한되어 평가되는 경향이 있었다는 점을 지적한다. 특정한 영역만 여성의 영역으로 여겨지고 이 영역에 대한 폄하가 일어날 가능성이 있는 부분이다.

한편 문화 예술 분야의 성별 임금 격차는 프리랜서가 많은 특성에도 불구하고, 문화 콘텐츠 영역과 순수 예술 영역으로 나누어 살펴본 결과 문화 콘텐츠 영역은 여성의 경력 단절 문제로 인한 임금 차별 효과가 강하게 나타나고, 순수 예술 영역에서는 고임금 영역 상위로 갈수록 유리 천장 효과가 나타나는 특성을 보인다는 점이 관찰되기도 했다(전종섭·허식, 2018). 이렇게 성비 불균형이나 성별 임금 격차로 인한 종사자의 지위 불균형이 존재할 때, 제작되는 결과물인 대중문화 콘텐츠에도 성별 고정 관념의 재생산 문제가 발생할 수 있다. 대중문화 콘텐츠는 투자 비용이 큰 상품이므로, 위험을 피하기 위해 기존의 성공 공식을 반복하거나 관행에 따라 제작하는 경우가 많기 때문이다.

이 장에서는 성별 고정 관념을 바탕으로, 문화산업에서 제공되는 다양한 콘텐츠 내의 성별 재현 문제를 다루고자 한다. 성별 고정 관념은 성별에 따라 다른 역할과 기대를 요청받고 지위 부여에서 차별을 가져오기 때문에 사회적 문제로 여겨진다. 성별 고정 관념은 생물학적 차이에 기반을 둔 것처럼 생각되지만 사실은 사회적 인지 체계이다. 이러한 사회적 인지 체계를 사회에 유통하는 것은 주로 미디어와 교육의 역할이라고 할 수 있다. 주로 남성성은 지배적·이성적·공적 영역·책임감 등과 관련해 상상되고, 여성성은 순종적·감정적·사적 영역·미성숙 등과 관련해 개념화된다(Ashmore and Del Boca, 1979). 20세기에는 텔레비전이 성 역할 고정 관념과 성별에 대한 고정 관념을 전파하는 주요 매체였다면, 21세기 들어서는 인터넷을 중심으로 하는 디지털 미디어 플랫폼의 콘텐츠가 일상적으로 영향을 미치고 있다.

2. 성별 고정 관념과 미디어 재현

미디어 재현과 성별 고정 관념의 주제는 미디어 연구 초기에서부터 중요하게 탐구된 주제이다. 현실은 사회적으로 구성되는데, 이는 세계에 대한 우리의 경험이 범주화되어서 실제로 간주되는 역사적 과정을 말한다(라일, 2015). 이를 통해 특정한 범주를 사실로 받아들이면 이것이 개인의 삶에 영향을 지속해서 미치고, 권력을 분배하는 체계로 기능하게 된다. 성별과 인종은 이러한 구성적 범주 중 대표적인 것이라고 할 수 있다. 다양한 사회 제도가 이러한 범주를 생산하는데, 교육, 종교, 미디어가 대표적이다. 특히 미디어는 시각 중심의 대중문화와 규범을 학습하게 하는 저널리즘 실천 등을 통해 젠더 정체성과 젠더 규범을 전달하고 강화하는 역할을 한다.

미디어의 성별 고정 관념 재현을 비판하고 이를 교정하고자 하는 노력은 초기 자유주의 페미니스트의 중요한 실천 양식이었다. 이를 월터스(Suzanna Walters)는 여성 이미지 접근 방식이라고 부른다(월터스, 1999). 여성이 미디어에 어떤 모습으로 등장하고 있는지를 정리하고, 이것이 왜곡된 혹은 불평등한 방식이라는 점을 비판한다. 예컨대, 국내 광고에 등장하는 여성상/남성상의 문제를 논의한 정기현(2007)은 1997년, 2002년, 2007년 5년 단위로 광고에 등장하는 여성과 남성이 어떤 이미지를 주로 보이는지 그 변화를 추적했는데, 고정 관념적 이미지가 여전히 주류이지만 2007년 연구 결과 전문성을 갖춘 여성, 독립적 여성, 자유로운 여성 등 비전통적인 여성 이미지가 증가하고 주부나 장식적 역할과 같은 전통적 여성 이미지가 감소하는 등 변화가 있다는 결론을 내린다. 남성의 경우에도 전통적인 가부장적 이미지나 사내대장부 등의 묘사가 줄어들고 가정적인 이미지가 증가한다고 보고한다. 아동 청소년, 특히 여성 아동이 어떻게 광고에 등장하는지를 분석한 한희정(2021)은 여성 아동에 대한 대상화된 이미지를 사용하거나, 성별 고정 관념이 반영된 의상이나 역할을 부여하며, 자세와 발화 내용에 있어서도 여성성과 남성성에 대한 고정 관념을 강화하는 방향으로 광고가 구성되고 있음을 보였다. 이러한 연구 경향에서는 우리 사회에서 어떤 여성 이미지, 남성 이미지가 주류이고, 이것이 현실과는 어떤 차이가 있는지를 본다.

미디어 효과론 중 문화 계발 효과 이론은 고정 관념의 강화와 세상에 대한 인식의 틀을 만드는 미디어의 영향력을 지적한 것인데, 특정한 여성 이미지를 반복적으로 시청하는 텔레비전 시청자들이 실제로 특정한 여성상/남성상이 현실에 존재한다고 인식하게 되는 문제를 다루는 것이다. 예컨대, 로맨스 드라마를 많이 보는 시청자는 사랑에 대한 환상을 더 많이 갖고 운명적 만남에 대한 기대를 할 수 있다(박영순·나은경, 2018). 여성성/남성성에 대한 규범적 이해를 텔레비전과 같은 대중 미디어가 구성하고 또 사회적으로 유통하면서 영향력을 행사한다는 의미이다.

이런 맥락에서 고정 관념에서 벗어나는 다양한 재현 방식을 대중문화에서 추구해야 한다는 주장이 제기된다. 예컨대, 유네스코(UNESCO, 2004)는 성 인지 감수성을 가진 미디어 문화를 위해 필요한 것으로 텔레비전 뉴스나 시사 프로그램에 나오는 인물의 성별 균형, 역할의 균형을 강조하고, 성폭력 범죄 보도의 경우 특히 여성을 전형적 피해자로 그리거나, 피해자를 비난하는 방식으로 보도하지 않을 것을 촉구한다. 고정 관념에 기반을 두고 성차별을 유지하는 데 기여하는 성차별적 재현이 아닌 다른 방식의 다양한 재현 양상을 늘리면서, 남성성과 여성성을 고정 관념에 따라 이해하지 않도록 해야 한다는 것이다.

미디어에서의 여성성/남성성과 관련된 재현 양상에 대한 모니터링이 이루어지고, 모니터링 개선 사항이 제시되면 변화가 일어나는 경우도 많다. 또한, 역사적 변화를 통해 사회에서 긍정적인 것으로 묘사되는 남성성/여성성의 범주를 확인할 수도 있다. 한국의 사례를 보면, 2020년 서울YWCA는 홈쇼핑에 등장하는 남성 호스트가 전통적인 남성성 이미지에 맞추어 역할을 부여받고, 여성 호스트는 가정주부에 한정되어 묘사되는 경우가 많다는 점을 모니터링을 통해 지적했다. 이에, 몇몇 홈쇼핑 업체에서 남성 호스트 역시 가사에 참여하도록 해 변화를 보인 바 있다(한국양성교육평등진흥원·서울 YWCA, 2020).

그런데 이러한 이미지 접근법은 한계점이 분명하다. 긍정적인 여성 묘사가 늘어나는 것이 어떤 의미인지, 현실을 개선하는 데 어떤 효과를 갖는지가 모호하다는 점 때문이다. 사실 '긍정적'인 묘사의 범주를 판정하는 것도 쉽지 않다. 우리나라의 일일 드라마에는 여성 CEO가 많이 등장하지만, 이들은 감정적이거나 또는 악인이어서 회사 경영을 제대로 하지 못하는 인물로 많이 그려지며, 과거와 달리 여성 인물이 늘어나고 장애인이나 성 소수자가 등장하기도 하지만 서사 구조에서 별다른 역할을 부여받지 못하는 경우도 많다.

정신 분석학적 페미니즘의 맥락에서 출발한 이미지로서의 여성 접근 방식은 단지 숫자의 문제를 넘어, 여성이 성적 대상화되는 시각 체계의 문제를 이론화하고자 했다(월터스, 1999). 할리우드(Hollywood) 영상물에서 내러티브상에서는 여성을 성녀와 악녀로 나누어 배치한 후 악녀를 처벌하는 방식으로, 시각 양식에서는 관음증과 물신주의적 카메라 움직임을 통해 여성을 대상화하는 방식으로 구성한다는 것이다(Mulvey, 1975). 여성의 수동성과 남성의 능동성이라는 단순한 이분법이라는 비판을 받았으나, 정신 분석학적 페미니즘의 여성 재현에 대한 문제 제기는 현대 사회에서 여성 이미지의 특정한 구성 방식이 왜 관습적으로 유지되는지, 여성이 특정한 방식으로 재현될 때 그 이념적 효과는 무엇인지를 논할 수 있는 틀을 만들어주었다.

보는 남성과 보이는 여성이라는 이분법으로 요약되는 여성의 성적 대상화 관련 논쟁은 반(反)포르노그래피 운동을 활발하게 벌인 급진주의 페미니즘과도 연결되어 있다. 드워킨(Andrea Dworkin)은 포르노가 여성 종속의 핵심이자 실천이라고 말하면서, 성적 표현물만이 아닌 우리 사회의 남성 지배 양상을 드러내는 도구라고 보았다(드워킨, 1996). 현실과 재현의 속성에 대해 구분하지 않고 있다는 비판이 제기되는 주장이지만, 여성의 재현 방식은 섹슈얼리티와 성에 대한 지식을 구성하고 신화를 재구성하는 방식이라는 차원으로 이들의 주장을 이해할 필요가 있다(Van Zoonen, 1994).

재현과 관련한 여성 정체성 문제의 복합성은 1990년대 이후 포스트 페미니즘 현상, 즉 여성의 권력이 신장하고 있으며 아름다움 역시 여성의 자원으로 활용할 수 있다는 생각, 신자유주의적 계발 주체로서의 여성이 권력을 획득하기 위해 노력해야 하고 이 노력에는 특히 외모와 관련된 노력이 중요하

다는 대중적 인식이 널리 수용되면서 더욱 커지는 중이다(Gill, 2007). 알파
걸과 같은 이름으로 당당하고 능력 있는 여성상이 미디어를 통해 제시되고,
외모 자원에 대한 노력이 중요해지면서 성형이나 다이어트를 실행하는 프로
그램들이 늘어났다.

포스트 페미니즘 시대에 여성성 논의는 과거 성별 고정 관념에 근거한 여
성 재현의 문제와는 또 다른 맥락에서 논쟁을 일으킨다. 특정한 제품을 소비
하고 몸을 관리하면 여성의 권리 신장이 이루어진다고 주장하면서 결국 상
품을 판매하는 포스트 페미니즘적 미디어 현상은 분명히 문제가 있다. 특히,
신자유주의적 자기 계발 주체로 여성을 상정하면서 이를 여성의 임파워먼트
(empowerment)라고 설명하는 문제가 있다. 그러나 한편으로는 다른 여성의
모습이 등장하는 것만으로도 미디어의 반복적인 재현 관습이 변화하는 계기
를 마련하게도 된다. 한국 예능 프로그램 〈골 때리는 그녀들〉은 스포츠 분
야에 진출해 노력하는 여성을 그리면서, 여성들끼리 경기를 하기 때문에 다
양한 유형의 여성이 자연스럽게 등장하게 되어 고정 관념적으로 단순화된
여성 역할로만 한정되지 않는 여성들을 그려내는 효과가 있었다. 미디어가
구성하는 젠더 개념을 이야기하면서 잘못된 재현을 찾아내는 데에만 그칠
수는 없다. 재현과 현실의 역동적 관계를 아울러 살피면서 대중문화 속에서
드러나는 여성성/남성성을 의미화하려는 시도가 필요하다.

3. 예능 프로그램과 젠더

텔레비전 및 웹 드라마, OTT 플랫폼, 1인 방송 등 다양한 통로를 통해 방
송되고 스트리밍되는 콘텐츠 중 상당수는 예능 프로그램의 포맷을 갖고 있
으며, 실제로 이들 프로그램이 시청률, 주목도 차원에서 높은 비중을 차지하
고 있다. 예능 프로그램은 유머를 목적으로 한다는 점에서 특정한 유머가 통

용되는 사회적 기반을 살필 필요가 있는데, 현재까지 한국의 예능 프로그램은 여성성/남성성과 관련해 특정한 성 역할 모델을 구성하고 재생산한다는 비판을 받고 있다.

1) 예능 프로그램과 성 역할 고정 관념 강화

방송 영역에서 예능 프로그램 분야에서는 젠더 이슈가 첨예하게 제기되곤 한다. 성별 불균형성의 문제가 큰데, 특히 주요 출연자(고정 출연자)의 성별 불균형이 심각하기 때문이다. 이와 관련해 이 문제를 꾸준히 모니터링해온 한국양성평등진흥원·서울YWCA의 모니터링 결과들을 몇 가지 제시해 보면 다음과 같다. 2021년 시행된 예능 프로그램 모니터링에서 여성 대 남성의 비율은 26.3% 대 73.7%로 남성의 비율이 훨씬 높다. 성별 역할에서도 고정 출연자의 경우 여성이 17.4%(21명), 남성이 82.6%(100명) 등장해 남성이 약 다섯 배 더 많이 등장한 것으로 분석되었다. 즉, 예능 프로그램에서의 성별 불균형성은 드라마 등의 다른 장르에 비해 높게 나타나는 편이다.

질적 분석에서 주로 지적되는 부분은 성 역할 고정 관념의 재생산인데, 여성의 가사 노동을 당연시하고, 남성의 경우 감성적 태도를 보이면 안 된다거나, 남성의 가장으로서의 책임을 강조하는 등 고정 관념을 반복하는 양상을 보여 문제로 지적되었다. 코미디 장르의 경우, 〈개그콘서트〉가 폐지되면서 코미디를 직업으로 하는 일군의 연예인들이 개그를 개그로 받아들이지 않고 문제를 제기하기 때문에 프로그램이 폐지될 수밖에 없다고 강변하기도 했다. 하지만 그간 코미디 프로그램에 지적되어 온 성별 고정 관념은 여성을 남성의 돈을 착취하거나 남성의 힘을 빌려 승진하는 등 부정적 묘사를 일삼았고, 특히 외모를 기준으로 남을 비하하는 것이 반복되어 비판을 받았다(한국양성평등교육진흥원·서울YWCA, 2020).

관찰 예능이 대세가 되고 육아와 가족이 예능 프로그램의 주조가 되면서 나타나는 성 역할 고정 관념은 저출생 시대에 이르러 더욱 문제로 분석되기도 한다. 예컨대, 아빠 예능의 시대를 연 〈아빠! 어디가?〉와 같은 예능 프로그램은 육아에 대한 성 역할 고정 관념을 흔드는 것 같지만 사실상 놀이로서의 육아와 실제 아이에 대한 돌봄이 분리되어 여성의 가정 내 기여와 모성을 비가시화하는 이중적 역할을 하기도 한다(김미라, 2014 참조). 실제로 이러한 아빠 육아 프로그램 〈슈퍼맨이 돌아왔다〉 등의 시청은 부모 역할이 공평해야 한다는 고정 관념 타파와는 관련이 없었다(양문희, 2018 참조). 성 평등한 재현이 무엇인가에 대한 고민도 깊어지는 중이어서, 서울YWCA는 2018년까지 남성이 육아에 참여하는 것을 모두 성평등으로 코딩해 왔으나 2019년부터는 육아에 참여하는 것이 시혜적인 성격이거나 일회적인 성격이 아닌 한에 대해서 성평등으로 개념화하는 등의 변화가 나타나고 있다.

2) 예능 프로그램의 주 소재로서의 외모 지상주의

예능 프로그램에서 성 역할 고정 관념과 관련해 젠더는 어떤 방식으로 문제화되는가? 가장 두드러지는 것은 외모와 여성성의 연결 문제이다. 물론 코미디 프로그램의 주요 소재는 외모 비하로 성별을 가리지 않는다고 생각할 수 있다. 한국 사회의 외모 지상주의는 심각하며 특히 비만 혐오의 문제가 있다. 비만 혐오는 인식상의 신체 이미지 불일치와 관련된다. 신체 이미지 불일치는 과다 체중이거나 과소 체중인데 정상으로 인지하는 경우 그리고 정상 체중인데 과다 또는 과소로 인지하는 경우가 모두 가능하지만, 한국의 경우 정상 체중임에도 불구하고 과다 체중으로 인식하는 불일치가 높게 나타난다. 이는 신체에 대한 불만족과 불안으로 이어지는 경우가 있다(정용민·정상훈, 2011). 이러한 불안은 미디어를 통해 유통되는 경우가 많아서, 민지현(2008)은 예능 프로그램의 시청이 외모 지상주의적 태도나 신체 변형 욕구, 즉 성형 수술이나 다이어트 행동에 영향을 준다는 것을 밝힌 바 있다. 한국의 서바이벌 다이어트 프로그램은 비만에 대한 낙인을 사회적으로 재생산하는 기능을 하고 있으며, 비만인 몸을 길들이고 통제하는 가혹한 훈련 방식이 정당화되는 문제도 존재한다(임인숙·김민주, 2012).

현재 한국 코미디 프로그램에서 개그우먼은 외모 비하 개그를 위해서 존재로 한다고 해도 과언이 아니다. 남성 개그맨 역시 비만 혐오를 웃음 소재로 삼지만, 이것이 남성성에 대한 비하나 모욕으로 이어지지 않는 경우가 더 다수이다. 그러나 여성의 경우는 여성의 가치를 외모에 두는 고정 관념에 따라 외모 비하가 개인의 여성성 자체에 대한 모욕으로 이어지는 경우가 많다. 여성의 성 역할을 여전히 가정에 두는 경우, 가정에 충실하지 못하거나 게으른 이미지가 비만을 매개로 구성되기도 하고, 여성성의 상실과 외모를 연결해 비하하는 경우가 많기 때문이다.

이러한 외모 비하가 의미가 확정되는 것은 외모에 대한 끊임없는 평가가 같이 이루어지기 때문이다. 흔히 외모에 대한 칭찬이 왜 좋은 것이 아니라 문제인지를 이해하기 어렵다고 문제 제기 하는 경우가 나타난다. 그러나 외모에 대한 칭찬은 여성성 일부를 외모로 환원하는 것이기도 하며 칭찬받는 여성과 비하당하는 여성의 이분법을 구성하면서 여성의 외모에 대한 비하를 재생산하게 만들기 때문에 칭찬과 비하는 모두 여성성이라는 성별 고정 관념과 관련해 본다면 문제가 된다.

남성 역시 외모 관리의 압박을 느끼고, 또 외모 관리 산업의 포섭 대상이 된 것이 사실이지만, 여성의 경우 이러한 외모 관리 문제에 더욱 촘촘한 그물로 영향을 미치고, 신자유주의 경제 체계와 인식 구조 내에서 외모 관리가 자기 계발의 증거이자 원리로 이해되는 경향이 강해지고 있으며 이러한 관리가 시작되는 연령대는 청소년부터이다(김애라, 2019 참조).

3) 예능 프로그램의 이성애 중심주의

어린이가 출연하는 예능 프로그램의 경우, 어린이에게 성별 고정 관념과 더불어 이성애주의에 의한 역할을 부여하는 묘사에 대한 지적도 이어지고 있다. 아직 이성애 관계에 들어서기 전인 2~3세 어린이들을 대상으로, 여아가 남아에게 하는 행동은 모두 애교이자 관심을 끌기 위한 행동이라는 식으로 자막을 달고, 남아가 여아에게 하는 행동은 '신사의 매너'나 보호를 하기 위한 행동으로 자막을 달아 출연자 스스로 재현하는 것이 아니라 고정 관념을 제작진이 나서서 주입하는 모습이 보인다.

〈미운 우리 새끼〉와 같은 프로그램은 결혼하지 않은 남성들과 그들의 어머니를 등장시키면서 우리 사회의 비혼에 대한 부정적인 인식을 그대로 투과해 비판을 받기도 한다. 출연자 남성들은 모두 어딘가 결여되어 있어 돌봄이 필요한 존재로 나타난다. 이들이 보여주는 행위들은 흥미로운 일탈이지만 이 일탈은 정상 가족을 이루지 못했기 때문에 생기는 일로 묘사된다. 어머니가 등장해 아들의 식사와 가사를 걱정하는 구도는 가정의 일이 모두 여성의 것이며 여성이 없이는 가정이 안정되지 않는다는 정상 가족 이데올로기를 계속 노출하기도 한다(손정아, 2018 참조).

또한, 다수의 예능 프로그램이 연인이 없다는 것을 결함으로 보아 웃음 코드로 삼는다. 장수 예능 프로그램이었던 〈무한도전〉에서는 출연자 중 한 사람인 노홍철에게 연인을 만들어준다는 취지로 〈홍철아 장가가자〉라는 에피소드를 방영하기도 했다. 이처럼 예능 프로그램에서 연애를 강조하고, 연애 능력이 평가 기준으로 작동하면서 이 기초로 외모나 재력 등의 요소를 암시하는 것은 성별 고정 관념의 강화, 외모 지상주의 문제 등과 상호 중첩되면서 문제가 되고 있다. '모솔'(모태솔로)과 같은 말로 연애하지 않는 상태를 비하하기도 한다. 이러한 예능 프로그램의 이성애 강조 경향은 어떤 여성, 어떤 남성이 연애하는가에 대해 이상적인 이미지를 제공하며, 이것이 성별 고정 관념에 기초하고 있어 시청자에게 장기적인 영향을 미칠 것으로 보인다. 이러한 경향성은 이성애 외의 다양한 관계에 대한 상상력을 키울 수 없게 하고, 연애하지 않는 것을 개인의 선택이나 취향이 아닌 능력 부족에 기인한 비극으로 여기게 한다.

또한, 2010년대 후반부터 본격적으로 인기를 끌기 시작한 다수의 일반인 연애 리얼리티 쇼에 대한 분석에 따르면, 이성애 연애 각본에 충실한 이들 프로그램은 남성에게 선물과 데이트 코스를 주도하도록 하고, 이를 기본 의례로 삼아 여성의 연애에서의 수동적인 모습을 강조하며, 연애의 감정을 상품화된 연애 모델에 따라 제시하는 특성을 보인다고 했다(전인화, 2020). 이성애 중심주의를 기본으로 남성과 여성의 연애 특성과 역할을 규정해 이를 사회적 규범으로 확산시키는 역할을 하는 것이다.

4. 리얼리티 프로그램의 여성성/남성성 구성
: 육아, 요리에 몰입하는 남성들과 여성의 부재

예능 프로그램에서의 성별 불균형은 2010년대 들어 육아, 요리 예능 프로그램에 본격적으로 남성들이 진출한 점도 영향이 있었다. 관찰 예능이라는 이름으로 예능 프로그램 포맷의 전회를 이끈 〈아빠! 어디가?〉는 아빠가 아이들을 데리고 여행을 하는 것이 주요 포맷이었다. 육아에 본격적으로 투입된 아빠의 모습은 성별 역할 균형을 이끄는 데 크게 기여한 것은 아니라는 평가가 지배적이긴 하지만, 아버지 상이 달라지는 것, 남성성의 요건에 전통적 고정 관념에 근거한 권위와 부성, 엄격함보다 자애가 더 많이 강조되는 계기가 된 것은 사실이다.

요리 예능은 본격적으로 요리사 직업의 세계를 다루거나, 관찰 예능에서 남성들이 요리와 가사에 익숙하지 않은 가운데 이를 강제로 하게 하는 상황을 만들어 웃음을 유발하는 〈삼시세끼〉 등의 포맷이 유행했다. 〈삼시세끼〉에서 흥미로운 점은 남성만 등장하는 프로그램임에도 불구하고 가족 모델을 구성했다는 것이다. 차승원을 어머니로, 유해진을 아버지로, 젊은 배우는 아들의 위치를 주는 가족 신화 구성은 남성이 가사의 영역에 들어가게 되었음에도 불구하고 성별 역할과 고정 관념을 부여해, 요리하는 남성을 주부나 엄마로 표현한다는 문제를 보였다(김미선·이가영, 2016 참조).

물론 이것이 고정 관념의 변주가 아니라, 주부나 어머니의 역할을 담당하는 사람이 꼭 생물학적 성별이 여성일 필요가 없다는 점에서 수행성으로 보고 긍정적으로 평가할 수 있다고 보는 견해도 있다. 이런 점에서 예능 프로그램의 성 역할 고정 관념은 단순하게 반복되는 것만도 아니고, 변화의 가능성을 항상 내재한다(김미선·이가영, 2016 참조).

하지만 백종원과 같은 전문 사업가를 요리를 한다는 이유로 '백주부'라고 부르는 실천이 긍정적인지에 대해서는 의문이 있다. 이렇게 일상 요리를 하는 사람을 '차주부', '백주부' 등으로 부르는 대신 스타 셰프를 고용한 요리 프로그램은 남성 요리사의 전문성을 강조하는 방향으로 프로그램을 구성한다. 집밥과는 다른 요리는 전문가의 영역이고 남성이 공적, 전문성의 영역에 배치되는 것이다. 새로운 남성 이미지/여성 이미지가 등장하는 것과, 그 남성/여성이 사회적 권위를 갖는 것은 복잡한 젠더 권력관계 속에서 작용하기 때문에 단순히 특정한 남성 이미지가 나타나고 이것이 과거의 성별 고정 관념과는 다르다는 이유로 이를 성 평등한 이미지로 설명하기는 어려운 점이 있다. 양적 균형의 문제를 거론하는 것은 이러한 맥락에서인데, 새로운 남성 이미지만큼 새로운 여성 이미지들이 계속해서 등장하고 그 양적 균형이 적절히 이루어지고 있는지를 함께 판단할 때 특정한 남성성/여성성의 등장이 갖는 의미를 좀 더 명확하게 이해할 수 있기 때문이다.

이러한 점에서 최근 인기 있는 예능 프로그램의 여성 부재 현상을 주목할 수밖에 없다. 〈삼시세끼〉와 같은 인기 시리즈 예능 프로그램이 2019년에야 여성 중심으로 구성되면서 〈삼시세끼: 여자편〉이라는 부제가 붙어 비판을 받고 〈삼시세끼: 산촌편〉으로 부제를 변경한 것은 이러한 여성 부재 현상의 상징적 사례이다. 예능 프로그램에서 남성과 여성을 분리해 프로그램을 제작하는 경향에 대한 질문 역시 남아 있다. 〈골 때리는 그녀들〉 등 여성이 주로 출연하는 프로그램들이 2020년대 이후 등장하고 인기를 끌면서, 예능 프로그램 전반적으로 여성 출연 비율이 늘어나게 되었지만 여전히 남성 중심 예능이 주류인 가운데 여성을 기용하는 소수 예능 프로그램이 시도되는 방식은 반복되고 있다.

5. 아이돌 그룹이 재현하는 여성성/남성성

예능 프로그램 중에서 한국의 서바이벌 오디션 리얼리티 프로그램은 시청자의 욕구에 맞추어 아이돌, 래퍼, 트로트 가수 등을 선발한다는 포맷으로 여성성/남성성의 이해 및 고정 관념 형성에 큰 영향을 미치고 있다. 대표적으로 2009년부터 2016년까지 진행된 〈슈퍼스타K〉, 2016년부터 진행된 〈프로듀스 101〉 시리즈가 있다. 이 외에도 〈아이돌학교〉, 〈내일은 미스트롯〉 및 〈내일은 미스터트롯〉, 〈쇼미더머니 시리즈〉, 〈고등래퍼〉 등이 있다. 특히 〈프로듀스 101〉이나 〈아이돌학교〉와 같은 프로그램은 시청자의 투표가 그룹의 구성원을 결정하므로 해당 그룹이 시청자의 기호가 반영되는 문화 상품으로 인식된다.

하지만 아이돌 그룹을 구성하는 이러한 리얼리티 프로그램은 실력만을 평가하는 것이 아니라 어떤 것이 여성/남성 아이돌 그룹에 어울리는 외모이고 성격인가까지 평가 대상에 오른다. 이와 관련해 흥미로운 지적은 여성 아이돌 그룹을 선발했던 〈프로듀스 101 시즌 1〉과 남성 아이돌 그룹을 선발한 〈프로듀스 101 시즌 2〉의 비교 연구에서 보여준 여성과 남성의 생물학적 조건 차이이다. 단한울(2017)에 따르면, 〈프로듀스 101〉 시리즈를 통해 선발된 아이돌의 경우는 평균 나이가 여성은 19세, 남성은 21세였다. 무엇보다 몸무게 차이가 가장 현격한데, BMI 지수로 볼 때 여성은 저체중 상태였지만 남성은 평균 상태인 것으로 분석되었다. 여성 아이돌의 외모 기준이 좀 더 어리고, 마른 것을 선호하는 방향이었던 셈이다.

이수안(2011)은 아이돌 그룹의 젠더 재현과 관련해, 걸 그룹의 신체 이미지 재현 방식이 선정적·성적 이미지 중심임을 주장했고, 뮤직비디오와 음악방송의 안무 등을 분석한 연구(이수안, 2014)에서는 여성 그룹의 안무와 의상에는 전형적 여성성인 복종, 무권력, 성적 표현에 집중되어 있고 남성 그룹의 안무와 의상에는 지배, 권력 과시 등이 관련된다고 했다.

이처럼 곡 자체에서 여성의 수동성, 남성의 적극성 등이 강조되는 사례는 바로 위에 언급한 〈프로듀스 101〉 시리즈에서도 잘 나타난다고 지적된 바 있다. 여자 연습생이 "pick me"를 외치며 자신을 선택 대상으로 수동적으로 제시하는 반면 남성은 "주인공은 나"라고 하는 가사를 사용했다는 것이다. 결국, 현재 아이돌 그룹의 구성에 어느 정도 남성과 여성에 대한 성별 고정관념들이 실현되고 재현되고 있다고 볼 수 있는 것이다. 물론 변화가 없는 것은 아니다. 나현수·유창석·남윤재(2018)는 전통적인 남성성과 여성성 이미지가 〈프로듀스 101〉 시리즈에서 반복되는 것은 사실이지만, 여성 아이돌도 힘과 권위를 상징하는 안무가 늘고, 남성 아이돌의 경우 선정성 안무가 늘어나는 등 기존의 묘사와는 다른 변화가 보인다는 점을 지적하고 있다.

남성 아이돌의 이미지 변화에 대한 분석은 남성성 이미지가 지난 20년간 변화의 폭이 크게 나타나는 지점이기 때문에 자주 수행되고 있다. 스타일링과 외모, 패션의 관점에서 남성 아이돌 이미지의 변화를 다룬 정미선(2020)은 2000년대 들어 남성 아이돌은 관능성, 성적 매력을 강조하는 시선의 대상으로서의 이미지가 강해졌다고 보면서 젠더 경계를 흐리는 이미지로 평가했다. 이는 해외 연구들과도 일치하는데, 한국 남성 아이돌 그룹은 남성 이미지가 아닌 중성적 이미지, 때로는 상당 정도로 여성화된 이미지로 설명하며, 이러한 이미지 연출이 젠더의 경계를 흐리는 수행성의 증거로 보기도 한다(Laurie, 2016). 특히 최근 해외에서 큰 인기를 얻고 있는 방탄소년단의 경우, 유연하고 부드러운 남성성 이미지여서 인기를 얻는다는 분석도 제기되고 있다(홍석경, 2019).

이러한 아이돌 남성성 문제는, 한편으로는 산업의 요구 때문에 꽃미남 등 꾸밈의 요구나 미에 대한 요구가 문화산업을 중심으로 상품화된 남성성으로 연결되었기 때문이라는 해석도 가능하다. 실제 이러한 수행을 보이는 남성 아이돌은 외모 이미지와는 달리 남성성을 증명하기 위한 거친 행동이나, 멤버와의 호모 소셜을 강조하는 남성성 연대 등을 통해 남성 이미지를 조율하고 있기도 하다. 한편으로 꽃미남 이미지를 가져감과 동시에 식스 팩 등의 몸을 단련하는 과정을 통해 남성성을 표현하는 경향도 있다(윤조원, 2010).

결국, 현대 사회의 한국 청년 남성은 연애를 잘하는 사람으로 여겨지고, 인정받을 수 있는 기제는 여성을 획득하는가 여부이다. 따라서 남성성의 자질 중 하나로 외모가 작동하며 이에 대한 모델 이미지를 아이돌이나 배우가 전달한다. 여성에 대한 매너와 말끔한 외모가 새로운 남성성 기준이 되는 것이다(이경숙, 2019). 드라마의 경우 무해한 남성성(이혜리, 2020)이 등장해, 헤게모니적 남성성의 범주, 즉 남성의 경제적 능력이라는 범주는 벗어나지 않으면서 폭력성을 제거하는 등으로 남성성 이미지의 변화를 보여준다는 진단이 나타나고 있다. 이러한 부드러움과 무해함을 강조하는 남성성을 퀴어적으로 독해하거나, 대안적 남성성이라고 진단하는 서구의 논의를 한국적 맥락, 특히 산업적 맥락에서 평가하는 것이 필요하다. 아이돌과 같은 젊은 남성이 전달하는 남성성 이미지는 산업화된 소비 자본주의 사회에서 잘 관리된 개인의 이미지라고도 볼 수도 있다. 남성 아이돌의 이미지 전략이 전통적 성별 고정 관념의 경계를 흐리는 실천인지, 산업화된 소비주의 전략의 결과인지는 이처럼 보는 시각에 따라 평가가 다르게 나타난다.

여성 아이돌 이미지의 변화도 급격하게 나타난다. 이웃집 소녀, 이성애적 사랑의 대상으로서 여성 아이돌 이미지는 소위 4세대 아이돌 그룹이 등장하면서 여성 개인의 주체성을 강조하거나, 청년 여성의 의지 표현 등 페미니즘 대중화의 영향력을 강하게 받은 이미지 구축 방식이 사용되기 시작했다. 사랑에서의 수동적 양상 표현은 줄어들었고, 자신의 이미지를 제시하는 방식에서도 타인 특히 남성의 시선을 인식하지 않는다는 방식으로 등장하는 경우도 늘어나고 있다.

아이돌 이미지 재현 방식에서의 변화가 나타나지만, 디지털 미디어를 매개로 하는 상호 작용이 활발해지면서 오히려 아이돌 구성원 개개인에 대한 사회적 압력은 높아지는 것을 확인할 수 있다. 여성 아이돌 그룹 멤버나 여성 배우가 경험하는 억압은 신체 이미지에 대한 압력 외에도 여성적이지 못한 태도라는 식의, 여성성에 대한 억압 역시 매우 강력하다. 한 여배우가 인스타그램(Instagram)과 같은 자신의 SNS에 글을 쓰면서 받은 비난은 말투가 여성스럽고 고분고분하지 않다는 것이었고, 불친절하다면서 일방적인 비난을 받기도 했다. 대체로 문화산업 내에서 유통되는 여성의 이미지는 전형적으로 가부장제하에서 여성에게 요구되는 외모, 수동성, 친절함, 미소와 같은 것들이다. 아이돌 여성 그룹 멤버 중 한 사람은 사인회에서 웃지 않았다는 이유로 비난을 받은 적이 있으며, 예능 프로그램에서 일방적으로 애교를 요구당하고 이에 응하지 못했다는 이유로 악플 세례를 받기도 한다.

이러한 종류의 노동을 페미니스트들은 감정 노동이라고 개념화해 왔다. 혹실드(Arlie Russell Hochschild)에 의해 정의된 감정 노동 개념(Hochschild, 1983)은 외적으로 표출되는 표정과 몸짓을 연기하기 위해 감정을 관리하는 것이다. 이러한 감정의 특정한 내용이 젠더적으로 결정된다는 것이 문제적이다. 대부분 조직은 바람직한 감정 표현 규칙을 정해 놓고 표준화되고 규범화된 감정 노출을 요구하며, 이를 위해 소속된 노동자의 감정을 통제하고 관리하려고 한다(김상표, 2007). 여성 아이돌이 화를 내거나 감정을 다스리지 못하는 것을 노출하는 것은 금기시되는데, 공격적인 상황에서조차 이러한 표현이 통제된다는 것이 문제이다. 대표적으로 팬 사인회와 같은 행사는 팬을 상대하는 면대면 행사이지만 기계적으로 미소 지을 필요는 없으며, 팬 사인회를 빌미로 불법 촬영을 하려는 남성에게는 화를 당연히 내야 한다. 하지만 이런 대응을 하지 않도록 하는 소속사의 통제가 있으므로 감정 노동의 상황은 젠더적으로 구성된다. 길혜민(2020)은 여성 아이돌의 경우 자신의 신체 이미지가 자신의 의도나 주체성과 상관없이 소비되는 상황임에도 이를 팬덤의 사랑으로 의미화할 수밖에 없는 감정 노동을 수행하고 있다고 해석하기도 했다. 물론 남성 아이돌 그룹 역시 감정 노동을 하고 있지만, 여성 아이돌 그룹에게 더욱 가혹하게 감정 관리를 요구하게 된다는 것, 화를 내거나 소리를 지르는 행위 등을 여자답지 못한 것으로 여기게 하는 사회적 시선의 압력을 그대로 받고 있다는 점에서 문제가 있다. 특정한 감정 표현을 여성에게 허용하지 않는 것은 그 자체로 성차별적이기 때문이다. 여성에게 분노 감정을 부정적인 것으로 인식하게 하는 경향은 한국 드라마가 주로 분노 표현을 악역에게 배당하는 것과도 관련해 이해할 수 있다(김수아, 2014). 이처럼 젠더 이미지 양식에서의 변화가 드러나는 것과는 별개로, 여성성과 남성성의 수행이라는 차원에서는 성차별적 양상이 여전히 남아 있다.

6. 한국 힙합과 남성성 이슈

전통적이고 마초적인 남성성의 표현은 아이돌 음악보다는 힙합이나 록과 같은 특정한 장르를 통한 것으로 인식되고, 진짜 남성성과 꾸며진 남성성을 구분하는 진정성의 기준처럼 힙합 팬들이 아이돌 음악에 부정적으로 반응하는 경향도 나타난다. 이렇게 남성성을 구성하는 기준으로 힙합이나 록과 같은 장르 음악이 존재하면서 여성 혐오 문제가 쟁점이 되고 있다. 록 음악의 경우에도 지적되고 있지만 보다 대중적인 인기를 얻고 있는 한국 힙합의 가장 뜨거운 주제는 '여성 혐오'이다. 이들의 랩에 등장하는 여성은 천편일률적으로 흔히 말하는 '김치녀', 즉 돈과 성공에 눈이 멀어 남성의 순정을 이용하는 여성 이미지이다. 그리고 이들을 비난하고 이들을 멀리해 성공하는 것이 남성의 성공으로 그려지는 것이고, 성공을 희망하는 랩을 쓰거나 또는 이를 이루었다고 노래하는 것이 한국의 힙합 가사에서 자주 나타나는 경향성이다. 이러한 '여성 혐오' 논쟁은 래퍼 블랙넛이 불을 붙였는데, 소속 레이블의 사장 스윙스는 블랙넛이 "한국 남성의 거울"이라고 말하기도 했다.

블랙넛의 활동 시기는 한국 대중문화에 루저(loser) 남성이 주요 문화 코드가 된 시기와 맞물리는데, 경쟁이 치열한 가운데 특히 연애 시장에서 탈락하는 남성이 느끼는 위기감이 반영된 것이다. 한국 청년이 능력주의에 따라 자신이 무능력해서 탈락했다는 점을 자조적으로 표현하면서 이를 승화하기 위한 타자에의 혐오를 발산하는 구조가 인터넷 문화를 중심으로 형성되었다(천정환, 2016). 이러한 정서가 구체적으로 발산되는 공간이 일베로 대표되는 몇몇 하위문화 온라인 공간이라면, 이를 랩으로 표현하는 것이 블랙넛이었다. 루저 문화 내에서 자신의 정체성을 구성한 블랙넛은 스스로를 성기로 축소하면서 가사나 자신을 표현하는 말에서 "모솔아다"와 같은 표현을 써서 자신이 여성에게 인기가 없으며 남성이 되지 못했다는 암시를 끊임없이 남긴다. 블랙넛은 랩에 표상되는 자아상을 패배자 남성으로 구성해 헤게모니적 남성성에 도달하지 못하는 자신을 자학하고, 아이돌 남성이나 고학력 남성과 자신을 비교하고, 이성애 각본에서의 실패가 가장 큰 남성성의 실패라고 설명하는 랩을 하고 있다.

래퍼 차붐의 경우 빈곤에 대한 혐오를 힙합적 리얼리즘을 표상하는 장치로 사용한다. 이 과정에서 공격적인 남성성이 도출된다. 비루하기 짝이 없는 하류 인생의 적은 창녀, 사기꾼, 제비이다. 그의 랩 가사에서는 여성 혐오를 통해 남성의 진정성을 설명하는데, 김치녀, 성형하는 여성, 창녀 등으로 여성을 표현하고 이에 대한 분노를 표현하는 것이 현 한국 남성의 현실을 보여주고 있다고 팬들에 의해 인식되는 것이다.[1] 텔레비전이 꾸미고 유순해지고 연애에 능한 아이돌과 배우 들의 세계라면, 힙합이나 또는 록과 같은 장르는 여성 혐오를 통해 구성된 남성성의 현실, 루저이자 '쌈마이'이고 가진 것 없으며 비참한 현실을 남성의 현실이라 주장하면서 진정한 남성성의 원천으로 여긴다. 물론 이렇게 비참함에서 끝나는 것은 힙합의 주제와는 맞지 않는다. 힙합은 성공을 서사로 하는 장르로, 이러한 비참함에서부터 성공한 나를 드러내는 것이 미국 힙합의 주요 주제이다. 한국의 경우에도, 2018~2019년간 주목을 받은 염따와 같은 래퍼가 이러한 자수성가 맥락에서 이해될 수 있다. 이상적 외모를 갖지 못했다고 폄하당했던 래퍼 염따는 예능 프로그램 출연과 딩고와 같은 페이스북 플랫폼을 통해 인기를 얻고, 'flex'와 같은 유행어를 만들어 인터넷 밈으로 소비되기 시작했다. 그는 갑자기 성공해 동료 친구들에게 한턱을 내는 것을 라이브 영상으로 송출하고, 친구의 비싼 차를 고장 내고 나서 이 빚을 갚기 위해 티셔츠를 팔아 그 차를 몇 대 더 살 수 있는 돈을 버는 사례를 보였다. 이러한 서사 속에 이해되는 것은 남성성과 성공의 연결 고리이다. 진정함은 가난 속에 있었으며, 화려한 텔레비전의 아이돌과 달랐던 거칠고 배운 것 없는 남성이 재능, 즉 음악과 유머로 성공하고 있다는 서사이다.

이처럼 힙합의 경우 페미니즘에 대한 대항적 목소리를 내는 것이 힙합의 진정성으로 인정되기도 하는 등, 보다 공격적인 전통적 남성성 양상이 아이돌 문화와 다르게 주류로 인식된다. 이에 따라 몇몇 래퍼의 경우 노골적인 여성 비하 표현을 가사에 담아 항의를 받고 음원 사이트에서 삭제되는 일이 반복되기도 했다. 래퍼 산이가 2018년 페미니즘과 관련된 무료 음원을 발표해 큰 화제를 모은 것처럼, 힙합이 특히 페미니스트와 불화하거나 페미니즘을 비판하는 것이 힙합의 모토인 '할 말을 한다'라는 것과 맞아떨어진다는 인식이 힙합 남성 청년 수용층을 중심으로 일반화되어 있다는 것을 여러 사례를 통해 확인할 수 있다. 다만 다수의 사회 조사 결과에 따르면 이러한 반페미니즘 성향이 있는 청년층은 20대 청년층의 10~25% 정도 사이로 나타나고 있어(천관율·정한울, 2019), 힙합 영역에서 장르의 특성을 빌미 삼아 과대 대표되는 경향이 있을 것으로 추론된다. 이러한 점에서 힙합이 과도한 남성성 특히 반페미니즘적·여성 혐오적 남성성을 강조하는 것으로 나타나는 데 대해서 주의 깊은 해석이 필요하다.

7. 문화산업과 남성성/여성성 재현의 변화

앞서 살펴본 바와 같이, 남성성과 여성성의 재현 양상은 장르나 플랫폼에 따라 그리고 시간과 공간에 따라 변화를 보인다. 특히, 한국의 경우 2010년대 중반 이후 페미니즘이 중요한 사회적 변화를 이끄는 동력이 되면서, 여성성 재현의 경우 진취적이고 독립적인 이미지가 많아진다거나, 남성성의 경우 돌봄과 감정 노동에 익숙한 모습이 나타나는 등의 특징을 보인다. 수용자의 반응에 민감하게 반응하는 대중음악이나 웹 기반 콘텐츠에서는 더 빠른 변화를 보이고 있다. 전통적 남성 이미지와 여성 이미지를 장르 특성으로 간주하면서 반복적으로 재현하는 경우 역시 존재한다.

남성성과 여성성에 대한 고정 관념은 단순히 인식적인 차원만의 문제가 아니라, 사회 구조적인 차별과 연결되는 규범을 형성한다. 미디어의 고정 관념에 근거한 재현 양상은 문화 소비자의 인식 구조를 반영하고 구성하면서, 사회적으로 여성과 남성의 행위와 역할에 대한 규범을 강화하는 데 기여하고 있다. 그럼에도 고정 관념의 변화를 보이는 양가적인 남성성/여성성의 재현이 꾸준히 등장하고 있다는 점과, 수용의 맥락에 대한 이해가 필요하다는 점을 주목해야 한다. 한류의 팬덤이 한국 콘텐츠에서의 남성성을 자국의 남성성 재현과 비교해 중성적, 부드러움의 이미지로 이해하는 것은 국내에서의 남성 이미지 수용과는 다른 문화적·역사적 맥락의 효과이다. 재현의 분석과 논의는 이러한 맥락적 논의를 전제하면서, 변화하는 이미지와 재현 관습을 통해 새롭게 남성성과 여성성의 전형이 구성될 가능성, 재현의 다양성을 확보할 수 있는 가능성을 탐구하는 방향으로 나아갈 수 있다.

---

1   이상의 내용은 김수아·홍종윤(2017)의 내용을 일부 보완한 것이다.

생각해 볼 문제

1. 미디어의 여성성/남성성 재현에 대한 논의는 사회적 맥락과 문화적 요인에 따라 복잡성을 갖게 된다. 예컨대, 남성의 육아 참여 프로그램은 처음에는 성 평등한 양상으로 부각되었으나 이후에는 여전히 돌봄의 여성화와 가족화가 강조된다는 비판을 받기도 했다. 현재 시점에서, 남성의 돌봄 노동 참여에 대한 재현은 어떻게 이루어지는 것이 좋을까?

2. 영국의 오프컴(Ofcom)은 「텔레비전과 라디오에서의 다양성과 평등한 기회(Diversity and equal opportunities in TV and radio)」라는 제하의 보고서를 통해 방송 산업에 참여하는 사람들의 균형과 다양성을 강조하고 있다. 이 보고서는 현실의 영국 인구 내 비중에 비추어 방송 산업 종사자가 그 비율에 맞는지를 검토하는 형식을 갖고 있다. 이러한 접근 방법에 대해서는 어떻게 생각하는가? 예컨대, 영국의 여성 인구 비중이 42%라면, 방송 산업의 여성 인력 비중은 42%에 이르면 되는 것일까?

더 읽을거리

에임스·버콘(Melissa Ames and Sarah Burcon). 2020. 『대중문화는 어떻게 여성을 만들어내는가: 보석 왕관을 쓴 아기에서 연하남을 노리는 쿠거까지』. 조애리 외 옮김. 파주: 한울.
이 책은 미국 대중문화산업에서 여성성 이미지를 어떻게 재현해 왔으며 이것이 실제로 청소년에서부터 노년의 여성에 이르기까지 어떤 영향력을 발휘하고 있는지를 분석한 미디어 비평서이다. 이러한 재현 관습에 영향을 미치는 산업의 특성들 역시 분석하고 있다.
조혜영 외. 2017. 『소녀들: K-pop 스크린 광장』, 서울: 도서출판 여이연.
케이 팝(K-pop) 문화를 중심으로, 한국의 문화산업에서 소녀 이미지와 인물 표현 그리고 소녀를 둘러싼 정서 구조 들이 어떤 방식으로 드러나고 있는지를 분석하는 대중문화 비평서이다. 문화 재현의 문제는 물론, 실제 소녀들의 삶 속에서 일어나고 있는 현실의 문제들 역시 다루고 있다.
김수정. 2018. 「팬덤과 페미니즘의 조우」. ≪언론정보연구≫, 55권, 3호, 47~86쪽.
기존의 아이돌 산업과 팬덤 문화에 대한 연구 성과를 페미니즘 관점에서 리뷰한다. 아이돌 산업이 특정한 젠더 이미지를 구성해 오는 것과, 특정한 방식으로 팬덤을 젠더화해 호명하고 이를 산업의 무임 노동으로 불러들이는 방식 등을 총망라해 소개하고 있다.

참고문헌

길혜민. 2020. 「젠더화된 스펙타클 노동: 고통과 유희의 자기계발」. ≪이화어문논집≫, 52호, 29~50쪽.

김미라. 2014. 「TV매체에 재현된 새로운 남성성(masculinity)과 그 한계」. ≪한국콘텐츠학회논문지≫,14권, 1호, 88~96쪽.

김미선·이가영. 2016. 「미디어 재현에 나타난 남성성과 젠더 이데올로기의 정치학」. ≪미디어, 젠더 & 문화≫, 31권, 3호, 97~137쪽.

김상표. 2007. 「개인 특성, 고객과의 상호작용 특성 그리고 관리기제가 감정노동수행전략에 미치는 효과」. ≪경영학연구≫, 36권, 2호, 355~384쪽.

김수아. 2014. 「드라마에 나타난 사랑과 분노」. ≪젠더와 문화≫, 7권, 1호, 133~167쪽.

김수아·홍종윤. 2017. 『지금 여기 힙합: 열광하거나 비난하거나』. 서울: 스리체어스.

김숙현. 2018. 「여성 영화감독의 역할수행 과정과 실천의 구조」.≪언론과 사회≫, 26권, 1호, 79~134쪽.

김애라. 2019. 「10, 20대 여성들의 '아름다움'의 네트워크와 그 의미에 관한 연구」. ≪미디어, 젠더 & 문화≫, 34권, 1호, 131~173쪽.

김장호·이경호. 2018. 「2018 콘텐츠산업 창의인력 실태조사 보고서」. 나주: 한국콘텐츠진흥원.

나현수·유창석·남윤재. 2018. 「아이돌 육성 TV프로그램에 나타난 젠더 디스플레이 분석」. ≪한국방송학보≫, 32권, 4호, 5~32쪽.

단한울. 2017. 「〈프로듀스 101〉 시즌1&2 비교분석: K미디어와 아이돌 섹슈얼리티: 참가자들의 무대 영상과 엠넷의 편집 권력을 중심으로」. 제5회 서울대학교 여성학협동과정 학술포럼 발표문(2017.7.13).

드워킨, 안드레아(Andrea Dworkin). 1996. 『포르노그래피』. 유혜연 옮김. 서울: 동문선.

라일, 로빈(Robin Ryle). 2015. 『젠더란 무엇인가』. 조애리 외 옮김. 파주: 한울.

문화체육관광부. 2022. 『2021 콘텐츠산업통계조사』. 세종: 문화체육관광부

민지현. 2008. 「미디어 이용이 청소년의 외모지상주의와 신체변형욕구에 미치는 영향」. ≪청소년문화포럼≫, 19호, 45~78쪽.

박영순·나은경. 2018. 「로맨스 드라마 시청이 결혼에 대한 환상에 미치는 영향」. ≪한국콘텐츠학회논문지≫, 18권, 2호, 583~591쪽.

방송기자 편집위원회. 2016. 「2016년 한국의 방송기자는 누구인가?」. ≪방송기자≫, 29권, 6~9쪽.

손정아. 2018. 「리얼리티 프로그램이 재현하는 비혼 가구의 정체성에 대한 비판적 고찰: ⟨미운 우리 새끼⟩(SBS)를 중심으로」. 서강대학교 대학원 석사학위논문.

양문희. 2018. 「육아예능 프로그램 시청과 결혼 기대감, 가족 가치관의 관계 연구」. ≪한국콘텐츠학회논문지≫, 18권, 12호, 130~139쪽.

월터스, 수잔나(Suzanna Walters). 1999. 『이미지와 현실 사이의 여성들』. 김현미 외 옮김. 서울: 또하나의 문화.

윤조원. 2010. 「문화비평: "꽃미남"과 "씩스팩": 대중문화 속 오늘의 남성성」. ≪안과밖≫, 28호, 278~302쪽.

이경숙. 2019. 「텔레비전 오락 프로그램과 젠더」. 김명혜 외. 『핵심이슈로 보는 미디어와 젠더』. 서울: 이화여자대학교 출판부.

이수안. 2011. 「대중문화에서 기호가치로서 몸 이미지의 소비양식」. ≪문화와 사회≫, 11호, 193~234쪽.

_____. 2014. 「대중문화 공연에 재현되는 양극화된 젠더 디스플레이와 몸 이미지의 성애화 방식」. ≪한국여성학≫, 30권, 4호, 233~268쪽.

이용관·김혜인. 2015. 「콘텐츠 분야의 종사자 특성별 근로조건 변화 분석」. ≪문화정책논총≫, 29권, 1호, 192~215쪽.

이혜리. 2020. 「텔레비전 드라마 「힘쎈 여자 도봉순」의 낭만적 사랑과 '무해한 남성성'의 출현」. ≪인문사회 21≫, 11권, 4호, 633~646쪽.

임인숙·김민주. 2012. 「한국 다이어트 서바이벌 프로의 비만 낙인 재생산」. ≪한국여성학≫, 28권, 4호, 1~38쪽.

전인화. 2020. 「미디어를 통한 정상적 연애의 구성」. 연세대학교 커뮤니케이션대학원 석사학위논문

전종섭·허식. 2018. 「문화예술분야 전문인력에 대한 유리천장효과 분석: J산업과 R산업 중심으로」. ≪문화경제연구≫, 21권, 2호, 3~28쪽.

정기현. 2007. 「한국 텔레비전 광고에 나타난 젠더표상의 변화에 관한 연구」. ≪미디어, 젠더 & 문화≫, 8호, 71~110쪽.

정미선. 2020. 「아이돌 스타일링을 바탕으로 한 남성의 외모 가꾸기: 젠더이데올로기를 중심으로」. 건국대학교 대학원 박사학위논문.

정용민·정상훈. 2011. 「대학생의 지각된 신체상 불일치에 따른 신체불만족과 사회적

체형불안」. ≪한국체육과학회지≫, 20권, 5호, 423~437쪽.

천관율·정한울. 2019. 『20대 남자』. 서울: 시사IN.

천정환. 2016. 「강남역 살인사건부터 '메갈리아'논쟁까지: '페미니즘 봉기'와 한국 남성성의 위기」. ≪역사비평≫, 116호, 353~381쪽.

한국양성교육평등진흥원·서울YWCA. 2021. 「2021대중매체양성평등모니터링결과보고서」. 서울: 한국양성평등교육진흥원.

한국언론진흥재단. 2020. 『2020신문산업실태조사』. 서울: 한국언론진흥재단.

_____. 2021. 『2021신문산업실태조사』. 서울: 한국언론진흥재단.

한희정. 2021. 「TV 광고의 어린이·청소년 재현 문제와 대안적 사유」. ≪한국엔터테인먼트산업학회논문지≫, 15권, 2호, 59~81쪽.

홍석경. 2019. 「한류가 제기하는 젠더 이슈」. 숙명여자대학교 아시아여성연구원 국제학술대회 〈한류, 젠더와 초국적 문화공동체〉 기조강연.

황정미·장윤선. 2006. 「문화산업의 남성중심성과 여성의 직업경험: 심층면접 조사결과를 중심으로」. ≪젠더리뷰≫, 3호, 14~23쪽.

Ashmore, Richard D. and Frances K. Del Boca. 1979. "Sex Stereotypes and Implicit Personality Theory: Toward a cognitive-social psychological conceptualization." *Sex Roles*, Vol. 5, No. 2, pp. 219~248.

Gill, Rosalind. 2007. "Postfeminist Media Culture: Elements of a sensibility." *European Journal of Cultural Studies*, Vol. 10, No. 2, pp. 147~166.

Hochschild, Arlie Russell. 1983. *The Managed Heart: Commercialization of human feeling*. California: University of California Press.

Laurie, Timothy. 2016. "15 Toward a Gendered Aesthetics of K-Pop." In I. Chapman and H. Johnson(eds.). *Global Glam and Popular Music Style and Spectacle from the 1970s to the 2000s*. London: Routledge.

Mulvey, Laura. 1975. "Visual Pleasure and Narrative Cinema." *Screen*, Vol. 16, Iss. 3, pp. 6~18.

UNESCO. 2004. Media Diversity and Gender Equality. https://en.unesco.org/themes/media-diversity-and-gender-equality(검색일: 2021.8.7).

Van Zoonen, Liesbet. 1994. *Feminist Media Studies*. London: Sage.

9장   최샛별

취향 존중의 시대, 문화산업 속 구별 짓기

1. 서론

모두의 취향이 '존중'받는, 적어도 존중받아야 한다는 당위성이 존재하는 시대다. 적어도 표면적으로는 그렇다. 젊은 세대들은 거리낌 없이 자신의 개성과 취향을 표출하고, 그에 대해 누군가 '지적'을 하면 나의 취향은 나의 개인적인 것이니 상관하지 말라고 선을 긋는 것이 자연스러운 일상이 되었다. 적어도 우리의 일상생활에서 그리고 미디어에서 논의되는 취향에 대한 담론들은 '다양해진 취향들'과 이를 통해 자신의 정체성을 규정하는 젊은 세대에 관한 이야기들로 채워져 있다. 취향을 통한 너와 나의 차이는, 상하 구분을 벗어난 수평적인 것처럼, 취향에 대한 평가와 이에 근거한 사람과 사람 사이의 보이지 않는 경계가 발휘했던 특별한 사회적 힘은 소실된 것처럼 보인다. 그러나 과연 그럴까? 우리는 정말로 우리의 취향을 아무렇지 않게 드러내고 있으며, 모든 취향은 동등하고 평등하다고 믿고 있을까? 취향이라는 것은 진정 '개인적'인 것이며, 그것을 통한 너와 나 사이의 '구별 짓기'는 사회적으로 아무런 영향력을 발휘하고 있지 못하는가?

이번 장에서는 이러한 질문에 대해 '아니오'라고 답하는 동시에, 현재 우리 사회가 문화를 둘러싼 기존의 질서, 기존의 구별 짓기 방식에서 벗어나 새로운 질서, 새로운 구별 짓기의 시대를 맞이했음을 이야기하고자 한다. 오랜 시간 양극단에 위치해 '다른 것'으로 인지되었던 고급문화와 대중문화는 보다 큰 범주로서의 대중문화 개념으로 통일화되었으며, 이제는 확장되어 통합된 대중문화 내부에서 새로운 위계와 질서가 형성되어 이전과는 다른 방식의 구별 짓기가 이루어지고 있다. 이러한 논의를 진행하기 위해 이 장에서는 먼저 부정적인 의미를 가진 대량 문화(mass culture)의 동의어로서의 문화산업의 등장과 그 이후의 변천 과정을 고급문화와 대중문화의 경계 짓기 역사라는 보다 큰 맥락에서 살펴본다. 다음으로 취향의 사회성과 계급성에 주목함으로써 고급문화의 임의성을 폭로했던 부르디외(Pierre Bourdieu)의 문화자본론과 후속 이론인 옴니보어(omnivore)론을 고찰한다. 마지막으로 논의의 연장선상에서 2023년 현재 대중문화의 지형과 그 안에서의 구별 짓기 방식을 밝혀보고자 한다.

2. 고급문화 대 대중문화: 경계 짓기의 역사 속에서의 문화산업

오랫동안 문화 영역, 더 나아가 우리의 일상은 고급문화와 저급 문화, 순수 예술과 대중 예술의 이분법적 구도에 따라 구분되어 왔다. 특정 대상에 대한 취향 역시 일련의 상하 질서가 있는 위계 속에 일정한 자리를 점해 왔음은 물론이다. 그러나 우리는 오늘날 고급문화와 대중문화라는 두 문화의 대립과 상하 관계를 골자로 구성되어 있었던 '문화적 위계'에 있어서의 커다란 지각 변동을 목도하고 있다. 문화는 사회적으로 구성되는 것이며, 시대가 변화함에 따라 함께 변화한다는 사실은 문화와 취향에 관한 사회학적 논의들에 의해 일찍부터 지적되어 온 바다. 그러나 문화 영역에서 진행되고 있는 최근의 변화들은 단순히 문화적 위계질서를 재조정하는 정도가 아니라 탈서 열화하고 궁극적으로는 문화들 간의 경계를 모호하게 만든다는 점에서 특징 적이다. 그리고 이러한 변화의 중심에는 일찍이 '대량 문화'라 불리며 폄훼 되었던 대중문화 그리고 이를 생산해 내는 문화산업의 괄목할 만한 성장이 있다. 질적으로 다듬어지지 않아 순수 예술에 비해 그 예술적 가치를 인정받 지 못하고 저질 문화로 취급되었던 대중문화는 이제 사람들의 일상적 삶의 질을 제고하는 데 빠질 수 없는 필수적인 요소로 자리 잡았고, 문화산업은 국가적·세계적 차원에서 막대한 부와 영향력을 행사, 또 축적할 수 있는 핵 심 동력으로 추앙받고 있다.

오늘날 당연해 보이는 대중문화의 위상은 약 한 세기에 걸친 오랜 기간 동 안 학문 영역 내에서의 격렬한 논의와 논쟁을 통해 획득된 결과이다. 학자들 은 이제 고급문화와 대중문화의 '차이'에 천착하기보다 그들이 갖는 공통점, 즉 '인간의 사회적 실천'이라는 특징에 주목하고 있으며, 이러한 학문적 전통 하에서 대중문화를 천시하고 고급문화를 경외하는 엘리트주의적 시각은 자 취를 감추게 되었다. 〈그림 9-1〉은 서구 엘리트 문화만을 지칭하던 '문화'의 개념이 어떻게 고급문화와 대중문화를 아우르는 '대중 예술'로 탈바꿈되었 으며, 나아가 삶의 양식, 전통, 가치 체계를 포괄적으로 아우르는 거대 개념 이 되었는지를 집약적으로 보여준다. 이 과정에서 서구 엘리트 문화가 아닌 문화 유형들이 문화라는 범주로 진입하는 것은 쉽지 않았으며, 그중에서도 특히 대중문화(대량 문화, 문화산업)가 하나의 '문화'로 인정받는 데에는 다른 그 어떤 문화 유형들보다도 더 긴 시간의 지난한 논쟁이 필요했다.

초창기 문화 개념은 18세기에 이르기까지 서구 유럽 엘리트 문화만을 지 칭하는 폐쇄적이고 배타적인 개념이었다. 18세기 후반, 독일의 철학자이자 문학가인 헤르더(Johann Gottfried Herder)가 복수형인 'cultures(문화들)'를 처 음으로 사용함으로써 서구가 아닌 다른 지역의 문화를 인정하는 문화 상대 주의 관점이 태동했지만, 여전히 진정한 의미의 문화는 사회의 엘리트들에

대량 문화와 대중문화

대량 문화를 지칭하는 영어 표기인 'mass culture'는 한국어로 번역될 때 종종 '대중문화'로 번역되기도 하고, 일반적인 수준에서는 구분 없이 사용될 때가 많다. 그러나 문화 개념의 발전을 이해하기 위해서는 대량 문화와 대중문화를 구분해서 생각해 볼 필요가 있다. 대량 문화는 부정적인 어감을 갖고 있는 용어이다. 대량으로 번역된 매스(mass)는 고립 분산되어 있어 주체성을 갖지 못한 비합리적이고 열등한 집단이라는 경멸적 의미가 담겨 있다. 이는 문화의 생산 과정에 초점을 맞춘 개념으로 대량 복제 가능한 매스 미디어가 등장한 근대 자본주의 이후의 문화 산물에 한정된다. 이에 반해 대중문화(popular culture)는 상당히 긍정적인 어감을 가지고 있는 용어로 많은 사람들이 향유하는 문화라는 뜻에 가깝다. 이는 문화의 소비와 수용 과정에 초점을 맞춘 개념으로, 자본주의 이전의 민중적 문화까지를 포괄하는 개념이라고 할 수 있다. 이 글에서는 대중문화와 문화산업의 용어를 학술적 의미에서의 대량 문화 그리고 그것이 생산되는 체계를 지칭하는 용어로 사용한다.

의해 향유되는 순수 예술에 국한되었다. 순수 예술이 인류의 최고의 정신적 완성의 산물이며, 인간의 교양을 높여주고 완성시켜 나간다는 정신적 고양 효과(uplifting effects)를 주창했던 문화 문명 전통의 지식인들은 그 외의 문화를 저평가하고 비판했다. 특히 매스 미디어에 의해 생산되는 대중문화에 대한 지식인들의 시각은 거의 혐오에 가까웠다. 이는 그 당시의 지식인들의 뿌리 깊은 엘리트주의 때문이기도 했지만 1920년대부터 1930년대에 이르는 대중문화 형성 시기의 시대적 상황에서도 그 이유를 찾을 수 있다.

1920년대부터 1930년대에 이르는 시기는 대중문화에 있어 중요한 전환점이 된 시기이다. 극장과 라디오가 이 시기에 발명되었고, 문화의 대량 생산과 소비가 가능해지면서 과연 이것이 예술인가, 즉 오리지널이 갖는 아우라

그림 9-1

문화 개념의 변천 과정

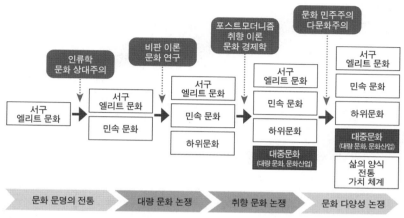

자료: 김수정·최샛별(2017: 25).

(aura)를 상실한 대량 복제품과 같은 것을 예술로 볼 수 있는가라는 질문이 대두되었다. 또한 서구 국가에서 파시즘이 발흥하던 시기이기도 했다. 독일의 나치즘을 비롯해 이탈리아의 파시즘이 라디오와 극장을 자신들의 정치적 이념을 퍼트리는 광고 수단으로 활용하고, 이것이 엄청난 효과를 거두자 이들과 반대 진영에 있던 서구 전반에는 대량 문화 및 대중 매체(mass media)에 대한 불안감이 한껏 고조되었다. 당시 전체주의 사회는 곧 부정적 의미의 대중 사회(mass society)였으며, 대중 매체는 대중 선동(mass propaganda)과 대중 억압(mass repression)의 동의어로 인식되었다. 한편 미국에서는 '자유 민주주의'가 성숙해 갔다. 유럽의 엘리트들에게는 자유 민주주의 역시 나치 및 파시즘과 다르지만, 무지한 다수의 대중에 의해 중요한 의사 결정이 이루어질 수 있다는 맥락에서 또 다른 유형의 대중(mass) 사회로 인식되었다.

문화산업이라는 용어가 처음으로 고안되고 사용된 배경을 살펴보면, 당시 대량 문화로 규정되는 대중문화에 대한 학자들의 입장을 보다 명확하게 이해할 수 있다. 프랑크푸르트(Frankfurt)학파를 대표하는 두 학자인 아도르노(Theodor Adorno)와 호르크하이머(Max Horkheimer)는 『계몽의 변증법』(2001)에서 처음으로 문화와 산업을 결합한 문화산업이라는 용어를 고안했으며, 이는 사실상 대량 문화에 대한 경멸적인 의미를 담고 있었다. 매스 미디어에 의해 생산된 대량 문화를 대중문화와 동일한 용어로 설명할 경우 아래로부터 형성된 노동자 문화, 즉 대중에 의해 형성되고 전유되는 문화라는 긍정적인 의미로 잘못 해석될 여지를 방지하기 위한 의도였다. 이런 맥락에서 오늘날 문화산업은 과거 '대량 문화'로 명명되었던 문화의 계보를 따른다고 볼 수 있다. 그러나 시간이 흐르면서 점차 대중문화라는 용어로 통칭되었고, 대중문화의 영향력이 한층 고양된 최근에는 대중문화를 생산하는 영역 전체를 아우르는 보다 포괄적이고 긍정적인 의미를 갖는 용어로 탈바꿈했다.

부정적인 측면에서 그 존재를 인정받았으며, 그랬기 때문에 오랫동안 가치가 저평가되었던 대중문화의 지위에 진정한 변화가 일어나기 시작한 것은 1960년대 후반 포스트모더니즘 논쟁과 부르디외의 취향 이론 그리고 문화 경제학이라는 신흥 학문이 등장하고 관련 논의들이 활발해지면서부터다. '문화적 위계질서의 붕괴', '탈중심화' 등으로 표현되는 포스트모더니즘은 대중문화보다 고급문화가 우월하다는 서열화의 폭력성을 고발했다. 이 같은 문화적 위계의 자의성과 정치성에 대한 논의는 부르디외의 취향 이론을 통해 한층 가속화되며 고급문화와 대중문화가 본질적이고 내재적인 우수성 측면에 있어 차이를 보인다는 기존의 주장을 정면으로 반박했다(부르디외, 2005). 이에 더해 문화 경제학의 발달은 대중문화와 문화산업을 국가와 사회의 경제 발전과 연계함으로써 그동안 사회의 질서를 해치고 인간의 이성을 마비시키는 것으로 비판받아 왔던 대중문화에 대한 부정적 시각을 중립적인 것, 나아가 긍정적인 것으로 전환하는 데 커다란 영향을 미쳤다.

이후 1970년대부터는 문화 다양성에 대한 논의가 대두되면서, 다양한 인종적·사회적·경제적 배경을 가진 사람들의 생활 양식과 가치관 등이 문화의 개념 안으로 포함되었고, 다시 한 번 문화의 외연이 넓어지게 되었다. 이같은 일련의 과정을 거치며 자신의 자리와 영역, 정당성과 가치를 확보해 온 대중문화와 문화산업은 개인과 사회, 국가와 세계의 경계를 넘나들며 전방위적으로 그 영향력을 행사하는 막강한 주체로 부상하게 되었다.

3. 취향과 계급 논의의 시작: 문화산업 취향과 구별 짓기

이번 절에서는 대중문화의 문화적 위계에 있어서의 이 같은 극적인 변화의 시발점이자 취향 연구의 출발점이 된, 그리고 시대의 변화를 거쳐 다시금 그 회귀점이 된 피에르 부르디외의 문화 자본론을 집중적으로 고찰해 볼 것이다. 부르디외는 권력에 의해 촉발된 고급문화 취향의 '임의성'과 취향이 '문화 자본(cultural capital)'으로 기능하며 불평등한 계급 구조를 재생산하는 메커니즘을 폭로한다. 고급문화와 대중문화 간 위계에 정면으로 도전한 부르디외의 문화 자본론이 제공하는 통찰력과 이를 둘러싸고 진행된 후속 연구와 논의 들은 현재 새롭게 변화하고 있는 대중문화 및 문화산업 영역 그리고 이를 둘러싼 취향과 계급의 문제, 나아가 그것이 그려내는 새로운 사회적 지형을 조망함에 있어서도 기반을 제공한다.

부르디외는 대중문화를 인정하고 옹호하더라도 고급문화의 존재나 그 우위성에 있어 별다른 의문을 제기하지 않았던 초기의 학자들과는 달리 고급문화는 그 자체로 보편적이고 절대적인 미적 가치를 갖는 것이 아니라 단순히 상층 계급의 취향을 반영하는 '취향 문화'임을 주장하며 고급문화의 절대적 위상과 가치에 강력히 도전했다. 프랑스인들의 문화적 실천과 취향에 대한 광범한 실증 조사를 토대로 쓰인 『구별짓기: 문화와 취향의 사회학』(2005)은 부르디외의 저서 중 고급문화와 대중문화의 경계를 가장 심도 있게 다루고 있다. 여기서 부르디외는 상층 계급은 사회적 정당성을 부여받은 '고급문화 취향'을 갖는 반면, 하층 계급은 고급스러움이나 세련됨과는 거리가 먼 '필요에의 취향'을 가지고 있음을 효과적으로 보여주며, 문화적 취향이나 실천이 순수하게 사적인 것이라기보다는 계급 투쟁 같은 사회적 경쟁에서 유리하게 활용되는 일종의 '자본'임을 주장했다. 이러한 맥락에서 부르디외의 논의는 고급문화 논쟁에 있어 큰 전환점이 되었을 뿐만 아니라 그동안 주로 경제 자본을 창출하는 생산 수단의 소유 여부를 둘러싸고 진행되어 온 계급

피에르 부르디외

현대 사회 과학계에서 가장 위대한 학자로 꼽히는 피에르 부르디외(Pierre Bourdieu, 1930~2002)는 자신의 생애적 경험을 학문으로 승화시킨 학자이다. 1930년 8월 1일 프랑스 남서부 피레네(Pyrenees) 지방에서 지방 우체국 공무원의 아들로 태어난 부르디외는 농촌의 서민적 전통이 깊게 배어 있는 전형적인 소부르주아 집단에서 나고 자랐다. 이런 배경을 가진 그가 프랑스 수재들이 모인다는 파리의 고등사범학교(École Normale Supérieure)에 입학했는데, 이때의 경험은 그의 학문적 여정에 지속적으로 영향을 미쳤다. 당시 이러한 일류 학교에 입학하는 것은 상층 집안의 자제에게만 한정되는 경우가 일반적이었기 때문에 이와는 다른 성장 배경을 가진 부르디외는 귀족적이고 권위적인 파리의 학교 제도에 적응하지 못했다. 부르디외는 그의 이론을 형성해 가면서 끝없이 스스로의 출신에 대해 언급한 것으로 알려져 있으며, 이때의 경험을 토대로 1960년대 전후 프랑스 사회에 확산되어 있던 지배 계급의 문화적 권력 양상을 고발하며 그동안 개인적인 것으로 간주되었던 '취향'의 영역을 계급과 연결시켜 사회 과학 영역에 안착시켰다.

논의에 새로운 학문적 지평을 열었다고 평가받는다.

무엇보다 그의 취향-계급 논의가 오늘날의 문화산업 그리고 그 내부의 문화 취향과 관련해 기여하는 바는 상/중/하층 계급의 문화의 정치성과 임의성을 폭로하고, 하층 계급의 취향으로 분류된 대중문화에 대한 취향 역시 하나의 '취향'으로서 존중받아야 함을 피력했다는 점이다. 상층 계급에 의해 전유되는 고급문화에 대한 취향만이 진정한 취향인 것은 아니며, 중층 계급 그리고 하층 계급에 의해 향유되는 대중문화 역시 문화로서의 가치를 가지며 그렇기 때문에 학술적으로나 사회적으로 그 정당성을 인정받아야 한다는 그의 주장은 오늘날 문화산업 내에서 그려지는 새로운 경계와 위계 들에 천

착해 그 양상을 살펴볼 수 있는 토양을 제공했다.

1) 문화 자본이란

문화 자본은 부르디외의 이론에서 핵심이 되는 개념이다. 부르디외는 논문「자본의 형태(The Forms of Capital)」(1986)에서 경제 자본 위주의 획일적인 자본 개념을 비판하며, 계급 재생산의 진정한 메커니즘으로 계급 구조의 기본이 되는 '경제 자본'과 이를 바탕으로 생성되고 또 일정한 조건하에서 경제 자본으로 전환될 수 있는 '문화 자본' 그리고 '사회 자본'을 제시했다(최샛별, 2006). 이 중 부르디외가 특히 강조한 자본이자 『구별짓기』((1984)2005) 내용의 중심축을 이루고 있는 것이 문화 자본이다. "지배 계층이 전수하려고 하는 언어적이고 문화적인 능력, 문화적이고 사회적인 선별에 사용되는 고급 지위 문화의 선호로서 문화적 태도와 선호, 학력"으로 정의되는 문화 자본은 간접적이면서 비가시적으로 사회 질서의 유지와 재생산의 기제로 작용한다. 고급문화 취향을 갖는 상층 계급 구성원들이 자신들과 동일한 취향을 갖는 사람들을 '내집단'으로 포섭하고, 그렇지 못한 중층 및 하층 계급 구성원들을 '배제'함으로써 '구별 짓기'를 실천한다는 것이다.

부르디외는 문화 자본을 다시 '체화된 상태의(embodied state) 문화 자본'과 '객체화된 상태의(objectified state) 문화 자본' 그리고 '제도화된 상태의(institutionalized) 문화 자본'으로 세분화한다. 먼저, 체화된 상태의 문화 자본은 취향이나 태도 같은 것으로 경제 자본 등의 외적인 부(富)가 긴 사회화 과정을 통해 '아비투스(habitus)'의 개념으로 인간 자체의 내적 한 분야가 되어 있는 것이다. 객체화된 상태의 문화 자본은 미술 작품이나 음반, 책 등의 예술 작품을 지칭하며, 제도화된 상태의 문화 자본은 앞서의 체화된/객체화된 상태의 문화 자본이 제도화된 것으로 대학의 학위 같은 것을 의미한다. 문화 자본 개념은 과거 사회 질서의 유지 및 재생산에 직접적인 영향을 미쳤던 경제 자본의 역할이 사회 구조적인 변동과 함께 약화되며 등장하게 되었다. 후대로의 상속이 명확하게 드러나는 경제 자본에 비해 문화 자본은 상속되는 방식이 비가시적이기 때문에 상속자의 능력으로 인지되어 지배 계급으로서의 정당성을 부여받을 수 있다는 점에서 사회 재생산에 훨씬 강력한 영향력을 발휘한다. 또한 문화 자본을 이를 획득하기 위해서는 자신의 일부로 체화될 '장기간의 투자'와 일정 정도의 경제 자본을 필요조건으로 한다는 점에서 하층 계급의 배경을 가진 사람들 중 상승 이동을 하고 싶어 하는 사람들에게 견고한 장벽으로 작용한다.

부르디외는 프랑스 파리 시민들의 취향에 대한 광범위한 실증 연구를 통해 다양한 유형의 자본이 각 계급에 따라 다른 정도로 분포하고 있으며, 그에 따라 계급별로 상이하게 갖게 되는 취향이 그들의 계급적 지위를 드러내 주는 표식으로 기능함을 보여주었다. 예컨대, 상층 계급은 높은 수준의 문화 자본과 경제 자본을 바탕으로 향유할 수 있는 고급문화에 대한 취향을 가지며 중간 및 하층 계급과 '차별화된 취향'을 보인다. 계급 상승에 대한 욕구와 계급 하락에 대한 불안감을 동시에 갖는 중간 계급은 상층 계급의 문화를 따르려 하는 '문화적 선의'의 특성을 가지며, 자연스러운 방식으로는 자신들이 습득할 수 없는 문화 자본을 인위적으로 획득하기 위해 애쓰는 성향을 보인다. 문화 자본과 경제 자본이 결핍되어 있는 하층 계급은 예술을 위한 예술의 무용성을 주장하며 즉각적으로 그들의 삶의 필요를 충족시킬 수 있는 '필요에의 취향'을 갖는다. 한국에서도 2010년 이후 부르디외의 방식에 따라 국내의 계급별 문화 지형을 파악하려는 연구가 수행되었다. 그 결과 2010년대 한국 사회가 1970년대 프랑스와 다른 맥락에 놓여 있음에도 불구하고 계급에 따른 취향 분화가 나타나고 있음을 보여주었다(김수정·이명진·최샛별, 2012; 2014; Choi, 2013; Choi, Kim and Lee, 2017).

2) 문화 자본론의 확장

부르디외의 문화 자본론은 전 세계 사회 과학계에 큰 반향을 불러일으키며 사회적 위계와 문화적 위계 간 상응성에 대한 다양하고도 활발한 논의들을 촉발시켰다. 특히 1990년대 초 부르디외의 논의가 미국 사회학계에 소개된 이후 수십여 년에 걸쳐, 문화-계급 간 상동성 검증을 위한 실증 연구들은 전 세계적으로 수행되었다. 문화 자본 연구가 다양한 국가적 맥락에서 이루어진 것은 사회와 문화의 장 전반에 걸쳐 나타난 변화에 기인한다. 후속 연구자들은 1960년대 프랑스 사회를 배경으로 형성된 부르디외의 이론이 다른 시대적·사회적 맥락에도 적용될 수 있는지 여부에 관심을 가졌다. 포스트모더니즘이라는 지적 조류를 타고 약화된 고급/대중문화의 구분이나, 사회 전반에 걸쳐 최상의 가치로 대두된 관용과 포용이라는 덕목을 고려할 때 부르디외의 이론은 현실 적합성이 떨어지는 것으로 보였기 때문이다. 이러한 학문적 질문을 바탕으로 수행된 연구들 중 일부는 여전히 부르디외를 지지하고, 또 다른 일부는 그의 논의에 이의를 제기하며 문화 취향과 계급을 둘러싼 논의는 발전되고 확장되었다.

주로 미국 사회학계를 중심으로 전개되었던 문화 취향에 관한 연구들은 2000년대 중반 이후 서구 유럽 국가들에 재수입되어 시대적·사회적으로 달라진 유럽에 새로이 적용되었고, 아직 많이 부족하지만 아시아 국가 및 제3세계 국가들에서도 부르디외의 이론을 실증적으로 검증해 보려는 시도들이 누적되어 오고 있다. 또한 문화 취향 연구에 있어 분석의 대상이 되는 문화 영역 역시 크게 다양화되어, 음악, TV 프로그램, 영화, 여가 활동, 스포츠, 음식에 관한 취향을 분석한 연구들이 지속적으로 집적되고 있다(김수정·최샛별, 2018: 39).

4. 취향-계급 논의의 심화와 한계: 옴니보어론과 보이지 않는 잉크

1) 시대의 변화

사실 부르디외의 문화 자본론을 적용함에 있어 시대의 변화에 따른 대중문화의 달라진 '가치'에 주목한 것은 1990년대 미국에서 수행된 한 연구로 거슬러 올라간다. 부르디외의 이론이 미국 사회에 소개된 1990년대는 부르디외의 연구가 수행되었던 1960년 시기로부터 30여 년의 시간이 흐른 후였다. 미국 사회는 그 기간 동안 계급별 취향 분화에 영향을 미치게 되는 다양한 차원에서의 거시적 변화들을 경험했다(Peterson and Kern, 1996). 엘리트 예술을 포함한 다양한 문화의 소비를 가능하게 만든 구조적 변화, 가령 지리적 이주와 사회 계급 이동의 증가, 교육 기회 및 전반적인 생활 수준의 향상, 대중 매체의 보편화는 과거 상층 계급에게만 배타적으로 허용되던 고급 예술의 접근 가능성을 넓혀 문화 자본으로서 갖는 신비감을 희석시켰다. 또한 성별, 민족, 인종, 종교적 차이에 대한 편견과 배제가 더 이상 정당하고 당연한 것이 아니라 근절되어야 할 부정적인 것으로 인지되는 등의 가치의 변화역시 '문화 자본은 고급문화에 대한 배타적 향유'라는 공식을 해체하는 데 일조했다.

무엇보다 1990년대 미국 엘리트 집단의 정치적 전략상의 변화와 세대 정치적 측면에서의 변화들은 고급문화에 대한 배타적 향유를 강조했던 문화자본론이 대중문화에 대한 취향의 중요성을 강조하는 옴니보어론으로 전환·확장되는 데 결정적인 영향을 미쳤다. 지배 계급은 오랫동안 문화를 매개로 한 그들의 지위를 공고히 하기 위해 상층의 문화를 세련되고 우수한 것으로, 중/하층 계급에 의해 소비되는 대중문화를 저급하고 해로운 것으로 정의해 왔다(Elliot, 1949; Bloom, 1987). 그러나 한때 매우 효과적이었던 이 같은 전략은 점차 다양해지는 사회 구성과 세계화의 진척으로 인해 그 실효성을 잃게 되었고, 일방적인 억압과 통제 대신 다양한 문화에 대한 개방성 그리고 그를 통해 대중문화를 '포섭'하는 전략(Leonard, 1962; Tichi, 1994)이 글로벌화 되어 가는 시대적·사회적 상황에 더 잘 부합하게 되었다.

아울러 1975년 이전까지만 해도 미국 사회에 만연했던 믿음, 즉 젊은 세대들이 나이가 들면 자연스레 '진지한' 문화, 즉 고급문화를 선호할 것이라는 믿음이 깨진 것도 중요하게 고려해야 할 사항 중 하나다. 과거의 세대들과 달리, 1990년대의 젊은 세대들은 나이가 들어서도 그들의 대중문화에 대한 취향을 바꾸지 않았으며, 부모 세대만큼 엘리트 예술을 후원하지도 않았다. 특히, 제2차 세계대전 이후에 태어나 이전 세대들과는 다른 물질적·문화적 풍요 속에서 성장한 당시의 젊은 엘리트들은 구래의 고급 예술에 심취하기 보다 대중적인 문화에 대한 폭넓은 선호를 드러냄으로써 점차 미국의 엘리트들이 대중문화를 포함한 다양한 문화에 대한 선호와 취향을 가질 수 있게 하는 세대적인 맥락을 형성하게 되었다.

2) 옴니보어론: 개념과 측정

부르디외의 문화 자본론을 옴니보어론으로 전환하고 발전·확장시킨 원동력은 대중문화의 중요성과 영향력의 대두라 할 수 있다. 부르디외 연구를 둘러싼 후속 논의들 중 1990년대 초 미국 사회학계에서 등장한 이러한 '옴니보어 가설(omnivore hypothesis)'은 이제는 옴니보어론이라는 하나의 이론으로 불릴 만큼 문화-계급 간 상응성 논의에 가장 큰 영향력을 가지며 최근까지 매우 활발히 연구가 진행되고 있다. 이 용어와 가설을 처음 고안해 학계에 도입한 리처드 피터슨(Richard Peterson)과 동료들은 지배 집단인 상층 계급이 고급문화에 대한 배타적 선호를 가진다는 부르디외의 주장에 이의를 제기하고, 미국 엘리트 집단의 경우 고급문화라 할 수 있는 정통적 문화에 대한 취향뿐 아니라 하층 계급의 문화라 할 수 있는 대중문화에까지 폭넓은 선호를 보인다고 주장했다(Peterson and Kern, 1996). 미국 엘리트 집단의 배타적(univore) 취향이 점차 다양한 계층 문화에 대한 선호까지를 아우르는 잡식적(omnivore) 취향으로 교체되고 있음을 발견한 것이다.

피터슨과 동료들이 제안한 옴니보어 취향은 모든 문화에 대한 무차별적 선호를 의미한다기보다는 모든 문화를 수용하고 활용할 수 있는 능력, 즉 문화적 다양성에 대한 개방을 의미한다. 옴니보어론에 따르면 사회적 지위가 높을수록 다양한 문화를 즐기는 성향을 보인다(〈그림 9-2〉 참조). 이때 간과하지 말아야 할 점은 옴니보어론이 주장하는 것이 미국의 지배 계급이 '구별 짓기'에 무관심함을 주장하는 것이 아니라는 사실이다. 옴니보어론이 강조하는 것은 단지 구별 짓기의 원칙과 방식이 부르디외식의 속물적 배타성에서 '관용'으로 대체되었을 뿐임을 보여준다. 이제는 고급문화에 대한 취향뿐 아니라, 고급문화와 대중문화를 모두 즐길 줄 아는 것이 상층 계급의 지위를 드러내주는 지위 표식으로 작용하게 된 것이다. 이들의 논의는 기존 문화 자본론이 문화와 계급 간 일대일 상응 관계를 주장한 것에서 나아가 '문화적 다양성(cultural variety)' 또는 '문화적 폭넓음(cultural breadth)' 같은 상응의 형태까지를 고려하며 문화, 계급 그리고 문화 불평등에 관한 논의를 한 단계 심화시켰다.

피터슨의 논의를 필두로 한 옴니보어론은 현재 문화적 취향 및 다양한 소비 행위를 사회 계층과 연결 지어 분석하는 데 하나의 패러다임을 구성하고 있다. 이론적·방법론적 측면에서 피터슨 이후 진행된 옴니보어 논의들은 주로 옴니보어성(omnivorness)을 어떻게 측정해야 하는가 하는 문제를 두고 변화와 발전을 거듭해왔다. 원래적인 의미에서, 옴니보어론의 선구자인 피터슨이 내린 옴니보어의 정의는 '구성'상의 특징, 즉 개인의 취향이 고급문화와 대중문화의 상징적 경계를 횡단하는지 여부에 따른 것이었는데(Warde, Wright and Gayo-Cal, 2008; Warde and Gayo-Cal, 2009) 최근에 이르러서는 대체로 선호하는 문화 장르의 절대적 개수를 의미하는 '양(volume)'과, 선호하는 문화 장

그림 9-2
유니보어와 옴니보어

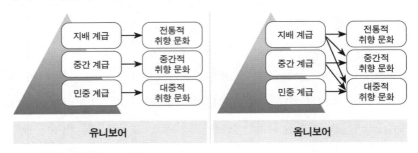

자료: 한국문화사회학회(2012: 318).

르의 계급적 다양성인 '구성(composition)' 그리고 취향에 대한 특정하고도 구별 가능한 방향성을 뜻하는 '지향(orientation)'의 세 가지 차원을 고려해야 한다는 주장이 일반적인 것으로 받아들여지고 있다(김수정·최샛별, 2018: 41).

3) 문화 자본론과 옴니보어론의 한계: 보이지 않는 잉크의 재평가

이처럼 부르디외의 문화 자본론은 만들어진 지 60여 년이 지난 지금도 그 생명력을 유지하며 사회 과학 전반에 걸쳐 막대한 양의 후속 연구들을 양산해 내고 있다. 그러나 대중문화와 문화산업이 문화 영역을 장악하고 있는 작금의 현실 그리고 대중문화의 영역 내에서도 구별 짓기 현상이 빈번하게 이루어지고 있는 현실을 고려할 때 '고급문화'에 대한 취향을 설명하는 데 초점을 맞추고 있는 그의 문화 자본 개념은 2020년대 한국 사회와 대중문화의 장을 설명해 내는 데 한계를 갖는다. 그의 이론이 갖는 학문적 의도는 취향에 있어서의 '상하 질서'가 정치적인 분리일 뿐임을 주장하는 것이지만, 이는 결국 문화상의 위계가 존재하고 있음을 전제하는 것으로 보이기 때문이다. 이러한 맥락에서 우리는 '보이지 않는 잉크(invisible ink)'라는 개념에 대해 다시 생각해 볼 필요가 있다.[1] 이 개념은 고급문화에 대한 취향만을 '문화 자본'으로 간주하는 부르디외 문화 자본론의 한계에서 벗어나 대중문화 영역에서의 구별 짓기 전략을 설명해 줄 수 있는 좋은 도구를 제공한다.

부르디외의 이론에서 상층 계급이 문화 자본을 통해 그들 집단의 내부 결속력을 다지는 것도 일종의 보이지 않는 잉크 전략이라고 할 수 있다. 그러나 중요한 사실은 속칭 저급 문화로 불려왔던 대중문화나 하위문화 세계에도 이러한 '인비저블 잉크'가 존재하며, 이를 활용한 전략 역시 이를 향유하는 사람들 간의 유대 강화와 감상자 그룹 안에서의 계급 구분에 사용된다는 점이다. 할리우드(Hollywood) 영화에 사용된 특수한 구도를 알아보거나, 특정 애니메이션의 원전이 된 만화 시리즈를 알고 있는 것 등이 그 예가 될 수 있다. '지식'을 매개로 한 이러한 능력은 일견 문화 자본과 유사한 부분을 공유하고 있지만, 집단 내에서의 상징적 보상만을 제공한다는 점에서 자본의 재생산을 전제하고 있는 문화 자본 개념과 구별된다. 그러한 맥락에서 우리는 인비저블 잉크와 문화 자본 개념을 결합함으로써 보다 확장된 범위의 문화, 즉 대중문화 속에서 벌어지는 구별 짓기 현상을 관찰하고 설명할 수 있다. 단순히 저급한 취향의 하층 계급 지위를 드러내는 표식으로서의 대중문화가 아니라 훨씬 더 많은 역동을 품고 있는 대중문화의 영역을 탐구해 볼 수 있는 것이다.

5. 취향의 새로운 질서와 위계의 형성[2]

2020년대의 대중문화의 지형은 어떠한가? 그것이 생산·소비되고 작동하는 방식은 어떻게 변화하고 있으며, 그 안에서 취향을 통한 구별 짓기는 또 어떻게 이루어지고 있는가? 이를 살펴보기 위해 우리는 우리 사회가 당면한 또 다른 시대 변화에 주목해야 한다. 2000년대 중반 이후 학자들은 문화적 지형과 취향의 형태, 옴니보어성이 갖는 지위 표식으로서의 기능에 영향을 미치는 다양한 사회 구조적 특징들에 주목해 이들이 문화적 위계의 지형 변화와 어떻게 연관되어 있는지를 이해하고 설명하려는 시도들을 이어오고 있다. 그리고 문화 사회학 분야의 학자들은 현대 사회 문화적 위계에 영향을 미친 가장 대표적인 요소들로 사람들의 생활 수준 및 문화적 욕구의 상승 같은 소비 측면에서의 변화 이외에 '정보화'와 '기술 발전 및 매체의 증가', '문화산업 분야의 급격한 성장과 발전' 같은 대중문화 생산을 둘러싸고 진행되어 온 극적인 움직임들을 지목한다.

일찍이 피터슨과 컨(Roger M. Kern)에 의해서도 지목된 바 있는 통신 기술과 대중 매체의 증가는 과거 상층 계급이 배타적으로 향유해 온 문화적 취향의 대중적 보급을 가능하게 해 중·하층 계급 출신 사람들 역시 이전보다 다양한 문화적 취향을 누릴 수 있게 하는 결정적 요인이다(Peterson and Kern, 1996). 그뿐 아니라 기존에 특정 계급의 문화로서 특정 유형의 채널을 통해서만 보급되던 문화적 대상물들이 다양한 채널을 통해 복합적인 방식으로 순환·재생산되며 문화적 위계와 지형을 파악하는 데 혼란을 주고 있다. 가령 이전에는 공연이나 음반, 도서 등의 채널을 통해 '관람', '청취', 또는 '독서' 등의 단일한 행위를 통해서만 소비되었던 고급한 문화적 대상물들이 각각 드라마나 영화로 각색되어 생산·분배되어 '시청'될 수 있는 대중적 콘텐츠로 전환된다. 이에 따라 문화적 위계에 있어서도 고전 문학과 같은 '고급 예술'이 할리우드 영화라는 '대중오락'으로 지위가 변화된다.

한편, 문화 영역 분야의 핵심 화두이기도 한 문화산업의 발전과 그에 따른 문화 분야 종사자 및 문화 콘텐츠와 유입 자본의 양적 팽창 역시 종래의 문화적 위계와 관련해 다양한 문제적 상황들을 야기하고 있다. 과거 안정적으로 유지되던 문화적 위계는 통상 10~15개 안팎의 문화 장르로 구성되어 있었다. 대중문화 생산의 주체가 되는 방송사나 영화사, 관련 업계 종사자 및 생산되는 콘텐츠의 양도 한정되어 있었음은 물론이다. 그러나 소수가 중심이 되어 문화 콘텐츠를 생산해 오던 과거와 달리, 오늘날 문화산업 영역은 커진 규모와 영향력만큼 다양한 생산 주체들에 의해 움직이고 있으며, 끊임없이 기존의 장르들이 결합, 해체되고 또 새로운 장르들이 생성되면서 전통적이고 고정적인 문화적 위계로는 포착할 수 없을 만큼 세분화되고 쉽게 교체되는 문화적 위계들이 나타나고 있다. 굳이 팝페라와 같은 크로스오버를 예로 들지 않아도, 최근 발매되는 대중가요 음반을 들어보면 한 가지 장르가 아닌 여러 장르가 혼합되어 장르를 특정하기 어려운 경우가 빈번함을 알 수 있다.

그리고 소위 '창조 계급(creative class)'(Florida, 2002)이라 불리는 문화산업 종사자의 수적 증가와 국제적 수준에서의 글로벌 셀러브리티(celebrity)의 탄생은 문화 취향을 통한 구별 짓기의 메커니즘에 지각 변동을 일으키고 있다. 직업적 특성상 문화산업 종사자들은 그들의 사회 경제적 배경, 즉 계급적 지위와는 무관하게 일정한 직업 교육 과정을 거치며 '옴니보어성'을 획득하게 된다. 이 같은 상황은 과연 '옴니보어적 취향'이 상층 계급의 지위 표식으로서 아직도 그 효용성을 유지하고 있는가에 대한 의문을 촉발시킨다. 대중문화 영역에서 탄생하는 BTS와 같은 글로벌 셀러브리티는 그 인지도와 영향력 측면에서 새로운 문화 계급으로서의 존재감을 발휘하게 되었다.

아울러 문화산업 영역으로 유입되고 또 창출되는 막대한 자본은 이전에 '질적인' 차원에서 논의되었던 고급문화와 대중문화의 경계를 한층 더 모호하게 만들고 있다. 과거 고급문화는 질적으로 우수하고, 대중문화는 수준이 낮고 조악하며 거친 무엇으로 인지되었다면 점차 그러한 양상이 전도되고 있다. 최근 대중문화 시장은 막대한 자본을 토대로 한 최첨단 컴퓨터 그래픽 기술 및 촬영 세트장 등의 구비로 인해 날로 그 화려함과 정교함을 더해가고 있는 반면, 고급/순수 예술 시장은 자금난에 허덕이며 저예산으로 작품을 올려야 하는 열악한 상황에 놓이게 되었다. 사실상 문화 정책이라는 것이 처음 도입된 배경에는 점차 감소하는 순수 예술에 대한 지원과 그로 인한 고급문화 생태계에 대한 위협이 자리했다는 사실을 고려할 때 이러한 결과는 예정된 수순이었다고도 볼 수 있다. 어찌 되었든 이러한 상황은 우리로 하여금 무엇이 질적으로 더 우수한 콘텐츠인가 하는 의문을 제기하게 만들고 있다.

바야흐로 대중문화의 시대가 도래했다고 선언할 수 있을 듯하다. 이러한 상황에서 특정 문화에 대한 취향이 개인의 자원으로서 기능한다는 관념 역시 설득력을 상실한 것으로 생각되기도 한다. 그러나 과연 그런가? 세상은 계속해서 변화하고 있으며, 흐려지고 모호해졌던 문화들 간의 경계를 새롭게 그려내고 있다. 그리고 이러한 또 다른 '변화'는 문화와 계급, 취향을 둘러싼 새로운 논의의 가능성을 열고 있다. 문화의 다양성을 인정하고 지향하는 문화 민주주의하에서, 위계와 평가적 의미가 함축된 고급문화와 대중문화라는 용어는 순수 예술과 대중 예술로 대체되었다. 예술이라는 같은 반열에서 다른 특징을 가진 영역으로 재개념화된 것이다. 그러나 역설적이게도 순수 예술과 대중 예술의 위계가 희미해지면서 오히려 대중문화, 즉 대중 예술 내부에서의 문화적 위계가 강화되고 있다. 인문학과 철학의 차용과 순수 예술과의 협업, 대중 예술계 장르 간 융합 등 옴니보어성은 대중 예술계와 문화 산업 시장의 문화적 위계에서 최상위 인정 투쟁의 가장 효과적인 도구로 사용되고 있다. 정리하자면 고급문화 대 대중문화의 이분 구도로 위계화되어 있던 문화 지형은 포스트모더니즘과 취향 이론의 영향으로 그 경계가 와해되었다가, 대중문화의 부상으로 인해 그 위계가 전복되는 듯한 양상을 보이고 있으며, 이제는 대중문화라는 거대 영역 안에서 다시금 질서와 위계가 새로이 형성되고 있다.

한류의 확산과 봉준호, BTS 등의 글로벌 셀러브리티의 탄생 등 현재 한국의 문화산업 취향은 전 세계적으로 인정받고 있다. 그리고 문화산업 시대인 지금도 취향의 논의는 유효하다. 최근의 문화 사회학 연구들은 이러한 시대적·사회적 변화와 그에 따른 문화 지형의 변화를 이론적이고 방법론적으로 어떻게 수용해야 하는가의 문제를 두고 옴니보어, 나아가 문화 자본에 관한 한층 심화된 논의를 진행해 나가고 있다. 또한 2000년대 이후 전반적으로 증가한 문화 소비의 절대적 양과 폭을 고려해 문화 자본을 측정하는 도구에 대한 재검토 및 정교화가 이루어지고 있다. 특히 옴니보어 관련 연구들은 그간 주로 '소비 영역'에 초점을 맞춰온 연구들에 더해 현대 사회의 문화적 지형에 영향을 미치며 그 자체로도 하나의 독특한 문화적 지형을 형성하고 있는 '생산 영역', 즉 문화산업까지를 포괄하는 방향으로 나아가야 함을 주장하고 있으며(Wright, 2011), 이러한 논의의 추세는 국내 학계에서도 점차 확산될 것으로 보인다.

한국은 해방 이후 '압축적 근대화'를 거치며 격동의 시기를 보냈고, '인터넷 강국'이자 '한류 수출국'으로서 누구보다 빠른 속도로 정보화와 문화산업의 성장을 이루어냈으며, 이러한 과정에 필연적으로 동반되는 가치관의 변화와 세대 정치에 따른 갈등의 심화를 경험하고 있다. 지금까지 한국 사회가 겪어온 정치, 경제, 사회 그리고 문화적 측면에서의 변화는 다른 서구 국가들에 비해 훨씬 더 급격하고 역동적이었다. 특히 지난 30여 년 동안에는 문화에 대한 수요가 폭발하고, 이에 부합해 문화에 대한 공급 역시 대대적으로 증가하면서 문화 소비와 생산의 양이 팽창했으며, 동시에 문화가 갖는 도구적 가치가 증대하고 이를 둘러싼 격차와 불평등이 심해지면서 한국의 문화적 위계와 지형, 취향의 구조가 이전 사회와는 완전히 다른 것으로 탈바꿈되었다.

특수한 한국 상황에 대한 부르디외의 문화 자본론과 피터슨의 옴니보어론 그리고 이후의 논의들의 적용은 복잡다단한 한국의 문화 지형을 섬세하고도 정치(精緻)하게 포착해 내고, 이를 토대로 향후 한국 문화 정책의 수립을 위한 근거를 제공할 수 있을 것으로 기대한다. 또한 문화 자본론과 옴니보어론 모두 현재 문화산업과 긴밀하게 연결되어 있는 문화 정책의 중요한 정책 결정 기반을 제공해 주는 통계에서 국민들의 문화 취향, 활동 등을 측정해야 하는 이론적 근거와 방법론적 기틀을 제공해 줄 수 있다. 국민 일상의 다양한 영역 중 어떤 부분을 정책의 대상으로 규정해야 하는지, 또 이를 어떻게 측정해야 하는지 등 옴니보어론의 발전 과정에서 다양한 논쟁을 통해 축적된 취향 측정 방법은 한국 문화 정책 수립을 위해 수집하고 있는 통계 자료의 집적에 있어 실질적 지침을 제공해 주고, 그럼으로써 한국 문화산업의 발전에 중요하고도 의미 있는 영향을 미칠 수 있을 것이다.

---

1   인비저블 잉크는 원래 불에 비춰 본다든지 하는 특별한 방법을 쓰지 않으면 그 내용을 볼 수 없도록 암호문 등에서 사용하는 잉크다. 그리고 마치 이런 보이지 않는 잉크로 글을 쓴 것처럼 특정한 기술이나 능력은 연마하지 않으면 그 진의나 가치를 알아볼 수 없도록 특정 집단끼리만 통하는 '기호'를 만드는 것을 '보이지 않는 잉크 전략'이라고 이야기한다.

2   이 부분의 내용은 김수정·최샛별(2018)의 논문에서 부분을 발췌, 재구성한 것이다.

생각해 볼 문제

1. 순수 예술을 고급문화로 대중 예술을 저급 문화로 그 가치를 위계적으로 매기는 것은 학문적으로나 사회적으로 그 정당성을 인정받지 못하게 되었다. 그렇다면 정말 모든 예술 또는 문화 양식은 질적인 차등을 둘 수 없는 것일까? 질적인 차등이 있다면 어떤 기준에 의해 평가될 수 있는지 생각해 보자.
2. 자신의 취향을 부르디외의 문화 자본론과 피터슨의 옴니보어론의 관점에서 분석한다면 어떤 쪽에 더 가까운지 그 이유는 무엇인지에 대해 생각해 보자.

더 읽을거리

부르디외, 피에르(Pierre Bourdieu). 2005. 『구별짓기: 문화취향의 사회학(상, 하)』. 최종철 옮김. 서울: 새물결.
21세기 최고의 사회 과학자로 여겨지는 부르디외의 대표작이자 문화 관련 연구의 고전이 된 저서이다. 1960년대 프랑스 파리 시민을 대상으로 한 광범위한 실증 조사를 통해 계급별 취향과 아비투스를 밝혀냈다. 분량에 압도될 수 있으나, 난해한 것으로 악명이 높은 부르디외의 저서 중 가장 읽기 쉬운 편이며 많은 통찰력을 줄 수 있는 고전이니 한 번쯤 도전해 보길 바란다.
한국문화사회학회. 2012. 『문화사회학』. 파주: 살림.
문화 사회학의 다양한 분야에 대한 기본적인 지식과 정보를 얻을 수 있는 책이다. 문화 산업 전반과 관련해서는 제2부 예술, 대중문화와 미디어 부분을, 부르디외의 이론을 쉽게 접하고 싶다면 제11강 "취향과 소비의 구별짓기"를 정독하기를 추천한다.
최샛별·최흡. 2009. 『만화! 문화사회학적 읽기』. 서울: 이화여자대학교출판문화원.
대중문화 중에서도 어린이의 영역이라고 치부되어 왔던 만화라는 주제를 가지고 대중문화와 예술 간의 경계 짓기의 역사를 소개하고 문화의 다이아몬드라는 틀 안에서 다양한 만화 사례를 분석한다.
한준·손열. 2020. 『BTS의 글로벌 매력 이야기』. 서울: 동아시아연구원.
한류의 정점이자 글로벌 셀러브리티 BTS의 매력에 대한 학자들의 분석을 담은 책이다. BTS의 매력을 통해 대중문화와 고급문화 사이의 경계의 붕괴와 새로운 위계의 탄생을 분석해 보기 바란다.

참고문헌

김수정·이명진·최샛별. 2012. 「한국사회의 여가지형도: 평일과 휴일의 여가활동 분석을 중심으로」. ≪여가학연구≫, 10권, 2호, 55~85쪽.

_____. 2014. 「구별짓기 장(場)으로서의 스포츠 영역에 관한 연구: 스포츠 활동에 대한 선호와 참여, 운동장소를 중심으로」. ≪한국인구학≫, 37권, 3호, 53~77쪽.

김수정·최샛별. 2017. 「문화예술교육정책은 왜 혼란스러운가?: 문화예술교육정책 연구를 위한 사회학적 시론」. ≪문화와 사회≫, 24권, 7~54쪽.

_____. 2018. 「부르디외의 지적 전통이 한국 문화정책에 갖는 함의: 문화자본론과 옴니보어론을 중심으로」. ≪문화정책논총≫, 32권, 2호, 33~55쪽.

부르디외, 피에르(Pierre Bourdieu). 2005. 『구별짓기: 문화취향의 사회학(상, 하)』. 최종철 옮김. 서울: 새물결.

아도르노·호르크하이머(Theodor W. Adorno and Max Horkheimer). 2001. 『계몽의 변증법』. 김유동 옮김. 서울: 문학과지성사.

최샛별. 2006. 「한국 사회에 문화자본은 존재하는가」. ≪문화와 사회≫, 1권, 123~158쪽.

한국문화사회학회. 2012. 『문화사회학』. 파주: 살림.

홍성민. 2004. 『피에르 부르디외와 한국 사회: 이론과 현실의 비교 정치학』. 파주: 살림.

Bloom, Allan. 1987. *The Closing of the American Mind*. New York: Simon and Schuster.

Bourdieu, Pierre. 1986. "The Forms of Capital." In J. Richardson(ed.). *Handbook of Theory and Research for the Sociology of Education*. Westport: Greenwood.

Choi, SetByol. 2013. "The Class and Cultural Hierarchy of Korean Society: Focusing on tastes in cultural activities." *Korean Journal of Sociology*, Vol. 47, No. 6, pp. 1~24.

Choi, SetByol, Su Jung Kim and Myung Jin Lee. 2017. "A Cultural Map of South Korea, 2011." *Korea Observer*, Vol. 48, No. 3, pp. 549~575.

Elliot, T. S. 1949. *Notes Toward the Definition of Culture*. New York: Harcourt Brace and Company.

Florida, Richard. 2002. *The Rise of the Creative Class*. New York: Basic Books.

Leonard, Neil. 1962. *Jazz and the White Americans*. Chicago: University of Chicago Press.

Peterson, Richard and Roger M. Kern. 1996. "Changing Highbrow Taste: Form snob to omnivore." *American Sociological Review*, Vol. 61, No. 5, pp. 900~907.

Tichi, Cecelia. 1994. *High Lonesome: The American culture of country music*. Durham: Duke University Press.

Warde, Alan and Modesto Gayo-Cal. 2009. "The Anatomy of Cultural Omnivorousness: The ase of the United Kingdom." *Poetics*, Vol. 37, pp. 119~145.

Warde, Alan, David Wright and Modesto Gayo-Cal. 2008. "The Omnivorous Orientation in the UK." *Poetics*, Vol. 36, pp. 148~165.

Wright, David. 2011. "Making Tastes for Everything: Omnivorousness and cultural abundance." *Journal of Cultural Research*, Vol. 15, No. 4, pp. 355~371.

10장　　　　　　　　　　　　　　　　　　　　　　　　　윤명희
복잡미묘한 디지털 창의 노동[1]

내가 하고 싶은 그대로 오늘은 이 일, 내일은 저 일을 하는 것, 아침에는 사냥하고 오후에는 낚시하고 저녁에는 소를 치며 저녁 식사 후에는 비평하면서도 사냥꾼도 어부도 목동도 비평가도 되지 않는 일이 가능하게 된다(마르크스·엥겔스, 『독일 이데올로기』).

1. 디지털 노동 세계, 새로운 전환을 맞고 있는가

　디지털 기술·매체의 발전은 산업·경제는 물론 일하는 방식에서도 많은 변화를 가져오고 있다. 이를 긍정적으로 바라보는 시각에서는 신경제로서 '창의 산업(creative industry)'을 쇠퇴하는 제조업을 대체하는 신성장 동력이자 새로운 고용 창출의 유망 분야로 언급한다. 이러한 창의 산업 분야에서의 노동과 일은 디지털 기술과 인터넷을 매개로 확산되고 있는 자율적이고 창의적인 활동 및 작업 방식과 긴밀히 연관된 것으로 여겨진다. 유튜브(YouTube) 플랫폼에 자신이 제작한 동영상을 업로드하고 실시간 소통하고 수익을 창출

하는 웹 크리에이터(web creator)나 BJ(Broadcaster Jockey)는 미디어의 수동적 소비자 이미지를 벗어나 적극적인 미디어 수용자이면서 '생비자(prosumer)', '프리에이전트(free agent)'라 불리는 새로운 문화산업 창작자의 전형적인 모습으로까지 언급된다.

이와 달리, 새로운 문화산업 분야의 창의 노동(creative labor)이 추구하는 창의적 혁신과 자율성, 자기 해방의 가치들이 오히려 노동 불안정성과 경쟁, 자기 착취(self-exploitation) 등의 부정적인 상황을 초래하고 강화하는 기반이 될 수 있다는 비판 역시 꾸준히 제기되고 있다. 예컨대, 플랫폼 노동, 긱 노동(gig work) 등 새로운 고용 형태는 시간과 공간의 제약을 상대적으로 덜 받으며 일할 수 있지만, 다른 한편으로는 고용 및 소득의 불안정성이 매우 높은 프레카리아트(precariat)를 양산할 가능성이 공존한다. 특히 일과 소득이 필요한 다수 플랫폼 노동자 사이의 경쟁은 기업이 노동자와의 관계에서 주도권을 장악할 수 있는 현실적인 근거로 작용할 수 있다. 자유와 취미, 자율성으로 포장된 플랫폼 노동의 이면에는 자본주의와 네트워크 맥락에서 변형된 노동 관행과 고용 구조가 여전히 투영되어 있다는 것이다.

이러한 상반된 전망은 기술과 노동의 관계에 대한 오래된 논쟁의 연장이라고 볼 수 있다. 하지만 디지털 기술이 매개하는 다양한 변화와 그 영향력은 긍정적인 또는 부정적인 특정 방향으로 결정된 것이 아닌 구체적인 조건과 맥락 속에서 파악할 필요가 있다. 사회적 구성으로서 디지털 현실은 조건화된 '결과물'이자 '과정'이기 때문이다. 즉, 기술과 사회의 관계는 테크놀로지가 사회관계나 구조 속에서 어떻게 개발·이용되고 있는가와 동시에, 행위자 및 사회·문화와의 상호 작용을 통해 변동을 어떻게 매개하고 있는가에 초점을 맞출 필요가 있다. 예컨대, 최근 플랫폼 기업의 과도한 수수료 부과나 배달 노동자의 연이은 과로사 등이 플랫폼 자본주의의 구조적 병폐를 적나라하게 드러낸 것이라면 이에 대응해 네트워크 이용자들이 자발적으로 벌이는 불매 운동이나 플랫폼 기업 규제 및 노동자 안전 대책에 대한 사회적 관심 증대는 디지털 감시와 저항의 한 방식이라고 할 수 있다. 이런 점에서 오늘날의 창의 노동을 완전히 새로운 작업 방식 또는 간신히 위장된 나쁜 노동이라는 이분법으로 구분하는 대신 디지털 노동 세계에 대한 현실적이고 구체적인 이해를 우선할 필요가 있다.

2. 창의 노동 담론의 형성 과정

1) 창의성에 대한 근대적 관심

창의적인 것에 대한 관심은 비단 최근의 일은 아니다. 예컨대, 근대 문명 및 대중문화에 대한 비판과 대안의 모색 그리고 수용자 연구에서 창의성은 다양하고 상이한 방식으로 해석된다. 근대 이래로 사회 과학에서 인간 행위를 설명하는 데 있어 창의성은 주변화되었으며 절대적·보편적 거대 주체에 대한 비판적 성찰은 창의성에 대한 두려움으로까지 확장되었다(요아스, 2009: 133). 창의성은 지루한 직업 생활 및 사회적 삶의 공허함을 보완하는 사적 영역의 활동과 관련한 시대적 유행어로 소비되거나 천재적 개인에 대한 숭배 이데올로기와 동일시되고 특정한 미적·예술적 영역에 국한된 것으로 인식되었다. 특히 근대 계몽의 변증법적 과정에서 창의성은 광신적 파시즘을 정당화하는 상징적 장치로 활용됨으로써 관료화된 거대 주체의 파괴적 공포와 결부되며 합리성의 대척점에 서게 된다.

이러한 창의성에 대한 부정적 시각과 달리, 프랑크푸르트(Frankfurt)학파는 창의성을 개인숭배나 거대 주체로 환원하는 대신 새로운 변증법적 사회 미학으로 제시한다. 아도르노(Theodor Adorno)와 호르크하이머(Max Horkheimer)의 '문화산업(culture industry)' 비판에서 창의성 논리는 문화의 미국화와 상업화, 즉 자본주의 대량화된 상업 문화의 대중 조작적 측면을 비판하고 성찰적

이성을 함양하려는 목적과 관련되어 있다. 이들의 '문화산업' 비판은 미국 문화로 표상되는 상업화된 대중문화에 의해 잠식당하는 창의성과 예술에 대한 깊은 탄식이라고 할 수 있다. 이들에게 창조적 예술의 효용은 세계의 압력을 내부로 끌어들여 심미적인 지양을 통해 형이상학적 당위를 이끄는 과정과 관련되어 있으며 '목적 없는 합목적성'을 실현함으로써 시장의 원리가 선언한 '목적 있는 무목적성'을 전복하는 데 있다. 자본주의 문화산업의 확장은 예술이 효용성 원리로부터의 해방 대신, 효용 없는 효용성을 배반하고 효용 속에 완전히 포섭됨으로써 폐기되는 과정이다(아도르노·호르크하이머, 2001: 238). 이러한 '창의적이지 않은' 대중문화라는 문화산업 비판 이론의 논리는 '문화'가 없는 사람들의 '문화에 대한' 문화적인 사람들의 담론, 즉 대중문화에 대한 엘리트주의적 경멸이자 극단적인 입장이라는 평가를 받는다(터너, 2008: 58).

이후 등장한 문화주의(culturalism)와 미디어 정치 경제학은 창의성과 대중문화에 대한 이분법적 논리를 극복하려는 마르크스주의 내부의 대응이라고 평할 수 있다. 문화주의는 대중문화를 저급한 대중 취향으로 폄훼하거나 이데올로기로 환원하는 대신 평범한 사람들의 살아 있는 경험으로 보고 문화적 과정에서의 능동성을 강조한다. 특히 텔레비전, 비디오, 신문, 소설 같은 대중 미디어 연구는 메시지보다 텍스트라는 용어를 선호하며 메시지가 발신자에서 수신자에게로 일방적으로 전달되는 것이 아니라 선호적 해독 과정을 거치는 의미의 생성 차원에 주목한다(Hall, 1973). 이에 대해 미디어 정치 경제학은 문화주의가 문화적 산물을 텍스트로 보고 미디어의 현실 묘사 자체에만 관심을 두고 문화의 경제적 결정력을 소홀히 취급해 왔다는 점을 비판하며 물질의 소유권과 경제적 통제, 계급 관계가 미디어 문화산업에도 밀접히 연결되어 있다는 점을 다시 한 번 강조한다(터너, 2008: 217~221). 이처럼 대중문화를 텍스트와 상품 생산으로 각각 강조하는 두 대안은 일견 서로 상반된 입장을 취한 듯 보이지만 총체화된 시스템에 대한 과대평가를 지양하고 문화 민주주의를 확보하려는 상호 보완적인 논쟁과 수렴 과정에 보다 가깝다고 할 수 있다.

이러한 노력에도 불구하고 창의성은 현대의 문화와 소비 과정을 설명하는 데 좀 더 적합한 용어로 여겨져온 것이 사실이다. 실제로 1970년대 이후 일상생활의 장으로서 대중문화에 대한 관심이 고조되고 수용자 연구가 확장되면서 문화산업 및 대중문화에 대한 비판 논리는 전반적인 한계에 봉착하게 된다(터너, 2008: 155). 수용자 연구는 미디어의 영향력을 보편성이 아니라 개연성의 관점에서 해석하며 적극적으로 정보를 처리하는 미디어 수용자의 해석 및 쾌락에 초점을 둔다(윤명희, 2010: 134~138). 이러한 대중문화 수용자 연구는 문화의 생산보다 소비 연구의 중요성을 보다 강조하는 경향으로 나타난다. 예컨대 1980년대와 1990년대에 문화 소비, 오디언스(수용자), 텍스트, 대중문화 이론에 관한 문화 연구들이 압도적으로 증가하는 데 비해 문화 생산이나 관련 노동 과정 관련 논의는 거의 언급되지 않는다(헤스몬달프·베이커, 2016: 98~99).

2) 창의 산업이라는 용어의 부상과 비판

창의성이 문화 생산과 보다 직접적으로 결부되면서 재등장한 것은 창의 산업 개념을 통해서라고 할 수 있다. 창의 산업 개념은 호주 연방 정부가 1994년에 발간한 『창의 국가(Creative Nation)』에서 처음 사용된 용어로, 국가 정체성에서 문화의 중요성을 강조하며 문화 정책을 경제 정책의 일환으로 보고 문화 활동과 예술의 경제적 잠재력에 주목한다. 이후 1997년 영국 신노동당 정부가 문화 정책의 기저를 이루는 핵심어로 '창의 산업'이라는 개념을 제시하고 「창의 산업 전략 보고서(Creative Industries Mapping Document: CIMD)」(1998) 보고서에 이어 2001년 개정 CIMD 보고서를 발간하면서 창의 산업 개념은 보다 본격적으로 촉진된다. 문화와 산업의 재결합에 초점을 두는 창의 산업은 '예술과 문화산업과 첨단 정보를 아우르는 더욱 포괄적인 센터'의 위치와 역할을 내포하고 있다(정종은, 2013: 139~140). 이러한 창의 산업은 문화 산업에 비해 덜 이데올로기적이면서 보다 실용적이고 정책적인 목적에 초점을 둔 개념이라고 할 수 있다.

이러한 창의 산업 개념의 부상을 바라보는 시선은 논쟁적이다. '창의 산업' 개념은 정보 사회로의 이행, 특히 1990년대 이후 급증한 신경제 및 지식 경제의 중요성에 적극적으로 대응하는 사회·문화적 응답으로 설명된다. 이와 관련해, 가넘(Nicholas Garnham)은 문화산업에서 창의 산업으로의 용어 변화가 예술 및 미디어 관련 영국의 문화 정책에 미치는 영향을 분석하면서 창의 산업이라는 용어는 혁신, 정보, 정보 노동자 등 정보 사회 정책의 포괄적이고 복합적인 논의 속에서 이해되어야 한다고 주장한다(Garnham, 2005). 플로리다(Richard Florida)는 지식 경제에서 창조성의 역할이 점점 중요해지고 있으며 노동, 여가, 공동체와 일상생활에서 변화를 이끌어갈 새로운 동력으로 창조 계급(creative class)을 제시한다(플로리다, 2002). 하틀리(John Hartley)는 신경제는 암묵적인 크래프트 지식에 근거한 지식 경제이며 비전문적이고 무급 노동을 자발적으로 수행하는 DIY 시민의 기술 매개적 상호 작용에 기초해 구성되는 것으로 설명한다(Hartley, 2004). 슐레진저(Philip Schlesinger)는 새로운 미디어, 통신 및 문화 분야의 전문가 집단의 출현에 주목하고 이들의 전문 지식이 창의 산업 관련 정책 창출 과정과 밀접히 연결되고 있다고 강조한다(Schlesinger, 2009). 힉스(Peter Higgs)와 동료들은 창의 경제의 잠재력을 높이 평가하고 정책 입안자와 업계 전문가의 신뢰와 투자를 이끌어낼 수 있는 창의 경제의 실제 규모 관련 데이터를 제공하려는 실용적인 목적을 보다 뚜렷이 하기도 한다(Higgs, Cunningham and Bakhshi, 2008).

이러한 긍정적이고 실용적인 접근과 달리, 창의 산업을 새로운 사회와 문화의 출현으로 보거나 혁신과 동일시하는 시각이 지나친 과장이며 신자유주의적인 유연 생산 패러다임과 결부된 문화 노동(cultural work)의 실질적인 과정을 도외시하고 있다는 비판 역시 등장한다. 오클리(Kate Oakley)는 '창의 산업'을 경제적으로 침체된 지역을 활성화하는 유일한 수단으로 사용하려는 시도가 지역과 문화 경제 내부의 차이를 무시함으로써 오히려 양극화되고 지속 불가능한 경제 발전을 만들어낼 위험이 있다고 주장한다(Oakley, 2004). 이와 관련해 영국에서 창의 산업이 도입된 이후 문화 분야를 혁신 정책과 연계시키고 전통 예술이나 문화 정책과의 연관성을 경시하려는 시도가 잇따르면서 문화가 단지 혁신 담론으로 협애화되고 잠식되는 결과를 그 증거로 제시한다.[3] 프랫(Andy C. Pratt)은 문화 생산(production of culture)의 시각에서 문화 경제를 생산과 소비의 인위적인 분리 대신 신경제와 창조성, 소비라는 세 영역 간의 상호 연관성에 대한 총체적인 접근이 필요하며 생산의 물질문화(the material culture of production)라는 문화 상품의 제작·형성과 관련된 전체적인 주기에 주의를 기울여야 한다고 강조한다(Pratt, 2004). 밀러(Toby Miller)는 신경제로서 창의 산업이 경제 문제의 만병통치약이며 문화 연구의 새로운 영역으로 보는 것에 의문을 제기한다. 창의 산업이 여전히 미디어 복합 기업 및 거대 통신사의 지배하에 머물러 있다는 점을 강조하며 소비와 의미에 초점을 맞추는 대신 문화 노동의 새로운 국제 분업 방식에 대한 비판적 관심을 촉구한다(Miller, 2004; 2009). 이 논의들은 창의 산업에 대한 일방적 낙관주의를 경계하면서 디지털 자본주의의 글로벌 생산 체계 및 문화 생산자들의 노동 상황에 보다 많은 주의를 촉구한다.

3) 창의적이지 않은 창의 노동

창의 노동은 창의 산업의 경제적 가치와 기업 중심의 정책 지원에 집중된 기존 논의의 한계를 비판하고 문화 노동의 독특한 특성과 문제 상황을 본격적으로 탐색하기 위한 개념으로 활용된다(Banks and Hesmondhalgh, 2009; 2010; Maxwell, 2015; 헤스몬달프·베이커, 2016). 헤스몬달프(David Hesmondhalgh)와 베이커(Sarah Baker)는 문화 생산 및 유통 방식의 신기술에 대한 극찬에 비해 이와 관련한 고용 및 직업과 관련한 노동 문제들은 철저히 무시되는 경향이 있다고 비판한다(헤스몬달프·베이커, 2016: 100, 117~119). 이들에 따르면 창의 노동은 '문화산업 속에 존재하는 창의적인 노동'으로서 '상징적 가치를 생산하는 활동'이자 '산업화된 상업적 미디어 노동'으로 규정된다. 문화 생산 과정 안의 업무와 역할은 세부적으로 분업화되어 있으며 창의 노동자는 '핵심 창의 업무 집단, 기술 숙련 노동자 집단, 창의 경영 관리자 집단'의 세 유형으로 구분된다. 또한 상징적 가치로부터 이익 창출을 목적으로 하는 창의 산업은 경제적 이익과 문화 창출, 창의성 추구와 상업성 추구 사이에 수많은 긴장과 대립 관계를 생성한다.

문화산업의 생산·제작 과정에서 이루어지는 창의 노동은 대립적이고 양가적인 특징이 혼재하는 과정으로 설명된다. 창의 노동이 추구하는 창의적 혁신과 자율성, 자기 해방의 가치들이 노동 불안정성과 경쟁, 자기 착취 등의 부정적인 상황을 초래하고 강화하는 기반이 될 수 있다는 비판이 대표적이다(Terranova, 2000; Neilson and Rossiter, 2005; Fuchs, 2008; 2011; Van Dijck, 2013; Peuter, 2014; 스탠딩, 2014; 커런·펜튼·프리드먼, 2017). 재능 있는 자유인, 새로운 발명과 혁신이라는 창의 노동에 대한 긍정적 이미지의 이면에는 불안정한 일자리와 저임금이 만연한 노동 상황 역시 현실적이라는 것이다. 특히 창의 노동을 통해 추구하는 창의성, 자율성, 자아실현 등의 가치들은 간헐적 고용, 고립감, 자기 착취 등으로 점철된 '매우 복잡미묘한 자유로움의 상태'(Hesmondhalgh and Baker, 2010)라는 부정적인 노동 경험의 기반이 될 수 있다는 점이 강조된다. 예컨대, 어셀(Gillian Ursell)은 미디어 산업에서 지상파 PD 같은 상근 인력의 규모는 줄어들고 노동력의 임시직화(casualization)는 증가하고 있으며 산업으로의 진입은 어렵고 보상이나 지원은 덜 받고 평균 소득은 떨어지고 노동 조건은 점점 악화되고 있다는 점에 주목한다(Ursell, 2000). 박진우는 생산의 유연성 확대와 창의성 실현의 담론이 미디어 노동

(media work) 분야에서의 불안정성 확대라는 역설적인 결과를 양산하고 있다는 점에 주목한다(박진우, 2011).

3. 창의 노동과 성 불평등

1) 성별화된 창의 노동

창의 산업에 배태된 불안하고 불확실한 노동 상황은 문화 생산 과정 안의 업무와 역할에 따라 경험적 차이와 불평등으로 나타난다. 이는 성별화된 창의 노동 과정에서 뚜렷하게 드러난다. 창의 산업 내 성별화된 노동 과정에 대한 논의들은 근대 노동 체제에서 구조화된 성 불평등이 창의 산업 내 노동 과정에서도 여전히 재생산되고 있으며 여성들이 주변화되고 배제되고 있다고 본다(Gill, 2002; Bielby, 2009; Banks and Milestone, 2011: Conor, Gill and Taylor, 2015; Hesmondhalgh and Baker, 2015; 강이수, 2015; 정승혜, 2018). 우선, 이 논의들은 창의 산업에서의 성 불평등이 충분히 탐구되지 못하고 있다고 비판하며 미디어 및 신경제 부문의 성 불평등한 고용 및 노동 관행 등에 대해 분석한다. 예컨대, 길(Rosalind Gill)은 뉴미디어 분야 프리랜서 창의 노동자에 대한 분석을 통해 매력적으로 보이는 비공식성, 자율성, 유연성 등과 같은 새로운 문화산업의 특징이 사실상 여성 노동자들에게 불리한 성 불평등한 관행을 재생산하고 있으며, 개인적인 추천이나 비공식적인 연결에 의한 계약 관계 성립, 육아에 따른 경력 관리의 어려움, 모호한 노동 평가 기준 등이 주요 문제 요인으로 작용하고 있다고 분석한다(Gill, 2002). 비얼비(Denise D. Bielby)는 할리우드(Hollywood)에서 영화와 텔레비전 작가에 관한 고용 관행이 성 불평등과 유리 천장을 재생산하고 있으며 이는 여성 작가가 남성에 비해 네트워크에서 장기적인 개발 계약과 시리즈 약정을 받을 가능성이 상대적으로 낮은 것에 기인한다고 본다(Bielby, 2009).

또한 관련 연구들은 문화·창의 산업에서의 성별에 따른 직무 분리(work segregation)나 창의 조직 내 성별화된 사회적 폐쇄가 공식적·명시적 방식이 아닌 비공식적이고 암묵적인 방식, 즉 성별화된 문화적 가치 및 담론적 관행을 통해 정당화되고 지속되는 양상에 주목한다. 뱅크스(Mark Banks)와 마일스톤(Katie Milestone)은 디지털 미디어 경제가 표면적으로는 탈전통화된 것으로 보이지만 돌봄과 감정적 역할을 여성에게 강조하는 퇴행적이고 전통적인 문화 관행은 여전히 유지되고 있으며 이러한 재전통화(retraditionalization)를 통해 뉴미디어 부문에서 지속적인 성 불평등과 차별이 유지되고 있다고 본다(Banks and Milestone, 2011). 예컨대, 창의 산업 분야에서 성별에 의한 직무 분리는 여성이 마케팅, 홍보, 조정 등의 역할을 담당하는 데 비해 남성들은 주로 지배적인 위치와 기술적인 역할을 부여받는 방식으로 나타난다. 이러한 성별에 따른 직무 분리 패턴은 여성은 더 잘 돌보고 지원하고 소통하며 관계 지향적인 데 비해 남성은 덜 구속되어 있고 창의적이라는 성별화된 고정 관념 및 지배 담론과 관련되어 있다(Hesmondhalgh and Baker, 2015).

특히 창의 노동에서의 성 불평등은 비명시적인 관행이나 성 고정 관념뿐만 아니라, 창의 노동에서 강조되는 '창의성' 담론과 교차되면서 보다 복합적이고 중층적인 양상을 띤다고 강조한다. 코너(Bridget Conor)와 동료들에 따르면 국제 노동 분야에서 성별에 따른 불이익과 배제의 패턴은 계급, 장애, 인종 및 민족에 의해 더욱 복잡하고도 지속적인 불평등으로 나타나며 이는 창의 고용 관계에서의 불안정성, 비공식성 및 유연성에 대한 요구 사항에 의해 더욱 증폭된다(Conor, Gill and Taylor, 2015). 특히 여성은 성차별과 관련된 지속적인 어려움은 물론 가정과 직장, 유급 노동과 무급 노동 등의 경계를 넘나드는 정체성 만들기(identity-making) 및 자기표현(self-representation)에 대한 새로운 압력으로 인해 불이익을 받는다. 정승혜는 여성 광고 제작자에 대한 질적 연구를 통해 광고 제작이라는 창의 노동에서 젠더 간의 갈등이나 격차는 표면적으로 심각하게 드러나지 않는데, 이는 창의 조직 내 젠더 선입견이 없거나 광고 업무가 젠더화되어 있지 않다기보다는 창의성이 가장 응집력 있고 자기 지시적인 집합체의 개념으로 기능하는 담론 권력으로 작동하는 데서 기인한 것으로 분석한다(정승혜, 2018: 151).

2) 디지털 창의 노동과 '보이지 않는 존재들'

디지털 기술·매체와 관련된 창의 노동의 실제 과정은 전반적으로 잘 알려져 있지 않다. 예컨대, 디지털 게임 산업은 디지털 시대에 부상하는 대표적인 창의 산업 분야이지만 소위 크런치 모드(crunch mode)[2]로 불리는 디지털 게임업계의 노동 현실에 대해서는 최근에야 알려지고 있으며 여성 게임 개발자들은 여전히 보이지 않는 존재로 남아 있다. 실제로 창의 노동 관련해 방송이나 영화 등 레거시 미디어(legacy media) 분야의 여성 창의 노동자에 대한 현실 연구가 드물게 있을 뿐 여성 게임 개발자의 노동 과정 및 노동 경험은 학술적으로든 일상적으로든 거의 알려지지 않고 있다.

이처럼 여성 창의 노동자는 물론 디지털 창의 노동 전반이 잘 드러나지 않는 데는 몇 가지 경향들과 연관이 있다. 우선 포괄적인 의미에서 디지털 창의 노동은 특정 산업·직종에 국한되지 않는 디지털 기술·매체와 관련된 창의적인 활동·작업으로 그 의미를 확장할 수 있다. 실제로 디지털 창의 노동 관련 논의들을 보면 이러한 포괄적인 개념에 근거해 디지털 이용자의 문화실천이나 디지털 플랫폼 기반의 다양한 개인 창작자에 초점을 둔 내용들이 주를 이루며 문화 생산과 보다 직접적이고 지속적으로 연관을 맺는 창의 산업·조직 내 노동 과정에 대한 접근은 매우 희박하다. 또한 '노동'보다는 '산업'에 대한 관심과 강조가 여전히 우선순위를 차지하고 있는 것과 무관하지 않다. 여기에는 디지털 게임 산업의 가파른 성장도 한몫하고 있다. 디지털 게임 산업은 20년 남짓한, 상대적으로 역사가 짧은 분야이지만 새로운 기술 매체 시대를 상징하는 산업 가운데 하나로 꼽힌다. 실제로 게임 산업은 국내 콘텐츠 산업을 이끄는 대표 주자이면서 압도적인 고용 성장세가 보이는 영역으로 매출과 수출 규모 면에서는 국내외에서 주목받고 있는 케이 팝(K-pop)과 영화를 합친 것보다 두 배 이상의 수치를 기록하고 있다(한국콘텐츠진흥원, 2018). 이러한 경제적 부가 가치에 대한 주목은 게임의 산업적 효용을 강조하고 이에 대한 정책 지원 방안을 촉구하는 연구들을 양산해 왔다.

디지털 게임 산업에 대한 강조에 비해 게임 시장의 또 다른 행위자인 게임 이용자에 대한 연구는 상대적으로 적은 편이며 이마저도 게임 중독 같은 문제 행동 중심의 논의가 다수를 이룬다. 최근에는 게임 이용 문화 및 게임 현실 연구들이 확대됨에 따라 성별화된 게임 이용 경험 및 게임 내 혐오 표현 등에 대한 논의들도 증가하고 있다. 이러한 게임에 대한 새로운 접근들은 '산업' 혹은 '문제'의 틀 속에서 가려졌던 다양한 게임 문화는 물론, 부재적 존재로 여겨졌던 게임하는 여성과 그의 경험을 사회적 실재로 포착하고 게임 내 구조화된 성차별 현실을 가시화한다는 데 중요한 의미를 지닌다. 하지만 게임 이용자라는 최종 소비자로서 위치를 중심으로 논의되고 있다는 점에서 제한적인 측면이 있다고 볼 수 있다.

최근 들어 디지털 게임업계와 플랫폼 노동 관련 열악한 노동 상황에 대한 뉴스 보도가 잇따르면서 디지털 노동의 불안정성 및 노동 환경 문제에 대한 사회적 관심도 높아지고 있다(이상규·이용관, 2019). 하지만 디지털 노동 세계에서 여성 종사자 관련한 체계적인 논의는 게임업계뿐만 아니라 디지털 창의 산업 분야 전반에서도 찾아보기 어렵다. 여성 게임 개발자과 그의 경험은 디지털 창의 산업에서 '보이지 않는 존재'의 비가시화된 경험으로 여전히 머물러 있다고 할 수 있다. 그런데 이것은 시간의 흐름에 따라 자연히 해결될 수 있는 문제라기보다 오히려 심화되어 온 측면이 있다. 예컨대, 게임 산업 초창기였던 1990년대 후반 게임업계의 주류에는 여성 CEO들이 이끈 기업들이 다수 존재했으며 게임업계 구성원들은 콘텐츠의 제작자와 구매자로서의 여성의 파워에 대해 자연스럽게 존중의 태도를 취하기도 했다(이수인, 2006). 그러나 여성들이 게임업계의 초기에 쌓아나간 이 인상적인 역할 모델은 게임 산업의 규모가 커진 몇 년 만에 조금씩 쇠락했으며 『2018 대한민국 게임백서』에는 다수의 남성들로 이루어진 게임 산업 내부 상황에서 소수의 여성 종사자들이 제 목소리를 내기 힘든 상황이라는 공식적인 서술까지 제시되고 있다.

4. 디지털 창의 노동의 실제: 게임 만드는 여성들의 이야기[3]

1) 창의적 역할의 성별화와 '사소한' 차별

게임업계는 여성 개발자가 희소하며 '창의적 역할의 성별화'(Hesmondhalgh and Baker, 2015)가 뚜렷하다. 창의 산업 가운데 게임업계는 대표적인 남초 직종으로 여성 개발자는 매우 드물다. 게임 산업에서 게임 제작과 배급업을 합쳐도 여성 종사자는 대략 20~30%의 비중에 지나지 않으며 여성 예비 인력도 남성 개발자에 비해 현저히 적다(한국콘텐츠진흥원, 2020: 408). 이러한 디지털 기술 영역에서의 여성 부재 현상은 기술이 남성의 영역에 속한다는 오해와 편견의 결과물이다. 이 고정 관념은 여성의 기술 사회화를 약화시키고 숙련된 기술자로서 여성의 훈련과 직업적 활동을 저해하는 문화적 요인으로 오랫동안 작동해 왔다. 게임업계에서 여성 개발자의 수도 적지만, 성별에 따른 직무 분리도 확연하다. 게임 개발 과정은 크게 게임 기획, 게임 그래픽, 게임 프로그래밍 영역으로 나뉘는데, 연구 참여자들은 이를 기획, 아트·디자인·그래픽, 프로그램·서버·클라이언트 등의 용어들로 각각 구분해 불렀다. 게임 개발은 이들 각각의 기술적 부문들 간의 전반적인 연결을 통해 이루어지는 포괄적인 과정이며 프로그래머는 이러한 유기적인 흐름을 매끄럽게 하는 역할을 담당하고 있다고 보았다. 또한 게임 개발 과정에서 기획과 그래픽·아트·디자인 영역은 여성들이 많은 반면, 프로그래밍·서버·클라이언트 영역은 남성들의 비중이 현저히 높은데, 연구 참여자들은 전·현 직장은 물론 게임업계 전반에서 이러한 성별에 따른 직무 분리가 보편적인 현상이라고 느끼고 있었다.

> **예비 일꾼 자체가 성비가 불균형**…… (같은 학과에서 게임업계에 취업한 여학생은) 한 명도 없었어요…… 많이 바뀌고 있다고는 하지만 현재까지는 그다지 크게 바뀌지는 않는 것 같아요(C)(이하 강조는 필자).

그런데 게임업계의 성별 직무 분리는 '기술적인' 또는 '기술적이지 않은' 이유를 근거로 지속되고 정당화되는 경향을 보인다. (D)는 여성 개발자가 많은 게임 그래픽 부문에서도 여성들이 '새로운' 아이디어를 내고 기획이나 연출을 잘한다면 남성들은 3D 그래픽이나 컴퓨터 하드웨어, 프로그램 툴 같은 보다 '기술적'인 것에 대한 관심과 이해가 높다고 보았다. (A)는 전 직장에서 기획이나 아트 등 상대적으로 여성들이 주로 담당하는 게임 개발 업무 영역도 전부 남성이었는데 이것은 여성들은 '정치를 많이 해서'라는 이유로 기피되었기 때문이라고 밝혔다. 전자의 인식이 '창의적이지만 덜 기술적인' 존재로서 여성의 이미지를 반영하고 있다면, 후자의 사례는 '여성이 배제되는 비기술적인 이유'를 보여준다. 다시 말하자면, 게임업계에서 창의 노동을 수행하는 여성들은 남성들과 마찬가지로 기술 능력을 기반으로 평가되면서도, 다른 한편으로는 기술과는 무관한 이유로 기술적 존재가 되는 것을 배제당하는 이중의 상황에 놓여 있다고 할 수 있다.

> 전에 다니던 회사는 기획자 분들도 다 남자 분들이셨어요, 아트 팀에도 다 남자 분들이었어요, 그 이유가 여자들을, 많이 고용하면 (여성들이) **정치를 많이 한다고 되**

도록 여자는 안 뽑는다고 하시더라고요(A).

여성 개발자를 배제하는 비기술적인 이유는 명시적이지 않은 은밀한 차별의 방식으로, 여성 개발자의 직업 경로 곳곳에 미묘하고 모호한 방식으로 침투해 있다. 이는 개발자 채용 시장에서 '게임 이용'이 의미 있는 경험으로 간주되는 사실과 관련해서 우선 살펴볼 수 있다. 연구 참여자들은 게임 이용 경험을 진로·직업 선택의 주요 매개 경험으로 꼽았지만 게임 개발 업무 수행에서는 직접적이고 실질적인 도움이 되는 것은 아니라고 보았다. 학창 시절 열성적인 게임 이용자가 아니었던 (C)뿐만 아니라 게임 이용을 지속적으로 해왔던 (A)와 (B) 역시 비슷한 견해를 보였다. (D)는 만화 그리기와 게임을 즐겨했던 경험이 직무 접근을 수월하게 했지만 대학 졸업 후 3D 같은 실제 취업과 직무에 필요한 기술 능력을 갖추기 위해서 학원을 별도로 다녀야 했다고 말했다. 이들은 실제 업무 수행 과정에서 게임 이용 경험은 게임 기획에서는 일부 도움이 될 수도 있지만 게임 개발 언어나 게임 엔진, 게임 개발 툴 같은 기술적인 측면이 더 중요한 직무 역량이라는 점을 강조했다. 또한 비슷한 능력을 가졌다면 게임을 잘하고 많이 하고 즐기는 사람이 나을 수 있겠지만 실제 업무 수행 과정에서 지나치게 게임 이용을 지속한다면 오히려 부정적인 시선을 받을 수 있다고도 보았다. 게임 개발자의 게임 이용 경험은, 어느 직종이나 그러하듯, 게임에 대한 익숙함이나 관심을 보여주는 지표가 될 수는 있지만 좋아하는 게임의 유형이나 게임 이용 레벨을 직무 역량과 직접적으로 연결 짓는 것은 적절하지 않다는 것을 보여준다.

사실 저는 게임 개발자가 좋은 게임 개발자가 되기 위해서 기본적인 부분은 게임과는 관계가 없고 그냥 **기술적으로 얼마나 잘하는지가 기본**이라고 생각하거든요. 기본이 잘되어 있는 사람이라면 게임을 연속적으로 해봤느냐는 플러스알파 부분이지 근본은 아니라고 생각해요(A).

이처럼 게임 개발의 실제 업무 수행에서 게임 이용 정도는 그다지 실질적인 도움이 되지 않지만 그럼에도 게임 이용 경험은 취업 시장의 채용 과정에서 직무 역량을 평가하는 의미 있는 요소로 여겨지는 관행이 존재한다. 게임 개발자 면접에서 업무 수행 능력보다 게임 이용 경험에 대한 확인이 더 많은 비중을 차지하며 이미 '있는 게임'의 이용 경험을 바탕으로 작성한 게임 '기획서'가 채용 근거로 인정받는 경우도 있었던 반면, 여성들에게는 직무와 상관없는 성차별적 질문이 여과 없이 이루어지기도 했다. (C)는 2010년대 중반까지 몇 차례 거쳤던 채용 면접 과정에서 좋아하는 게임에 대한 질문에서부터 남자 친구가 있는지, 결혼은 할 것인지 등 직무 관련성이 없는 '사소한 차별'을 겪었다고 말했다. 이러한 '사소한 차별'은 입사 후 직장 생활에서도 직간접적인 경험으로 계속되었다. 기혼의 여성 동료는 기혼 남성들과는 달리 언제 아이를 낳을 것인지, 출산 후에는 직장을 그만둘 것인지 등의 질문을 일상적으로 받기도 했다. 특히 (C)는 함께 입사한 남성 동료와 게임 이용 경험 외에는 별다른 경력 차이나 직무 역량 차이가 없음에도 불구하고 급여나 담당 업무에서 차별을 경험했으며 당시 '이래서 여자는 안 돼'라는 상사의 성차별적 발언과 반강제화된 회식 문화로 인해 부당한 대우를 받고 있다는 확신으로 이어지기도 했다.

(채용) 면접에서는 90퍼센트 이상 질문이 게임 좋아하는 거 있어요, 그런 질문이 계속 있었어요…… 그때 면접을 볼 때 실무적인 내용이 아니라 너는 **남자 친구 있나 결혼할 거냐** 이런 질문을 듣는 정도, 그런 건 있었어요, 그런 게 **사소한 차별**이겠죠……(C).

그러나 '게임은 남성의 영역이고 남자들이 게임을 많이 하니까 게임 개발도 잘할 것이고 그래서 남성 개발자를 뽑았는지 혹은 여성이어서 업무에서 차별받고 낮은 직무 평가를 받았는지'는 상황 맥락화된 '느낌'으로 추측될 뿐이지 공식적인 것은 아니다. 이 모호하고 명시적이지 않은 미묘함의 차원은 여성 게임 개발자가 겪는 성차별에 대한 엇갈리는 인식에도 반영된다. 30대 중반의 (C)가 성차별의 경험과 상대적인 확신이 있었던 데 비해 상대적으로 나이가 적은 (A)와 (B)는 성차별 현실을 그다지 실감하지 못했다. 20대인 (A)는 첫 취업이 빨리 되지 않을 때 '여자라서 안 되나'라고 '근거가 없는' 생각도 했지만 당시 자신의 능력이 부족하고 '매력적인 인재가 아니었'기 때문이라고 결론을 내렸다. 특히 구체적인 증거나 근거 없이 여성이라서 차별을 받는다고 여기는 것은 '거짓에 가깝다'고 보았다. 그러면서도 남성이 대부분인 직장에서 여성은 남성 동료들에게 '불편'을 초래하는 존재일 수 있기 때문에 자신의 능력과 같다면 남자를 선호할 수 있겠다고 추측하기도 했다. 서른 살의 (B)는 남성들이 다수인 대학 학과나 직장을 택할 때도 자신이 여성이라는 사실은 전혀 고려의 대상이 아니었으며 그러한 우려를 '왜 해야' 하는지 되묻기도 했다. 여성이라서 배제되는 그런 사례를 직접 들어본 적도 겪은 적도 없으며 게임 개발 분야가 여성이 희소한 직종일 뿐 결코 여성이라서 차별받지는 않는다고 보았다.

왜냐면 그건 근거가 없으니까요, 만약에 면접관 분들이 당신은 여자라서 안 됩니다라고 말한 것도 아니고, 그냥 평범한 인터뷰를 해서 평범하게 탈락했으니까 내 능력이 부족했을 것이다 그렇게 생각했던 것 같아요…… 제가 그렇게 매력적인 인재가 아니었던 것 같아요…… 다른 회사에서 일하는 친구들 얘기 들어보면 팀이 남자밖에 없어서 워크숍 이럴 때 보면 **밤새 한방에서 술 먹고 논다 내가 저 자리에 있었으면 저분들이 불편할 수 있겠구나 나랑 똑같은 남자가 있다면 남자를 뽑겠구나** 그런 생각을 한 적은 있어요…… (성차별) 그런 건 없었고요…… 저는 한 번도 느껴본적이 없는 것 같아요…… 똑같은 사람이라는 생각을 해요(A).

2) 창의 노동 주체성의 구성: 능력주의, 열정, 자율성

이처럼 성차별을 부정하는 답변들을 게임업계 경험이 비교적 짧다거나 성별화된 사회·문화 전반에 대한 인식 부족에서 기인한 것으로 단순 환원하기는 어렵다. 이는 여성 게임 개발자의 노동 주체 정체성 차원을 통해 좀 더 구체적으로 살펴볼 필요가 있다. 우선, 인터뷰에서 여성 개발자들은 기존 산업이나 다른 직종과 비교할 때 게임업계가 젊고 개방적이며 권위적 위계 서열보다는 개인의 자율적 책임을 더 중요시하는, 다시 말하자면 탈전통화된 합리성이 지배적이라고 보았다. 대부분의 연구 참여자들은 게임업계가 여성이라서 더 좋거나 편한 직업이라기보다는, '자기가 좋아하는 걸 찾아서 일하러 온 사람들'이 '동등한 위치에서' '더 좋은 게임을 만들'기 위해 서로 노력하기 때문에 **'재밌고 열정도 확실하게 느낄 수 있'는 곳**이라고 평가했다. 게임업계 전반적으로 업무용 복장이 자유롭고 여성이어도 화장할 필요가 없다는 점은 다른 업계나 직종에 비해 여성들에게 '편하고' '좋은' 측면으로 꼽히기도 했다.

> 어, 옷을 편하게 입어도 되고요, 엄청 좋은 거 아닌가요…… 원래도 편하게 입고 다니는데, 저희 언니가 입고 다닐 때는 자기는 편하다고 생각하겠지만 제가 볼 때는 안 편해 보이거든요(웃음), (다른 업계와 비교할 때) **화장도, 얼굴도 편안합니다**(웃음)(B).

특히 '능력주의'는 여성 게임 개발자의 노동 주체성을 형성하는 주요 담론으로 작동하고 있었다. 연구 참여자 대부분은 게임 개발이라는 창의 노동이 젠더화된 역할 작업이라기보다 개인의 능력에 따른 차이가 더 큰 것으로 보았으며 여성 개발자 역시 남성들과 마찬가지로 자율적으로 일하고 기술 능력에 따라 합리적인 평가를 받을 것으로 기대했다. 직간접적인 성차별 경험에 대해 구체적으로 언급했던 (C) 역시 비록 게임업계가 여성 차별적인 관행이 있지만 다른 산업·직종에 비해 기술 전문성을 우선하고 특히 중견급 이상은 '능력 체계'에 따르기 때문에 '능력이 있는 사람은 충분히 올라갈 수 있'을 것으로 생각했다. (A)는 게임업계가 여성이 희소한 업종이라는 주변의 우려에 걱정도 있었지만 자신이 '잘하면' 성별은 '크게 상관없다'고 보았으며 (D)도 게임업계가 성별과 무관하게 개개인의 직무 관련 능력이나 경력을 다양하게 쌓아나갈 수 있다는 점을 긍정적으로 평가했다.

> 적어도 기술적인 부분은 제가 다루기 때문에 기술에 대한 건 소모되는 것은 아니기 때문에······ (일반 회사에 비해) 적어도 여기에는 중견 이상은 다 **능력 체계**이기 **능력이 있는 사람은 충분히 올라갈 수 있다**, 그런 부분에 있어서는 다른 직종에 비해서는 괜찮지 않을까 싶어요, 여성이어도 전문성, 기술이 있으니까(C).

또한 연구 참여자들에게 게임을 만드는 일은 게임을 하던 시절처럼 좋아하고 즐기고 재미난 활동의 연장선에 있었다. 이러한 '창의적 열정'은 고강도 노동 상황을 바라보는 여성 개발자들의 시선을 통해 확인된다. 사무실 불이 24시간 동안 꺼지지 않는 게임업계는 디지털 오징어잡이 배에 비유될 만큼 반복되는 야근과 과로, 잦은 해고 등 열악한 업무 환경으로 알려졌으며 이러한 고강도 노동 상황이 2018년 주 52시간 근무제가 도입되면서 변화가 생겨나고 있다. 그런데 고강도 노동 상황을 부정적으로 보는 것과는 별개로, 소위 크런치 모드는 게임업계의 특성상 불가피한 상황으로 여겨지기도 했다. 연구 참여자들은 주 52시간 근무제 이후 근무 시간이 고정되는 업무 환경의 유의미한 변화를 환영하면서도 크런치 모드가 '게임업계의 특성상 남아 있을 수밖에 없는 구간'이라고 보았다. 나아가, 게임 개발 과정에서의 고강도 노동 상황을 '의무적이지 않고 자발적인' 개발자의 열정이나 일에 대한 높은 성취감과 관련짓기도 했다. (C)는 게임 개발 과정에서 발생하는 빈번한 야근을 '강압적'이라기보다 '맡은 일에 대한 책임감'에서 비롯된 자발적인 것으로 보았다. (B) 역시 밤새워 일하는 상황을 근무 환경이 열악한 소규모 회사에서 발생하는 '문제적 관행'으로 보기보다는 '최대한 많은 기능을 넣어서 빠른 시일 내에 출시를 하고 싶어 하는 그런 생각'과 관련지었는데, 이는 업무 압박감이라기보다는 일에 대한 열정에 가까운 것으로 설명되었다. (D)는 새벽까지 일하고 아침 일찍 출근하는 상황이 반복되어도 '힘든 걸 못 느꼈'을 정도로 업무에서 큰 성취감을 느꼈으며 함께 일하던 동료들의 인간적인 걱정과 위로는 '아직까지도 기억이 날 정도로' 중요한 보상으로 작용했다.

(일하면서 성취감이 컸나요?) 엄청요, 네, 맞아요, 새벽까지 일하는 걸 **힘든 걸 못 느꼈거든요**…… (늦게까지 일하고 아침 일찍 출근하면) **그때 직원들이 팀장님은 언제 쉬어 언제 자 이 얘기를 해주는 거예요, 그래서 그 얘기가 아직까지도 기억이 날 정도로 너무 고마웠거든요**(D).

실제로 연구 참여자들은 크런치 모드의 고강도 업무 조건 그 자체보다 게임 개발 과정에서 느끼는 기술적 성취감, 창의적 열정, 자율성 등에 반하는 상황, 예컨대, 새로운 게임의 출시가 중단되거나 미루어지는 경우를 더욱 부정적으로 보았다. 출시를 못 보고 게임 개발이 중단되는 상황은 게임업계에서는 빈번하며 게임업계에 대한 투자가 활발하던 시기에는 완성도를 높여 수익을 좀 더 내고자 하는 목적에서 개발 중이던 게임이 '드랍(drop)'되는 경우도 드물지 않았다. 이처럼 개발이 중지되거나 게임 출시가 계속해서 미루어지는 상황은 게임 개발자의 창의적 열정이나 성취감을 떨어뜨리는 노동 경험으로 인식되었다. 당시 (B)는 정규직 제안에도 스타트업으로 이직을 결심했는데, 직장을 그만둔 이유로 일의 진척이 느릿느릿 거의 없어서 '계속 다음 걸 준비'하는 것에서 느낄 수 있는 '재미'와 '기대'를 찾을 수 없었기 때문이라 밝혔다. (C)는 전 직장에서는 게임 출시가 계속 미루어지면서 성취감 대신 '박탈감'이 계속 쌓이게 되었고 이로 인해 게임을 완결적으로 만들 수 있고 주도적으로 일할 수 있는 새로운 직장을 찾게 되었다고 말했다. 현재 스타트업에 근무하면서 게임 개발 관련 강의 등을 병행하는 등 '압박감'을 느끼기도 하지만 이로 인해 오히려 '게임을 더 열심히 만들고' 있다고 생각했다.

> 출시를 해서 어느 정도 평가를 받아서 리뉴얼을 하는 게 아니라 그냥 드랍시켜 버리고 하니까 거기서 오는, 뭔가, 뭔가 그런 박탈감이라고 해야 하나요…… 투자한 돈을 가지고 여유롭게 있다가 게임을 못 만드는 것보다는 차라리 **압박감이 있는 상태여서 게임을 더 열심히 만들게 되지 않았을까**, 많이 완성하고 뭔가를 해보고 그러는 중이거든요(C).

그런데 인터뷰에 응한 여성 개발자들은 여성과 남성은 동등한 존재라는 '평등주의'에 근거해서 남성과 마찬가지로 일하면서, 동시에 여성 역시 남성과 똑같이 할 수 있다는 것을 인정받기 위해 남성 개발자보다 더 열심히 일하기도 했다. 예컨대, (C)는 많은 시간과 노력을 들인 게임이 완성되지 못하고 출시가 미루어지는 상황에 지치기도 했지만 직장을 옮기게 된 또 다른 이유가 있었다. 전 직장에서 자신의 능력에 대한 편견을 벗기 위해 입사 동료들 가운데 누구보다 더 열심히 일하며 여성도 '똑같이 할 수 있다'는 것을 보이기 위해 '더 열심히' 일했지만 경력이 쌓여도 사내 입지나 평가에서 나아지지 않아 결국은 직장을 옮기게 되었다고 말했다. (D)는 출산 휴가 후 복직하면서 자녀 양육이 업무 수행에서 전혀 문제 되지 않는다는 것을 보여주기 위해 출산 이전과 마찬가지로 야근이나 철야 등도 가리지 않고 일했으며 다른 동료들이 해내지 못하는 '빈틈'을 채워내면서 자신의 '능력'을 인정받고자 했다. 이러한 여성 개발자들의 '정체성 만들기'와 '자기표현'은 남성과 마찬가지로 창의 노동 주체성을 내면화하고 노동 행위로 실행하지만 성차별적인 사회·문화적 조건과 맥락에서 더 열심히 혹은 더 잘해야 하는, 말하자면 보다 자기 착취적인 여성의 상이한 노동 상황을 보여준다.

> (이직의) 중대한 이유가 됐던 게…… 조금 더 (차별받는) 그런 걸 없애기 위해서 그런 뭔가 나도 똑같은 사람이고 나도 똑같이 할 수 있다는 것을 보여주기 위해서 같은 동기들 중에서도 **조금 더 열심히 하려고 했던 것**, 평가는 결국은 남자들에게 조금 더 많이 가는 그런 것이 있었거든요, 바뀌고는 있지만……(C).

3) 창의 노동 주체성과 성차별주의의 미묘한 이중주

창의 노동 과정에서 여성의 상이한 경험은 여성의 임신·출산 이후 가족 주기와 결부되면서 보다 중층적이고 성별화된 창의 노동 상황으로 재구성된다. 게임 개발자는 기술의 변화 폭이 크고 업무 분화가 빠르다는 점에서 '오래 하기 힘든' 직종으로 여겨진다. 특히 게임업계에서 여성 시니어는 더욱 찾아보기 힘들며 출산과 자녀 양육은 게임업계에서 여성의 기술 능력과 직업적 커리어를 지속하는 데 어려움을 낳는 주요 요인으로 꼽는다. (A)는 게임 개발 경력이 오래될수록 '비싼 인력'이 되지만 경력자에게 요구되는 '스탯(stat)'을 확실하게 발휘하기가 쉽지 않으며 특히 여성 게임 개발자의 경우 출산이나 육아 휴직 이후 생겨나는 기술 공백을 따라잡고 적응하는 데서 어려움을 겪을 것으로 보았다. (D)는 게임업계에서 자신과 같은 40대 여성은 매우 드문 존재이며 출산·육아 휴직 이후 회사에 복귀하더라도 반복적으로 지속되는 크런치 모드에 오래 버티기 어려울 것으로 생각했다. 하지만 복직 이후 52시간 근무제가 시행되면서 게임업계에서 일상화된 야근이나 철야, 주말 근무 등은 물론 업무 시간 이외에 카카오톡 등 모바일 메신저로 이루어지는 업무 호출 같은 대기·연장 노동도 현저하게 사라졌으며 이러한 회사 일과 집이 명확히 분리된 업무 상황의 변화에 대해 만족감을 표시했다. 이러한 인식과 경험은 여성 창의 노동자들의 경력 지속 및 일·생활 균형을 위해서는 기술 재교육을 포함한 노동 시스템 및 돌봄 복지 등 제도 전반의 개선이 기본적이라는 점을 시사하고 있다.

> 여자 분들은 제 나이 때는 거의 없죠······ **여자들 같은 경우에는 직장 생활을 하고 싶고 하려고 해도 환경적인 부분 때문에 여성들은 그렇게 할 수 있는 것에 한계가 있다고 보고요**······ 작년부터 52시간 이거 도입됐잖아요, 그러고 나서 지금은 야근 철야가 없어요, 주말에도 일 안 하고요, 너무 좋죠, (웃음), 부담도 안 느껴도 되고, 예전에는 카톡도 주말에도 오고 집에 가서도 컴퓨터를 해야 하고 계속 확인하고 체크하고 해야 하는데, 요새는 집에 가면 알람이 안 울려요 톡이든 뭐든 일절 없고, 집에 가면 딱 집안일 얘기, 회사 오면 딱 회사 일, 이렇게 **완벽하게 분리가 돼서 지금이 훨씬 좋죠**(D).

하지만 규모와 여건이 천차만별인 게임업계에서 연차 휴가나 보건·출산 휴가, 육아 휴직 등 창의 노동자에게 필요한 복지가 충분히 제공되는 환경은 보편적이지 않다. 게임업계의 비균질적인 복지 상황은 가족 돌봄 노동이나 비공식적인 배려의 문화를 통해 보완되는 경향이 있다. (D)는 출산 휴가 이후 복직을 위해 아이를 봐줄 친정 부모의 집 근처로 이사를 했으며 어린 자녀를 친정 부모에게 맡길 수 있어서 회사를 가도 육아 걱정 없이 일에 전념할 수 있는 '좋은 조건'이었다고 말했다. (C)는 스타트업으로 이직한 후 5년이 지났지만 권태감 없이 일할 정도로 업무 여건이나 분위기 등에서 만족했지만 회사 규모가 커진다면 연차 제도나 육아 휴직 등 사내 복지를 확대 정비할 필요가 있다고 보았다. 회사 설립 이후 두 아이의 아빠가 된 남성 동료의 경우, 회사에서 공식화된 경제적 지원은 어려웠지만 업무량을 줄여주거나 아이가 아프면 눈치 보지 않고 빨리 퇴근할 수 있도록 '자율적'인 '배려'를 제공했다. 이러한 '배려'는 나도 '언젠가는 저 사람한테 배려를 받을 수 있을'

것이라는 개인들 간의 호혜적이고 비공식적인 성격을 띠고 있었다. 하지만 이러한 제도화된 돌봄 복지의 결핍을 보완하는 사적이고 비공식적인 방안들은 임시방편적이고 불안정하며 게임업계에서 숙련된 여성 개발자가 보이지 않거나 사라지는 오래된 현상의 이유가 된다.

> (회사가) 스타트업이라서 일과 육아 휴직이나 이런 걸 엄청 보장은 못 하지만, 그 대신에 그 사람이 필요에 의해서 휴가를 써야 한다 그러면, 그래서 저희가 연차 제도가 크게 있는 게 아니라서 **자율적으로 쓰는 쪽으로** 하고 있고요…… (육아 휴직이나 연차, 업무 경감 등) 그거는 어차피 그분을 배려하는 거니까 **나도 언젠가는 저 사람한테 배려를 받을 수 있지 않을까** 하는 생각에 당연하게 했던 것도 있고……(C).

게임업계에서 숙련된 여성 개발자가 보이지 않는 상황은 임신과 출산, 자녀 양육 등과 관련한 은퇴 및 경력 단절과 관련이 깊다. 게임 만드는 '여성의 부재'는 남성과 다른 경험, 예컨대 임신·출산과 매개된 여성의 경험 역시 일하는 장소에서 일회적이고 개인적인 사건으로 비가시화한다. 특히 결혼과 자녀 출산·양육이 배경(background)보다는 '전경(foreground)에 속하는 행위의 영역'(버거·지더벨트, 2010: 30~35)으로 급격히 변모하면서 '숙련된 여성과 그의 경험들'은 더욱 비실재적인 것으로 여겨지기도 한다. 인터뷰 당시 20~30대의 비혼이었던 연구 참여자들은 삶 전반을 개인이 선택 가능한 영역으로 보는 세대 인식을 보이며 개인화된 결혼 가치, 일·생활 균형, 성 평등한 부부 관계 등을 지향하고 있었다. 결혼을 앞두고 있던 (A)와 (B)는 결혼 이후 아이를 낳고 키울 의향이 없고 이는 예비 배우자와도 공유하고 있는 선택이라고 밝혔다. 이러한 선택은 자신들의 직장이 다른 곳에 비해 사내 여성·복지 제도가 잘 갖추어져 있다고 매우 긍정적으로 평가하고 있다는 점을 고려할 때 제도의 결핍보다는 개인화된 삶 의식과의 연관성이 높아 보였다.

회사 자체로는 **복지가 정말 좋아요**, 여기 밥이 진짜 맛있거든요…… (자녀 출산 계획은) 없어요, 제가 뭔가를 키우는 게 안 어울리는 것 같더라고요, **저는 저 하나만 바라보고 혼자 잘 먹고 잘사는 게 목표**라서, 그래서 그런 것 같아요(웃음)(A).

즉, 이들은 결혼을 가족 생애 주기와 관련된 의무, 소위 나이가 되면 결혼을 하고 결혼 후에는 아이를 낳고 키워야 한다는 기존 규범에 얽매이지 않고 자신과 배우자의 결혼 생활 그 자체에 더 많은 관심을 가지고 가치를 부여했다. (A)는 자신이 자녀 출산과 양육에 어울리지 않으며 자기 자신의 삶에 집중하는 것이 가장 중요하기 때문에 결혼 이후 자녀 출산·양육 계획이 없다고 명확하게 말했다. (B) 역시 자기 자신이 '즐겁게 사는 데' 시간을 쓰는 게 중요하며 배우자와의 결혼 생활에 집중하며 '시간을 잘 쓰는 것'에 더 많은 의미를 두었다. 이러한 결혼과 가족생활에 대한 개인화된 인식과 기대는 결혼 생활과 일을 병행하는 것에 대한 긍정적이고, 당연한 기대로 이어졌다. 비혼 및 결혼을 앞둔 연구 참여자들은 게임 개발이 자신이 좋아하고 즐기면서 하는 일이기 때문에 앞으로도 '계속할' 것이며 결혼 생활은 자신의 일을 지속하는 데 별다른 영향을 끼치지 않을 것으로 보았다. 또한 부부 간 공평한 가사 분담을 통해 오히려 가사 노동의 부담이 줄 것이며 설령 자녀를 출산하고 키워야 할 상황이 오더라도 자신에게 부담이 지워지는 것이 아니라 부부 간 협력적 역할 분담이 이루어질 것으로 생각했다. 이처럼 결혼 이후에도 변함없이 개발자로서 자신의 일을 지속할 것이라는 확신은 성 평등한 결혼 생활에 대한 기대 전제를 통해 이루어지고 있었다.

저는 (결혼과 출산이 일에 끼치는) **영향이 없을 것**이라고 생각하는데…… 집안일을 저 혼자 할 생각이 없어요, 저는 무조건 분담을 할 것이기 때문에…… 나중에 정말로 생각이 바뀌어서 아이를 키운다고 해도 제가 지금 남편이 될 분이 저한테만 맡길 사람이 아니라고 생각을 해서 걱정이 들지 않아요(B).

그러나 결혼이나 출산·육아 경험이 있는 여성 게임 개발자 동료들이 주변에 거의 없기에 이를 직접 보고 들을 기회가 없었으며 이로 인해 여성 게임 개발자가 겪을 수 있는, 특히 임신·출산 이후 경험은 보이지 않고 알 수 없는 사적 영역으로 남겨지는 경향이 있었다. 실제로 인터뷰 과정에서 비혼이거나 결혼 예정인 연구 참여자들은 결혼이나 출산 등과 관련해 여성 게임 개발자가 겪는 어려움에 대한 질문에 구체적인 답변 하기를 어려워했다. 결혼·출산 이후 여성 게임 개발자로서 겪는 어려움이나 고충은 '부재하는 존재'들의 경험으로 대략 짐작되었을 뿐 그 실제에 대해 알고 있는 경우는 거의 전무했다. 이에 비해 어린 자녀가 있는 기혼 여성인 (D)는 직장과 가족생활을 유지하면서 겪은 자신의 힘든 경험과 심정을 구체적으로 토로했다. (D)의 노동 경험과 과정은 창의 노동 주체성과 임신·출산이라는 여성의 몸 경험, 사회적 돌봄의 결핍 그리고 사적 영역에 대한 성 고정 관념 간의 상호 교차를 통해 형성된 복합적 결과물로 나타났다. (D)는 임신 기간에도 야근을 해야 했으며 관리자급으로 받는 스트레스로 인해 조산 징후가 있어 예상보다 빠르게 출산 휴가를 가야만 했다. 출산 이후 아기가 아프거나 혼자 아이를 돌보면서는 '미안'하고 '원망'하는 마음이 생기고 '우울'한 감정을 느끼기도 했다. 이처럼 임신 중 과로로 인해 이른 휴직을 하게 된 상황들은 예상대로 되지 않는, 통제할 수 없는 임산부의 몸 경험에 동반되는 부정적인 감정 경험을 함께 보여준다.

24주쯤에, 그때도 마찬가지로 야근을 했어요, **야근을 안 할 수가 없어서**, 그때는 또 관리자급이다 보니까…… **너무 스트레스를 받고**…… **진통이 오기 시작**하는 거예요…… 입원을 해서 진정을 하고 그러고부터 (출산 휴가에) 들어가게 됐어요, **예상보다도 너무 빨랐죠**…… 아기가 태어났는데 애가 아프고 그럴 때 지식이 없어서 약간 그런 게 **미안했어요 아기한테**…… 그런데 신랑도 회사 일 때문에 늦게 오고 그러니까 **원망이 생기고 우울증이 오게 되더라고요**(D).

또한 출산 이전에는 일에 대한 성취감으로 이어졌던 야근과 철야, 현장 근무가 빈번한 업무 환경은 '애를 키우면서' 지속하기에는 어려운 상황으로 느껴지기도 했다. 하지만 친정 부모에게 마음 편히 아기를 맡길 수 있는 '좋은 조건' 덕분에 상대적으로 수월하게 복직을 결심할 수 있었으며, 다시 돌아온 회사는 자신의 '인생'과 '삶'이 있고 '너무 신이 나고' '너무 재미나는' 일을 할 수 있는 곳으로 여겨졌다. 복직 이후에도 팀의 다른 동료들이 해내지 못하는 일을 자신이 해내면서, 출산 휴가 직전까지도 회사에서 관리자급으로 주도적인 역할을 담당했던 만큼, 예전과 같은 인정을 다시 받을 것이라고 긍정적 기대를 가지기도 했다. 직장을 그만두더라도 프리랜서로 일하면서 육아와 함께 일을 병행할 생각을 가질 정도로 개발자로서 자신의 일에 대한 열정과 애착 역시 여전했다.

> (52시간 근무제 시행 전) 그때까지만 해도 야근, 철야 이런 게 주였거든요, 현장 근무도 그렇고 제가 아기를 낳고 키우면서 회사 생활을 못 할 거라고 장담을 하고 다녔어요, 제가 이제 워킹 맘이다 보니까, 일을 했던 사람이다 보니까, 애를 키우기에는 우울증이 오더라고요, **회사를 복직을 하니까 너무 신이 나고 너무 재미나는 거예요**, 제 인생 제 삶이 여기 있으니까요……(D).

하지만 기혼 여성 개발자를 향한 편견이나 차별로 인해 '그렇게 할 수 있는 것에 한계가 있다'고 느꼈다. 창의 산업 역시 다른 분야와 마찬가지로 "직급이 올라갈수록 남성 중심적 사회의 특성이 강해지며 여성 임원이 소수이거나 부재하며 남성 위주의 커뮤니케이션 체계가 유지"되는 경향이 있다(정승혜, 2018: 147). 이러한 창의 노동 조직 내 성별 불균형은 출산·육아라는 가족 주기와 관련해 숙련된 여성 인력이 직무 권한이나 승진 등에서 직면하는 사회적 폐쇄로 이어지곤 한다. (D)는 게임업계에서 여성으로서 차별받은 경험에 대해 연구자의 질문이 채 끝나기도 전에 '있다'고 즉답했다. 그는 '회사에서 두 가지 삶'을 경험하고 있으며 결혼보다는 자녀 출산을 기점으로 업무에서의 역할이나 비중이 완전히 달라졌다고 강조했다. 게임업계에서 일한 지 14년 이상인 (D)는 경력직과 관리직 가운데 '유일한' 여성이어서 차별보다는 오히려 '남자들이 함부로 못 하게' 챙기는 분위기였다고 말했다. 이러한 '예외적 존재'에 대한 배려나 전문·숙련된 개발자라는 인식은 출산 전까지 이어졌다. 그러나 출산 휴가를 끝낸 후 복직하면서는 아이를 돌보러 '집에 안 가봐도 괜찮으냐'라는 얘기를 자주 들었다. 이에 '아기 있는 티도 안 내고' 출산 전과 마찬가지로 야근이나 주말 근무도 빠지지 않고 일하고 다른 사람들이 해내지 못하는 업무에서도 숙련된 개발자로서 성과를 냈지만 회사에서 자신은 '애 엄마'에 지나지 않는 존재로 계속 느껴졌다. 임산부의 몸 경험과 가족·복지 제도의 결핍 그리고 게임업계의 고강도 업무 관행이 어쩔 수 없는 현실로 받아들였다면 복직 이후 자신을 단지 '애 엄마'로 여기는 암묵적인 상황은 (D)로서는 '전혀 예상하지 않은' 것이라고 여러 차례 강조했다. 특히 '애 엄마'라는 인식은 동료들보다는 관리자들의 시선에서 뚜렷했는데, 이는 단지 편견에 머물지 않고 팀을 이끌 권한이나 진급 등에서 계속해서 밀리는 현실로 나타났다. 결혼이나 육아와 관련해 비슷한 가족 상황에 있는 남성 게임 개발자들은 관리자급 지위를 유지하고 나아가 '가장이기 때문에' 남성은 더 챙겨줘야 한다는 차별적 통념에 직면하면서는 이에 억울함을 호소하고 항의도 했으며 퇴사를 심각하게 고려하기도 했다.

(복직 이후 어려움에 대해) 예상은 전혀 못 했고요…… 복귀하고 나서는 정말 제 이름이 표면적이지는 않지만 마음속으로는 **애 엄마 이렇게 바뀌었어요**…… 제가 아기 있는 것도 티도 안 낸다고, 그렇게 일하는데 왜 애 엄마 취급을 하냐고 내가 애 있다고 철야를 안 하고 주말에 안 나온 적 있느냐고 그런 얘기를 많이 했어요…… **진짜, 울분을 많이 토해가지고 제가**…… (육아 휴직 후) 복직하고 나서 관리자급에서 좀 밀리기는 했어요, (웃음) …… 제가 어떻게 일을 하는지 동료들은 다 아는데,

관리자급들에서 예전에 제가 받던 인정이…… 팀을 꾸려준다든지 진급을 한다든
지, 저는 진급도 이제 높은 진급을 올라가야 하는데 이걸 **계속 관리자급에서 망설**
이는 거죠…… 여자보다는 남자가 직장 생활을 잘해야 되지 않나 그런 생각을 했던
것 같아요, (남성이) **가장이기 때문에 가장을 더 챙겨줘야 한다** 그런 게 있었죠, 정
말 씁쓸해요(D).

이처럼 (D)가 유일하고 유능한 여성 개발자에서 단지 '애 엄마'인 존재로
재구성되는 과정은 창의 노동 주체성과 성차별주의의 긴밀한 상호 교차를
통해 이루어진다. 예컨대 기술 능력주의는 여성 창의 노동자의 노동 주체성
을 구성하는 주요 직무 담론으로 창의 노동자 개개인의 기술적 능력에 따라
선택의 자유를 누리고 자유롭게 경쟁하고 그 성과와 결과에 대해서는 전적
으로 스스로 책임을 진다는 '자기-책임화(self-reponsibilization)'의 논리를 띠고
있다(이문수, 2020: 24). 이러한 기술 능력주의는 출산과 양육이라는 가족 주
기에 놓인 여성 인력의 업무·기술 공백을 '여성의 낮아지는 능력'의 주요 원
인으로 설명하며 이러한 자기 책임에 기반한 창의 노동의 윤리는 공백을 만
회하기 위해 임신·출산 이전보다 더 열심히 여성이 일해야 하는 상황을 정
상화한다. 동시에, 성 불평등한 창의 노동 조직에서 여성의 공백 기간은 돌
봄 및 사적 영역에 대한 성 고정 관념과 결부되면서 여성에 대한 사회적 폐
쇄를 정당화하는 모호한 근거로 매개된다. 야근, 철야 등 게임업계의 고강도
노동 환경이나 시의적절한 숙련된 전문 능력을 갖추는 문제는 개발자 누구
라도 직면할 수 있는 보편적인 문제 상황이다. 여성의 경우, 임신·출산 이후
기술·업무 공백은 불가피하며 이는 여성 개발자의 업무 능력이나 기술 전문
성이 정체되거나 약화되는 결과를 초래할 수 있다. 그러나 문제는 이러한 정
체나 약화가 여성 개발자 '개인'의 책임과 노력의 영역으로 치부될 뿐 아니
라, 성차별주의와 결부되면서 여성에게는 일시적인 것이 아닌 돌이킬 수 없
는 회복 불능 상태로 간주된다는 데 있다. 이와 관련한 성 불평등한 사회적

폐쇄는 일·생활 영역에서의 재전통화로 가중되는 부담과 함께, 여성의 '자발적이지만 자발적이지 않은' 은퇴와 경력 단절의 가능성을 한층 높인다. 이로써 여성과 그의 경험은 다시 보이지 않게 된다.

5. 디지털 창의 노동의 미래

노동 세계의 디지털화는 점점 더 가속화되고 보편적인 것으로 되고 있다. 이런 점에서 디지털 창의 노동의 현실을 구체적으로 이해하는 것은 그 어느 때보다도 중요해지고 있다. 특히 복잡미묘한 자유로움에 놓여 있는 디지털 창의 노동의 실태를 파악하기 위해서는 보다 세심한 사회학적 상상력이 요구된다. 앞서 보았듯, 디지털 게임 하기의 성별화된 차이 경험에서 디지털 창의 노동의 미묘한 차별·배제에 이르는 과정은 '사소하지 않은' 사소한 형태를 띠는, '명시적이지 않은 모호한' 방식을 띤다. 합리성과 창의적 열정, 기술 전문성, 평등주의 등을 강조하는 창의 산업 분야에서 공공연한 성차별을 찾기는 쉽지 않다. 이것은 사회·문화가 전반적인 변화 과정에 있다는 것과도 무관하지 않으며, 위계적이고 폐쇄적인 기존 직장 문화와 비교하면 창의 업계는 오히려 성 불평등의 개선된 측면을 발견하는 것이 더 수월할 수 있다. 그럼에도 삶과 노동에서 다방면으로 기울어진 현실들이 이제 균형에 도달했다고 보는 것은 변화의 과정을 무시하는 것보다 더 안일하다. 쉬빈저(Londa Schiebinger)는 과학과 공학 분야에서 여성의 진보는 "자연의 사실이 아니라 개인, 제도 그리고 정부 기관 들의 주도면밀한 개입의 결과"라고 말한다(쉬빈저, 2010: 19). 디지털 창의 노동 분야에서 자신의 일과 삶에 열정적인 여성 개발자들은 실재하고, 고무적인 존재들이다. 이들 여성 창의 노동자들과 그의 노동 경험이 '좋은 노동'으로 지속되기 위해서는 '노동 세계의 디지털화'(크라우제, 2017)에 조응하는 법·제도적 차원의 변화와 성 평등한 사회·문화적 방안들이 동시에 적극 모색되고 실행될 필요가 있다.

---

1   이 글은 윤명희(2021)에서 일부 내용을 발췌해 썼다.
2   크런치 모드는 소프트웨어 개발업계에서 업무 마감이나 제품 출시의 기한을 맞추기 위해 일정 기간 고강도 노동 상황을 지속하는 것으로 주로 게임업계에서 게임 출시를 앞두고 게임의 완성도 향상을 위해 개발자들이 야근과 특근 등을 지속하는 상황을 일컫는다.
3   디지털 창의 노동에 대한 구체적인 분석의 일환으로 게임 개발 업체에 현재 근무하고 있는 20~40대 여성 게임 개발자 네 명과의 화상 심층 면접(depth interview)을 진행했으며 이 연구 참여자들의 이야기를 바탕으로 다음의 내용을 구성했다.

생각해 볼 문제

1. 디지털 기술·매체의 일상화가 보통 사람들이 활동하고 작업하는 방식과 관련해 어떤 실질적인 변화로 이어지는지 구체적인 사례를 들어보자.
2. 위에서 제시한 사례에서 나타나는 디지털 창의 노동의 매우 복잡미묘한 자유로움의 차원은 어떤 것이 있는지 설명해 보자.
3. 디지털 창의 노동이 보다 좋은 노동이 되기 위해 필요한 사회·문화적 방안에 대해 토론해 보자.

더 읽을거리

헤스몬달프·베이커(David Hesmondhalgh and Sarah Baker). 2016. 『창의 노동과 미디어 산업』. 안채림 옮김. 서울: 커뮤니케이션북스.
창의 노동은 좋은 노동이 될 수 있는가라는 질문에서 시작해 새로운 문화 출현과 혁신 사례에 대한 과장에서 벗어나 디지털 환경에서 문화 생산자들이 어떻게 노동하며 문제 상황에 놓이게 되는지 그리고 좋은 노동을 위한 정치학은 무엇인지에 대해 구체적으로 탐색하고 있다.
서르닉, 닉(Nick Srnicek). 2020. 『플랫폼 자본주의』. 심성보 옮김. 서울: 킹콩북.
디지털 기술과 자본주의 간의 역사적 관계를 기반으로 오늘날 자본주의에 내재하는 다양한 사업 방식과 경쟁 압력을 살펴봄으로써 특유의 역동성을 지닌 디지털 경제가 오늘날 자본주의의 이윤 추구와 노동 착취를 정당화하는 헤게모니 모델이 되고 있음에 주목한다.
쉬빈저, 론다(Schiebinger, Londa). 2020. 『젠더분석: 과학과 기술을 바꾼다』. 김혜련 옮김. 서울: 연세대학교 출판부.
과학·공학 분야의 무의식화된 미묘한 젠더 편견을 이해하고 제거하려는 다양한 젠더 혁신이 인간 지식과 기술 시스템을 고양시킬 수 있는 새로운 관점과 새로운 문제 그리고 새로운 사명으로 나아가는 길을 열어줄 수 있다는 것을 제시한다.

참고문헌

강이수. 2015. 「문화노동의 특성과 젠더의 문제」. ≪한국여성학≫, 31권, 2호, 181~211쪽.

박진우. 2011. 「유연성, 창의성, 불안정성: 미디어노동의 새로운 문제 설정」. ≪언론과 사회≫, 19권, 4호, 41~86쪽.

버거·지더벨트(Peter L. Berger and Anton C. Zijderveld). 2010. 『의심에 대한 옹호』. 함규진 옮김. 서울: 산책자.

쉬빈저, 론다(Londa Schiebinger). 2010. 「더 많은 여성을 과학과 공학으로」. 『젠더분석: 과학과 기술을 바꾼다』. 김혜련 옮김. 서울: 연세대학교 출판부.

스탠딩, 가이(Guy Standing). 2014. 『프레카리아트: 새로운 위험한 계급』. 김태호 옮김. 고양: 박종철출판사.

아도르노·호르크하이머(Theodore W. Adorno and Max Horkheimer). 2001. 『계몽의 변증법』. 김유동 옮김. 서울: 문학과 지성사.

요아스, 한스(Kans Joas). 2002. 『행위의 창조성』. 신진욱 옮김. 서울: 한울.

윤명희. 2010. 「네트워크시대 하위문화의 '애매한' 경계, 그리고 흐름」. ≪사이버커뮤니케이션 학보≫, 27권, 4호, 125~162쪽.

_____. 2021. 「디지털 창의노동: 여성 게임개발자 사례」. ≪문화와 사회≫, 29권, 1호, 91~148쪽.

이문수. 2020. 「신자유주의적 통치성의 계보학과 공공성의 문제」. ≪한국조직학회보≫, 17권, 1호, 1~34쪽.

이상규·이용관. 2019. 「게임 생산자의 노동 불안정성 연구: 보상 및 경력전망을 중심으로」. ≪한국콘텐츠학회논문지≫, 19권, 11호, 337~352쪽.

이수인. 2006. 「게임산업에서 여성으로 살아남기」. ≪젠더리뷰≫, 겨울호, 24~30쪽.

정승혜. 2018. 「크리에이티브 작업과 젠더 연구: 여성 광고제작자의 인식 및 업무특성을 중심으로」. ≪광고학연구≫, 29권, 4호, 131~157쪽.

정종은. 2013. 「영국 창조산업 정책의 부상」. ≪문화정책논총≫, 27집, 1호, 122~145쪽.

커런·펜튼·프리드먼(James Curran, Natalie Fenton and Des Freedman). 2017. 『인터넷, 신화를 넘어 공공성으로』. 김예란·박성우 옮김. 서울: 컬처룩.

크라우제, 뤼디거(Rüdiger Krause). 2017. 「노동세계의 디지털화」. ≪국제노동브리프≫, 15권, 3호, 9~21쪽.

터너, 그래엄(Graeme Turner). 2008. 『문화연구입문』. 김연종 옮김. 서울: 한나래

플로리다, 리처드(Richard Florida). 2002. 『CREATIVE CLASS: 창조적 변화를 주도하는 사람들』. 이길태 옮김. 서울: 전자신문사.

한국콘텐츠진흥원. 2018. 『2018 대한민국 게임백서』. 나주: 한국콘텐츠진흥원

_____. 2020. 『2020 대한민국 게임백서』. 나주: 한국콘텐츠진흥원

헤스몬달프·베이커(David Hesmondhalgh and Sarah Baker). 2016. 『창의 노동과 미디어 산업』. 안채림 옮김. 서울: 커뮤니케이션북스.

Banks, Mark and David Hesmondhalgh. 2009. "Looking for Work in Creative Industries Policy." *International Journal of Cultural Policy*, Vol. 15, Iss. 4, pp. 415~430.

Banks, Mark and Katie Milestone. 2011. "Individualization, Gender and Cultural Work." *Gender, Work and Organization*, Vol. 18, Iss. 1, pp. 73~89.

Bielby, Denise D. 2009. "Gender Inequality in Culture Industries: Women and men writers in film and television." *Sociologie du Travail*, Vol. 51, No. 2, pp. 237~252.

Commonwealth of Australia. 1994. *Creative Nation: Commonwealth cultural policy*. Canberra: Department of Communications and the Arts.

Conor, Bridget, Rosalind Gill and Stephanie Taylor. 2015. "Gender and Creative Labour." *The Sociological Review*, Vol. 63, Iss. 1, pp. 1~22.

De Peuter, Greig. 2014. "Beyond the Model Worker: Surveying a creative precariat." *Culture Unbound*, Vol. 6, No. 1, pp. 263~284.

Fuchs, Christian. 2008. *Internet and Society: Social theory in the information age*. London: Routledge.

_____. 2011. *Foundations of Critical Media and Information Studies*. New York: Routledge.

Garnham, Nicholas. 2005. "From Cultural to Creative Industries." *International Journal of Cultural Policy*, Vol. 11, Iss. 1, pp. 15~29.

Gill, Rosalind. 2002, "Cool, Creative and Egalitarian? Exploring gender in project-based new media work." *Information and Communication Studies*, Vol. 5, Iss. 1, pp. 70~89.

Hall, Stuart. 1973. "Encoding and Decoding in the Media Discourse." Stencilled occasional paper, no. 7. Birmingham: Centre for Cultural Studies, University of Birmingham.

Hartley, John. 2004. "The 'Value Chain of Meaning' and the New Economy." *International Journal of Cultural Studies*, Vol. 7, Iss. 1, pp. 129~141.

Hesmondhalgh, David and Sarah Baker. 2010. "A Very Complicated Version of Freedom: Conditions and experiences of creative labour in three cultural industries." *Poetics*, Vol. 38, Iss. 1, pp. 4~20.

_____. 2015. "Sex, Gender and Work Segregation on the Cultural Industries." *Sociological Review Monograph*, Vol. 63, Iss. S1, pp. 23~36.

Higgs, Peter, Stuart Cunningham and Hasan Bakhshi. 2008. *Beyond the Creative Industries: Mapping the creative economy in the United Kingdom*. NESTA, United Kingdom.

Maxwell, Richard. 2015. *The Routledge Companion to Labor and Media*. New York: Routledge.

Miller, Toby. 2004. "A View from a Fossil." *International Journal of Cultural Studies*, Vol. 7, Iss. 1, pp. 55~65.

_____. 2009. "From Creative Industries to Cultural Industries: Not all industries are cultural, and industries are creative." *Cultural Studies*, Vol. 23, Iss. 1, pp. 88~99.

Neilson, Brett and Ned Rossiter. 2005. "From Precarity to Precariousness and Back Again: Labour, life and unstable networks." *The Fibreculture Journal*, Iss. 5. http://fibreculturejournal.org/(검색일: 2020.8.8).

Oakley, Kate. 2004. "Not So Cool Britannia: The role of the creative industries in economic development." *International Journal of Cultural Studies*, Vol. 7, Iss. 1, pp. 67~77.

_____. 2009. "The Disappearing Arts: Creativity and innovation after the creative industries." *International Journal of Cultural Policy*, Vol. 15, Iss. 4, pp. 403~413.

Pratt, Andy C. 2004. "The Cultural Economy: A call for spatialised 'production of culture' perspectives." *International Journal of Cultural Studies*, Vol. 7, Iss. 1, pp. 117~128.

Schlesinger, Philip. 2009. "Creativity and the Experts: New labour, think tanks and the policy process." *International Journal of Press/Politics*, Vol. 14, No. 1, pp. 3~20.

Terranova, Tiziana. 2000. "Free Labor." *Social Text*, Vol. 18, No. 2, pp. 33~58.

Van Dijck, José. 2013. *The Culture of Connectivity: A critical history of social media.* New York: Oxford University Press.

Ursell, Gillian. 2000. "Television Production: Issues of exploitation, commodification and subjectivity in UK television labour markets." *Media, Culture and Society*, Vol. 22, Iss. 6, pp. 805~827.

11장   이기웅

문화산업과 젠트리피케이션

1. 문화산업: 탈공업 도시의 구세주?

2015년 8월, 경상남도 창원시는 창원문화복합타운, 이른바 창원 SM타운 건설 계획을 수립했다. 이는 1970년 수출 자유 지역으로 지정된 이래 한국의 대표적 공업 단지로 성장해 온 창원의 성격과 이미지를 탈공업 사회의 도래에 걸맞은 문화 관광 도시로 전환하겠다는 야심찬 프로젝트로서, 21세기 이후 지구적 수준에서 가장 유력한 것으로 부상한 도시발전 모델을 도입한 것이었다. 당시 기준으로 국내 최대 엔터테인먼트 기업을 유치해 케이 팝 거점 도시를 구축하고, 2011년부터 매년 창원에서 개최되어 온 케이 팝 월드 페스티벌 행사와 연계해 한류 메카 도시로 성장한다는 것이 이 사업의 목적이었다.[1] 이러한 계획에 따라 창원 SM타운은 서울 코엑스 SM타운의 두 배 규모로 건설될 예정이었다.

그러나 이 계획은 순항하지 못했다. 2017년 10월, 경상남도는 창원 SM타운건설에 대한 특정 감사를 벌여 '총체적으로 위법한 사업'이라는 결과를 발표했다(김두천, 2019). 애초 창원시는 SM타운 건설 비용을 주상 복합 아파트,

상가, 오피스텔 건설 수익금으로 충당하고, 건설 이후 시행사와 SM엔터테인먼트가 최대 20년간 무상으로 사용 및 운영한다는 사업 모델을 확정하고 이에 따라 계획을 추진했다. 문제는 창원시가 '군사작전 하듯' 무리하게 사업을 밀어붙였다는 점이다(이문영, 2019). 특히 법적 절차를 무시한 채 개발을 제한하는 각종 규제를 제거한 일은 특혜 논란을 불가피하게 했다. 이후 창원시와 시공사 측은 기나긴 소송전에 돌입했고, 창원 SM타운은 2021년 준공 승인을 받은 이후 2년이 넘게 개관을 하지 못하고 있다(이세영, 2022). 문화를 활용해 낙후된 탈공업 지역을 재활성화한다는 트렌디한 슬로건의 배후에는 탈법을 동반한 대규모 부동산 개발이라는 '구태의연한' 사업 방식이 작동하고 있었다.

이 사건은 21세기 한국에서 도시와 문화산업이 관계 맺는 하나의 방식을 보여준다. 도시는 문화산업에 의존해 지역 경제의 발전을 도모하고, 문화산업은 침체된 도시 공간에 활력을 불어넣어 수익을 창출한다는 창조 도시(creative city) 모델은 2000년대 이후 지구적 수준에서 지역 발전의 지배적 패러다임으로 확산되어 왔다. 그런데 이것이 한국에서 강력한 부동산 경제와 만났을 때, 문화산업의 존재는 부동산 개발을 위한 표면적 구실 또는 부동산 경기 부양을 위한 '호재'의 역할로 동원되기 십상이다. 실제로 창원시가 부동산 관련 각종 규제를 과감하게 해제 또는 완화할 수 있었던 데는 SM엔터테인먼트의 후광이 중요한 정당화 기제로 작용했다.

이 사건에서 눈여겨보아야 할 점은 도시와 관련해 문화산업의 변화된 지위와 기능이다. 문화산업은 자본주의의 출현 이래 도시에서 탄생해 도시를 배경으로 성장했으나 오늘날과 같은 각광을 받은 적은 일찍이 없었다. 앞서 문화산업은 부동산 개발을 위한 표면적 구실에 한정될 수 있다고 했는데, 사실 이러한 구실을 할 수 있게 되었다는 점 자체가 의미심장하다. 창원시는 부산, 대구 등 인근 도시들과의 치열한 경쟁 끝에 SM엔터테인먼트의 유치에 성공했다고 한다. 창원시 이전에도 고양, 문경, 오산, 판교 등 여러 지방 도시에서 SM타운 유치를 위한 움직임이 있었다. 탈공업 시대 문화산업(또는 문화 창의 산업)은 이처럼 지역 발전의 총아로 부상해 과거 대공장이 누리던 핵심 산업의 지위를 그대로 이어받고 있다.

그런데 이는 문화산업의 형태 및 기능 변화를 동반하는 과정이기도 했다. 오랫동안 문화산업은 상징을 활용해 의미를 전달하는 텍스트의 생산을 주된 업무로 삼았다(Hesmondalgh, 2007: 4). 텍스트는 책, 음반, 비디오테이프 등 매체의 형태로 물질화되었고, 문화산업은 이러한 매체를 판매해 수익을 얻었다. 그러나 초이동성(hyper-mobility)(Adams, 2005; Sager, 2005; Cohen and Gössling, 2015)과 경험 경제(experience economy)(Pine and Gilmore, 2011)의 사회 기술적 맥락에서 그것의 역할은 매체의 제한을 벗어나 소비자에게 일차적 경험을 제공하는 것으로 확장되었다. 이러한 변화 속에서 도시 공간은 문화산업의 전략적 거점을 넘어 그 자체가 문화산업의 생산물이 되었다. 이 장에서는 도시와 문화산업의 관계를 역사적·이론적 관점에서 고찰하고, 21세기 이후 초미의 관심사로 부상한 문화 주도 도시 재생과 관련해 문화산업의 역할과 의미에 초점을 맞춰 살펴보기로 한다.

2. 도시적 현상으로서의 문화산업

영국의 문화 이론가 존 스토리(John Storey)에 따르면 대중문화는 산업화와 도시화의 산물이다. 산업화는 자본-임노동 관계에 근거한 근대적 계급 관계를 발생시켰고, 도시화는 도시로 집중된 인구의 공간적 분리를 초래했다. 도시 산업 지구에 노동 계급 거주 지역이 형성되고, 지배 계급과 피지배 계급이 더 이상 같은 공간에 뒤섞여 살지 않게 되면서, 역사상 최초로 지배 계급의 영향권에서 독립된 종속 계급의 독자적 문화가 발생했다. 매슈 아놀드(Matthew Arnold), F. R. 리비스(F. R. Leavis) 등 영국 문예주의자들은 새롭게 등장한 노동 계급 문화, 즉 대중문화에 대해 (진정한) 문화에 대한 위협이며 인간성을 타락시키는 사회악이라 규탄했다.

대중문화에 대한 이들의 공격이 단순히 하층민 문화에 대한 계급적 멸시에서만 비롯된 것은 아니었다. 오히려 리비스는 산업 혁명 이전의 유기적 공동체 문화를 복원해야 할 이상으로 제시하기도 했다. 이런 점에서 이들의 대중문화 비판은 그것의 현대적·도시적 성격을 주된 과녁으로 했다고 해도 과언이 아니다. 도시는 오랫동안 도덕적 타락과 범죄의 온상으로 여겨져왔다. 대중문화는 이러한 부도덕과 불법을 부추기고 전파하는 매개체로서, 특히 아동과 청년의 도덕적 발달에 유해한 것으로 지목되었다. 대중문화의 이러한 유해성은 결정적으로 그것이 상업적 이윤을 목적으로 생산된 문화라는 점에 근거해 주장되었다.

대중문화의 상업성은 전근대의 하층민 문화, 즉 민속 문화(folk culture)와 가장 큰 차이를 나타내는 부분이다. 생산자와 소비자가 구별되지 않는 민속 문화와 달리 대중문화는 생산과 소비의 분리에 근거한다(김창남, 2018). 이러한 분리는 한편으로 매체 기술의 발달, 다른 한편으로 자본주의적 시장 경제의 형성이라는 두 조건에 의존한다. 이들 조건 속에서 대중문화는 산업화된 생산과 유통의 형태를 취하게 되었다. 최초의 대중문화인 대중 문학부터 대중음악, 영화, 방송 등 대중문화의 모든 부문은 출판 산업, 음악 산업, 영화 산업, 방송 산업 등 그에 상응하는 산업에 물질적 기반을 둔다.

문화산업은 도시를 거점으로 삼는다. 이는 단순히 문화를 생산하는 기업이 도시라는 지리적 공간상에 위치한다는 데 국한되지 않는다. 문화산업은 개별 기업 단위를 넘어서는 시장, 자본, 창작자, 정보, 기반 시설 등 문화 생산에 참여하는 다양한 요인들의 네트워크로 이루어진다. 그리고 이들 요인은 대부분 도시에 집중되어 있다. 문화산업이 종종 클러스터의 형태를 띠는 것도 바로 이러한 근접성의 원리에서 비롯된다. 물론 농촌이나 어촌 등 비도시 지역에도 문화산업이 없는 것은 아니다(Bell and Jayne, 2010; Luckman, 2012).

하지만 통상적 의미에서 대중문화라 지칭되는, 전국적으로 유통되고 대량으로 소비되는 문화 상품은 대도시 기반 문화산업의 산물인 경우가 많다. 대중음악의 발원지로 알려진 미국 뉴욕시의 틴 팬 앨리(Tin Pan Alley, New York), 로스앤젤레스(Los Angeles) 도심에 위치한 할리우드(Hollywood), 지금은 이름만 남았지만 여전히 한국 영화 산업의 대명사로 통하는 충무로 그리고 한류 및 케이 팝의 성공과 함께 문화산업의 신흥 허브로 부상한 강남 등 문화산업은 예나 지금이나 도시라는 공간에 배태되어 작동한다.

이러한 의미에서 도시와 문화산업은 일련의 복잡한 관계를 형성한다. 첫째, 도시는 문화 생산의 물질적 맥락(context)이다. 문화 상품은 도시 공간을 배경으로 형성된 창작자의 생활 경험, 소비자의 취향 및 기대, 자본의 이윤 동기와 기획, 중앙 및 지방 정부의 규제와 지원, 동시대의 담론 지형과 생활 감정 등의 영향과 제약 속에서 생산된다. 둘째, 문화산업은 재현을 통해 의미의 수준에서 도시와 관계 맺는다. 도시는 무수히 많은 대중문화 텍스트에서 서사의 배경으로 혹은 메시지의 기표로 등장한다. 대중문화 속의 도시는 현존하는 것일 수도, 가공의 것일 수도 있다. 그러나 이러한 차이와 무관하게 재현은 도시라는 물질적 실재를 언어적·문화적 사실로 구성해 그에 대한 우리의 관계를 매개한다.

셋째, 재현은 의미의 수준에 그치지 않고 종종 물질적 현실로 전화해 도시의 경관과 기능을 규정한다. 여기서 시뮬라크르(simulacre)는 현실이 생산되는 모체로 작용하는데, 이는 매체 중심의 대중문화가 경험 경제로 전환되는 중요한 국면을 형성한다. 넷째, 경험 경제로서의 문화산업은 최근의 현상이 아니라 근대적 대도시의 발생기부터 이어져온 도시의 한 면모다. 무케르지(Chandra Mukerji)와 셔드슨(Michael Schudson)이 지적한 준공적(semipublic) 공간(Mjkerji and Schudson, 1986)은 이런 점에서 중요하다. 백화점, 극장, 음악당, 서커스, 놀이공원 등 사적으로 소유되지만 상대적으로 자유로운 공적 접근성이 보장되는 준공적 공간은 곧 문화산업에 할당된 공간을 의미한다. 문화

산업은 이러한 공간을 점유함으로써 도시를 쾌락과 스펙터클(spectacle)의 공간으로 구축한다.

3. 대중 사회와 포드주의 문화산업

문화산업을 도시와의 연관 속에서 이론적으로 조명한 시도는 드물다. 그러나 문화산업이나 대중문화에 관한 이론들은 현대 도시 생활을 암묵적으로든 명시적으로든 전제한다. 이는 문화산업 논의의 출발점인 아도르노(Theodor Adorno)에서부터 명확하게 나타난다(Adorno, 1991; 2007). 문화산업에 대한 그의 비판은 포드주의적 문화 생산 체제를 향한다. 그는 문화의 대량 생산이 인격의 질적 저하를 초래하고, 대중 조작의 수단으로 기능한다고 주장한다. 문화의 대량 생산은 대중 사회라는 20세기 초에 성립된 도시적 생활 양식의 한 특성이다. 공동체적 유대가 파괴되고 원자화된 개인들이 상업적으로 생산된 문화와 소비자로서 관계 맺는 방식은 대중 사회에서 문화가 영위되는 전형적인 양상이다.

대중 사회는 20세기 초중반 사회학의 가장 뜨거운 화두 중 하나였다. 대표적 대중 사회론자인 데이비드 리스먼(David Riesman)은 대중 사회의 지배적 인격 유형을 외부 지향적 인격이라 제안했다(Riesman, 2001). 미국의 대도시를 모델로 한 연구에서 리스먼은 현대 대중 사회의 풍요와 소비주의적 환경에서 개인들은 전통이나 내면화된 도덕률에 따르기보다 타인의 생활 양식과 행동 방식에 맞춰 자신의 삶의 지향과 태도를 조정한다고 주장했다. 이는 불가피하게 대중 사회를 획일적인 순응 사회로 만든다. 그러나 대중문화에게 획일성과 순응성의 주된 책임을 물었던 아도르노와 달리, 리스먼은 여가와 소비의 자유로운 선택이 외부 지향적 인간의 순응성을 극복하는 개인화의 계기로 작용할 수 있다는 긍정적 평가를 내린다.

기 드보르(Guy Debord)는 노동의 소외에 관한 마르크스(Karl Marx)의 논의를 고도화된 소비 자본주의가 지배하는 현대 도시 생활의 맥락에 적용해 '스펙터클 사회' 비판을 제기한다(Debord, 2002). 아도르노가 대량 생산된 문화 텍스트의 내적 구성과 기능에 초점을 맞췄다면, 드보르는 문화와 예술이 생생한 삶의 맥락에서 분리되어 수동적 응시의 대상으로 자립화하는 현상을 문제 삼는다. 이는 마르크스의 상품 물신성이 생산의 영역을 벗어나 일상의 전 영역으로 확대된 상황을 가리킨다. 이처럼 드보르의 관심은 문화 텍스트 자체가 아니라 텍스트가 사회적으로 제도화되는 방식의 정치적 효과에 있었다. 그에 따르면 문화 예술의 기업화·제도화가 이루어지면서 노동 대중은 자신의 표현 수단을 박탈당하고 적극적 사회 참여 대신 순응적 구경꾼으로 전락한다.

4. 탈공업화/지구화와 문화의 부상

대중 사회론은 도시를 포드주의적 생산 체제가 전일적으로 작동하는 공간으로 상상했다. 그럼에도 불구하고 소비에 대한 점증하는 관심은 이들 이론이 탈공업화에 따른 도시의 변화를 예견하도록 만들었다. 탈공업화는 이전까지 도시 생활의 주변적 영역에 머물렀던 문화 또는 문화산업이 중심적 지위를 획득하는 역사적 전환점으로 작용했다. 서구 여러 나라에서 제조업이 쇠퇴하고 3차 산업 중심으로 산업 구조가 개편되면서 문화산업 또는 창조산업은 고부가 가치 산업으로 재정의되었고, 대공장을 대체하는 새로운 성장 동력으로 부상했다(Florida, 2002; Landry, 2000). 이러한 과정에서 문화 경제, 창조 경제, 컬처노믹스 등 새로운 용어들이 만들어지고 유행했다. 이러한 변화의 핵심은 문화가 여타 산업과 분리된 독자적 생산 영역, 또는 산업 생산을 보조하는 부가적 역할을 넘어 경제생활 전반에 침투해 주도적인 역할을 담당하게 되었다는 점이고, 이는 도시 경제에서 특히 두드러진다.

　탈공업화는 지구화와 중첩되어 도시의 변화를 가속화했다. 지구화의 가장 중요한 결과 중 하나는 도시 경제가 국가 경제에서 상대적으로 독립되면서, 기존의 국가 간 경쟁이 도시 간 경쟁으로 재편되었다는 점이다. 여기서 도시 간 경쟁의 틀은 문화를 중심으로 구축되었다. 도시 마케팅, 도시 브랜딩 등의 용어가 징후적으로 드러내듯이, 경쟁의 초점은 매력적인 도심 조성을 통한 '올바른' 인구와 부의 유입에 주어졌다. 주요 도시들은 문화 지구 선정과 문화 시설 건설 등의 형태로 예술과 엔터테인먼트를 공간 계획의 중추적 영역으로 통합했다. 이러한 변화 속에서 도시는 근대 초기부터 이어져온 생산과의 연관에서 벗어나 소비의 공간으로 재구성되었다(Zukin, 1998). 도시 경제는 문화 예술 시설을 집중시킴으로써, 한편으로 부동산 가치의 상승을 유도하고 이를 통해 다시 상업적 개발을 촉진하는 방식(Zukin, 1995), 다른 한편으로 도시 관광 또는 문화 관광을 활성화해 도시를 브랜딩하고 지역 발전을 도모하는 방식으로 전환했다. 그러나 문화 주도 도시 성장 전략은 주민들의 삶의 질을 저하하고 문화 다양성을 축소시킨다는 비판에 직면하기도 했다.

5. 문화 도시

　도시의 이미지 제고와 관광객 증대를 통해 도시 경제를 부흥시키는 목적에서 문화를 동원하는 것은 하나의 세계적 흐름이 되었다. 다양한 수준의 국제기구와 국가기관 들이 문화 도시 지정에 나서고 있고, 세계의 많은 도시가 그 수혜자가 되기 위해 열띤 경쟁을 벌이고 있다. 그중에서도 가장 권위를 인정받는 것은 유네스코 창의 도시 네트워크라고 할 수 있다. "도시의 문화적 자산과 창의력에 기초한 문화산업을 육성하고 도시들 간의 협력과 발전을 도모함으로써 각 도시의 경제적·사회적·문화적 발전, 더 나아가 유네스코가 추구하는 문화 다양성 제고를 취지"로 2004년 제정된 유네스코 창의 도시 네트워크는 현재까지 72개국 180개 도시가 참가하고 있다. 한국에서는 서울, 부산, 부천, 광주, 대구, 통영, 전주, 이천 등 8개 도시가 선정된 상태다.

유네스코 창의 도시 네트워크와 더불어 영향력 있는 문화 도시 사업으로 꼽히는 것은 유럽 문화 수도다. 문화 도시 프로그램 중 가장 오랜 연혁을 갖는 이 제도는 1985년에 시작되어 현재까지 30개국 60개 도시가 선정되었다. 이 프로그램은 애초 문화를 통해 유럽 의식을 강화하려는 목적으로 고안되었으나, 현재는 지역 내 문화 거버넌스의 확립과 문화의 민주적 활용이라는 취지에 더 큰 강조점을 두고 있다. 프로그램에 선정된 도시는 유럽 연합의 지원하에 1년 동안 다양한 문화 행사를 개최할 수 있는 특전을 누리는데, 재정 지원 그 자체보다는 유럽 문화 수도라는 명칭이 갖는 상징 자본의 가치가 높기 때문에 쇠퇴한 산업 도시들이 문화 예술 도시로 스스로를 재발명하는 데 적극 활용되고 있다.

한국의 문화 도시 사업은 유럽 문화 수도의 정책 이전(policy transfer)으로 시작되었다. 한국에서 문화 도시 논의의 연원은 1990년대 중반까지 거슬러 올라가지만, 본격화된 것은 2000년대 초 서울시의 창의문화도시 정책부터라고 할 수 있다. 오늘날 도시 재생의 역할과 유사하게 창조 도시는 자생력이 부족한 도시들의 대안적 발전 모델로 받아들여졌고, 다양한 이름과 유형의 문화 도시 사업이 공업 중심 발전 모델을 대체하는 새로운 성장 모델로 추진되었다. 중앙 정부 주도의 문화 도시 사업은 2002년 광주 아시아문화중심도시 조성을 시작으로, 부산, 전주, 경주, 공주, 부여 등으로 확대되었다. 이 사업의 정책 취지는 지역 균형 발전에 있었는데, 광주를 제외한 다른 도시들에 지역 거점 문화 도시라는 이름으로 지역 실정에 따른 차등적 지원이 이루어졌다.

이 글의 서두에서 소개한 창원시의 SM타운 유치 계획도 지방 정부와 민간 자본이 합작해 문화 도시 조성을 목표로 추진된 프로젝트였다. 그러나 전국 나아가 전 세계를 휩쓸고 있는 문화 도시 열풍에는 경계해야 할 지점이 많다. 무엇보다도 지역의 특성과 처지에 무관하게 "문화가 돈이 된다"는 경쟁력 담론에 휘말려 졸속으로 진행되는 경우가 적지 않다는 점이다. 이 경우 도시의 문화 환경 개선과 주민의 문화 복지 증대 등 문화를 목적으로 한 정책은 주변화되고, 즉각적 부의 증대를 위해 문화를 도구적으로 활용하는 정책이 우선적으로 추진되기 쉽다. 그 결과는 무분별한 관광지화이고, 이는 결국 지역 문화 자산의 파괴 및 착취, 지가 상승으로 인한 젠트리피케이션(gentrification)의 발생 등 부정적 효과를 산출하게 된다.

6. 문화 주도 도시 재생

문화 도시는 문화 주도 도시 재생의 대표적 형태다. 데이비드 하비(David Harvey)에 따르면 신자유주의의 헤게모니가 강화되면서 도시의 성격이 관리주의(managerialism)에서 기업가주의(entrepreneurialism)로 전환되었다고 한다 (Harvey, 1989). 문화 주도 도시 재생은 이러한 도시의 성격 변화를 반영하는 하나의 양상이다. 문화 주도 도시 재생은 탈공업화·교외화로 인해 쇠퇴하고 공동화된 도심을 문화를 활용해 재활성화하는 전략이다. 런던(London)이나 빌바오(Bilbao) 등의 사례에서 나타나듯이 대규모 문화 시설 건립, 방치된 공간의 문화 공간으로의 재활용, 대형 문화 이벤트 개최, 수변 개발 등의 방식으로 도심의 이미지를 매력적으로 개선함으로써 지역 경제 활성화를 기하는 것이 문화 주도 도시 재생의 일차적 목적이다. 그러나 단순히 경관의 개선을 통한 단기적 경제 부흥을 꾀하기보다 사회적 자본 축적, 삶의 질 향상, 새로운 정체성 및 자긍심 형성 등 보다 지속 가능한 발전 모델을 지향하는 움직임도 관찰되고 있다.

한국의 경우 '도시재생 활성화 및 지원에 관한 특별법'에서는 도시 재생을

"인구의 감소, 산업구조의 변화, 도시의 무분별한 확장, 주거환경의 노후화 등으로 쇠퇴하는 도시를 지역역량의 강화, 새로운 기능의 도입 창출 및 지역 자원의 활용을 통해 경제적·사회적·물리적·환경적으로 활성화시키는 것을 말한다"라고 정의하고 있다. 그러나 법률상의 정의와 상관없이 일반적으로 도시 재생은 과거 재개발이나 뉴타운 사업처럼 전면 철거와 재건축 방식이 아니라 지역 공동체의 기존 건축 환경을 보존하면서 개선해 가는 방식으로 알려져 있다. 이는 과거와 같은 대규모 철거 및 주민의 강제 이주를 삼가고, 재생 자원의 개발과 관리에 의한 지속 가능한 발전(이용균·형지원, 2016)을 꾀한다는 점에서 '착한 개발'로 인식되고 있다. 그러나 앞서 언급한 '도시재생 활성화 및 지원에 관한 특별법'에서 규정하고 있는 도시 재생의 범위에는 과거의 재개발 또는 뉴타운 사업의 요소들이 포함되어 있다.

문재인 정부에서 국책 사업으로 추진했던 도시 재생 뉴딜은 전국 낙후 지역 500곳에 5년간 50조 원을 투입한 초대형 사업이었다. 그러나 관련 계획에 이 사업이 불가피하게 초래할 젠트리피케이션에 대한 안전장치는 매우 미비했고, 실제로 많은 지역에서 이러한 우려는 현실화되었다.

7. 젠트리피케이션

젠트리피케이션이라는 용어를 고안한 영국의 사회학자 루스 글래스(Ruth Glass)에 따르면 그것은 "중간 계급 이주자들이 도심의 노동 계급 지구에 침투해 원주민들을 대체하고 지역의 경관을 업그레이드하는 현상"으로 정의된다(Glass, 2010). 즉, 젠트리피케이션의 핵심은 도시 공간의 점유와 사용을 둘러싼 계급 투쟁인 것이다. 이러한 용어의 의미는 후대에도 계승되어 도시 연구자 크리스 햄닛(Chris Hamnett)은 젠트리피케이션을 "저소득층의 낙후된 주거 지역에 중산층이 유입됨에 따라 발생하는 주택의 물리적 개선과 사회적 변화 및 주택 소유 형태의 변화"를 뜻하는 말로 정의한다(Hamnett, 2003). 글래스와 햄닛의 정의를 분석하면 젠트리피케이션은 두 개의 측면으로 분해된다. 하나는 지역의 재활성화, 즉 빈곤하고 낙후된 지역이 계급 혼합을 통해 문화적 다양성 증대, 주거 환경 개선, 지역 경제 활성화, 지역 경쟁력 강화 등 긍정적 효과를 나타내는 것이고, 다른 하나는 임대료 상승으로 원주민이 자신의 생활 터전에 쫓겨나는 현상, 즉 비자발적 퇴거(displacement)다. 앞선 논의에 대입해 보면, 젠트리피케이션의 긍정적 측면은 도시 재생이며, 부정적 측면은 반젠트리피케이션 운동과 결부된다. 젠트리피케이션은 그 자체에 이러한 모순을 함축한 것으로 이해해야 한다.

젠트리피케이션의 발생 원인은 글로벌 요인과 국내 요인의 일시적·우연적 결합의 효과로 보는 것이 타당하다. 일각에서 제기되는 '자본주의의 철칙'이라는 과도한 일반화는 정확하지도 타당하지도 않다. 같은 자본주의 사회라도 젠트리피케이션의 강도와 양상은 상이하게 나타나기 때문이다. 나아가 같은 나라에서도 시기에 따라 젠트리피케이션이 문제가 되는 때도 있고, 그렇지 않은 때도 있다. 젠트리피케이션의 글로벌 요인으로는 다음의 세 가지를 들 수 있다. 첫째, 상업 자본의 집중, 국제화, 금융화, 둘째, 도시 거버넌스의 변화, 셋째, 포스트 관광의 부상. 첫 번째 요인은 H&M, 스타벅스(Starbucks), 테스코(TESCO) 등 글로벌 유통 기업의 성장이다. 이들은 전 세계 대도시 핵심 상권에 경쟁적으로 진출하면서 해당 지역의 임대료 상승을 부추긴다. 한국의 경우 이들과 경쟁하는 국내 대형 프랜차이즈도 여기에 가세해 젠트리피케이션을 가속화한다.

도시 거버넌스의 변화는 앞서 언급한 하비의 기업가 도시 모델과 관련된다. 기업가 도시란 부의 증대를 목적으로 한 정부 주도의 도시 공간 상업화 전략을 의미하는 것으로, 몰로치(Havery Molotch)는 이미 1970년대 중반에 성장 기계(growth machine)라는 용어로 도시의 이러한 변화를 예견했다(Molotch, 1976). 스클레어(Leslie Sklair)는 도시 브랜딩의 수단으로 아이콘적 건축물이 경쟁적으로 건설되는 현상을 공간 자본화 전략의 일환으로 파악했고(Sklair, 2006), 스미스(Neil Smith)는 젠트리피케이션을 글로벌 도시 전략으로 규정했다(Smith, 2002). 스미스에 따르면 신자유주의 도시 정책이 금융 자본과 결합한 결과 고급 레스토랑, 쇼핑몰, 수변 공원, 극장, 브랜드 네임 오피스 타워, 브랜드 네임 박물관, 관광지, 복합 문화 시설 등 대규모 프로젝트가 일상화되었다고 한다. 그 결과는 도시 경관의 변화를 통한 도시 계급 구성의 변화다.

포스트 관광 또는 새로운 도시 관광은 소셜 네트워크 시대 관광의 새로운 트렌드로서, 공식적 관광지를 벗어나 진정한(authentic) 장소감과 일상생활의 체험을 추구하는 관광을 의미한다. 베를린(Berlin)판 『론리 플래닛(Lonely Planet)』에 실린 "베를린을 진정으로 경험하려면 관광객 거리를 떠나 모험할 필요가 있다"는 문구는 포스트 관광의 에토스(ethos)를 압축적으로 전달한다. 이는 이른바 '힙스터' 관광객의 증가와도 관련되는데, 이들은 관광객의 정체성을 회피하는 안티 관광을 추구함으로써 전통적 관광객에 대한 구별 짓기 전략을 수행한다. 이들은 주민과 관광객의 공간적 분리를 무력화시키고 주민의 공간에 침투함으로써 한정된 자원을 놓고 주민과 경쟁하는 상황을 만들어낸다. 이들의 범람 역시 도시 경관의 변화와 주민의 축출이라는 결과를 초래한다.

젠트리피케이션 발생의 국내적 요인으로는 첫째, 수요 요인, 둘째, 투자 요인, 셋째, 문화 요인, 넷째, 정책 요인으로 대별해 볼 수 있다. 그런데 먼저 한국에서 젠트리피케이션 개념이 해외에서 통용되는 의미와 약간 다르다는 점을 지적할 필요가 있다. 해외에서 젠트리피케이션은 거의 대부분 주거 시설에 관한 것을 지칭하는 의미로 사용된다. 반면, 한국에서 그것은 일반적으로 상업 시설과 관련된 용어로 알려져 있다. 이러한 의미상의 차이는 이 용어가 한국에 유입되고 확산되는 과정에서 누가 이를 주도했고, 어떤 의미를 부여했는가와 상관된다. 한국에서 젠트리피케이션은 상가 건물 세입자 활동가들이 적극적으로 의제화해 사회적 공론으로 확립되었다. 이런 상황에서 그들의 문제의식을 중심으로 의미화된 것은 일견 당연한 일이라 하겠다. 그러나 언제나 그런 것처럼 하나의 의미는 고정된 것이 아니고 행위자들의 실천적 요구와 필요에 따라 얼마든지 변화될 수 있다. 실제로 최근 젠트리피케이션 논의는 주거 젠트리피케이션을 포함시키는 방향으로 변화하고 있다.

국내적 요인 중 수요 요인은 아시아 금융 위기 이후 자영업자의 양산으로 인한 상가 건물 수요 급증을 의미하며, 투자 요인은 2008년 글로벌 금융 위기 이후 부동산 시장 변동과 관련된다. 정책 요인은 앞서 언급한 신자유주의 도시 정책이 국내에서도 널리 채택되면서 만들어진 결과를 지칭한다. 이 장의 내용상 중요한 것은 문화 요인이므로, 여기에 초점을 맞춰 설명하려 한다. 문화 요인은 젊은 감각과 세련된 미학으로 무장한 문화 기업가(cultural entrepreneur)의 등장과 결부된다. 이 청년창업자들은 미디어와 여행 등으로 습득한 풍부한 문화 자본과 부족한 경제 자본을 창의적으로 활용해 서울의 낙후된 지역에 미학적이고 시각적으로 새로운 공간을 창조했다. 이들은 이를 통해 쇠퇴한 지역에 생기를 불어넣는 구실을 했는데, 특히 낙후성의 진정성을 새로운 대중 미학으로 등재한 것은 이들의 큰 기여다. 그러나 이들이 자신의 문화 자본을 투입해 재생한 공간은 거의 예외 없이 임대료 상승과 비자발적 퇴거라는 순환 고리에 편입되곤 했다.

8. 젠트리피케이션과 도시 재생

젠트리피케이션과 도시 재생은 같은 것인가 다른 것인가? 지금까지 한국에서 두 현상이 경험된 바에 의하면 외견상의 차이가 없지는 않아 보인다. 젠트리피케이션은 건물주와 대자본이 주도하는 과정이며, 패션 브랜드 의류점과 프랜차이즈 커피숍이 주된 기표로 인식되고, 그 결과는 예술가와 문화기업가 들의 축출이다. 반면 도시 재생은 정부가 주된 행위자이며, 그런 만큼 공익과 민주적 의사 결정을 중시한다. 이 과정에서 예술가와 문화 기업가들은 축출되기보다는 의사 결정에 적극 참여하도록 독려된다. 그러나 이는 도시 재생이 젠트리피케이션으로 전화되지 않은 초기 단계의 현상일 뿐, 젠트리피케이션이 본격 진행되는 순간 이들은 그곳에 남아 있기 어려워진다. 이런 점에서 문제는 도시 재생이 젠트리피케이션을 촉발하느냐 그렇지 않느냐에 있다고 할 수 있다.

도시 재생에 관해서는 옹호론과 비판론이 경합한다. 한 가지 흥미로운 점은 두 입장이 공히 도시 재생과 젠트리피케이션을 동일시하고 있다는 점이다. 옹호론자들은 젠트리피케이션을 도시 재생 전략으로 바라보면서 긍정적 의미를 부여한다. 여기서 젠트리피케이션은 주거 환경 개선, 상권 활성화, 세수 증대, 지역 역량 강화 등을 지칭하는 것으로 받아들여진다. 즉, 젠트리피케이션은 좋은 것이다. 물론 여기서도 빈곤층 주민이나 세입자의 비자발적 퇴거 등의 문제를 완전히 무시하지는 않는다. 단, 그것을 관리 가능한 부작용 또는 부수적 폐해 정도로 가볍게 취급한다.

반면 비판론자들은 비자발적 퇴거를 도시 재생의 본질로 간주한다. 이들은 도시 재생을 스텔스(stealth) 젠트리피케이션, 즉 숨은 젠트리피케이션으로 호명한다(Bridge, Butler and Lees, 2012). 그러면서 "영원히 가난하게 살 것인가? 젠트리피케이션을 받아들일 것인가?"라는 옹호론자들의 질문을 잘못된 선택 도시주의(false choice urbanism)라고 비판한다(Slater, 2014). 이들은 젠트리피케이션과 무관한 서민 주거 지역의 생활 환경 개선과 젠트리피케이션을 초래하는 공간의 상업화와 고급화를 구별해야 한다고 주장한다. 이들의 관점에서 도시 재생은 자본에 매력적인 공간을 생산하는 것 이상도 이하도 아니다.

---

1   케이 팝 월드 페스티벌은 외교부와 해외문화홍보원, 한국방송공사 등 유관기관들이 공동 주최

하는 지구촌 최대의 케이팝 축제로서 팬덤의 자발적 참여로 진행되는 행사다. 참가자들은 전 세계 한국 공관에서 열리는 예선을 치른 뒤 심사를 거쳐 창원에서 개최되는 최종 본선에 진출해 자웅을 겨룬다(외교부, 2022).

생각해 볼 문제

1. 문화의 경제화와 경제의 문화화가 동시적으로 진행되면서 전통적 대중문화뿐 아니라 요식업, 건설업, 의류업, 제조업 등 생활 필수재 산업들의 문화산업화가 가속화되고 있다. 이러한 변화가 도시 경관 및 도시 생활을 어떻게 변화시키는지 생각해 보자.
2. 국내외 문화 도시 중 하나를 선택해 문화 주도 도시 재생이 어떤 긍정적 혹은 부정적 효과를 산출했는지 조사해 보자.
3. 문화산업이 대도시에 집중되는 이유는 무엇인지 알아보자. 대도시가 아닌 곳의 문화 산업에는 어떤 것이 있는지 관찰하고, 그 기능을 분석해 보자.

더 읽을거리

de Jong, A. and M. Schuilenburg. 2006. *Mediapolis: Popular Culture and the City*. Rotterdam: 010 Publishers
테크놀로지에 기반한 새로운 대중문화와 엔터테인먼트가 어떻게 도시의 환경을 변화시키고 도시 생활의 문법을 바꾸는지에 대해 비판적으로 접근한 철학적 성찰을 담고 있다.
Oh, Youjeong. 2018. *Pop City: Korean Popular Culture and the Selling of Place*. Ithaca: Cornell University Press.
한류와 서울의 공진화에 관한 연구. 명동과 강남에 관한 사례 연구는 대중문화와 도시 공간이 구체적·경험적 차원에서 어떻게 상호 작용하는가에 관해 흥미로운 분석을 보여준다.
최병두. 2016. 『창조경제와 창조도시』. 서울: 열린길.
21세기 도시 개발의 핵심어로 기능해 온 창조 경제와 창조 도시 논의에 관해 깊이 있게 논의한 책으로, 한국적 맥락에서 창조 도시가 어떻게 발전했고 어떤 의미를 갖는지에 대해 많은 시사점을 제공한다.

참고문헌

김두천. 2019.5.16. "창원SM타운 사업 총체적 위법". ≪경남도민일보≫ https://www.
idomin.com/news/articleView.html?idxno=598605(검색일: 2023.5.22).

김창남. 2018. 『대중문화의 이해』. 파주: 한울

외교부. 2022. "지구촌 최대의 케이팝(K-pop) 축제, '2022 케이팝 월드 페스티벌' 개최"
(보도자료, 2022.10.7). https://www.korea.kr/briefing/pressReleaseView.do?news
Id=156529715#pressRelease(검색일: 2023.5.22).

이문영. 2019.7.29. "안상수 창원시, 군사작전 하듯 고속행정으로 'SM 모시기'". ≪한겨
레≫ https://www.hani.co.kr/arti/society/society_general/903676.html(검색일:
2023.5.22).

이세영. 2022.4.9. "1300억 투입 '창원SM타운' 애물단지 된 까닭은: 창원시민간시행사
투자비운영손실 보전 놓고 갈등". ≪국제신문≫ http://www.kookje.co.kr/news
2011/asp/newsbody.asp?code=0300&key=20220409.99099002188(검색
일: 2023.5.22).

이용균·형지영. 2016. 「문화주도 도시재생의 문제와 도시발전의 미래: 포스트개발과
도시재생의 관계성 함의를 중심으로」. 한국지역지리학회 하계 학술대회 발표
논문.

Adams, John. 2005. "Hypermobility: A challenge to governance." In Catherine Lyall
and Joyce Tait(eds.) *New Modes of Governance: Developing an integrated
policy approach to science, technology, risk and the environment*. Alder-
shot: Ashgate.

Adorno, Theodor. 1991. *The Culture Industry*. London: Routledge.

Adorno, Theodor and Max Horkheimer. 2007. *Dialectic of Enlightenment*. Palo Alto:
Stanford University Press.

Bell, David and Mark Jayne. 2010. "The Creative Countryside: Policy and practice in
the UK rural cultural economy." *Journal of Rural Studies*, Vol. 26, Iss. 3, pp.
209~218.

Bridge, Gary, Tim Butler and Loretta Lees(eds.) *Mixed Communities: Gentrification
by stealth?*. Bristol: The Polity Press.

Cohen, Scott A. and Stefan Gössling. 2015. "A Darker Side of Hypermobility." *Environment and Planning A*, Vol. 47, pp. 1~19.

Debord, Guy. 2002. *Society of the Spectacle*. London: Rebel Press.

Florida, Richard. 2002. *The Rise of the Creative Class: And how it's transforming work, leisure, community and everyday life*. New York: Basic Books.

Glass, Ruth. 2010. "London: Aspects of change." In Loretta Lees, Tom Slater and Elvin Wyly(eds.). *The Gentrification Reader*. London and New York: Routledge.

Hamnett, Chris. 2003. "Gentrification and the Middle-class Remaking of Inner London, 1961-2001." *Urban Studies*, Vol. 40, No. 12, pp. 2401~2426.

Harvey, David. 1989. "From Managerialism to Entrepreneurialism: The transformation in urban governance in late capitalism." *Geografiska Annaler: Series B, human geography*, Vol. 71, No. 1, pp. 3~17.

Hesmondhalgh, David. 2012. *The Cultural Industries*. 3rd ed. London: Sage.

Landry, Charles. 2000. *The Creative City: A toolkit for urban innovators*. Oxon: Earthscan.

Luckman, Susan. 2012. *Locating Cultural Work: The politics and poetics of rural, regional and remote creativity*. Basingstoke: Palgrave Macmillan.

Molotch, Havery. 1976. "The City as a Growth Machine: Toward a political economy of place." *American Journal of Sociology*, Vol. 82, No. 2, pp. 309~332.

Mukerji, Chandra and Michael Schudson. 1986. "Popular Culture." *Annual Review of Sociology*, Vol. 12, pp. 47~66.

Pine, B. Joseph and James H. Gilmore. 2011. *The Experience Economy*. Updated edition. Massachusetts: Harvard Business Review Press.

Riesman, David. 2001. *The Lonely Crowd: A study of the changing American character*. New Haven: Yale University Press.

Sager, Tore. 2005. "Footloose and Forecast-free: Hypermobility and the planning of society." *European Journal of Spatial Development*, No. 17, pp. 1~23.

Sklair, Leslie. 2006. "Iconic Architecture and Capitalist Globalization." *City*, Vol. 10, No. 1, pp. 21~47.

Slater, Tom. 2014. "Unravelling False Choice Urbanism." *City*, Vol. 18, Nos. 4~5, pp. 517~524.

Smith, Neil. 2002. "New Globalism, New Urbanism: Gentrification as global urban strategy." *Antipode*, Vol. 34, No. 3, pp. 427~450.

Storey, John. 2018. *Cultural Theory and Popular Culture*. 8th ed. New York: Routledge.

Zukin, Sharon. 1995. *The Cultures of Cities*. Cambridge: Blackwell.

_____. 1998. "Urban Lifestyles: Diversity and standardisation in spaces of consumption." *Urban Studies*, Vol. 35, Nos. 5~6, pp. 825~839.

12장
문화산업과 국가 정책

김세훈

1. 문화산업과 정책

문화산업 발전은 산업 구조 변화와 기술 발달, 새로운 문화 상품에 대한 사회적 수요, 여가 지향적 라이프 스타일 출현 등 다양한 사회·경제·문화·기술적 환경 변화를 배경으로 하지만, 동시에 문화산업의 중요성을 사회적으로 부각시키고, 산업 발전과 관련된 다양한 환경들을 조성하며 그 발전 방향과 관련해 직간접적인 통제력을 행사함으로써 해당 영역의 발전을 도모하고자 하는 국가의 노력과도 밀접하게 연관되어 있다(Hesmondhalgh and Pratt, 2005: 3; Hesmondhalgh, 2007: 106). 세계 여러 국가들은 문화산업, 창조 산업, 콘텐츠 산업, 엔터테인먼트 산업 등 다양한 명칭을 통해 이 영역을 발전시키고자 노력하고 있으며, 이러한 노력에 힘입어 문화산업 분야는 세계적으로 그 규모가 지속적으로 확대되고 있다(김성일, 2010: 57). 우리나라 문화산업 발전 또한 국가의 주도적 역할에 의해 급속하게 성장했다.

우리나라에서 문화산업 발전에 미친 국가의 역할은 다음 몇 가지 측면에서 살펴볼 수 있다. 첫째, 문화산업에 대한 사회적 인식 확대에 국가의 주도적 역할이 중요하게 작용했다. 우리사회에서 문화산업이라는 용어가 문화 영역, 나아가 사회 일반 영역에서 널리 인식되기 시작한 것은 정부가 문화산 업이라는 용어를 본격적으로 사용하기 시작하면서부터이다. 1980년대 학계 일부에서 프랑크푸르트(Frankfurt)학파나 유네스코(UNESCO)의 문화산업론이 소개되기도 했으나 학계나 사회 일반에 널리 확산된 것은 아니었다(김성은, 2015: 55). 그러나 1994년 국가과학기술자문회의의 청와대 보고에서 1993년 상 영된 영화 〈쥬라기 공원〉의 경제적 효과에 빗댄 문화산업의 잠재적 효과가 제시되고, 이에 따라 문화산업에 대한 정부의 정책적 관심과 제도적 지원이 크게 확대되면서 문화산업이라는 용어의 사용이 사회적으로 확산되기 시작 했다. 이러한 경향은 공공 기관을 중심으로 한 문화산업 연구 확대와 함께 문화산업과 관련한 사회적 담론이 확산되는 데 중요한 요인으로 작용했다 (김규찬, 2015: 3).[1]

둘째, 문화산업 발전에 국가의 정책적·제도적 지원이 중요한 역할을 담당 했다. 우리나라 문화산업은 1990년대 초반까지만 해도 매우 낮은 발전 단계 에 머물렀다(김기현, 2012: 47). 1988년 영화 유통망에 대한 외국 자본의 직접 투자로 설립된 영화 직배사 UIP에 대한 반대 운동은 산업적·경제적 차원에 서 나타나는 우리나라 영화 산업의 구조적 취약성에 대한 우려를 배경으로 하고 있다. 문화산업 시장의 미발전으로 대규모 민간 투자가 이루어지지 않 던 상황에서 이 분야에 대한 국가의 적극적 지원은 문화산업이 발전할 수 있 는 기반으로 작용했다. 정부는 1994년 문화체육부 안에 문화산업국을 신설 함으로써 본격적으로 문화산업 영역에 대한 정책을 수립·시행해 나갔으며, 1999년 문화산업발전기본법 제정, 2001년 한국문화콘텐츠진흥원 설립 등을 통해 문화산업과 관련한 공적 영역에서의 지원 체계를 구축했다. 이에 기반 해 조성된 재원들은 우리 사회에서 문화산업 관련 많은 활동들이 이루어질 수 있는 재정적 기반을 제공했으며, 대기업을 포함, 그동안 큰 관심을 보이 지 않았던 민간 영역에서 이 분야에 본격적으로 참여하는 계기가 되었다.[2]

셋째, 문화산업 발전을 위한 기술 기반이 국가에 의해 강화되었다. 문화산업 발전은 문화산업이 성장, 활성화될 수 있는 기술적 기반이 얼마나 구축되어 있는가에 의해 크게 좌우된다. 우리나라에서 문화산업의 가시적인 성장은 비슷한 시기 정부에서 추진했던 각종 정보화 정책, 기술 혁신 정책 들에 의해 조성된 환경에 큰 도움을 받았다(최선혜, 2011: 25). 초고속 인터넷 통신망 구축이나 PC 보급, 정보화 추진 등과 같은 국가 차원의 산업 기반 구축은 문화산업이 급속하게 성장할 수 있게 하는 중요한 배경으로 작용했다.

이런 특징은 우리나라 문화산업 발전에 국가가 큰 영향을 미쳤다는 점을 보여준다. 그러나 문화산업 영역에 대한 국가 개입은 이러한 긍정적 영향 이외에도 논쟁적인 여러 이슈들을 불러일으키기도 했다. 문화산업이 '문화'의 산업화를 촉진함으로써 문화가 가진 성찰적이고 주체적 측면을 약화/제거시켰다는 전통적인 비판은 별개로 하더라도, 문화 영역에 대한 산업적 접근의 정당성, 국가 지원의 성격 문제, 독과점의 문제, 규제와 검열 문제 등은 여전히 문화산업 분야에서 다양한 논쟁거리를 제공하고 있다(스토리, 1999: 153; 문옥배, 2004; 안지혜, 2007). 이런 점에서 문화산업과 정책의 관계를 보다 심층적으로 살펴보고, 이 가운데서 제기되는 이슈와 맥락을 검토하는 것은 문화산업에 대한 학문적·실천적 분석을 진행하는 데 매우 중요한 의미를 가진다.

2. 문화산업과 국가 정책의 관계에 대한 논의들

문화산업이라는 용어는 프랑크푸르트학파 구성원 아도르노(Theodor Adorno)와 호르크하이머(Max Horkheimer)가 함께 쓴 책 『계몽의 변증법』에서 한 장을 차지하는 제목으로 제시되었다. 이 책에서 문화산업은 전통적으로 강조되어 온 문화의 순기능을 제약하고, 오히려 허위의식이나 자본주의적 이데올로기를 강화하는 부정적 의미로 사용되었다(아도르노·호르크하이머, 2001).

문화산업에 대한 이와 같은 비판적 인식은 문화가 산업적 맥락에서 생산, 소비, 유통되면서 나타나는 여러 문제점들을 심층적으로 살펴볼 수 있게 해주었다는 점에서 중요한 통찰력을 제공한 점이 인정되는 반면, 다른 한편으로 문화를 너무 엘리트주의적 시각에서 바라보았다든지, 전(前) 산업 시대(pre-industrial) 틀로 문화적 생산 문제를 접근했다든지, 나아가 보다 많은 사람들이 문화 예술을 향유할 수 있도록 하는 데 기여한 문화산업의 역할을 긍정적으로 평가하지 못했다는 등과 같은 비판을 받기도 했다(Miège, 1989: 9~12; 이강수, 1998).[3]

문화산업에 대한 이해가 어떠하든, 현대 사회에서 대다수 국가들은 자국의 문화산업을 육성하기 위한 다양한 정책들을 도입, 시행하고 있다. 이러한 경향은 국제 사회에서 문화산업이 이미 국가 정책 차원의 중요한 의제로 자리 잡았음을 보여준다. 문화산업을 육성하기 위한 각 국가의 노력은 국가마다의 사회, 경제 여건에 따라 일정한 차별성을 보여주기도 하지만, 기반 시설 구축, 인재 양성, 기술 개발, 정책 환경 조성 등 큰 틀에서는 유사한 모습으로 전개되고 있다. 현실 산업 및 정책 영역에서 이루어지고 있는 문화산업 육성 활동의 이러한 유사성과 달리, 국가 정책과 문화산업 간 관계를 검토하는 논의들은 관심의 초점에 따라 다양한 모습으로 나타난다.

문화산업과 국가 정책의 관계에 대한 논의들은 문화산업을 어떻게 이해하느냐에 따라 크게 세 가지 유형으로 구분해 볼 수 있다. 하나는 문화산업을 경제 분야에 국한하지 않고 그것을 둘러싼 사회·정치·문화적 차원과의 연계성에 강조점을 두어 접근하는 유형이다. 일반적으로 문화산업에 대한 정치 경제적 접근(political economy approach)으로 명명되기도 하는 이러한 관점은 문화산업을 생산(cultural production) 측면, 특히 문화 상품의 생산 과정에서 나타나는 다양한 이해관계자들의 역학 관계(power relation)를 구조적 차원에서 분석한다는 특징을 보인다. 이러한 접근은 문화의 생산 과정에서 나타나는 소유와 통제, 미디어/문화 기업과 국가 관계, 이와 연계된 정치적·경제적 권력 집중 현상 등을 중요하게 다룬다. 문화산업 조직의 통제를 통해 자본의 이해관계에 기여하는 문화 상품들이 국내외적으로 어떻게 생산, 분배되는지 그리고 이러한 생산 및 분배가 어떻게 자본과 국가의 이해관계에 의해 활용되는지 등에 대한 분석들은 문화산업이 산업적·경제적 차원을 넘어 사회적·정치적·문화적 차원에서 권력 문제와 얼마나 밀접히 연관되어 있는지를 실증적으로 보여준다(Goldings and Murdock, 2005: 61~6; Hesmondhalgh, 2007: 34).

이러한 관점은 주로 문화산업의 자본 축적 및 독점 구조와 세계 체계 안에서 나타나는 문화산업의 구조적 불평등 문제 등에 국가 정책이 어떻게 연계되어 있는지를 중심적으로 살펴본다. 곧, 국가의 정책적 지원이 문화산업 영역에서의 자본 축적과 자본 독점을 어떻게 가능하게 했는지, 이런 경향이 어떻게 몇몇 거대 자본에 문화산업이 독점되는 경향을 가져왔는지, 또한 이러한 국가와 자본의 결합이 국제적 차원에서 문화산업의 독점 구조를 어떻게 형성하는지, 그 결과 개별 국가의 정치, 경제, 사회, 문화 환경이 이러한 독점화된 문화산업 구조에 어떻게 종속되어 있는지의 문제 등이 주로 검토된다(이동연·한기호, 2015).

이와 달리 비판적 접근(critical approach)은 문화산업을 권력과의 관계 속에서 검토하기는 하지만 그 관계를 구조적 차원보다는 일상의 차원으로 가져와 분석한다. 문화산업에서 생산되는 다양한 형태의 콘텐츠가 일상의 차원에서 정체성, 주체성, 의미, 젠더 등 다양한 사회적 주제들과 맺는 관계를 권력과의 관계 속에서 분석하는 이러한 접근은, 권력의 복합적이고 때론 상반되기도 하는 특성들을 강조하고, 나아가 문화산업을 이러한 권력들 간의 헤게모니를 위한 투쟁의 장으로 인식한다는 점에서 전통적인 정치 경제적 접근과는 시각을 달리한다. 텍스트, 경험, 가치, 의미 등의 문제를 강조하는 이러한 접근은 문화산업을 통해 생산되는 콘텐츠가 일상의 경험 속에서 소비되는 과정과, 이러한 과정이 기존 권력이나 불평등 관계의 재생산에 연계되

헤게모니

헤게모니(hegemony)는 어떤 국가, 사회, 집단이 다른 집단을 지배할 수 있게 하는 힘 또는 지위, 또는 지배 집단이 다른 집단을 대상으로 동의에 기반한 지배를 가져올 수 있도록 행사하는 영향력을 지칭하는 용어이다. 안토니오 그람시(Antonio Gramsci, 1891~1937)는 지배가 단순히 물리적 강제를 통해서만 이루어지는 것이 아니라 문화적 헤게모니를 확보해 피통치자의 동의를 이끌어냄으로써 공고화된다고 지적했다.

는 맥락을 보여줌으로써 한편으로 문화 상품을 매개로 한 문화와 사회 권력 간의 관계를 드러내고 다른 한편으로 기존 체계 속의 다양한 집단 간 헤게모니를 향한 동적인 역학 관계를 보여준다(Hesmondhalgh, 2007: 41).

문화산업을 자율성의 요구를 본질로 하는 문화가 산업 영역에 결합된 형태로 보고, 구조적 강제로부터의 자율성에 대한 요구가 문화산업에 내재한 특징임을 강조하는 비판적 접근은, 문화산업과 국가 정책의 관계에서 공공 정책이 수행하는 역할에 주목하는 경향을 보인다. 곧, 문화산업이 자본의 이해가 전일적으로 지배하는 공간이 아니라 구조적 불평등 속에서도 헤게모니를 향한 다양한 주체들 간 긴장과 갈등이 발생하는 공간이라는 점에서 그리고 이러한 긴장과 갈등이 불균등한 권력 구조에 기반해 있다는 점에서, 국가 정책이 보다 적극적으로 이러한 불균등한 권력 구조의 재편에 개입할 필요성을 제기한다. 종종 문화산업과 문화 정책이 보다 유기적으로 연계되어야 함을 강조하는 형태로 나타나는 이러한 접근은 문화적 개입을 통해 문화산업이 보다 다양화된 형태로서의 공론장(public sphere) 기능을 수행할 수 있도록 하는 데 관심을 가진다는 점에서 그 비판적 특성을 드러낸다(Pratt, 2005; 김창수, 2009).

위 두 유형이 강조점은 다르지만 문화산업과 그 내외부를 둘러싼 권력과의 관계에 초점을 맞추어 문화산업과 국가 정책의 관계를 살펴보고 있다면, 기술적 접근(technical approach)은 문화와 산업을 대립적 또는 대비적 차원에서 접근하는 경향이나, 문화산업을 구조적·일상적 차원에서 나타나는 권력과의 역동적 관계에 초점을 맞추어 분석하는 경향과 달리, 문화와 경제의 구분이 역사적·문화적 산물임을 지적하면서 문화와 산업의 이분법적 경계를 무너뜨리는 경향을 보인다(Oakley and O'conner, 2015: 16). 이러한 접근은 문화와 산업의 융합을 필요로 하는 사회적·경제적·기술적 환경에 대한 정확한 인식과 이러한 융합을 둘러싼 현실의 제반 조건들 그리고 그 발전 과정에서 나타나는 다양한 문제점들을 분석하는 것이 보다 중요하다고 지적한다. 나아가 문화산업을 기존의 산업 체계를 변경시킬 새로운 산업 영역으로 규정하고 이러한 신산업 영역이 어떻게 구산업 영역을 대체할 수 있는지, 그 가능성은 무엇인지 등의 주제에 관심을 기울인다. 창의 산업, 콘텐츠 산업 등 기존 산업 구조를 변경시킬 수 있는 새로운 산업 유형에 대한 관심과 도시 재생, 지역 활성화, 국가 경쟁력 등과 같은 문제에 문화산업을 적극적으로 활용하려고 하는 이러한 접근은 문화산업을 사회 발전의 도구로 인식한다는 점에서 그 도구적·기술적 성격을 드러낸다(Hesmondhalgh, 2007: 140~147). 문화산업을 다루는 정책은 대부분 이와 같은 기술적 접근 경향을 취하고 있으며, 이에 따라 경제 및 사회 발전에 문화산업이 보다 적극적으로 연계될 수 있도록 제반 환경을 조성하는 과정에 정책이 어떻게 결합 또는 이탈되어 있는지와 같은 부분에 관심을 기울인다. 곧, 문화산업을 둘러싼 새로운 노동, 산업 환경 변화와 이러한 변화에 대응하는 국가 정책의 현 주소, 도시 재생, 지역 발전 등과 같은 의제를 문화산업과 연계시키는 국가 정책 전략 등을 분석하면서, 창의성, 발전, 혁신(innovation), 협치(governance) 등 주제를 중심으로 문화산업과 국가 정책의 관계를 조망하다.

3. 우리나라 문화산업 정책의 변화

1) 문화산업 정책 변화의 맥락

문화산업과 국가 정책의 관계에 대한 학문적 논의들이 이 영역에 대한 심층적 이해를 돕기는 하지만, 문화산업을 다루는 정책 현장에서는 주로 기술적 접근을 중심으로 문화산업을 진흥시키는 구체적 방안에 대한 논의가 이루어지는 것이 일반적이다. 우리나라에서 문화산업 정책은 1990년대 초반부터 본격적으로 시행되었다. 문화체육부는 1994년 그 직제 안에 문화산업국을 설치하면서 문화산업 정책을 본격적으로 도입하기 시작했는데, 이러한 조직 신설은 같은 해 이루어진 국가과학기술자문회의의 대통령 보고가 직접적인 계기가 되었으나, 보다 근본적으로는 당시 한국 사회가 처해 있던 여러 환경들에 의해 복합적인 영향을 받았다.[4] 특히, 서비스 무역 자유화와 이에 따른 국제 규범 제정, 지식 재산권의 국제적 보호 문제 등을 통상의 핵심 현안으로 올려놓은 새로운 국제 무역 질서 체제는 시장 개방 대응과 국내 산업 경쟁력 강화라는 차원에서 문화산업 정책을 도입하게 하는 중요한 계기로 작용했다(김성일, 2010: 62). 전 세계적으로 전개되는 신자유주의적 국제 질서 속에서 국제 경쟁력을 제고하기 위한 차원에서 도입된 문화산업 정책은 김영삼 정부의 '세계화' 국정 기조와 함께 '삶의 질' 차원과 연계되어 추진되면서, 문화산업을 경제적 효과와 동시에 삶의 질을 제고할 수 있는 문화적 성격을 가진 영역으로 인식하는 모습을 나타냈다.

그러나 1997년부터 시작된 외환 위기와 이에 따른 국제 금융 기구(International Monetary Fund: IMF)로부터의 구제 금융 차입은 정부 정책 전반을 경제적·산업적 차원의 발전에 초점을 맞추도록 전환시켰다. 이에 따라 문화산업 정책에서도 문화 콘텐츠나 문화 기술 등을 통한 문화 수출 확대 등과 같은 부분이 더욱 강조되었으며, '차세대 산업 동력'이나 '미래의 먹거리' 등에

신자유주의

경제사상으로서의 신자유주의(neo-liberalism)는 일반적으로 '수요-공급을 조절하는 힘으로서의 가격의 중요성', '자유롭게 활동하는 기업', '경쟁의 긍정적 기능', '강하고 공평한 국가'에 대한 믿음을 기반으로 한다. 전통적 자유주의가 가능한 한 국가가 시장에 개입하지 않는 것을 강조했다면, 신자유주의는 시장에 대한 국가의 일정한 개입을 강조한다. 반면, 시장에의 적극적인 국가 개입을 강조하는 사회 민주주의에 대해서는, 국가 개입이 시장의 자유로운 역할을 강화하기 위한 차원에 국한해 이루어져야 한다는 점을 강조함으로써 차별성을 보인다. 오늘날 신자유주의는 일반적으로 자본 시장에 대한 규제를 해제하고 무역 장벽을 철폐하며 민영화 같은 방식으로 시장에 대한 국가 개입을 줄이는 시장 지향적 정책을 일컬을 때 사용된다.

대한 관심이 크게 증가함으로써 문화산업 정책의 경제적 패러다임이 본격적으로 강화되었다(김성일, 2010: 64). '문화산업 진흥 5개년 계획'(1999), '문화산업비전 21'(2000) 등 정부의 공식 계획과 문화산업백서 출간(1997), 문화산업 진흥기본법 제정(1999) 등 문화산업 발전을 위한 법적·제도적 기반들이 이 시기부터 본격적으로 구축되었다.

문화산업의 빠른 성장은 우리 사회의 정보 통신 기반 구축에도 힘입은 바 크다. 1990년대 후반 이후 정부 주도 아래 이루어진 컴퓨터의 급속한 보급과 초고속 통신망 구축은 거기에 필요한 콘텐츠를 생산하는 영역으로서의 문화산업 분야에 대한 주목을 더욱 부각시키는 배경으로 작용했다.[5] 이러한 기술적 환경 변화는 문화산업에 대한 관심을 문화 콘텐츠에 대한 관심으로 확장시켰으며, 정책적으로도 콘텐츠 산업이라는 용어가 확산되는 배경으로 작용했다.[6]

기술 및 콘텐츠에 대한 관심과 중요성에 대한 인식은 문화 기술(Culture Technology: CT)에 대한 관심으로 확장되었다. '문화 기술'은 초기 '문화산업을 지원하기 위한 기술'의 의미로 사용되었다가 점차 '문화적 삶의 질을 향상시키는 총제적인 기술'이라는 의미로 확대되었다. 문화 기술에 대한 정책적 관심은 2001년 8월, 대통령 주재로 열린 '제8차 국민경제자문회의'에서 문화 기술(CT)이 IT(Information Technology), BT(Bio Technology), NT(Nano Technology), ST(Space Technology), ET(Environment Technology) 등과 함께 차세대 성장 산업의 하나로 6T에 포함되면서 본격화되었다.[7] 이후 'CT 중장기 발전계획'(2004), 'CT 비전 및 로드맵'(2005), '문화기술개발 5개년 계획'(2007), '문화기술 R&D 기본계획'(2009) 등 정부 차원의 공식적인 계획 수립과 카이스트(KAIST) 내 문화 기술 대학원 설립(2005), 국가 과학 기술 표준 분류 체계에 CT 분야의 20개 기술 분류 추가(2008) 등 지속적인 정책적 지원이 이루어지면서 문화산업 정책 안에서의 비중이 지속적으로 확대되었다(김성일, 2010: 74~83).

정책 영역에서 콘텐츠와 기술에 대한 이와 같은 강조는 문화산업 영역에 대한 정책적 관심이 초기 문화와 경제 영역 모두를 지향하고 있던 것에서 지속적으로 경제 영역으로 편중되게 만드는 중요한 배경으로 작용했다.

2) 문화산업 분야에 대한 국가 개입: 규제와 지원

문화산업 분야에 대한 국가 개입은 주로 입법이나 정책을 통한 규제 또는 지원의 형태로 나타난다. 문화산업 영역이 독립적으로 정책 대상이 되기 시작한 것은 1990년대의 일이지만 이 분야에 포함되는 개별 영역들에 대한 정책은 그 이전부터 수립되어 왔다.[8] 1960년대부터 1980년대까지의 문화산업 유관 분야 정책들은 주로 규제 측면에 강조점을 두고 이루어져왔다. 1962년 설립된 '한국방송윤리위원회'는 산하 '방송가요심의위원회'를 통해 가요에 대한 본격적인 심의를 실시했으며,[9] 1966년 한국문화예술단체총연합회 산하 10개 문화 단체와 영화제작자협회·레코드제작자협회·극장연합회·공연

단체단장협회·음악저작권협회 등 5개 단체가 모여 민간 자율 기구로 설립한 한국예술·문화윤리위원회는 회칙에 영화·무대 예술·문학·미술·음악 및 음반 내용에 대한 사전 심의 사항을 규정함으로써 이 분야에 대한 규제 제도를 도입했다.[10] 1967년 제정된 '음반법' 또한 법 발효 이전에 제작된 음반에 대해서는 재심의를, 발효 이후 제작되는 음반에 대해서는 악보 가사 등 모든 내용을 사전에 심의받도록 함으로써 이 분야에 대한 규제를 강화했다(문옥배, 2004; 박준흠, 2012).[11]

문화산업 분야 법률의 이와 같은 규제적 성격은 1980년대 들어서면서 완화되기 시작했다. 전두환 정부는 공연법을 개정해 공연자 등록 요건을 완화하고 공연장 관람료 인가제를 폐지했으며 영화법을 개정해 영화업 허가제를 등록제로, 검열제를 심의제로 전환하는 등의 규제 완화 조치를 취했다. 노태우 정부 시기에는 영화 시나리오, 무대 공연 각본 및 대본 사전 심의 제도가 폐지되었으며 금지 도서 목록이 완화되었다. 김영삼 정부에서는 규제 중심의 영화법이 폐지되고 영화진흥법이 제정되었으며, 규제 성격을 가진 공연윤리위원회가 폐지되는 등 문화산업 분야에 대한 법률적 규제 완화가 지속적으로 이루어졌다(김규찬, 2015: 57~60).

1990년대 후반부터 문화산업 분야에 대한 입법은 이 분야 전체를 총괄하는 기본법적 성격의 법률 제정과 함께 이전까지 개별 장르를 중심으로 제정된 법률들의 통합과, 새롭게 문화산업 분야에 편입되는 영역들에 대한 신규법률 제정을 통해 문화산업 분야를 효과적으로 진흥하고자 하는 모습들로 나타났다. 특히 기존의 규제적 시각에서 벗어나 산업적 차원의 진흥을 목적으로 한 입법 활동이 활발하게 이루어졌다. 문화산업진흥기본법(1999),[12] 음반 비디오 및 게임물에 관한 법령(1999),[13] 출판문화산업진흥법(2007),[14] 인쇄문화산업진흥법(2008),[15] 콘텐츠산업진흥법(2010),[16] 영화 및 비디오물의 진흥에 관한 법률(2012), 게임산업진흥에 관한 법률(2012), 음악산업진흥에 관한 법률, 만화진흥에 관한 법률(2012), 대중문화예술산업발전법(2014), 공예문화

산업진흥법(2015) 등이 이 시기에 제정되었다.[17] 이와 같은 다양한 영역에서의 법률 증가는 그만큼 문화산업 분야에 대한 국가의 정책적 관심이 증가했을 뿐만 아니라 지원이라는 방식을 통한 개입 또한 확대되었음을 보여준다.[18]

문화산업 분야에 대한 행정적·재정적 지원도 지속적으로 확대되었다. 중앙 정부 차원에서 문화산업 분야를 담당하는 부서는 1994년 문화체육부(현 문화체육관광부) 내 문화산업국 4개과(문화산업기획과, 영화진흥과, 영상음반과, 출판진흥과)로 출발해[19] 2021년 6월 기준 3개국, 곧 콘텐츠정책국(문화산업정책과, 영상콘텐츠산업과, 게임콘텐츠산업과, 대중문화산업과, 한류지원협력과), 저작권국(저작권정책과, 저작권산업과, 저작권보호과, 문화통상협력과), 미디어정책국(미디어정책과, 방송영상광고과, 출판인쇄독서진흥과)으로 확대되었다. 예산 또한 크게 증가했는데, 특히 김대중 정부에서 산업적 차원에서의 문화산업 육성에 집중적인 정책적 관심을 기울이면서 문화체육부 안에서 차지하는 문화산업 분야 예산이 비약적으로 확대되었다. 1994년 문화산업국이 신설될 당시 문화산업 분야 예산은 54억 원에 불과했으나 2015년에는 5000억 원을 넘어섰는데, 이러한 규모는 문화체육관광부 전체 예산 대비 문화산업 분야 예산이 같은 기간 1.8%(1994)에서 9.6%(2015)로 증가했음을 보여준다. 문화산업 분야에 대한 예산 지원은 기금의 형태로도 이루어졌다. '문화산업의 국제 경쟁력 강화와 수출 증진 도모'를 위해 1999년 출범한 문화산업진흥기금은 당초 500억 원 규모로 시작했으나 2007년 폐지되어 모태 펀드로 흡수된 이후인 2016년에는 1조 6202억 원까지 확대되었다.[20·21] 문화산업 분야에 대한 재정 지원이 이처럼 '기금' 기반에서 '펀드' 기반으로 변화한 것은 문화산업 분야에 대한 정책이 '지원'에서 '투자' 방식으로 전환되었으며, 정책 방향 또한 경제적 성과와 시장에서의 경쟁력 강화라는 차원으로 변화되었음을 의미한다.

4. 문화산업 분야 정책 관련 이슈

정책은 일반적으로 "공공 문제를 해결하고자 정부에 의해 결정된 행동 방침" 또는 "바람직한 사회 상태를 이룩하려는 정책 목표와 이를 달성하기 위해 필요한 정책 수단에 대해 권위 있는 정부 기관이 공식적으로 결정한 기본 방침"으로 이해된다(이종수, 2009; 정정길 외, 2010). 공공 정책이 중요한 것은 특정 영역의 발전에 대해 그것을 진흥 또는 규제함으로써 발전의 방향에 영향을 미친다는 점 때문이다. 문화산업 영역과 관련해 정책의 역할이나 의미가 특히 중요한 의미를 갖는 것은 그것이 개인의 일상적 삶, 특히 가치관과 정서, 사고 등에 미치는 영향이 클 뿐만 아니라 국가, 사회적으로도 문화적 정체성이나 사회관계 변화, 산업 패러다임 및 국제 교역 질서 형성 등에 지대한 영향을 미치기 때문이다.

1) 진흥과 규제 그리고 이데올로기

국가는 일반적으로 진흥 또는 규제의 방식으로 특정 영역의 발전을 지원하거나 통제한다. 문화산업 영역 또한 다양한 방식과 수단을 통해 국가가 그 발전 과정에 개입한다. 일반적으로 산업 정책 영역에서 이러한 개입은 산업 발전을 지원하거나 독과점의 폐해와 같은 문제 등을 방지하기 위해 이루어지는, 가치 중립적인 것으로 이해되는 경향이 있다. 그러나 산업 발전의 방향을 설정하고, 그 과정에서 부딪히는 다양한 이슈들을 어떻게 해결해 나가야 하는지의 문제는 이와 관련한 사상적 기반을 필요로 한다는 점에서 이데올로기 문제와 연관된다. 1960~1970년대 영국의 경제 상황을 고질적인 '영국병'에서 기인한 것으로 분석하고, 이를 해결하기 위해 1980년대 재정 지출 삭감, 공공 기관 민영화, 규제 완화 등의 조치를 도입했던 대처(Margaret Thatcher) 정부의 정책들은 당시 영국 사회가 직면해 있던 경제, 산업 차원의 문제들을 해결해

가는 과정임과 동시에, '신자유주의(neo-liberalism)'적 사고에 기반한 실천의 한 양태였다는 점에서 산업 정책의 이데올로기적 기반을 보여준다(홍석민, 2016).

이데올로기는 일반적으로 '특정 계급이나 집단에 특징적인 믿음이나 신념 체계'로 이해되지만, 보다 보편적으로는 '세계를 설명하고 변화시키는 것을 뒷받침하는 관념 체계'라고 할 수 있다(Williams, 1977: 55; 이석수, 1986: 40). 다른 산업 영역보다 문화산업 영역에서 이와 같은 이데올로기 문제가 더욱 부각되는 것은 문화산업이 이러한 관념 체계의 형성에 영향을 미치는 '의미와 상징'의 생산 과정에 직접적으로 연관되기 때문이다(Hesmondhalgh, 2007: 12).

문화산업 영역에서 나타나는 이데올로기 문제는 문화 상품의 생산, 유통, 소비 과정을 통해 파악할 수 있다. 우리나라의 경우, 1960~1970년대 설립된 각종 윤리 위원회, 곧 방송가요심의위원회(1965), 한국예술·문화윤리위원회(1966), 한국도서출판윤리위원회(1969), 공연윤리위원회(1976) 등은 출판, 공연, 영상, 영화, 비디오물 등에 사전 심의제를 도입함으로써 심의에 통과된 상품만이 제작, 배포될 수 있도록 했다(문옥배, 2008). 문화 상품 생산 과정에서의 이와 같은 통제는 오늘날에도 여전히 나타난다. 특정 영상이나 공연 제작이 정부의 지원에서 배제되거나, 특정 제작물이 그 콘텐츠로 말미암아 축제, 영화제 등에서 제외되는 사례, 특정 이념에 근거해 일부 단체에 대한 지원이 강화/배제되면서 제기되는 블랙리스트, 화이트 리스트 문제 등은 문화산업 영역에 대한 국가 이데올로기의 영향을 보여준다. 이와 같은 방식이 아니더라도, 영화나 방송, 게임 등 영역에서 특정 콘텐츠에 대한 이용 가능 연령의 범위 제한, 해외 공연물의 국내 공연과 관련해 이루어지는 추천, '진흥'이라는 명목으로 이루어지는 다양한 제도들, 예컨대 우수 도서를 선정해 보급하는 제도 등은 문화산업 분야의 정책이 이데올로기적 차원과 밀접하게 연관되어 있음을 보여준다. 문화산업 분야와 이데올로기적 차원의 연관성은 국가뿐만 아니라 시장 영역에서도 나타난다. 문화 상품 생산 및 유통 과정에서 특징적으로 나타나는 브로커적 관리 체계나 수많은 '게이트 키핑(gate-

브로커적 관리 체계와 게이트 키핑

브로커적 관리 체계에 대해 폴 디마지오(Paul Dimaggio)는 문화산업에서의 관리 체계가 타 산업의 '관료적' 관리 체계와 달리 예술가와 비즈니스 매니저 사이에서 이 둘의 필요(needs)를 조절해 매개하는 사람(브로커)에 의해 관리되는 특징을 보인다고 지적한다.

게이트 키핑(gatekeeping)이란 일반적으로 미디어에서 뉴스를 생산하는 기자나 편집자가 소비자에게 전달될 내용을 선택하고 걸러내는 일 또는 과정을 의미하는데, 이는 유통 과정에서 이러한 역할을 담당하는 사람 또는 시스템(gate-keeper)에 의해 전달되어야 할 내용이 통제됨을 의미한다.

keeping)' 단계들은 각 단계마다 이데올로기적 개입이 매우 크게 작용할 수 있는 여지를 제공한다. 이와 같은 이데올로기적 통제 아래 생산되는 문화 상품들은 유통 및 소비 과정에서 해당 이데올로기를 지속적으로 확대, 재생산한다는 점에서 중요한 의미를 갖는다(김성중, 2008). 문화산업 분야와 관련된 이와 같은 이데올로기 문제는 비단 우리 사회에서만 나타나는 경향은 아니다. 할리우드(Hollywood) 영화로 통칭되는 미국 영화에서 나타나는 미국 중심주의적 경향이나 중국의 게임, 방송, 영상 시장 등에 대한 해외 콘텐츠의 접근 통제 등은 자국 시장을 보호하려는 측면과 함께 문화산업에서의 생산물이 자국 또는 해외에서 미치는 사회 문화적 영향력에 주목하기 때문이다.

문화산업 영역의 이데올로기 연관성은 이 영역을 다루는 정책에서 매우 중요한 부분을 차지한다. 이데올로기 문제는 종종 정치적 차원과 연계되어 긍정 혹은 부정되어야 할 것으로 인식되는 경향이 있으나, 국가 정책이 특정한 사회적 가치를 지향하는 정부 기관의 활동에 기반한 것이라고 할 때 공공 정책에서 나타나는 국가 이데올로기 문제는 언제나 정책 안에 내재되어 있는 것이라고 볼 수 있다. 정책이 추구하는 가치가 불변의 것이 아니라 사회적 환경 변화에 따라 변화하는 것이라는 점에서, 중요한 것은 문화산업 정책에서 나타나는 국가 이데올로기의 배제 문제가 아니라 문화산업 영역을 중심으로 한 다양한 역학 관계와 그 사이에서 나타나는 이데올로기적 영향력의 형식과 내용을 밝힘으로써 그 관계가 동적 균형을 향해 끊임없이 재구성되는 과정 속에 위치하게 하는 것이라고 할 수 있다. 이런 점에서 문화산업 영역에서의 국가 이데올로기가 어떻게 행사/관리되고 있는지, 이 과정에서 이데올로기적 개입이 어떤 내용과 형식으로 이루어지는지 그리고 그러한 개입이 사회를 구성하는 각 분야의 제반 역학 관계와 어떻게 연계되고 있는지, 나아가 시장 영역에서의 문화 상품 생산, 유통 과정 각 단계마다 개입되는 통제들이 어떠한 이데올로기적 차원들과 연계되어 있는지 등은 문화산업과 정책의 관계를 분석하는 데 있어 매우 중요한 검토 요인이 된다. 이러한 접근은 문화산업 영역에서 나타나는 국가 정책의 이데올로기적 개입의 모양과 내용을 드러냄으로써 문화산업 내 역학 관계의 동적 균형을 유도할 뿐만 아니라 이를 통해 문화산업에 대한 기존의 진흥과 규제에도 비판적 인식을 가능하게 함으로써 다양한 실천적 과제들을 제시한다는 점에서 유의미하다.

2) 문화 상품과 문화 다양성, 시장 테스트

문화산업은 문화·예술과 관련된 영역의 상품 및 서비스를 산업적 생산 방식을 통해 생산, 유통함으로써 일반 대중이 문화 상품에 손쉽게 접근할 수 있도록 문화에 대한 접근성을 높였다는 점에서 긍정적으로 평가된다. 그러나 다른 한편으로 산업적 생산의 틀 속에서 생산되는 다양한 문화 상품 및 서비스들은 산업적·경쟁적 시장 환경 속에서 다른 상품에 대한 경쟁 우위를 점하기 위해 상품 생산을 대량화·표준화하고, 이 과정에서 상업적 시장 수요에 주요하게 의존함으로써 취향의 대중화·평균화 경향 등을 초래했다는 점에서 문제로 지적되기도 한다.

실제로 문화산업 영역에서 지속적으로 제기되는 문제들 가운데 적지 않은 부분이 산업적 대량 생산과 이에 따른 독과점 문제와 연결되어 있다. 문화산업 영역은 창의성을 매우 중요한 발전의 자원으로 활용하고 있다는 점에서 누구나 이 영역에 쉽게 참여할 수 있는 구조를 열어놓았지만, 동시에 '고위험 고수익(high risk, high return)' 특성과 유통 경로 관리 역량 등 측면에서 중소 규모 자본의 활동이 크게 제약되기도 한다. 이런 환경에서 문화산업 영역에서는 종종 대규모 자본이 투입된 특정 영화의 스크린 독점이나 특정 기획사들에 의해 주도되는 문화산업 시장의 양극화 등이 문제로 제기된다. 문화산업 영역이 아직 크게 발달하지 못한 상황에서 대규모 자본을 배경으로 하는 산업 활동이 해당 분야를 발전, 성장시키는 측면도 있지만, 다른 한편으로 이러한 환경은 문화산업 영역 안에서 문화적 표현의 다양성 보호와 관련된 이슈를 제기하기도 한다. 문화 다양성은 국가 간 교류 및 협력, 교역 확대 과정에서 강조되어 제기된 문제이기는 하지만 한 사회 내에서도 중요한 의미를 갖는다. 특히 대규모 자본에 의해 제작, 생산된 문화 상품이 그러한 조건을 갖지 못한 상품에 대해 갖는 경쟁력은, 다양한 차원의 문화 가치를 내포하고 있지만 충분한 자본이 뒷받침되지 못하는 상품들의 시장 내 생산 및 유통을 제약한다는 점에서 문화산업 정책의 중요한 이슈로 제기된다(김정수, 2006: 55).

이런 환경에 대응해 일반적으로 정부는 중소기업 지원, 전문 인력 양성 지원, 지역 문화산업 환경 조성, 실험적 활동에 대한 초기 투자 지원 등과 같은 다양한 노력을 기울여왔다. 문화 상품 생산 및 유통과 관련해 기본적으로는 시장의 자율성에 맡기면서도 다른 한편으로 상대적으로 위축되어 있는 영역에 대해서는 공공 지원을 통해 공정한 산업 생태계를 조성하려는 이러한 노력은 문화산업 내에서 문화적 표현의 다양성이나 산업 기반 구축, 건강한 산업 생태계 조성이라는 맥락에서 이해된다. 그러나 문화산업 영역에서의 이러한 지원은 종종 '시장 테스트(market test)'에 대한 사회적 요청과 일정한 긴장 관계를 형성하기도 한다. '시장 테스트'는 상품에 대한 시장 수요와 반응을 살펴보는 것으로 시장 반응에 따라 특정 상품의 생산의 생산, 보완, 폐기를 검토하는 과정이다(보몰·보웬, 2011: 477). 시장 테스트에 대한 사회적 요청은 다른 산업 영역과 마찬가지로 문화산업 영역도 여기에서 생산되는 재화와 서비스 들이 시장에서의 테스트를 통해 그 존재 필요성이 입증되어야 함을 강조한다. 문화산업 영역이 시장 테스트가 면제될 수 있는 공공재와 같은 성격의 재화를 생산하는 영역인지에 대한 논의와 더불어, 문화산업 영역에서의 공공 지원이 시장에서의 자유로운 퇴출을 유보시켜 '한계 기업'을 양산할 수 있다는 우려는 종종 문화산업에 대한 공공 지원의 정당성 문제를 제기한다. 문화산업과 관련한 정책은 이처럼 대규모 자본에 뒷받침되지 못하는 다양한 문화적 표현들을 보호해야 한다는 요청과, 기본적으로 시장에서의 수요에 기반해 산업적 생산이 이루어질 수 있도록 지원이 이루어져야 한다는 두 가지 대립되는 요청에 직면한다.

문화산업 영역에 대한 국가 지원이 근본적으로 사회 문화적 차원에서 지원 필요성은 인정되나 충분한 시장 수요에 의해 뒷받침되기 어려운 분야를 대상으로 이루어져야 하는지, 아니면 그 필요성에도 불구하고 시장 수요의 개발 가능성이 존재하고 그 속에서 시장 테스트를 통과할 수 있는 영역을 대상으로 해야 하는지는 문화산업 정책의 방향 설정에서 매우 중요하다. 여기에서 중요하게 검토해야 할 사항은, '시장 테스트' 자체보다는 시장 테스트의 목적, 곧 왜 시장 테스트가 이루어져야 하는지의 문제이다. 오늘날 문화 예술 분야에서 영리와 비영리 활동 영역을 명확하게 구분하기 어려운 것처럼 문화산업 분야 또한 시장 수요만을 기준으로 그 영역을 구분하기 어려운 모습들이 나타난다. 취향과 선호가 다양화된 사회에서 문화산업 분야는 종종 대중적 수요는 적더라도 세분화되고 전문화된 틈새시장(niche market)을 지향하는 특징들을 나타낸다. 실험적이고 창의적인 문화 상품 생산과 이러한 상품의 '전문가 시장'에서의 평가가 해당 상품 자체에 대한 수요에 큰 영향을 미치는 문화산업의 특징은, 문화산업 분야에 대한 시장 테스트 요청이 사용 가치나 교환 가치에 기반한 일반 재화 및 서비스에 대한 시장 테스트에 대한 요청과 동일한 맥락에서 이루어져야 하는지에 대해 문제를 제기한다 (트로스비, 2004: 195). 이러한 문제는 문화산업 영역에서의 시장 테스트 요청이 공공 지원과의 대립적 관계 속에서 이해될 것이 아니라, 시장 테스트의 성격 곧 시장 테스트를 통해 확인하려고 하는 바를 구체화함으로써 문화산업에 적합한 형태의 시장 테스트가 모색되어야 함을 강조한다. 이런 점에서 볼 때, 문화산업 영역에서의 시장 테스트는 타 산업과 다른 문화산업의 특성을 확인하고 이러한 기준에 따라 공공 지원이 이루어질 수 있는 기반을 제공하는 과정으로 이해될 수 있다.

3) 기술, 변화 그리고 새로운 표준 들

문화산업은 기술 발전과 밀접한 관련을 가진다. 국내외를 막론하고 문화산업이 경제적 차원뿐만 아니라 사회적 차원에서도 중요한 산업 영역으로 자리 잡게 된 데에는 디지털 기술, 정보화, 초고속 통신망과 같은 기술 인프라 발전이 큰 영향을 미쳤다. 특히 콘텐츠 산업의 중요성이 부각되고 있는 오늘날 환경에서 콘텐츠 제작 및 구현과 관련해 이를 뒷받침할 수 있는 기술 발전은 핵심적 중요성을 지닌다. 문화 기술(CT)의 등장은 이와 같은 문화산업과 기술의 연계성에 대한 관심에서부터 출발했다. 우리나라에서 문화 기술에 대한 본격적 논의는 2001년 청와대에서 열린 국가경제자문회의에서 21세기 차세대 전략 기술로 채택되면서 시작되었으며, 2002년 정부의 공식계획인 '과학기술기본계획'에 미래 유망 신기술 6T 가운데 하나로 지목되면서 확대되었다.

문화산업과 기술의 연계성은 무엇보다 예술 창작 영역에서 눈에 띄게 나타나고 있다. 매사추세츠 공과대학(MIT)에서 개발한 인공지능(AI) '셸리(Shelley)'는 소설을 창작하고, 마이크로소프트(MS)의 AI 기반 챗봇(chatbot) '샤오이스(Xiaoice)'는 시집을 출간했으며, 일본에서는 인공지능이 쓴 소설이 문학상 공모전에서 예비 심사를 통과하기도 했다. 구글(Google)은 2016년 인공지능 개발 프로젝트인 '마젠타(Magenta)'를 시작해 인공지능이 작곡한 90초 분량의 피아노 곡을 공개했으며, 소니(Sony) 역시 인공지능이 작곡한 「대디스 카 (Daddy's Car)」라는 곡을 선보이기도 했다. 미국 IT 기업 마이크로소프트와 네덜란드 공과대학교, 렘브란트 미술관이 2014년 공동으로 시작한 '넥스트 렘브란트(The Next Rembrandt)' 프로젝트는 2016년 인공지능으로 하여금 새로운 렘브란트풍의 그림을 그려내도록 했으며, 2015년부터 구글에 의해 시도된 '딥드림(DeepDream)' 프로젝트는 2016년 인공지능에 의해 창작된 작품을 중심으로 전시회를 개최해 29점의 작품을 판매하기도 했다(최효승·손영미, 2017: 295~296). 유통과 소비 영역에서도 문화산업과 기술이 연계되는 모습이 나타난다. 최근 개발된 블록 체인(block chain) 기술은 예술 작품에 대한 저작권, 소유권 등의 문제를 명확하게 해결하고, 기술을 매개로 창작자와 소비자 사이에 문화 상품의 직거래가 신뢰 가능한 범주 안에서 자유롭게 이루어질 수 있게 함으로써 한편으로는 창작자의 권리를 보호함과 동시에 다른 한편으로는 문화 상품에 대한 소비자의 폭넓은 접근을 가능하게 했다. 나아가 기술을 기반으로 한 창작자와 소비자 간 문화 상품 직거래는 이전과 달리 기존의 물리적 재료와 공간, 서비스를 매개로 하지 않는 새로운 산업 환경을 창출했다(선양욱, 2019: 44~47).

문화산업과 기술의 연계는 이처럼 문화 예술 분야를 중심으로 특징적인 변화 모습들을 만들어가고 있지만, 사회적·문화적 차원에서도 중요한 변화들을 만들어가고 있다. 문화산업은 이전까지 사회적으로 중요하게 고려되지 않았던 '지식 자산(intellectual property)'을 재산권(property right)이라는 차원에서 접근하게 했을 뿐만 아니라,[22] 재산권에 대한 보호가 물리적인 실체뿐만 아니라 지식, 브랜드와 같이 보이지 않는 대상을 향해서도 행사될 수 있도록 했다.[23] 문화산업 영역에서 특징적으로 나타나는 창의적 아이디어와 기술의 연계는 콘텐츠를 중심으로 하는 새로운 산업 생태계를 형성했으며,

이러한 생태계는 이전의 규격화된 작업 노동과는 다른 새로운 형태의 노동 환경에 대한 인식을 창출하고 있다. 뿐만 아니라, 게임과 같은 문화산업 영역에서의 새로운 기술 환경은 사회 구성원들 사이의 관계가 이전처럼 대면 접촉뿐만 아니라 온라인의 가상공간(virtual space)을 통해도 이루어질 수 있도록 했으며, 가상의 주체가 실재 주체를 대신해 행위할 수 있는 메타버스(metaverse) 세계를 구현하기도 했다.

이처럼 문화산업은 한편으로 산업 영역을 크게 확장시키면서 다른 한편으로 기술과 유기적으로 접목되어 주체 없는 생산, 가상현실, 가상공간 및 이러한 공간을 매개로 한 새로운 사회관계나 권력 구조를 형성해 나가고 있다. 가상현실의 등장과 관련해 요청되는 새로운 도덕과 규범, 법과 제도 등은 기존 사회에 새로운 질서(new normal)가 구축될 필요가 있음을 제기한다(김진영·허완규, 2018). 가상공간에서 인공지능에 의해 생산된 문화 상품의 창작자는 누구인가? 이에 대한 저작권은 누구에게 귀속되어야 하는가? 게임에서 거래되는 가상 화폐는 화폐로서의 가치를 갖는가? 규제와 통제의 관점에서 이러한 화폐의 거래는 실물 시장에서의 화폐 거래와 어떻게 차별 또는 동일하게 다루어져야 하는가? 온라인 뮤지엄의 인공지능에 의한 큐레이팅에서 '인간' 큐레이터의 역할은 무엇인가? 등과 같은 다양한 문제들은 기술에 의해 비롯된 것이기는 하지만 기술 차원을 넘어선 문제들을 제기한다. 이러한 새로운 사회 질서는 4차 산업 혁명이 강조되고 있는 오늘날 환경에서 문화산업 분야를 둘러싼 정책이 단지 문화산업 영역에만 국한되는 것이 아니라 사회 제반에 미치는 영향과 변화에 대한 고려와도 밀접히 연관되어 있음을 보여준다.

4) 문화 상품 국제 교역

오늘날 모든 상품은 국가 간 경계를 자유롭게 넘나들며 생산, 유통, 소비되고 있다. 그러나 다른 영역과 달리 문화 상품에 대한 국가 간 교역 문제는

문화적 예외

'문화적 예외(cultural exception)'라는 용어는 1993년 국제 무역 협정인 '관세 및 무역에 관한 일반협정(General Agreement on Tariffs and Trade: GATT)'에서 프랑스가 주창한 것이다. 이 협정에서 미국은 각 국가가 자국 영화를 보호하고자 자국 영화에 의무 상영 일수를 부여한 '스크린 쿼터'를 폐지할 것을 주장하며 문화 상품도 국제 교역 대상에 포함되어야 한다고 주장하자, 문화는 다른 상업적 상품들과 다르게 다루어져야 한다는 것을 강조하면서 이 용어가 제시되었다.

매우 민감하게 다루어진다. 국제 교역에 있어서 문화 상품이 민감하게 다루어지는 이유는 문화 상품이 가지는 사회적·문화적 효과 때문이다. 곧, 특정 국가의 문화 상품이 다른 상품처럼 자유롭게 유통될 경우 경제적·산업적 차원을 넘어 사회, 문화적 차원에서 큰 영향을 받을 수 있다는 우려가 그것이다. 우리 사회에서 큰 논쟁거리가 되었던 1998년 일본 대중문화 개방 반대 운동은 단순히 한일 간 상호 교역 확대 계획에 따른 경제적 차원의 호혜적 발전 문제가 아니라, 역사적·문화적 차원의 문제, 곧 식민 지배를 했던 일본 대중문화의 한국 문화 잠식 및 일본풍화 등에 대한 우려와 연관되어 있다.

이러한 맥락에서 문화 상품은 자유 무역을 원칙으로 하는 국가 간 교역에 있어서 예외가 적용받는 대상으로 인정되고 있다. 자유 무역주의를 표방하며 1995년 출범한 세계 무역 기구(World Trade Organization: WTO)가 문화 상품에 대해서는 '문화적 예외(cultural exception)'를 적용한 것은 문화 상품이 가지는 이러한 문화적 영향력에 대한 인식이 기반이 된 것이다(문시연, 2005: 97).[24] 문화적 예외 논의 배경과는 일부 다르지만, 2005년 유네스코에서 체결된 '문화적 표현의 다양성 보호와 증진을 위한 협약' 또한 문화 상품의 사회 문화적 영향력에 대한 우려를 배경으로 하고 있다.[25] 곧, 비록 직접적으로 문화 산업을 지목하고 있지는 않지만, 이 협약 또한 국가 간 교역이 확대되는 환경에서 문화 상품에 의한 문화적 다양성 훼손의 우려를 배경으로 하고 있다는 점에서 문화산업 영역의 국제 교역 맥락과 밀접한 관련을 갖고 있다.

문화 상품이 가지는 영향력으로 인해 각 국가는 자국의 문화산업을 보호하기 위한 다양한 노력들을 기울여왔으며 이러한 노력들은 통상(通商) 과정에서 종종 마찰을 불러오기도 했다. 1998년 미국과의 양자 간 자유 무역 협정(Free Trade Agreement: FTA) 체결 과정에서 한국 영화 의무 상영 일수(screen quota) 축소 문제와 관련해 발생한 스크린 쿼터 축소 반대 운동은 문화산업이 시장 원리에 의해서만 이루어져서는 안 된다는 인식이 뒷받침되었다. 마찬가지로, 2000년을 전후해 확산되기 시작한 한류 영향으로 세계 각국에 한국의 문화산업 상품들이 진출하면서 나타난 중국, 대만, 몽골 등에서의 한국 드라마 방송 제한 조치 등은 문화 상품의 사회 문화적 영향력에 대한 각 국가들의 우려를 배경으로 했다.[26]

국제 무역에 있어서 문화산업 분야에 대한 이러한 규제와 보호는 문화 상품의 제작, 생산이 국가 간 경계를 넘나들며 이루어지고, 기술 발달에 따라 재화와 서비스를 포함하는 문화 상품 유통 플랫폼이 다양화된 오늘날 환경에서 새로운 국면을 맞이하고 있다. 국가 간 문화 상품 교역에서 시청각(audio-visual) 분야의 개방을 지속적으로 요구해 왔던 미국은 최근 국제 무역 협정 신규 체결 및 갱신 과정에서 전통적으로 강조해 왔던 이 분야에 대한 개방 요구를 약화하는 대신, 디지털 분야에 대해 자유 무역 원칙을 강조하는 방향으로 정책을 선회하고 있다. 이런 변화는 기존 방식이 아니더라도 디지털 분야 기술 발달에 기반한 새로운 플랫폼을 통해 문화 상품이 유통될 수 있는 경로가 다양화된 환경을 반영한다.

문화 상품 국제 교역과 관련한 이와 같은 논의는 문화산업 정책 논의가 국내를 넘어 국제적 차원으로까지 확장되어 있음을 보여준다. 특히 이 과정에서 나타나는 논의들은 국내적 차원에서의 규제와 보호 문제뿐만 아니라 국제적 차원에서 문화와 정체성, 다양성 그리고 이러한 이슈들의 교역과의 관계를 폭넓게 검토할 것을 요청한다. 문화 상품에 대한 통제를 통해 한편으로 자국의 문화적 표현과 정체성을 보호하면서, 다른 한편으로 타국에는 문화 상품을 판매해야 하는 이중적 상황에 놓여 있는 문화 상품 국제 교역 문제는, 이미 많은 국가들이 국제 시장을 목표로 문화산업 발전을 지원하고 있다는 점에서 문화산업 정책의 중요한 한 부분을 차지한다(Hesmondhalgh and Pratt, 2005: 7).

　문화 상품의 국제 교역은 국제 사회에서 국가 간 문화적 표현 다양성 보호 문제와 연계될 뿐만 아니라 다양한 문화적 표현에 접할 수 있는 개인의 문화 접근성을 증진하는 것과도 밀접한 관련을 가진다. 그동안 문화 상품 국제 교역에서 문화 다양성 문제는 주로 문화적 정체성 보호와 같은 맥락에서 검토되어 왔으며, 보다 중요하게는 해당국 문화 정책의 주권 제약이라는 차원에서 다루어져왔다(Goff, 2019: 562).[27] 이러한 경향은 다양성 기준을 집단, 특히 국가를 중심으로 이해함으로써 다양성 확보를 자국 문화산업 보호라는 맥락으로 직접적으로 연결시키는 전략을 보였다. 오늘날 변화된 사회, 기술 환경은 문화 다양성 및 문화 정체성 문제에 대해 이와는 다른 차원의 접근 필요성이 제기된다. 집단보다 개인의 중요성이 더욱 강조되는 환경에서 다양성 문제는 집단을 넘어선 개인의 문화 다양성 문제로 확장되고, 이 과정에서 집단적 정체성과 개인의 다양성이 어떻게 조율되어야 하는지의 문제가 중요하게 떠오르고 있다. 나아가 끊임없이 변화하는 환경 속에서 한 국가의 문화적 정체성이 어떻게 '고정된 정체성(fixed cultural identity)'을 넘어 '탄력적 정체성(resilient cultural identity)', 곧 다양한 문화 접촉 과정에서 혼종(hybridity)을 통해 새로운 문화가 형성되면서도 이것을 통해 국가의 문화적 정체성이 지속적으로 유지될 수 있는가의 문제도 제기된다. 이러한 문제들은 국가 간 경계를 뛰어 넘는 다양한 플랫폼을 통해 여러 형태의 문화 상품이 자유롭게 유통되는 오늘날 환경에서 더욱 중요한 문제로 부각되고 있으며, 문화 상품 국제 교역을 자국 문화산업 보호나 국가 주권 행사와 다른 보다 다면적인 차원에서의 접근을 요청한다.

2017년 발효된 캐나다와 유럽 연합 간 국제 무역 협정(Canada-European Union comprehensive economic and Trade Agreement: CETA)에서 문화 상품 국제 교역 관련 조항은 다른 협정들과 달리 포괄적 제외(blanket exemption)를 인정하는 방식이 아닌 '항목별 제외 방식(chapter by chapter)'으로 진행되었다. 이러한 접근 방식은 문화 상품 국제 교역이 자국의 문화 다양성에 미치는 영향을 사안별로 검토하게 함으로써 한편으로 문화 주권을 확보하면서 다른 한편으로 자국의 문화적 다양성 증진에 기여할 수 있는 방향으로 협정이 이루어지게 하는 것을 유도했다. 특히 캐나다가 우리나라와 체결한 무역 협정에서는 문화산업 영역에서의 협력, 교류, 상호 제작 등을 명시함으로써 문화 상품 국제 교역이 보다 적극적으로 자국 및 상대국 문화산업 발달 및 문화 다양성 증진에 기여할 수 있도록 했다(Goff, 2019: 558~562). 이러한 과정은 변화된 사회, 기술 환경에서 문화 상품 국제 교역에 대한 접근이 자국 문화산업 보호라는 차원을 넘어 자국 문화산업 발전 및 문화 다양성 증진에 보다 적극적으로 활용될 수 있는 방안을 모색하는 방식으로 이루어지고 있음을 보여준다.

5. 맺는말

전 세계적으로 문화산업 규모는 지속적으로 성장하고 있다. 한국콘텐츠진흥원 자료(2020: 9)에 따르면, 2019년 세계 콘텐츠 시장 규모는 총 2조 4320억 달러(약 2753조 원)였으며, 코로나19 상황에서도 게임 시장 규모는 1317억 달러(2019)에서 1429억 달러(2020)로 성장한 것으로 나타났다. 2019년 한국 콘텐츠 기업들의 매출 규모는 126조 7123억 원이었는데, 이것은 같은 해 기준 석유 화학 산업 매출(107조 6000억 원)보다 크고, 반도체 산업 매출(129조 4000억 원)보다 조금 모자라는 것이었다. 이 같은 문화산업 규모는 앞으로 더욱 증가할 것으로 예상된다.

국가 경제에서 문화산업이 차지하는 비중이 커질수록 이 분야에 대한 정책적 관심은 높아질 수밖에 없다. 중요한 것은 문화산업 규모 확대가 단지 경제적·산업적 차원에만 영향을 미치는 것은 아니라는 점이다. 앞에서 살펴보았듯이, 문화산업은 콘텐츠를 중심으로 구성되는 산업 특성으로 인해 개인이나 사회, 국가 차원에 가치, 정체성, 이데올로기, 다양성, 주체, 창작 등 다양한 사회적·문화적 영역에도 매우 중요한 영향을 미친다. 이런 점에서 문화산업을 다루는 국가 정책은 단순히 산업 정책 틀 안에서만 논의되기 어려운 특징을 가진다. 곧, 문화산업을 다루는 정책은 산업 정책이면서 동시에 사회 정책이자 문화 정책으로서의 성격을 가진다. 이것이 문화산업과 국가 정책 관계를 다차원적인 측면에서 접근해야 하는 이유이다.

---

1 문화산업이 '21세기를 이끌 주력 산업', '기간산업', '차세대 성장 동력'이라는 언급들이 정부 주도적으로 확산되면서 사회적으로도 문화산업에 대한 관심이 크게 확산되었다.
2 CJ나 삼성영상사업단, SK 등이 본격적으로 영상 사업 영역에 뛰어든 것이 이 시기이다.
3 문화산업을 소비(consumption)가 아닌 생산(production) 차원에서 접근해 문화 생산이 어떤 조건하에서 이루어지는지와 같은 문제를 주목하는 것이 더욱 중요하다고 하는 지적들은, 문화 생산 과정에서 나타나는 사회적 역학 관계들을 주목하게 함으로써 문화산업을 새롭게 조망하는 계기를 제공하기도 했다.
4 이 시기 이전에도 문화산업 분야에 포함되는 영화나 출판 등 영역과 관련한 정부 정책이 입안, 시행되기도 했으나, '문화산업'이라는 용어를 별도의 범주로 해 독자적 정책을 수립, 시행하게 된 것은 이 시기부터라고 할 수 있다.
5 기술, 영상 산업 환경 변화로 다양한 콘텐츠 생산이 중요해지는 시점에서 문화산업은 경쟁력 있는 콘텐츠를 생산할 수 있는 중요한 산업 영역으로 주목되었다.
6 2000년대 들어서면서 문화산업 영역에서 '콘텐츠'에 대한 관심이 증가했고, 문화산업이라는 용어와 함께 정책 영역에서 문화 콘텐츠 산업이라는 용어가 사용되기 시작했다. 참여정부의 '문화산업 정책비전'(2003)은 10대 성장 동력 산업의 하나로 문화 콘텐츠 산업을 제시하고 이를 기반으로 세계 문화산업 5대 강국으로 도약하기 위한 정책 방향을 제시한 바 있는데, 콘텐츠에 대한 이러한 관심은 '콘텐츠코리아 비전 21'(2001), '온라인디지털콘텐츠산업 발전법'(2002), '문화콘텐츠산업 진흥을 위한 문화강국 2010 비전'(2005), '콘텐츠산업기본법'(2010), '제1차 콘텐츠산업 진흥계획'(2011~2013) 등으로 지속, 확대되었다. 2008년부터는 공식적으

로 문화 콘텐츠 산업 또는 콘텐츠 산업이라는 용어가 정책 영역에서 정착되기 시작했다. 2008년 문화콘텐츠산업실이 문화체육관광부 내에 설치되었으며, 1997년 이래 발간된 문화산업백서도 2010년부터 콘텐츠산업백서로 명칭을 변경해 출간되었다.

7 문화산업 정책에서 기술 영역에 대한 관심은 '문화산업 발전 5개년 계획'(1999)이나 '문화산업 비전 21'(2000) 등에 문화산업 영역에서 활용 가능한 기술 개발이라는 형태로 제기되기도 했으나 본격화된 것은 2001년 이후라고 할 수 있다.

8 공연, 영화, 음반 분야 등은 공연법(1961), 영화법(1962), 음반에 관한 법률(1967) 등 관련 법령 제정을 통해 이미 1960년대부터 유관 정책이 추진되었다.

9 5대 심의 기준은 다음과 같다. 첫째, 국가의 존엄과 민족의 긍지를 손상시킬 우려가 있는 가사(창법 포함)의 노래는 방송하지 않는다. 둘째, 퇴폐적·허무적·염세적으로 현저하게 어두운 인상을 풍기는 노래는 방송하지 않는다. 셋째, 아침과 심야의 가요 선곡은 그 생활시간에 적합하도록 특히 신중을 기한다. 넷째, 외국 가요를 우리나라 가수가 부를 경우 그 가사는 번역해서 불러야 한다. 다섯째, 모티프가 같거나 모방 혐의가 짙은 것은 표절로 간주해 방송하지 않는다(윤재걸, 1984: 106).

10 이러한 경향은 1976년 한국예술·문화윤리위원회를 계승해 설립된 공연윤리위원회의 사전 심의제가 1996년 헌법 재판소로부터 영화 사전 검열이 위헌이라는 판결을 받고, 1998년 해체되어 영상물등급위원회로 전환되기 전까지 지속되었다.

11 이 법 또한 '음반 및 비디오물에 관한 법률' 개정안이 1995년 개정되어 1996년 발효되기 전까지 그 규제적 역할을 수행했다.

12 법제처는 문화산업진흥기본법 제정 이유를 "문화산업이 국가의 주요 전략 산업으로 부각됨에 따라 문화산업의 지원 및 진흥에 관한 기본법을 제정하여 문화산업 발전의 기반을 조성하고 경쟁력을 강화함으로써 국민의 문화적 삶의 질 향상과 국민 경제의 발전에 이바지하도록 하는 것이다"라고 제시했다.

13 이 법률은 1991년 제정된 음반 및 비디오물에 관한 법률에서 출발한 것이며, 위 법이 제정되면서 동법은 폐지되었다. 이 법에서 2006년 게임산업진흥에 관한 법률, 음반산업진흥에 관한 법률, 영화 및 비디오물의 진흥에 관한 법률이 분법되었다. 영화 및 비디오물의 진흥에 관한 법률은 음반비디오 및 게임물에 관한 법령 중 비디오물에 관한 내용과 기존의 영화진흥법이 하나로 통합되어 제정되었다.

14 2002년 출판 및 인쇄진흥법으로 제정되었다가 2007년 출판문화산업진흥법으로 개명되었다. 이 법 이전에도 '출판사 및 인쇄소의 등록에 관한 법률'과 '외국간행물의 수입배포에 관한 법률'이 있었으나 이 법률들은 해당 분야에 대한 산업적 차원의 관심보다는 등록과 통제의 취지를 더 강하게 가졌던 법률이라고 할 수 있다.

15 이전의 출판 및 인쇄진흥법에서 분법되었다.

16 이 법은 2002년 제정된 온라인디지털콘텐츠산업발전법이 전부 개정된 것이다.

17 이외에도 문화산업 분야에서 중요한 비중을 차지하는 저작권법은 1957년 제정되었다가 1987년 전부 개정되었다. 당시 제정 이유는 "학문적 또는 예술적 저작물의 저작자를 보호하여 민족 문화의 향상 발전을 도모"하기 위함이었으나, 1987년 개정은 "저작권자의 권익 보호와 동시에 그 권리 행사를 공공의 이익과 조화시킴으로써 문화의 향상 발전에 이바지하게 하려 함"으로 변경되었다.

18 우리나라 현행(2020년 1월 기준) 문화산업진흥기본법 제2조는 문화산업을 "문화 상품의 기획·개발·제작·생산·유통·소비 등과 이에 관련된 서비스를 하는 산업"으로 규정하고 그 영역에 매우 광범위한 분야들을 포함시키고 있는데, 이는 이 법이 제정될 당시인 1999년의 문화산업 범위(제2조) 규정, 곧 "영화, 음반, 비디오물, 게임물, 출판 인쇄물, 정기 간행물, 방송 프로그램, 캐릭터, 애니메이션, 디자인, 전통 공예품 및 멀티미디어 콘텐츠 등과 관련된 산업"에서부터 크게 확대된 것이다.

19 당초 영화진흥과, 영상음반과, 출판진흥과는 예술진흥국 아래 있었으나 문화산업국이 신설되면서 그 편제 안으로 편입되었다.

20 모태 펀드(fund of funds)는 펀드에 대한 펀드, 곧 기업에 투자하는 개별 투자 펀드에 출자하는 펀드를 말한다.

21 문화산업진흥기금은 2004년까지 2744억 원이 조성되었다가 폐지되었으며 이후 잔여 기금은 모태 펀드 문화 계정으로 이관되어 운영되고 있다. 모태 펀드는 개별 펀드에 출자하는 펀드로 문화부는 한국벤처투자가 운영하는 모태 펀드에 문화 계정과 영화 계정 두 곳의 출자를 통해 각종 정책을 추진해 왔다. 모태 펀드는 2006~2016년까지 총 1조 6202억 원이 조성되었고, 같은 기간 1663개 기업 또는 프로젝트에 1조 8681억 원이 투자되었다. 이외에 영화발전기금도 문화산업 분야에 지원되는데, 이 기금은 2007년 영화 및 비디오물 진흥에 관한 법률에 근거하고 있는데, 1997년 설치된 영화진흥금고에 정부 출연금을 추가하는 방식으로 조성되었다.

22 세계 지식 재산권 기구(World Intellectual Property Organization: WIPO)에 따르면, 지식 재산권은 "문학·예술 및 과학 작품, 연출, 예술가의 공연·음반 및 방송, 발명, 과학적 발견, 공업 의장·등록 상표·상호 등에 대한 보호 권리와 공업·과학·문학 또는 예술 분야의 지적 활동에서 발생하는 기타 모든 권리"로 규정된다(문선호, 2005: 39~49 재인용).

23 저작권(copyright)은 저작자의 권리를 보호하기 위한 것으로, 이러한 분야에 대한 관심이 증가하게 된 것은 문화 상품의 생산이 산업 체계 안으로 편입됨으로써 저작자의 창의적 아이디어 및 이의 상품화된 결과물이 재산권 차원에서 보호되어야 할 필요성이 증가되었기 때문이다.

24 '관세 및 무역에 관한 일반 협정(General Agreement on Tariffs and Trade: GATT)'을 대체하는 세계 무역 기구(WTO) 출범을 논의하는 과정에서 프랑스는 "정신의 산물은 다른 상품과 같지 않으며 대량 생산을 앞세운 문화산업으로부터 자국의 문화와 문화적 정체성을 보호하기 위해" 문화 상품에 대해서는 자유 무역 원칙에의 예외가 적용되어야 함을 주장했다.

25 문화 다양성은 2005년 유네스코에서 '문화적 표현의 다양성 보호와 증진을 위한 협약'이 참여 국가들 간에 체결됨으로써 공식화되었지만, 실제로는 그 이전 시기인 유럽의 EU로의 통합 과정에서부터 지속적으로 제기된 문제였다. 유럽을 'European Union(EU)'이라는 국가 간 연합체로 전환하기 위해서는 이 연합체를 하나로 통합할 수 있는 공통된 정체성의 확립과 동시에, 각 국가가 가지고 있는 문화적 독특성을 보호해야 하는 필요성이 제기되었다. 이러한 필요성이 한편으로 유럽의 문화 정체성과 다른 한편으로 문화적 다양성이라는 의제로 제시되었다.

26 위 국가들에서의 한국 드라마 방송 제한(움직임)이 '한국'만을 특정하고 있지는 않으며 외국 드라마 방송 제한이라는 범주에서 이루어지고 있다. 그러나 한류가 큰 영향을 미치고 있는 환경에서 주요 대상이 한국 드라마라는 점이 지적되고 있다.

27 이것은 국제 교역 질서가 해당 국가의 문화적 정체성 및 문화 다양성 보호와 관련한 국가의 주권 행사를 제약해서는 안 된다는 것을 의미한다.

생각해 볼 문제

1. 문화산업과 관련한 국가 정책에서 상호 충돌할 수 있는 가치 요소는 무엇인가?
2. 기술 발전이 문화산업 생산, 유통, 소비에 미칠 영향은 어떤 사회적 의미를 내포하는가?
3. 문화 상품의 국가 간 거래는 개별 국가의 문화 발전 및 다양성에 어떤 영향을 미치는가?

더 읽을거리

벤야민, 발터(Walter Benjamin). 2005. 『발터 벤야민의 문예이론』. 반성완 옮김. 서울: 민음사.

이 책은 발터 벤야민의 예술에 대한 이해를 보여주는 책으로, 특히 3부 문예 이론 편의「기술복제시대의 예술작품」이라는 글은 예술과 기술이 만나 어떻게 이전의 예술 개념과 기술 시대의 예술 개념이 다른지를 설득력 있게 보여주고 있다. 프랑크푸르트학파의 이해와 비교해 문화산업을 이해하는 데 도움이 된다.

알렉산더, 빅토리아 D.(Victoria D. Alexander). 2010. 『예술사회학』. 최샛별·한준·김은하 옮김. 서울: 살림.

이 책은 순수 예술부터 대중 예술에 이르기까지 예술이 사회에서 어떤 방식으로 생산, 유통, 소비되는지를 사회학적인 관점을 가지고 분석하고 있다. 예술을 예술가 개인의 창의성에 기반해 이해하기보다, 한 사회에서 예술이 어떻게 구성되는지, 사회의 제반 역학 관계들 속에서 예술이 어떻게 다루어지는지, 소비자에게 예술은 어떻게 수용되는지 등을 폭넓게 살펴봄으로써 예술에 대한 사회학적 이해에 도움을 준다. 문화산업 영역을 사회학적 관점으로 이해하는 데 필요한 지식을 제공한다.

헤스몬달프·베이커(David Hesmondhalgh and Sarah Baker). 2016. 『창의 노동과 미디어 산업』. 안채린 옮김. 서울: 커뮤니케이션북스.

이 책은 창조 산업이라고도 불리는 문화산업 영역에서의 노동(창의 노동) 문제를 다루고 있다. 문화를 소비가 아닌 생산의 관점에서 볼 때, 노동은 매우 중요하게 다루어져야 할 주제임에도 그렇지 못하다는 인식에 기반해 창의 노동 특성과 이에 대한 기존 이해를 분석한 다음, 실제 창의 노동 현장에서 일하고 있는 사람들에 대한 인터뷰를 중심으로 창의 노동 문제를 분석하고 있다. 이 책은 문화산업 영역에서의 노동에 대한 실제적 이해에 도움을 준다.

Bennett, Tony. 1998. *Culture: A Reformer's Science*. London: SAGE Publications Ltd.
이 책은 문화 연구(cultural studies)의 한 분야로서 문화 정책 연구를 접근하고 있다. 역사적인 차원에서 문화 영역이 사회를 변혁하고자 하는 집단에 의해 어떻게 활용되어 왔는지, 이러한 실천은 어떤 인식론적 기반을 배경으로 하고 있는지를 보여주는 방식으로 문화와 정책의 관계를 분석하는 이 책은, 문화산업 영역에 대한 정책적 접근을 이해하는 데 도움을 준다.

참고문헌

김규찬. 2015. 『문화산업정책 20년 평가와 전망』. 서울: 한국문화관광연구원.

김기현. 2012. 「문화산업 정책의 변동에 관한 소고」. ≪문화콘텐츠연구≫, 2호, 31~68쪽.

김성은. 2015. 「문화산업론과 문화산업 연구의 계보학」. ≪문화산업연구≫, 15권, 4호, 49~65쪽.

김성일. 2010. 「문화기술의 정책담론 형성과 제도화 과정에 대한 연구」. 연세대학교 대학원 박사학위논문.

김성중. 2008. 「레이먼드 윌리엄스의 이데올로기와 아도르노」. ≪영어권문화연구≫, 1권, 77~101쪽.

김정수. 2006. 「문화산업, 문화교역, 그리고 문화다양성」. ≪국제통상연구≫, 11권, 2호, 41~67쪽.

김진영·허완규. 2018. 「제4차 산업혁명시대 인문사회학적 쟁점과 과제에 관한 연구」. ≪디지털융복합연구≫, 16권, 11호, 137~147쪽.

김창수. 2009. 「문화 공공성 개념에 입각한 각 정권별 문화산업정책 비교 연구: 영화와 문화콘텐츠 정책을 중심으로」. 한양대학교 대학원 박사학위논문.

문선호. 2005. 「스포츠와 상표법에 대한 연구」. ≪한국스포츠산업경영학회지≫, 10권, 3호, 39~49쪽.

문시연. 2005. 「문화적 예외 vs. 문화적 다양성 논란에 관한 연구」. ≪프랑스문화예술연구≫, 15호, 95~117쪽.

문옥배. 2004. 『한국금지곡의 사회사』. 서울: 예솔.

_____. 2008. 「해방 이후 정부의 음악통제 연구」. ≪음악논단≫, 22호, 25~64쪽.

박준흠. 2012. "역대 정권별 대중음악 관련 정책 변화". ≪대중음악 SOUND≫, 4호.

보몰·보웬(William J. Baumal and William G. Bowen). 2011. 『공연예술의 경제적 딜레마』. 임상오 옮김. 서울: 해남.

선양욱. 2019. 「4차 산업혁명의 블록체인 문화예술 스타트업의 비교 분석을 통한 문화예술경영의 미래 고찰」. 경희대학교 대학원 박사학위논문.

스토리, 존(John Storey). 1999. 『문화연구와 문화이론』. 박이소 옮김. 서울: 현실문화연구.

아도르노·호르크하이머(Theodor W. Adorno and Max Horkheimer). 2001. 『계몽의 변증법』. 김유동 옮김. 서울: 문학과 지성사.

안지혜. 2007. 「시민사회의 성장과 한국 영화의 역동적 관계에 관한 연구: 1990년대 한국 영화의 정책, 산업, 문화를 중심으로」. 중앙대학교 대학원 박사학위논문

윤재걸. 1984. "금지곡의 역사". ≪음악동아≫, 6월호, 106쪽.

이강수. 1998. 『대중문화와 문화산업론』. 서울: 나남출판.

이동연·한기호. 2015. 『누구 문화자본을 지배하는가』. 서울: 문화과학사.

이석수. 1986. 「이데올로기에 대한 정치학적 접근: 이데올로기와 정치변동의 연관성을 중심으로」. ≪현상과인식≫, 33호, 33~48쪽.

이종수. 2009. 『행정학 사전』. 서울: 대영문화사

정정길 외. 2010. 『정책학 원론』. 서울: 대명출판사

최선혜. 2011. 「한국 문화콘텐츠 산업 정책 담론 연구」. 중앙대학교 대학원 석사학위논문.

최효승·손영미. 2017. 「인공지능과 예술창작 활동의 융복합 사례분석 및 특성 연구」. ≪한국과학예술포럼≫, 28호, 289~299쪽.

트로스비, 데이비드(David Throsby). 2004. 『문화경제학』. 성제환 옮김. 서울: 한울.

한국콘텐츠진흥원. 2020. 『2020 해외 콘텐츠 시장 분석』. 나주: 한국콘텐츠진흥원

홍석민. 2016. 「대처주의 정책과 유산」. ≪영미연구≫, 37집, 311~341쪽.

Goff, Patricia M. 2019. "Canada's Cultural Exemption." *International Journal of Cultural Policy*, Vol. 25, No. 5, pp. 552~567.

Goldings, Peter and Graham Murdock. 2005. "Culture, Communications and Political Economy." In James Curran and Michael Gurevitch(eds.). *Mass Media and Society*. 4th ed. London: Arnold.

Hesmondhalgh, David. 2007. *The Cultural Industries*. 2nd ed. SAGE Publications.

Hesmondhalgh, David and Andy C. Pratt. 2005. "Cultural Industries and Cultural Policy." *The International Journal of Cultural Policy*, Vol. 11, No. 1, pp. 1~13.

Miège, Bernard. 1989. *The Capitalization of Cultural Production*. New York: International General.

Oakley, Kate and Justin O'Connor. 2015. "The Cultural Industries: An introduction." In *The Routledge Companion to the Cultural Industries*. London and New York: Routledge.

Pratt, Andy C. 2005. "Cultural Industries and Public Policy. An oxymoron?" *The International Journal of Cultural Policy*, Vol. 11, No. 1, pp. 13~44

Williams, Raymond. 1997. *Marxism and Literature*. Oxford: Oxford University Press.

지은이(수록순)

이기웅 성공회대학교 동아시아연구소 연구교수이다. 영국 런던 정경 대학교(London School of Economics)에서 사회학 박사학위를 받고 대중문화와 도시 문화에 관심을 갖고 연구와 저술 활동을 진행해 왔다. 주요 저서로는 『서울, 젠트리피케이션을 말하다』, 『아시아, 젠트리피케이션을 말하다』, 『변방의 사운드: 모더니티와 아시안 팝의 전개 1960~2000』(공저) 등이 있고 연구 논문으로는 「젠트리피케이션 효과: 홍대지역 문화유민의 흐름과 대안적 장소의 형성」, 「서울의 젠트리피케이션과 대안적 도시운동의 부상」, 「포스트지구화와 한류 어셈블리지」가 있다.

박성우 우송대학교 글로벌미디어영상학과 교수이다. 비재현적 방식의 문화 연구, 디지털과 기술 철학, 언론과 권력의 문제를 연구하고 있다. 성균관대학교를 졸업하고 런던 대학교 골드스미스 칼리지(Goldsmiths, University of London) 문화연구센터에서 박사학위를 받았다. 2021년까지 한국연구재단의 지원으로 '누군가의 사물인터넷, 디지털시대의 정신병리학' 국제 연구 협업 프로젝트를 이끌었다. 현재 새물결 출판사 인문학적 기술 비평 총서 'UP TO YOU' 시리즈의 공동 에디터를 맡고 있다. 저서로는 『1987년 민주화 이후 30년 한국의 언론과 언론운동 성찰』(공저), 『모빌리티와 생활세계의 생산』(공저) 등이 있고, 번역서로는 『자동화 사회 1: 알고리즘 인문학과 노동의 미래』(공역), 『인터넷, 신화를 넘어 공공성으로』(공역)가 있다. 연구 논문으로는 「미디어화, 해방과 소외의 파르마콘」, 「기술적 대상과 디지털 밀리유의 정치경제학: 질베르 시몽동과 기술문화연구의 접합」, 「버밍엄 문화연구에 대한 재고찰과 비재현적 문화연구의 필요성: 스튜어트 홀과 주요 연구자들의 사유와 방법론을 중심으로」 등이 있다.

강윤주 경희사이버대학교 문화예술경영학과 교수이다. 독일 뮌스터 대학교(Westfälische Wilhelms-Universität Münster)에서 사회학 박사학위를 받고 예술의 사회적 가치와 역할에 대한 현장 연구를 계속해 왔다. 시민들의 예술 활동에 관한 연구를 하면서 직접 '소셜드라마클럽'이라는 시민 연극 모임을 이끌고 있다. 또한 '협동조합 삶의예술(Lebenskunst)' 대표이자, 공연 기획자로서도 활동 중이다. 주요 저서로는 『생활예술: 삶을 바꾸는 예술, 예술을 바꾸

는 삶』(공저), 『포스트코로나 시대의 생활예술』(공저)이 있고, 연구 논문으로
는 「생활문화와 문화 민주주의: 성남 사랑방문화클럽 네트워크사업 전개를
중심으로」, 「"생활예술 오케스트라"를 통해 보는 예술의 사회적 가치」, 「생
활예술공동체 내 문화매개자의 역할 분석: 인천 '문화바람'의 경우」 등이 있다.

박창호 숭실대학교 정보사회학과 교수이다. 영국 헐 대학교(University of Hull)에서
사회학 박사학위를 받고 사이버 문화, 인터넷과 사회, 뉴미디어와 정보 사회
에 관한 연구와 저술 활동을 하고 있다. 주요 저서로 『사이버공간의 사회학』,
『인터넷을 넘어선 사회학』, 『디지털 네이티브의 사회적 시간은 짧다』 등이
있으며, 번역서로 『사회학적 방법의 규칙들』(공역), 『사회학적으로 생각하기』,
『지식논쟁: 포스트모던 시대의 사회이론』 등이 있다. 연구 논문으로는 「소
비주의 사회와 인터넷 소비문화의 지형」, 「뒤르케임 사회인식론과 사이버공
간의 이해」 등이 있다.

박근영 한국교육개발원 연구위원이다. 미국 일리노이 대학교(University of Illinois at
Urbana-Champaign)에서 문화산업과 문화 소비에 관한 논문으로 사회학 박
사학위를 받았다. 현재 문화 예술 교육, 평생 학습, 사회 및 교육 지표 개발
관련 연구와 사업을 진행하고 있다. 저서로는 『사이버 공간의 문화 코드』(공
저), 『지방 소멸 시대의 농촌 교육, 우리가 몰랐던 진실들』(공저)이 있고, 연
구 논문으로는 「영화관람 행위에 있어 옴니보어(Omnivore) 존재 여부에 대
한 실증적 고찰」, 「대중가요에 대한 선호 및 인지도의 요인 분석: 나이와 교
육 효과를 중심으로」 등이 있다.

안미향 연세대학교 동서문제연구원 객원교수로 재직 중이고, 연세대학교 글로벌인
재대학에서 가르치고 있다. 미국 하와이 대학교(University of Hawaii)에서 아
시아 영화의 정당성(legitimacy)에 관한 논문으로 사회학 박사학위를 받았고,
2016년에서 2018년까지 연세대학교 동서문제연구원 리더십센터의 연구교
수로 재직했다. 주요 연구 관심 분야는 문화산업, 대중문화, 글로벌라이제이
션(globalization), 한류 등이고, 특히 대중문화 생산물(영화, 음악 등)의 글로
벌 확산 및 수용, 그리고 그 영향력에 관심을 가지고 연구 및 저술 활동을 하
고 있다.

이종임 문화사회연구소 이사이며, 서울과학기술대학교와 한국외국어대학교에서 가
르치고 있다. 중앙대학교 신문학과에서 언론학 박사학위를 받았고, 미국 일
리노이 대학교 동아시아연구소 방문학자와 KBS 시청자위원장을 지냈다. 디

지털 미디어 기술이 유발하는 미디어 환경과 청년 세대, 젠더, 케이 팝 산업과 노동 이슈 등에 대한 비판적 연구를 진행하고 있다. 주요 저서로는 『서드라이프』(공저), 『아이돌 연습생의 땀과 눈물: 아이돌 성공신화와 연습생의 딜레마』, 『문화산업의 노동구조와 아이돌』, 『디지털 페미니즘』(공저) 등이, 논문으로는 「청년세대의 분노와 혐오 표현의 탄생: 온라인 커뮤니티 〈에브리타임〉의 '혐오-언어' 표현 실태분석을 중심으로」(공저), 「트위터에 나타난 미투(#Me Too)운동과 젠더 갈등이슈 분석: 네트워크 분석과 의미분석을 중심으로」(공저) 등이 있다.

왕혜숙 홍익대학교 문과대학 초빙교수이다. 주요 관심 분야는 경제 문화 사회학 그리고 몸/의료 사회학이며, 주요 저술로는 논문 「영화 크라우드펀딩의 제도변화와 문화적 관습: 영화 〈노무현입니다〉 펀딩 사례를 중심으로」, 「모성의 의료화: 맘카페의 모유수유 담론을 중심으로」, "The Identity Strategy of "Wild-Geese" Fathers: The Craft of Confucian Fathers, Religions" 등이 있고, 저서 *Familial Foundations of the Welfare State: Building the Health Insurance Systems in South Korea and Taiwan* 등이 있다. 최근 사회의 의료화와 몸의 재현 등에 대한 연구를 진행하고 있다.

김수철 연세대학교 커뮤니케이션대학원 객원교수이다. 미국 일리노이 대학교에서 커뮤니케이션학으로 박사학위를 받았으며 디지털 미디어 기술과 문화, 도시공간, 모빌리티, 대중문화에 대해 연구하고 있다. 주요 저·역서로는 『모빌리티 인프라스트럭처와 생활세계』(공저), 『모빌리티와 인문학』(공역)이 있고, 연구 논문으로는 「팬데믹과 비판적 로지스틱스 연구에 대한 탐색적 연구」, 「문화산업에서의 플랫폼화: 웹툰산업을 중심으로」, 「공생과 타자: 초국가이주 시대에 도시 공간 이론에 관한 재고찰」 등이 있다. 최근에는 인프라스트럭처와 미디어의 물질성에 대한 연구를 진행 중이다.

이현지 건국대학교 대학원 일본문화·언어학과 박사 과정을 수료했고, 현재 건국대학교 모빌리티인문학연구원 HK연구원이다. 일본 근대 문학 중 도시 문학과 플랫폼 노동 및 대중문화에 관심을 갖고 연구하고 있다.

김수아 서울대학교 언론정보학과/여성학협동과정에서 가르치고 있으며, 대중문화 영역에서 페미니즘 관점과 관련된 다양한 연구를 하고 있다. 서울대학교 언론정보학과를 졸업하고 같은 학과 대학원에서 박사학위를 받았다. 저서로는 『핵심 이슈로 보는 미디어와 젠더』(공저), 『페미돌로지』(공저), 『게임 콘텐츠와 젠더 재현』,『안전하게 로그아웃』 등이 있다.

최샛별   이화여자대학교 사회학과를 졸업하고, 예일 대학교(Yale University)에서 사회학 석사와 박사학위를 받았으며, 현재 이화여자대학교 사회학과 교수다. 연구 관심 분야는 문화 자본과 상징적 경계, 한국 사회의 세대 문화, 예술 사회학, 문화 예술 정책이다.『문화사회학으로 바라본 한국의 세대연대기』,『예술의 사회학적 읽기』(공저),『만화! 문화사회학적 읽기』(공저),『문화사회학으로의 초대』(번역서),『현대문화론』(번역서),『문화분석』(번역서) 등 100여 편의 저·역서 및 논문을 저술했다.

윤명희   보건복지가족부 전문 위원, 이화여자대학교 연구 교수 등을 역임했으며 디지털 사회·문화 분야 연구 및 강의를 수행하고 있다. 단독 저서『중독은 없다』와 연구 논문「매개된 광장과 청소년의 재발명」,「디지털 창의노동: 여성 게임개발자 사례」,「매개된 장소에서의 선별적 자기전시」 등이 있다.

김세훈   숙명여자대학교 문화관광외식학부 교수이다. 연세대학교 사회학과와 영국 버밍엄 대학교(University of Birmingham)에서 사회학 박사(문화 사회학 전공), 문화 연구(문화 정책 전공) 박사학위를 받았다. 한국문화관광연구원 문화예술연구실장으로 재직한 이래 줄곧 문화 예술 정책 분야를 중심으로 연구와 저술 활동을 진행해 왔다. 주요 저서로는『공공성』(공저),『문화공간의 사회학』 등이 있고, 연구 논문으로는「지역예술계 구조 분석 시론」,「예술정책에서 공공성 함의에 대한 연구」,「식민지 시기 여성 정치참여 공간으로서의 문예공론장 성격에 관한 연구」 등이 있다.

한울아카데미 2472

대중문화와 문화산업

ⓒ 한국문화사회학회, 2023

기획 이기웅·박근영·안미향 ㅣ **지은이** 박성우·강윤주·박창호·박근영·
안미향·이종임·왕혜숙·김수철·이현지·김수아·최샛별·윤명희·이기웅·김세훈
펴낸이 김종수 ㅣ **펴낸곳** 한울엠플러스(주) ㅣ **편집** 김우영

초판 1쇄 인쇄 2023년 8월 7일 ㅣ **초판 1쇄 발행** 2023년 9월 4일

주소 10881 경기도 파주시 광인사길 153 한울시소빌딩 3층
전화 031-955-0655 ㅣ **팩스** 031-955-0656 ㅣ **홈페이지** www.hanulmplus.kr
등록번호 제406-2015-000143호

Printed in Korea
ISBN 978-89-460-7473-6 93330

※ 책값은 겉표지에 표시되어 있습니다.